二十一世纪普通高等院校实用规划教材 经济管理系列

管理学原理

(第3版)

暴丽艳　林冬辉　主　编
褚英敏　臧有良　副主编

清华大学出版社
北　京

内 容 简 介

本书博采众长，吸收了国内外管理领域的先进研究成果和成熟经验，系统地阐述了管理的基本规律和一般方法。

本书分为五篇，共十三章，包括管理、管理者与管理学，管理理论的形成与发展，计划职能与计划，目标与目标管理，决策，组织设计，权力的配置，人员配备，领导，沟通，激励，控制基础，控制技术和方法等内容。每章正文前有学习要点及目标、关键概念和引导案例，正文中穿插有关案例，章末有本章小结、自测题、案例分析和阅读资料，有利于培养和提高学习者的管理素质和管理技能。

本书的特色是体例新颖、内容适用、实践性强，可作为高等学校管理类、经济类专业和其他专业管理学课程教材，亦可供自学者和实际工作者参考阅读。

本书封面贴有清华大学出版社防伪标签，无标签者不得销售。
版权所有，侵权必究。举报：010-62782989，beiqinquan@tup.tsinghua.edu.cn。

图书在版编目(CIP)数据

管理学原理/暴丽艳，林冬辉主编. --3 版. --北京：清华大学出版社，2014（2021.9重印）
二十一世纪普通高等院校实用规划教材·经济管理系列
ISBN 978-7-302-37659-0

Ⅰ. ①管… Ⅱ. ①暴… ②林… Ⅲ. ①管理学—高等学校—教材 Ⅳ. ①C93

中国版本图书馆 CIP 数据核字(2014)第 186425 号

责任编辑：桑任松　杨作梅
装帧设计：刘孝琼
责任校对：周剑云
责任印制：丛怀宇

出版发行：清华大学出版社
　　　　　网　　址：http://www.tup.com.cn, http://www.wqbook.com
　　　　　地　　址：北京清华大学学研大厦 A 座　　邮　编：100084
　　　　　社 总 机：010-62770175　　邮　购：010-62786544
　　　　　投稿与读者服务：010-62776969, c-service@tup.tsinghua.edu.cn
　　　　　质量反馈：010-62772015, zhiliang@tup.tsinghua.edu.cn
　　　　　课件下载：http://www.tup.com.cn, 010-62791865

印 装 者：三河市科茂嘉荣印务有限公司
经　　销：全国新华书店
开　　本：185mm×230mm　　印　张：24.5　　字　数：535 千字
版　　次：2007 年 7 月第 1 版　2014 年 9 月第 3 版　印　次：2021 年 9 月第 9 次印刷
定　　价：45.00 元

产品编号：053914-01

第 3 版前言

管理是一个动态发展的领域。可以说,自从有了人类社会,人们对管理实践的探索就从未停止过。社会化大生产和市场经济条件下,有效的管理更是必不可少。工业革命以后特别是20世纪以来,科技和管理已成为推动社会生产力发展的两个轮子。不仅在经济领域,而且在社会各个层面,管理对人类活动的影响日益增大,并逐渐渗透到人们的日常生活之中。

管理学是一门不断发展的学科,也是一门实践性很强的学科。学习管理学对社会个体,特别是对管理者具有重要的意义。尽管管理学起源于美国等西方国家,但是它对我国改革开放30多年来社会生产活动的影响是巨大的,"向管理要效益"成为人们的共识,"管理是第一生产力"的观念不断深入人心。特别是进入21世纪以来,以知识经济和信息网络技术为代表的新经济时代的到来,中国经济与世界经济的融合使管理学在我国得以快速发展,人们对管理的需求日益强烈。为了满足培养管理人才的需要,大多数高校都开设了管理类专业,然而管理是科学和艺术的有机统一,其实战性特点要求学习者不仅要掌握基本理论,更需要在实践中去应用。对社会经历很少的在校学生来说,大多数经典的管理学教材理论性过强而实践性偏弱。因此,编写一本既注重管理理论又注重管理实践的"实用型"教材就成为时代的需要。《管理学原理》一书正是基于这样的背景应运而生的。

伴随着社会生产力的快速发展,管理的实践和理论也在与时俱进。随着我国社会主义市场经济体制的日趋完善,对各类组织的管理水平和管理者的素质也提出了更高的要求。作为管理教育工作者,我们有责任将最新的管理理论和动态分享于读者,也有义务将管理理论与我国的管理实践更紧密地结合起来,以推动我国管理水平的提高。为了能使读者更好地了解管理的发展趋势,在清华大学出版社的大力支持下,《管理学原理》一书进行了第三次修订。《管理学原理》(第3版)将更贴近管理实践、契合应用型管理人才培养的需要。本书的再版体现了读者对我们编写工作的关注和认可,也是对我们的激励和鞭策。

与第2版相比较,第3版仍沿用了第2版的体例安排,保留了"实用、适用、创新"的特点,吸收了管理学的最新研究成果,对部分章节的内容和自测题作了修订,更新了案例和阅读资料,尤其是遴选了近年来国内外企业管理的典型案例,以使读者在学习过程中,能够更加自觉和紧密地与管理实践相结合,做到举一反三,学以致用。同时,对原书中出现的不妥之处进行了勘误和修正,使内容和表述更为严谨、规范、科学。

本书分为五篇,共十三章。第一篇管理学基础,包括第一章管理、管理者与管理学和

第二章管理理论的形成与发展，主要阐述了学习管理学必备的基本理论、基本知识、基本方法以及管理理论的形成与发展，从而使学生在开始学习时就可以对管理学有较全面的认识，并明确如何学好这门课程。第二、三、四、五篇分别研究了计划职能、组织职能、领导职能和控制职能。管理职能揭示了管理的实质，这四个职能构成了管理过程。第二篇计划职能是管理的首要职能。该篇包括第三章计划职能与计划、第四章目标与目标管理和第五章决策，主要阐述了计划职能的含义和性质，计划的制定和常用的计划方法，目标与目标管理，决策的过程与方法。第三篇组织职能是实现组织目标的组织保证。该篇包括第六章组织设计、第七章权力的配置和第八章人员配备，主要阐述了组织职能的含义和特点，组织结构的建立，即组织纵向的管理层次和横向的部门划分，这两者构成了组织结构的框架，进而在组织结构中进行职权的配置和人员配备。第四篇领导职能是带领、引导、激励、督促下属同心协力执行组织计划，实现组织的目标。该篇包括第九章领导、第十章沟通和第十一章激励，主要阐述了领导的含义和作用，领导者的影响力及其提高途径，介绍了有借鉴意义的西方领导理论，以及实施领导的沟通、激励等重要手段。第五篇控制职能是通过检查实际工作的进展是否符合既定的目标、计划和标准，如果有偏差，再分析产生偏差的原因，并采取纠正措施，以实现组织的目标。该篇包括第十二章控制基础和第十三章控制技术和方法，主要阐述了控制的含义和作用，控制的类型、程序和如何有效地实施控制，常见的控制方式和常用的控制方法。通过对本书上述内容的学习，使学生全面了解、熟练掌握在整个管理过程中具有普遍指导意义的基本规律和一般方法。

本书由暴丽艳、林冬辉任主编，褚英敏、臧有良任副主编。各章的编写分工为：哈尔滨商业大学臧有良编写第一、三章，山西大学商务学院翟卫东编写第二章，河北经贸大学旅游学院褚英敏编写第四、十二、十三章，黑龙江财经学院林冬辉编写第五、六、七章，刘勇编写第八章，山西大学商务学院暴丽艳编写第九、十一章，郝丽编写第十章。

本书既可作为高校经济管理类相关专业的教材，也可作为相关职业资格考试的参考用书。在本书的修订过程中，得到了作者单位和清华大学出版社的大力支持和帮助，参考了大量相关领域的文献资料。同时，全国各地使用本教材的兄弟院校的同行和读者朋友对我们的修订工作也提出了许多中肯的意见和建议。在此，谨向所有对本书修订工作给予支持和关心的人们以及多年来选用我们教材的院校、读者朋友表示诚挚的谢意！

由于编者水平所限，本书难免存在疏漏之处，敬请各位读者批评指正，以利于我们更好地改进。

编　者

目 录

第一篇 管理学基础

第一章 管理、管理者与管理学 1

第一节 组织与管理 2
一、组织概述 2
二、管理的概念 4
三、管理的职能 6
四、管理的环境 8
五、管理的性质 12

第二节 管理者 15
一、管理者的概念 15
二、管理者的类型 15
三、管理者的角色 16
四、管理者的素质 18

第三节 管理学 21
一、管理学的概念及其特点 21
二、管理学的研究内容 23
三、学习管理学的重要性 24
四、学习和研究管理学的方法 24

案例分析 26
阅读资料 28
本章小结 32
自测题 33

第二章 管理理论的形成与发展 36

第一节 早期的管理思想 37
一、中外早期的管理实践和思想 38
二、管理理论的萌芽 38

第二节 古典管理理论 40
一、科学管理理论 40
二、一般管理理论 44
三、行政组织理论 47

第三节 行为科学理论 48
一、霍桑试验与人际关系学说 48
二、行为科学的发展 50

第四节 现代管理理论 51
一、管理过程理论 51
二、社会系统理论 52
三、决策理论 53
四、系统管理理论 53
五、社会技术系统理论 54
六、管理科学理论 54
七、经验主义理论 54
八、权变理论 55

第五节 管理理论的新发展 55
一、战略管理理论 55
二、全面质量管理 57
三、精益管理思想 58
四、企业再造 58
五、学习型组织 59

案例分析 60
阅读资料 62
本章小结 67
自测题 68

第二篇　计 划 职 能

第三章　计划职能与计划 ... 71

第一节　计划职能的概念 ... 72
一、计划职能的含义 ... 72
二、计划职能的性质 ... 72
三、计划的作用 ... 73

第二节　计划的内容、类型和指标 ... 74
一、计划的内容 ... 74
二、计划的类型 ... 76
三、计划的指标 ... 80

第三节　计划编制的原则和程序 ... 81
一、计划编制的原则 ... 81
二、计划编制的程序 ... 82

第四节　常用的计划方法 ... 84
一、综合平衡法 ... 85
二、比例法 ... 85
三、定额法 ... 85
四、滚动计划法 ... 86
五、网络计划技术 ... 87

案例分析 ... 88
阅读资料 ... 92
本章小结 ... 95
自测题 ... 96

第四章　目标与目标管理 ... 99

第一节　目标的性质和分类 ... 100
一、目标的性质 ... 100
二、目标分类 ... 103

第二节　目标管理 ... 105
一、目标管理的由来 ... 105
二、目标管理的基本思想 ... 106
三、目标管理的作用 ... 107
四、目标管理的原则 ... 108
五、目标管理的过程 ... 109
六、目标管理的评价 ... 115

案例分析 ... 117
阅读资料 ... 118
本章小结 ... 119
自测题 ... 120

第五章　决策 ... 123

第一节　决策的概念和特点 ... 124
一、决策的概念 ... 124
二、决策的特点 ... 125

第二节　决策的类型 ... 126
一、按决策是否具有重复性划分 ... 126
二、按决策的重要程度划分 ... 127
三、按决策影响时间的长短划分 ... 128
四、按决策问题所处的条件划分 ... 128

第三节　决策的过程 ... 128
一、明确问题 ... 129
二、确定目标 ... 129
三、收集资料 ... 129
四、拟定备选方案 ... 130
五、评价和选择方案 ... 130
六、决策方案的实施与反馈 ... 130

第四节　决策方法 ... 131
一、定性决策方法 ... 131
二、定量决策方法 ... 136

案例分析 ... 142
阅读资料 ... 143
本章小结 ... 148
自测题 ... 148

第三篇 组 织 职 能

第六章 组织设计 151
第一节 组织职能概述 152
一、组织职能的含义 152
二、组织职能的两类基本特征 152
第二节 组织结构的设计 154
一、组织结构的含义 154
二、组织结构设计的含义和基本内容 155
三、组织结构设计的原则 155
四、组织结构设计的成果 156
第三节 管理幅度和管理层次 157
一、管理幅度 157
二、管理层次 160
第四节 部门划分 160
一、划分部门的原则 161
二、划分部门的方法 161
第五节 组织结构的类型 163
一、直线制组织结构 163
二、职能制组织结构 163
三、直线职能制组织结构 164
四、事业部制组织结构 165
五、矩阵制组织结构 167
六、动态网络型组织结构 168
案例分析 169
阅读资料 172
本章小结 175
自测题 176

第七章 权力的配置 178
第一节 职权 178
一、职权的来源 178
二、指挥链 179
三、职权的类型 179
四、职权的矛盾 181
第二节 集权与分权 184
一、集权与分权的相对性 184
二、集权与分权的程度 184
三、影响集权与分权程度的因素 185
四、集权与分权的均衡 186
第三节 授权 187
一、授权及其必要性 187
二、授权的原则 189
三、授权的过程 190
四、授权的艺术 190
案例分析 191
阅读资料 196
本章小结 198
自测题 199

第八章 人员配备 202
第一节 人员配备概述 203
一、人员配备的含义 203
二、人员配备的重要性 203
三、人员配备的工作程序 204
四、人员配备的原则 205
第二节 管理人员的选聘 205
一、选聘标准 206
二、选聘方式 206
三、选聘程序 208
第三节 管理人员的培训 214
一、培训目的 214
二、培训原则 215
三、培训内容 217
四、培训方法 218

第四节　管理人员的考评 221
　　一、考评目的 221
　　二、考评内容 222
　　三、考评方式 223
　　四、考评方法 224
　　五、考评程序 227
案例分析 229
阅读资料 230
本章小结 233
自测题 234

第四篇　领导职能

第九章　领导 236

第一节　领导职能的概念 238
　　一、领导职能的含义 238
　　二、领导职能的作用 239
第二节　领导者的影响力 242
　　一、领导者影响力的含义 242
　　二、领导者影响力的类型 242
　　三、如何提高领导者的影响力 244
第三节　领导理论 246
　　一、领导特性理论 247
　　二、领导行为理论 251
　　三、领导权变理论 254
案例分析 259
阅读资料 260
本章小结 269
自测题 270

第十章　沟通 272

第一节　沟通概述 273
　　一、沟通的含义 273
　　二、沟通过程和要素 273
　　三、沟通的重要性 275
第二节　组织沟通 276
　　一、正式沟通 277
　　二、非正式沟通 280
第三节　有效沟通 281
　　一、有效沟通的障碍 281
　　二、有效沟通的"7C"准则 284
　　三、消除沟通障碍的方法 286
案例分析 288
阅读资料 289
本章小结 291
自测题 291

第十一章　激励 295

第一节　激励概述 296
　　一、激励的含义 296
　　二、激励的过程 296
　　三、激励的作用 297
第二节　激励理论 299
　　一、需要层次论 299
　　二、双因素理论 302
　　三、成就需要论 304
　　四、X理论和Y理论 305
　　五、期望理论 306
　　六、公平理论 307
　　七、强化理论 310
第三节　激励方式 312
　　一、工作激励 312
　　二、成果激励 314
　　三、教育培训激励 315
案例分析 316
阅读资料 317

目录

本章小结 320
自测题 320

第五篇　控　制　职　能

第十二章　控制基础 323

第一节　控制职能及作用 324
　　一、控制与控制系统的概念 324
　　二、控制与信息 325
　　三、控制的作用 326
第二节　控制的类型 328
　　一、按控制主体划分 328
　　二、按控制时间划分 329
　　三、按控制对象划分 332
第三节　控制的程序 333
　　一、建立标准 333
　　二、衡量绩效 338
　　三、纠正偏差 340
第四节　有效控制的要求 343
　　一、控制的及时性 344
　　二、控制应与计划相一致 344
　　三、控制应与组织结构相一致 345
　　四、控制标准应客观合理 345
　　五、控制要突出重点 345
　　六、控制要有灵活性 346
　　七、控制要考虑例外情况 347
　　八、控制要考虑经济性 347
　　九、控制要能迅速反馈、便于
　　　　沟通 347
　　十、控制应有纠正措施 348
案例分析 348

阅读资料 350
本章小结 351
自测题 352

第十三章　控制技术和方法 355

第一节　常见的控制方式 355
　　一、财务控制 356
　　二、时间控制 356
　　三、数量控制和质量控制 356
　　四、安全控制 358
　　五、人员行为控制 359
　　六、信息控制 360
第二节　常用的控制方法 361
　　一、预算控制法 361
　　二、统计分析法 366
　　三、平衡记分卡 368
　　四、审计法 369
　　五、甘特图 371
　　六、等级式控制与分权式控制 373
　　七、专题分析法 374
　　八、亲自观察法 374
案例分析 375
阅读资料 377
本章小结 379
自测题 379

参考文献 381

第一篇　管理学基础

第一章　管理、管理者与管理学

【学习要点及目标】

通过本章的学习，理解组织和管理的概念及其产生原因；了解管理职能，明确管理的实质，并能描述管理过程；掌握管理环境的含义和分类，能对某一特定组织的环境进行分析；掌握管理二重性原理，明确管理的科学性和艺术性；能区分谁是管理者，掌握管理者的分类和各级管理者的职责，理解管理者的素质，并注意培养自己的管理素质；掌握相应的管理技能，扮演相应的管理者角色；了解管理科学的学科体系，掌握管理学的特征，明确学习管理学的重要性，掌握学习和研究管理学的方法。

【关键概念】

组织　管理　管理职能　管理环境　管理二重性　管理者　管理学

【引导案例】

一个服装企业的创办和发展

老赵在大学学的是企业管理专业，他喜欢面对挑战和参与竞争。他要办一个小型服装厂，并首先进行了市场调查，考察服装的生产技术和工艺路线。通过调查和可行性研究，他决定把企业定位在生产适合60岁以上老年人的服装，开拓老年服装市场，建立富强有限责任公司。他通过各种社会关系，找到退休的服装设计师、生产技术人员和财务管理人员等志同道合者，决定建立公司，由老赵出任经理。经过投资入股、制定公司章程、租赁厂房、产品设计、购置设备、招聘人员和采购原材料等一系列工作，很快第一批产品就生产出来了。公司积极开展推销工作，产品受到了老年消费者的欢迎。

老赵和设计人员经常深入服装店和居民区了解消费者的意见和需求，不断地设计新产品，企业效益不断提高。同时，在企业内部创造和谐的工作环境，关心、爱护职工；加强职工队伍建设，建立了一支结构合理、精干、高效的职工队伍；以市场为导向，重质量、创品牌，扎扎实实工作，努力使企业在设计、技术、产品更新、营销、文化方面形成自己的特色和优势，打造企业的核心竞争力。因此，使企业得到了稳健的发展，成为一个实力雄厚的小型服装公司。

从这个案例可以看出，该公司的创办和发展得益于老赵的管理能力和用人机制，他将所学的理论运用到企业管理实践中，以市场为导向，把设计人员、工艺人员、生产人员、财务人员和营销人员有效地组织在一起，使企业得到了顺利的发展。对于初学管理的人来说，要掌握管理理论和方法，首先要打好基础，学好管理学原理，然后再学习有关的专门管理学，并做到理论与实践相结合。

第一节 组织与管理

一、组织概述

管理一般是与人的群体活动和组织相联系的。凡是一个由两人以上组成的、有一定活动目的的集体都离不开管理。管理的载体是组织，就是说管理总是存在于一定的组织之中的。因此，首先必须了解什么是组织，然后才有可能去研究如何对组织进行有效的管理。

(一)组织的含义和特征

组织是具有既定目标和正式结构的社会实体。"社会实体"指组织是由两个或两个以上的人组成的；"既定目标"指组织要获得的预期效果；"正式结构"指组织任务是由组织成员分工协作完成的。根据上述含义，组织具有以下特征。

1. 目的

每个组织都有目的，没有目的的组织是不存在的。企业作为营利性组织，其目的是获取更多的利润；政府、教育、医疗、军事、文化和科研等非营利性组织，其目的是为社会提供公共产品或服务。

2. 人员

组织是由两个或两个以上的人组成的。实现组织的目的，是需要经过许多人的努力才能取得的结果，这就是为什么要形成组织的原因。

3. 管理

组织为了达到目标，就必须从组织这个系统的整体出发，搞好分工协作，例如管理层次的分工、部门分工、责权分工，还要进行协作，从而形成一个管理系统。

4. 文化

管理是在一定的社会文化环境中进行的。组织在长期的实践中，会形成为组织成员普遍认可和遵循的价值观念、团体意识、工作作风及行为规范等群体意识，这就是具有该组织特色的组织文化。组织文化影响成员的工作态度，使组织能够保持凝聚力和一致性，引导组织成员实现组织目标。

(二)组织的形成与作用

组织是人类集体协作的产物。人类在生存和发展过程中会碰到许多困难复杂的问题，这些问题只有通过集体协作才能够解决，靠个人力量是不够的。当人们发现依靠集体的力量能够完成个人无法完成的目标和能够满足个人更多的需要时，便会通力合作，这样组织就产生了。马克思很早就指出了协作能够产生一种新的生产力。他说："结合劳动的效果要么是个人劳动根本不可能达到的，要么只能在长得多的时间内，或者只能在很小的规模上达到。这里的问题不仅是通过协作提高个人生产力，而且是创造了一种生产力，这种生产力本身必然是集体力。"①从马克思的这段话中我们可以看出，协作有两个基本作用：第一，协作能扩大或增强个人的能力。这就是说，协作能够完成个人想完成但又无法单独完成的任务。第二，协作可以缩短目标实现的时间。在许多情况下，由个人或少数人从事的任务，如果由具有一定规模的组织进行，在完成任务的时间上显然要经济得多。用现代系统理论中的"系统的功效大于各个子系统功效之和"的原理来解释协作的作用，可以表述为：一定数量的人相互协作形成最佳组合的整体功效大于个体简单相加时的功效。

(三)组织的分类

按照不同的标准，组织可以分为不同的类型。

(1) 按照组织的社会功能划分，可分为经济组织、政治组织、文化组织和群众组织。

经济组织是人类社会最基本、最普遍的社会组织，它担负着为人们提供物质产品与劳务产品的任务，如生产组织、商业组织、金融组织、交通运输组织和服务性组织等。

政治组织的社会功能在于实现某种政治目的，协调各种冲突，维持一定社会秩序，如各类政党、各级政府等。

文化组织是以满足人们各种文化需求为目标，以文化活动为基本内容的社会组织，如学校、图书馆、影剧院、艺术团体和科研机构等。

群众组织是各阶层、各领域的社会成员为开展各种有益活动而形成的社会团体，如工会、妇联、共青团和科学技术协会等。

(2) 按组织的基本性质划分，可分为营利性组织和非营利性组织。

---

① 马克思. 资本论. 第一卷. 北京：人民出版社，1975

营利性组织是指以经济利益为导向,从事生产和经营活动的组织。营利性组织提供各类产品和服务,主要履行经济职能,如工厂、商店、银行和酒店等。

非营利性组织是指以社会利益为导向,以维持社会秩序和促进社会发展为己任的组织。它提供各种社会服务,主要履行社会职能,如事业单位(医疗卫生、教育、科研、文化、体育等)、公共服务单位(公共交通、电力、铁路、邮电及市政等)、社会团体(执政党、学会、妇联、工会、消协、教会和红十字会等)。

二、管理的概念

管理是最普遍的社会现象,从个人、家庭、企事业单位乃至其他社会组织,从农村、城市、国家乃至世界都需要管理,都存在管理活动。凡是有人群活动的地方或领域,都存在与之相适应的管理。

(一)对管理概念的不同观点

"管理"这个词,从字面上讲,是"管辖"、"处理"、"管人"、"理事"的意思,即对一定范围的人员及事物进行安排处理。这种字面的解释是不可能严格地表达出管理本身所具有的完整含义的。究竟什么是管理?19世纪末20世纪初泰勒的科学管理理论的出现,标志着管理学的形成。在管理学的发展过程中,管理学者们从各自不同的角度对管理的概念作了表述。例如,"管理就是决策",这是1978年诺贝尔经济学奖获得者西蒙提出的,这一表述强调了决策的作用。因为任何组织、任何层次的管理者在进行管理时都要进行决策,都存在决策的过程,所以从这一角度来说管理就是决策。

"管理就是实行计划、组织、指挥、协调和控制",这是法国管理学家法约尔于1916年提出的,这一表述强调管理就是实行管理职能。

管理过程理论的代表人物——美国的孔茨认为:"管理就是设计和保持一种良好的环境,使人在群体里高效率地完成既定任务。"这一表述强调的是管理的任务。

杨文士、张雁主编的《管理学原理》一书认为:"管理是指一定组织中的管理者,通过实施计划、组织、人员配备、指导与领导、控制等职能来协调他人的活动,使别人同自己一起实现既定目标的活动过程。"强调管理的本质是协调他人的活动。

徐国华、赵平编著的《管理学》一书认为:"管理是通过计划、组织、控制、激励和领导等环节来协调人力、物力和财力资源,以期更好地达成组织目标的过程。"强调管理是协调组织中的各种资源。

由以上可见,关于管理的定义,有多种多样的说法,给人们以多角度的提示和启发。对于学习管理或从事管理工作的人来说,应该分析、体会每一种说法,这样,将会使你加深对管理的认识。

第一章 管理、管理者与管理学

(二)管理的定义

本书综合了各家之长,将管理定义为:管理是在一定环境中、组织中的管理者,通过实施计划、组织、领导和控制等职能,有效地利用各种资源,以达到组织目标的过程。这一定义包括以下含义。

(1) 管理是在一定的环境中进行的。任何一个组织都有一定的生存环境,包括组织的外部环境和内部环境。管理始终处于不断变化的环境之中。能否适应环境的变化,是决定管理成败的重要因素。

(2) 管理是在一定的组织中进行的。由两个以上的人组成的、有共同目标的组织,就像一个乐队要演奏出动人心弦的乐章,需要指挥使演奏不同乐器的人员分工协作。指挥就是管理。管理是一切有组织的集体活动所不可缺少的要素。

(3) 管理的主体是管理者。所谓管理主体,是指在管理过程中具有主动支配和影响作用的要素。一切管理职能都要通过管理主体去发挥作用。要成为一名管理者,必须具备一定的素质和技能。

(4) 管理的客体是组织中的各种资源。所谓管理客体也就是管理的对象,指的是管理过程中管理者所作用的对象。在一个组织中,管理客体主要是指人、财、物、信息、技术和时间等一切资源,其中最重要的是人力资源,是对人的管理。

(5) 管理是一个过程。管理是实施计划、组织、领导和控制管理职能的过程,这四个管理职能构成了管理过程。

(6) 管理的目的是实现组织的目标。管理本身并不是目的,管理是围绕组织目标进行的,其最终目的是要实现组织的目标,管理没有目标就是一种盲目的行动。世界上不存在没有目标的管理,也不可能实现无管理的目标。

【案例1-1】管理的精髓是"理"不是"管"

面对纷繁复杂的人和事,如何做到正确管理,使管理起到事半功倍的效应,既是管理者的难题,也是必须解决的问题。成功的管理经验是:超越"纷繁复杂",提纲挈领地抓住"人"的核心,精于管,重在理。他们尊重客观规律,把管与理、控制与协调有机结合起来,在管中理,在理中管,让人更高效、更愉快、更正确地做事;做到管而有"法",管而有度,以科学性、可行性为原则;把更多的精力投入到"理"之中,理顺关系,理清职责,理和气氛,理畅情绪,依情而理,使每一个人的主观能动性都得到充分发挥,使工作环境既有规章的严肃,又有人情的温馨。

管理的精髓是"理"不是"管"。"管"不是目的,"理"才是追求。管只能管事,理要理人。"管"与"理"是辩证的统一,"管"不仅要服务于"理",还要"服从"于理。法理、事理、情理是"管"的基础和依据,整理、治理、调理是"管"的方法,合理、有理是"管"的结果。只有这样,管理才是企业发展的助推器和有力保障。

(资料来源:徐殿龙.管理的精髓是"理"不是"管".企业管理,2013-01)

三、管理的职能

通过分析管理职能来研究管理工作，是由亨利·法约尔最早提出来的，后来经过孔茨等人的发展，成为现代管理理论分析管理工作的主导方法。其基本思路是把管理工作看作组织中通过别人或同别人一起完成工作任务的过程，这个过程由若干个管理职能构成，然后对每个职能进行研究，揭示了管理的实质，概括出有关管理的原理，使人们明确管理应该做什么，作为指导管理实践的准则。

管理的职能，也就是管理的功能、作用。最早系统地提出管理职能的是古典管理理论在法国的代表人物亨利·法约尔。1916年，在他的代表作《工业管理和一般管理》一书中，提出管理活动有五种职能，即计划、组织、指挥、协调和控制。自法约尔之后，许多学者对管理职能进行了探讨，对于管理职能有几个，众说不一。

例如，美国学者戴维斯于1934年把管理职能划分为计划、组织和控制三种。

美国学者古利克于1937年提出管理的"七职能说"，即计划、组织、人事、指挥、协调、报告和预算。

美国学者孔茨和奥唐奈于1955年把管理职能划分为计划、组织、人员配备、指导与领导及控制五个。

美国学者希克斯于1966年把管理职能划分为计划、组织、控制、激励、沟通和创新六个。

美国管理学者特里于1972年把管理职能划分为计划、组织、激励和控制四个。

在我国的管理学教材或专著中，对管理职能的划分也不一致。有人赞同孔茨和奥唐奈的五职能说；有人主张分为决策与计划、组织、领导、控制和创新五职能；有人认为可分为计划、组织、控制、激励、领导五职能；还有人认为可分为计划、组织和控制三职能。常见的是划分为计划、组织、领导、控制四个职能，本书也把管理职能划分为这四个职能。

由以上可见，管理学者对管理职能的划分众说纷纭。其原因主要是随着科学技术的进步、生产力水平的提高和管理学的发展，由于人们对管理过程的认识和理解的不同，所以在对管理职能的划分上出现了多种划分的粗细和侧重点不同的状况，但是，从它们所包含的内容来看是一致的，并没有实质的差异。

本书的基本框架是由计划、组织、领导、控制这四个职能构建起来的，下面介绍这四个管理职能的基本内容。

(一)计划职能

计划职能是指管理者依据组织宗旨，确定组织目标，拟定和抉择实现目标的行动方案，并付诸实施的全过程。它包括对组织内部环境和外部环境进行调查研究、预测，在调查研究和预测的基础上进行决策，确定组织目标，制订实现目标的计划，执行计划和监督检查计划执行情况。任何组织的管理过程都是从实施计划职能开始的。计划职能的核心是决策，它与其他三个职能有着密切联系。管理者围绕着计划规定的目标，去实施组织职能、领导职能和控制职能，以保证实现预定的目标。

(二)组织职能

在计划职能确定了组织目标，并对实现目标的途径作了安排之后，为了使人们能够有效地工作，就要实施组织职能。组织职能是指将实现组织目标所必须进行的各项业务活动加以分类组合，划分出不同的管理层次和部门，并配备人员，将监督各类活动所必需的职权授予各层次、各部门的管理者，以及规定这些层次和部门之间的相互配合关系。此外，组织职能还包括塑造组织文化的职能，是指在管理过程中，管理者必须建立起优秀的组织文化，形成清晰明确的价值观，以规范组织整体的行为和成员个体的行为。

(三)领导职能

领导职能是指对组织内每个成员(个体)和全体成员(群体)的行为进行引导和施加影响的活动过程。领导职能实质上是管理者根据组织的目标和要求，在管理过程中学习和运用有关理论和方法以及沟通联络、激励等手段，对被领导者施加影响，使之适应环境的变化，以统一意志、统一行动，保证组织目标的实现。在整个管理过程中，领导职能是连接计划、组织、控制管理职能的纽带，是实现组织目标的关键。在管理的四大职能中，领导职能最能体现管理者管理的艺术性。

(四)控制职能

控制职能是指对组织内部的管理活动及其效果进行衡量和校正，以确保组织的目标以及为此而拟定的计划得以实现。控制工作是一个过程，包括以下三个步骤。

(1) 制定标准。
(2) 根据标准衡量工作成效。
(3) 采取措施纠正偏离标准的偏差。

简单的控制可能只涉及批评某位下属人员，指出他的问题；必要时控制则可能导致重新修订目标和计划、调整组织机构、改善人员配备以及在领导方法上做出重大改变。因此，控制职能通过纠正偏差的行动与计划、组织、领导三个职能紧密地结合在一起，它不仅可以维持其他职能的正常活动，还可以改变其他职能的活动。

管理是一个围绕实现组织目标而展开的复杂过程。计划、组织、领导、控制四个职能构成了管理过程，如图1-1所示。

这个过程以计划为起点，制订好计划后，就要对组织内各构成要素和活动进行组织，继而实施领导，然后对计划执行情况和组织运行情况进行控制，最后实现计划目标，这样就完成了一个管理过程。之后再提出新的计划目标，开始新的循环。管理过程就是这样一个周而复始的运动过程。

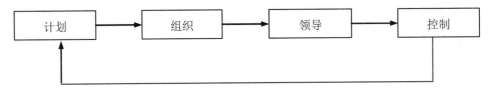

图1-1　管理过程

上述管理过程，是从理论上分析的一般的管理过程。在实际管理工作中，计划、组织、领导和控制管理职能的活动，在时间上是连续的，有一个先后发生的内在联系；在空间上管理人员是同时执行这些职能，管理职能是错综复杂的。例如，计划职能中包含组织工作，控制职能中又包含修订计划，计划职能又要贯穿到组织、领导、控制三个职能中去，每个管理职能活动的本身，就包括其他职能的活动，这就是现实的企业或其他社会组织的管理过程。

从广义上说，一切从事管理工作的人，不论管理的对象是什么，他们所行使的职能是大致相同的，计划、组织、领导和控制管理职能适用于企业管理，也适用于其他领域的管理。

四、管理的环境

管理环境是指存在于一个组织内部和外部的影响组织管理活动的各种因素的总和，通常将其归纳为内部环境和外部环境两类。任何组织的管理活动都是在一定的环境中进行的，要受到各种各样环境因素的影响。一个组织要在特定的环境中生存和发展，就必须了解其所处的环境，并及时掌握环境的变化，分析、确定环境因素对组织的影响，针对各种环境因素的影响制定相应的对策，采取与环境变化相适应的管理形式和方法。管理者只有提高自己对环境变化的分析、判断与预见能力，才能提高决策的正确性、及时性和稳定性。

【案例1-2】下雨就要打伞

有一年，松下幸之助从松下电器公司的社长升为会长。一天，一位新闻记者来采访他，问道："松下先生，请告诉我，贵公司为什么得以高速成长？"突然被问及这个问题，松下一时答不上来，但转念之间，松下反问这位年轻的记者："如果下雨，你会怎么办？"

这个记者根本没想到松下会这样反问他，不免有些吃惊，犹豫了一阵子，最后说出了松下预期的答案："当然要打伞啊！""不错，遇到下雨就打伞，这就是我使企业经营走上轨道的要诀！"松下说。年轻的记者愣了一下，但他随即将松下的话写在采访本上，并向松下道谢。

几十年过去了，到了晚年，松下仍然这么想："只要懂得下雨时打伞，就不会被淋湿。"

这是顺应环境的态度，也是企业发展的要诀。一个管理者，必须明确环境的重要性，了解研究环境的意义。

(资料来源：崔卫国，刘学虎. 管理学故事会. 北京：中华工商联合出版社，2005)

(一)内部环境

管理的内部环境是指组织内部对管理活动发生影响的诸因素的总称，主要包括组织内部的物质环境和文化环境。

1. 物质环境

任何组织的活动都需要借助一定的资源来进行。一般地，任何组织的活动都离不开人力资源、物力资源和财力资源。组织内不同类型人员的数量、素质和使用状况，如生产工人、技术人员和管理人员，每类人员的数量、素质和使用状况；组织活动过程中需要运用的物质条件的拥有数量和利用程度，如企业拥有的设备和厂房及其利用情况，它们与技术发展水平的适应程度；组织中的资金拥有情况(各类资金的数量)、构成情况(自有资金和债务资金的比重)、筹措渠道(金融市场或商业银行)及利用情况(是否把有限的资金使用在最需要的地方)等，都会影响甚至决定组织活动的效率和规模。

2. 文化环境

组织内部的文化环境，主要是研究组织文化的构成和对组织活动的影响。

1) 组织文化的含义

组织文化是组织在长期的实践活动中所形成的并为组织成员普遍认可和遵循的具有本组织特色的价值观念、行为准则、道德规范以及传统和习惯的总和。

组织文化的构成和内容包括以下三个层次。

(1) 表层文化。表层文化是组织文化最直观的部分，也是人们最易于感知的部分，包括组织的标志、工作环境、经营管理行为和模范人物等。组织标志，如组织的名称、标准字体、代表色及标志性建筑、厂徽、厂服等；工作环境，如厂房、机器设备、办公楼、服务设施、文化设施、厂容和厂貌等；组织的经营管理行为，如组织在生产中以"质量第一"为核心的生产活动、在销售中以"顾客至上"为宗旨的市场推广活动、以"塑造组织良好形象"为目标的公共关系活动等；组织的模范人物，如劳动模范、先进工作者等。

(2) 中层文化。中层文化是表层文化和深层文化的中介，组织的深层文化通过中层文化转化为表层文化，包括组织的领导体制、组织结构、规章制度、道德规范、传统习惯等。例如，公司制企业的领导体制是由股东大会、董事会、经理层、监事会组成的法人治理结构，有体现分工协作关系的组织结构，有各种工作程序、工作制度和责任制度，有行为守则和不成文的对员工行为具有约束作用的道德规范，公司具有艰苦奋斗的优良传统，职工在日常生活、工作中养成了随手关灯、关水龙头、可再生废物回收等自觉的节约习惯，公司还有已经成为习惯的一系列日常文化活动及各种礼仪。

(3) 深层文化。深层文化是组织文化的核心层，是组织文化的源泉，即组织的价值观。价值观是指一个人对周围事物的是非、善恶和重要性的评价。组织价值观，是组织评判事物和指导行为的信念，或者表述为组织价值观，是组织所推崇的基本信念和奉行的行为准则。组织价值观是组织内绝大多数人所共同持有的价值观，对于一个组织而言，只有当绝大多数成员的价值观趋于一致时，组织价值观才能形成。如海尔集团的价值观是"海尔，真诚到永远"，它向我们传递的信息是：海尔的产品和服务是值得信赖的。海尔把真诚到永远具体落实到每一个部门、每一个人，使之都有与自己的部门性质、工作特点相适应的理念。营销部门直接面对市场和客户，他们的"真诚"(理念)就是"先卖信誉而不是卖产品"，就是不断"否定自我，创造市场"；生产部门直接从事产品的生产，他们的"真诚"(理念)就是"高标准，精细化，零缺陷"，就是要坚持"优秀的产品是优秀的人生产出来的"的生产理念；服务部门则信奉"用户永远是对的"的服务理念。

2) 组织文化的作用

组织文化对组织和员工具有引导前进方向、调动员工积极性、增强组织凝聚力、规范员工行为的作用。塑造优秀的组织文化，可以树立良好的组织形象，扩大组织的知名度和声誉，是组织长盛不衰的重要保证。

(二)外部环境

根据外部环境因素对组织的影响程度的不同，外部环境可分为特定环境和一般环境。

1. 特定环境

特定环境是指与组织有直接关系的外部环境因素，主要包括资源供应者、服务对象、竞争者、政府部门和社会利益维护团体。

(1) 资源供应者。一个组织的资源供应者是指向该组织提供资源的人或单位。这里所指的资源包括人力、资金、设备、原材料、信息、技术和服务等。没有这些资源，组织就无法生存和发展。为了避免使自己陷入困境，组织就要了解供应者的供应能力、资源的质量和价格、供应渠道和协作关系等，寻求在动态变化中与供应者建立起稳定、有效的协作关系，保证所需资源的及时、稳定、保质、保量供应，并避免过分依赖一两个资源供应者。

(2) 服务对象。这是指组织向外部环境提供的产品或劳务的接受者。服务对象是组织存在的理由，如果没有服务对象，组织就不能生存。因此，任何组织都要了解它的服务对象是谁，他们需要什么，他们能出多少价格来消费商品或劳务，他们为什么要购买我们的商品或劳务，这些是组织和管理者应时刻关心的问题。满足服务对象的需要是组织的目的和使命。

(3) 竞争者。一个组织的竞争者是指与其争夺资源、服务对象的人或组织。任何组织，都不可避免地会有一个或多个竞争者。基于资源的竞争一般发生在许多组织都需要同一有限资源的时候。常见的资源竞争是人才竞争、资金竞争和原材料竞争。当各组织竞争有限的资源时,该资源的价格就会上扬。例如,当资金紧缺时,利率就会上升,组织的营运成本就会上升。基于服务对象的竞争一般发生在同一类型的组织之间,或者这些组织提供的产品或服务方式不同,但它们的服务对象是同一的,也同样会发生竞争。例如,航空部门与铁路运输部门之间、铁路与公路运输部门之间就可能为争夺货源和乘客而展开竞争。组织要想在竞争中取胜,就要了解竞争者,了解他们的优势和弱点,制定竞争的战略和战术。

(4) 政府部门。这主要是指国务院、各部委及地方政府相应机构,如工商行政管理局、技术监督局、物价局和税务局等。政府部门拥有特殊的官方权力,可制定有关的政策法规、规定价格的幅度、征税、对违反法律的组织采取必要的行动等,对组织的生产和发展都会产生深刻的影响。组织的行为必须符合政府的有关规定,明确哪些可以做,哪些不可以做。

(5) 社会利益维护团体。这主要是指工会、消费者协会、环境保护组织等群众组织。虽然群众组织不是政府行为,但是它们可以通过直接向政府主管部门反映情况,通过各种宣传工具制造舆论以引起人们的广泛注意,对各类组织施加影响。

2. 一般环境

一般环境是指与组织有间接关系的外部环境因素,主要包括以下几个方面。

(1) 经济环境。任何组织的管理者都面临经济环境的挑战,尤其是作为经济组织的企业更是同经济环境有着密切的关系。经济环境包括国民经济发展状况、政府有关的经济政策、市场供求状况、价格水平及消费者的消费水平等。组织的管理者如果不善于分析经济环境因素的变化,就不能保证组织的生存和发展。

(2) 技术环境。任何一个组织总与一定的技术保持着稳定的联系,技术是组织为社会服务或做出贡献的手段。一个组织能否拥有先进技术,对组织的生存和发展影响很大。当代技术发展的一个突出特点是更新换代的速度不断加快,技术的更新周期日益缩短。各种组织都面临技术变革的新环境。电子计算机在管理上的广泛应用,新材料、新能源、新工艺和新技术的大量涌现,给管理工作带来了根本性的影响,例如,对组织结构、组织行为、人员素质和领导方法的影响。一个组织如不能同这种新的发展趋势保持动态的平衡,就有被淘汰的危险。

(3) 社会环境。影响组织的社会因素有一个国家或地区的居民教育程度和文化水平、宗教信仰、风俗习惯、伦理道德和价值观念等。每个组织总是处在某种社会环境中,从其建立之日起,组织的行为就要符合社会规范,组织及其管理者必须对社会负责,履行自己的社会责任,提升管理者和职工的道德修养。

(4) 政治环境。政治环境是由那些强制和影响社会上各种组织和个人行为的法律、政府机构、党和国家的方针政策所组成的。具体来说,包括组织所在国家或地区的政局稳定状况,政治经济制度与体制,执政党的路线、方针、政策和所在国家或地区的法律法规。组织必须通过对政治环境的研究，明确干什么，从而使组织活动符合社会利益，受到政府的保护和支持。

(5) 自然环境。自然环境是指对组织有影响的地理位置、气候、自然资源等因素。自然环境是制约组织活动，特别是企业生产经营活动的重要因素。如我国沿海地区的开放政策为这些地区的各类组织提供了发展机会；企业是否靠近原料产地或产品销售市场，会影响到资源获取的难易和交通运输成本；气候趋暖或趋寒会影响空调厂家的生产和服装行业的销售；稀缺资源的蕴藏为所在地区的经济发展提供了机会。

五、管理的性质

管理，从它最基本的意义来看，是在社会化生产过程中指挥劳动和监督劳动，它既与生产力相联系又与生产关系相联系，这就使管理具有二重性。从管理活动过程的要求来看，既要遵循管理过程中客观规律的科学性要求，又要体现灵活协调的艺术性要求，这就是管理所具有的科学性和艺术性。

(一)管理的二重性

管理的根本属性在于管理具有二重性。管理的二重性是马克思主义关于管理问题的基本观点，是马克思在《资本论》中首先提出来的。马克思指出："凡直接生产过程具有社会结合过程的形态，而不是表现为独立生产者的孤立劳动的地方，都必然会产生监督劳动和指挥劳动。不过它具有二重性。"[①]管理的二重性，就是管理既有同生产力、社会化大生产相联系的自然属性，又有同生产关系、社会制度相联系的社会属性。

1. 管理的自然属性

管理的自然属性也称为管理的生产力属性，它是由一定的生产力状况决定的。任何社会，只要有共同劳动，就需要管理。所谓共同劳动，就是许多劳动者通过一定的组织形式结合在一起进行的劳动。凡是共同劳动的结果必然要产生分工协作，有了分工协作，要保证劳动过程的顺利进行，就必须在各个分工环节合理配置人、财、物等资源，协调各个环节之间的关系，使各个环节之间在工作上保持均衡性和连续性。这种由共同劳动、分工协作而引起的管理职能，体现了不同社会制度下管理的共同性，即为自然属性。

2. 管理的社会属性

管理的社会属性也称为管理的生产关系属性，它是指管理与生产关系、社会制度相联系，反映一定生产关系的性质和要求，表现为维护和发展生产关系的特殊职能，体现了不同社会制度下管理的个性。在资本主义社会，企业管理是资本家为了榨取更多的剩余价值

---

① 马克思. 资本论. 第三卷. 北京：人民出版社，1975，第431页

而进行的管理，国家管理则是为了维护资产阶级的统治地位和共同利益而进行的管理。在社会主义社会，管理必须为提高劳动者的物质文化生活水平、为劳动者的全面发展服务。

管理的自然属性和社会属性是有机统一于管理过程中的。

管理二重性的分析如图1-2所示。

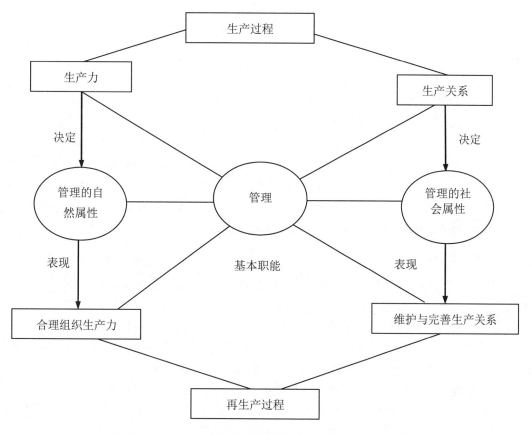

图1-2　管理二重性的分析

3. 学习和掌握管理二重性原理的重要意义

学习和掌握管理二重性的原理具有重要的理论意义和实践指导意义。

(1) 学习和掌握管理二重性原理，能够全面而深刻地理解管理产生的客观必然性、管理的性质、基本职能，以及管理在组织社会化生产和实现社会化生产目的等方面的重要作用。

(2) 学习和掌握管理二重性原理，能够指导我们正确区分资本主义管理和社会主义管理的共性与个性。

(3) 解决了如何对待资本主义发达国家的管理理论、方法和经验的问题，有利于建立有中国特色的社会主义管理理论体系。对于资本主义管理中那些反映现代社会化生产规律的理论、方法和经验,我们都可以学习和借鉴,但是,学习外国经验,必须从我国的实际出发,不能照抄照搬。对于资本主义管理中体现资本主义生产关系和上层建筑的东西,我们要予以批判。依据管理二重性原理,在学习国外先进管理经验时,应采取"以我为主、博采众长、融合提炼、自成一家"的态度,最终建立起符合中国国情的、有中国特色的社会主义管理理论体系,更好地为我国的现代化建设服务。

(二)管理的科学性和艺术性

1. 管理的科学性

科学是关于自然、社会和思维的知识体系,是人们实践经验的总结和概括。管理学是一门科学,它是在人们总结管理工作客观规律的基础上形成的,有它的基本理论、原则和方法,已形成了一套较完整的知识体系,可以用来指导人们从事管理实践。管理的科学性,是指它以反映客观规律的管理理论和方法为指导,有一套分析问题、解决问题的科学的方法论。管理者如果掌握了系统的管理知识与方法,就有可能对管理中存在的问题提出正确的、切实可行的方案;反之,则只能是碰运气,凭直觉,或者照经验办事,不能很好地解决管理中的问题,甚至导致决策失误,给组织带来损失。

2. 管理的艺术性

所谓艺术性,在这里指的是创造性的方式、方法。管理的艺术性,是指一切管理活动都应当具有创造性。管理的艺术性是由两方面因素决定的:第一,管理总是在一定的环境中进行的,而管理环境是不断变化的,因此,不可能有一成不变的管理模式,不可能有适应一切环境的、医治百病的管理良方。第二,管理的主要对象是人,人是有主观能动性和感情的,而人们的需要是多种多样的,一个人的感情变化受多种因素的影响,因此,要调动人的积极性和创造性,就要具体情况具体分析,采用不同的管理方式、方法。由于管理工作所处的环境和要处理的许多问题常常是复杂多变的,管理科学不可能为管理者提供解决一切问题的标准答案,仅凭书本上的管理理论和公式进行管理活动是不可能成功的。在实践中,管理者应用管理理论、原则、方法时必须与具体的管理环境和管理对象相结合,发挥创造性,灵活运用,才能进行有效的管理。

管理艺术必须建立在管理科学的基础上,不按科学办事的管理,就不可能有真正的艺术性。管理的艺术性是对管理的科学理论的合理发挥,而管理艺术性的结果在普遍适用之后就必然会成为科学的理论。显然,管理的科学性和艺术性是相互作用、相互影响的。只有既懂管理理论和方法,又有高超的管理艺术,才能成为有效的管理者。

第二节 管 理 者

一、管理者的概念

管理者是与操作者相对而言的,根据在组织中的地位和职责的不同,组织成员可以分为管理者与操作者。管理者是指从事管理活动的人,即在组织中对他人的工作进行计划、组织、领导、控制,以期实现组织目标的人。如公司的总裁、经理、主管等,他们不但要对自己的工作负责,还要对其所管理的人的工作负责。

二、管理者的类型

(一)按管理者在组织中的地位划分

按管理者在组织中所处的地位,管理者可分为高层管理者、中层管理者和基层管理者。这种划分方法研究的是不同的管理者在组织中、管理过程中的地位和作用,而不涉及具体的专业管理内容,具有普遍适用性。

(1) 高层管理者。高层管理者是指对整个组织的管理负有全面责任的人,他们在一个组织中占的数量很小,如学校的校长和副校长,公司的董事会董事、总裁、总经理、副总裁和副总经理以及其他高级管理人员等。他们的主要职责是:制定组织的总目标、总战略,决定组织的大政方针,评价整个组织的绩效,沟通组织与外界的交往联系,为组织创造良好的内、外部环境。他们在与外界交往中,往往代表组织以"官方"的身份出现。

(2) 中层管理者。我们通常称中层管理者为中层干部,他们是一个组织中各个部门的负责人,如公司中的部门经理、工厂里的车间主任、机关里的处长和大学里的系主任等。他们的主要职责是贯彻执行高层管理者做出的决策,把任务落实到基层单位,并检查、督促、协调基层管理者的工作,保证任务的完成。与高层管理者相比,中层管理者更注意日常的管理事务,在组织中起着承上启下的作用。

(3) 基层管理者。他们是组织中最低层次的管理者,亦称第一线的管理者,如工厂里的班组长,机关里的科长、股长等。他们的主要职责是直接指挥和监督现场作业人员,保证完成上级下达的各项计划和指令。基层管理者主要关心的是具体任务的完成。

这种划分法更能适应一般情况。对一个只有几名或十几名雇员的私营企业来说,老板就是管理者,他直接指挥工人和具体从事管理工作的人员,此时相当于一个基层管理者,同时他又代表了这个企业并对其负全责,起到了高层管理者的作用,他是集三个层次的管理者于一身的管理者。组织越大,管理者的层次就越多,此时该组织内的高层管理者与基层管理者的含义不变,只是中层管理者要分成若干层次。

(二)按管理者工作的性质与领域划分

管理者按其所从事管理工作的领域宽度及专业性质的不同,可划分为综合管理者和专业管理者两大类。

综合管理者是指负责管理整个组织或组织中某个事业部的全部活动的管理者。事业部是一个利润中心,它拥有自己独立的生产、经营运作系统,而公司的总体战略规划是由总公司制定的。对于小型组织来说,可能只有一个综合管理者,那就是总经理,他要统管该组织内的包括生产、营销、人事、财务等在内的全部活动。而对于大型组织来说,可能会按产品类别设立几个产品分部,或按地区设立若干地区分部。此时,该公司的综合管理者就是这些分部的总经理,每个总经理都要统管该分部包括生产、营销、人事、财务等在内的全部活动。

除了综合管理者外,组织中还存在专业管理者,即仅仅负责管理组织中某一类活动的管理者。根据这些管理者所管理的专业领域性质的不同,又可以具体划分为生产部管理者、营销部管理者、人力资源部管理者、财务部管理者以及研究开发部管理者等。对于这些部门的管理者,可以泛称为生产经理、营销经理、人事经理、财务经理和研究开发经理等。对于现代组织来说,随着其规模的不断扩大和环境的日益复杂多变,将越来越多地需要专业管理人员,专业管理人员的地位也将变得越来越重要。

三、管理者的角色

加拿大学者亨利·明茨伯格(Henry Mintzberg)研究发现,管理者扮演着 10 种不同但高度相关的角色,这 10 种角色可被归入三大类:人际角色、信息角色和决策角色,如图 1-3 所示。

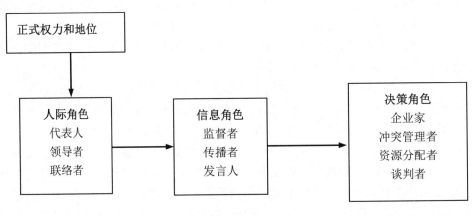

图 1-3　管理者的角色

1. 人际角色

明茨伯格所确定的第一类角色是人际角色。人际角色直接产生于管理者的正式权力基础，管理者在处理与组织成员和其他利益相关者的关系时，就在扮演人际角色。管理者所扮演的三种人际角色是代表人角色、领导者角色和联络者角色。

作为所在单位的领导，管理者必须行使一些具有礼仪性质的职责。管理者有时必须参加社会活动，例如出席社区的集会或宴请重要客户等。这时，管理者行使着代表人的角色。

由于管理者对所在单位的成败负重要责任，他们必须在工作小组内扮演领导者角色。对这种角色而言，管理者和员工一起工作并通过员工的努力来确保组织目标的实现。

最后，管理者必须扮演组织联络者的角色。管理者无论是在与组织内的个人或工作小组一起工作时，还是在与外部利益相关者建立良好关系时，都起着联络者的作用。管理者必须对重要的组织问题有敏锐的洞察力，从而能够在组织内外建立关系和网络。

2. 信息角色

在信息角色中，管理者负责确保和其一起工作的人具有足够的信息，从而能够顺利完成工作。管理职责的性质决定了管理者既是所在单位的信息传递中心，也是组织与其他单位的信息传递渠道。整个组织的成员依赖于管理结构和管理者以获取或传递必要的信息，以便完成工作。

管理者必须扮演的一种信息角色是监督者角色。作为监督者，管理者持续关注组织内外环境的变化以获取对组织有用的信息。管理者通过接触下属来搜集信息，并且从个人关系网中获取对方主动提供的信息。根据这种信息，管理者可以识别工作小组和组织的潜在机会和威胁。

在作为传播者的角色中，管理者把他们作为信息监督者所获取的大量信息分配出去。作为传播者，管理者把重要信息传递给工作小组成员，管理者有时也向工作小组隐藏特定的信息，更重要的是，管理者必须保证员工具有必要的信息，以便切实有效地完成工作。

管理者所扮演的最后一种信息角色是发言人角色。管理者必须把信息传递给单位或组织以外的个人，例如，必须向董事和股东说明组织的财务状况和战略方向，必须向消费者保证组织在切实履行社会义务，必须让政府官员对组织遵守法律的表现感到满意等。

3. 决策角色

在决策角色中，管理者处理信息并得出结论。如果信息不用于组织的决策，这种信息就丧失了其应有的价值。管理者负责做出组织的决策，让工作小组按照既定的路线行事，并分配资源以保证小组计划的实施。

管理者所扮演的第一种决策角色是企业家。在前述的监督者角色中，管理者密切关注组织内外环境的变化和事态的发展，以便发现机会。作为企业家，管理者对所发现的机会进行投资以利用这种机会，如开发新产品、提供新服务或发明新工艺等。

管理者所扮演的第二种决策角色是冲突管理者。一个组织不管被管理得多么好，它在运行的过程中，总会遇到或多或少的冲突或问题。管理者必须善于处理冲突或解决问题，如平息客户的怒气，同不合作的供应商进行谈判或者对员工之间的争端进行调解等。

作为资源分配者，管理者决定组织资源用于哪些项目。例如，对管理者的时间来说，当管理者选择把时间花在这个项目而不是那个项目上时，他(或她)实际上是在分配时间这一资源。除时间以外，信息也是一种重要资源，管理者是否在信息获取上能为他人提供便利，通常决定着项目的成败。

管理者所扮演的最后一种决策角色是谈判者角色。对所有层次管理工作的研究表明，管理者把大量的时间花费在了谈判上。管理者的谈判对象包括员工、供应商、客户和其他组织等。无论是何种类型的组织，其管理者都必须进行谈判工作，以确保组织目标的实现。

四、管理者的素质

人的素质通常有狭义和广义之分。狭义的素质是指人先天具有的生理特点，如体质、心理特征等。先天素质是人的生理条件，是形成后天能力的基础。广义的素质，是先天条件和后天品格、能力的综合反映，包括人的品德、气质、知识、经验、能力、风度和体魄等。管理者的素质，主要包括品德、知识、实际能力和身体心理素质四个方面。

1. 品德

管理者应有的品德，主要指思想品质、道德修养。管理者的品德不仅是管理者威信的重要决定因素，也是其知识、能力能否得到充分发挥的重要条件。管理者应当具备的基本品德有以下几个方面。

(1) 强烈的事业心。管理者应当有为人民造福、为祖国富强、为组织发展做贡献的强烈责任感及成就需要，刻苦钻研，不断攀登，兢兢业业，为事业鞠躬尽瘁。

(2) 不断开拓和创新的精神。勇于开拓、立志改革、不断创新是当今时代的要求，是管理者不可缺少的品质。面对复杂多变的管理环境，管理者要努力开发新产品、开拓新市场、引进新技术、起用新人、采用新的管理方式，以适应时代发展的要求。管理者应当永不满足，敢于冲破传统观念和习惯势力的束缚，不计较个人得失，为开创新局面敢于冒风险。

(3) 有全局观念，不谋私利。管理者应当胸襟宽广，能兼顾国家、组织、职工三者的利益，自觉遵守党和国家的方针政策、法规制度，不搞歪门邪道，能够正确处理局部利益与整体利益、眼前利益与长远利益的关系，不谋私利、不搞特权。

(4) 有良好的民主作风。管理者应当有群众观点，遇事找群众商量，能容纳不同意见，团结群众，能与人合作共事，善于授权。

2. 知识

知识是提高管理水平的基础和源泉。管理工作涉及的知识面广，一般来说，管理者应

第一章 管理、管理者与管理学

掌握以下几个方面的知识。

(1) 政治、法律方面的知识。管理者要掌握党的路线、方针和政策，掌握国家的有关法令、条例和规定，以便正确把握组织的发展方向。

(2) 经济学和管理学的知识。懂得按经济规律办事，了解当今管理理论的发展情况，掌握基本的管理理论与方法。

(3) 人文、社会科学方面的知识。如心理学、社会学方面的知识。管理的主要对象是人，而人是生理的、心理的人，又是社会的、历史的人。学习一些人文、社会科学方面的知识，有助于管理者了解管理对象，从而有效地协调人与人之间的关系和调动员工的积极性。

(4) 科学技术方面的知识。如计算机及其应用、本行业科研及技术发展的情况等。无论管理什么行业，都要有一定的本专业的科技基础知识，否则就难以根据行业的技术特性进行有效的管理。

3. 实际能力

实际能力是指管理者把管理理论与业务知识应用于实践，进行具体管理，解决实际问题的本领。能力与知识是相互联系、互相依赖的，理论与专业知识的不断积累和丰富，有助于潜能的开发与实际才能的提高，而实际能力的增长与发展，又能促进管理者对理论知识的学习消化和具体运用。

关于管理者应具备的基本能力，美国管理学家罗伯特·卡茨(Robert L. Katz, 1974)认为，管理者至少应具备三类基本技能，即技术技能、人际技能和概念技能。管理者能否开展行之有效的管理工作，在很大程度上取决于他们是否真正具备了管理所需的相应管理技能。

1) 技术技能

技术技能是指使用某一专业领域内有关的工作程序、技术和知识完成组织任务的能力。对于管理者来说，虽然可以依靠专业技术人员来解决专业的技术问题，但也需要掌握一定的技术技能，否则就很难与其所主管的组织内专业技术人员进行有效的沟通，从而也无法对其所管辖的业务范围内的各项管理工作进行具体的指导。医院院长不应该是对医疗过程一窍不通的人，学校校长也不应该是对教学工作一无所知的人，工厂生产经理更不应该是对生产工艺毫无了解的人，如果是车间主任就更需要熟悉各种机械的性质、使用方法、操作程序，各种材料的用途、加工工序，各种成品或半成品的指标要求等。

2) 人际技能

人际技能是指管理者处理人与人之间关系的技能。管理者必须学会同下属沟通，影响下属，使下属追随，激励下属去积极主动地完成任务。管理者还必须与上级、与同事、与组织外部的有关人员打交道，还得学会说服上级，学会与其他部门的同事沟通、合作；与有关的外部人员沟通，传播组织的有关信息，与外部环境协调。人际技能要求管理者了解别人的思想、思考方式、感情和个性以及需要和动机，掌握评价和激励员工的技术和方法，最大限度地调动员工的积极性，实现组织目标。具有高超人际技能的管理者，更容易取得人们的信任和支持，也容易有效地实施管理。管理者要善于和各种人打交道，处理好各种关系，这不是说管理者可以不要原则，拿原则做交易。既坚持原则，又有灵活性，是人际技能的核心和精髓。

3) 概念技能

概念技能指的是综观全局，对影响组织生存与发展的重大因素做出正确的判断，并在此基础上做出正确决策，引导组织发展方向的能力。概念技能包括：对复杂环境和管理问题的观察、分析能力；对战略性的重大问题处理与决断的能力；对突发性紧急处境的应变能力等。概念技能就是一种通常所说的抽象思维能力，而这种抽象思维能力主要指对组织的战略性问题进行分析、判断和决策的能力。一个管理者特别是一个高层管理者的概念技能如图1-4所示，对于一个组织来说是十分重要的。

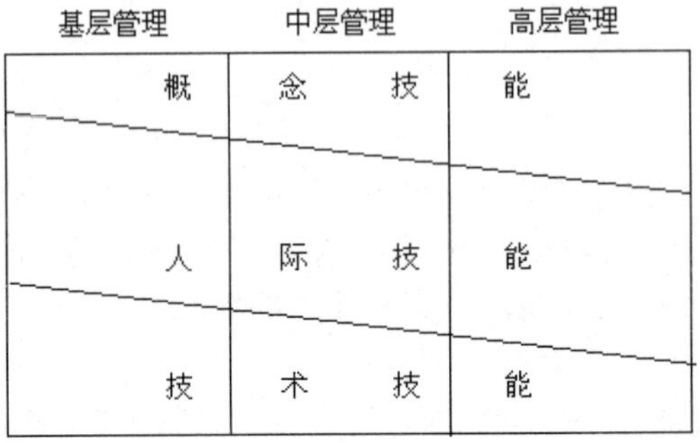

基层管理	中层管理	高层管理
概	念 技	能
人	际 技	能
技	术 技	能

图1-4 管理层次与管理技能要求

技术技能、人际技能、概念技能是各级管理者都需要具备的，但是不同层次的管理者因为职责不同，对这三种技能的要求程度是有区别的。人际技能对高、中、基层管理者通常具有同等重要的意义；对于技术技能来说，管理者层次越高，要求越低；对于概念技能来说，管理者层次越高，要求越高。

4. 身体心理素质

管理活动既是一种脑力劳动，又是一种体力劳动。特别是处于纷繁复杂的环境之中时，管理劳动通常要耗费大量的脑力与体力，是一种很艰苦的实践活动。管理者应当身体健康、精力充沛，就是说要有好的体力和脑力，这是保证做好管理工作的重要条件。健康是生活和工作持续之本。管理者要注意劳逸结合，锻炼身体，注意预防和及时检查、医治各种疾病，这样才能很好地应对繁重的管理工作。

同时，管理者应该有良好的心理素质。心理素质是指一个人的心理过程和个性方面表现出来的持久而稳定的基本特点。管理者除了要有强烈的事业心和责任感之外，还应该乐观、自信，有坚强的意志和宽广的胸怀；能够通过自我调节保持乐观的心态，对工作充满自信；遇到困难不气馁，取得成绩不自满；紧要关头沉着冷静，果敢坚决；尊重下属，工作上出了问题，敢于承担责任；要有宽容大度的胸怀，对反对过自己的人，甚至后来被实践证明是反对错了的人,不计前嫌;不妒忌才能高于自己的人,敢于任用有才能的人。

第三节 管 理 学

一、管理学的概念及其特点

(一)管理学的概念

管理学是一门研究管理活动的基本规律与方法的学科。所谓管理规律,是指在一定的管理环境和条件下,管理主体为了达到一定的目的,对管理客体施加影响和进行控制的规律。所谓管理基本规律,是其所指的管理主体和管理客体具有普遍性,而不是特指的,它对管理活动具有普遍的指导意义,可以作为其他规律基础的规律。管理原理是对管理的实质和管理活动的基本规律的理论概括。管理学的理论体系,是由一系列反映管理活动基本规律的概念、职能、原则、程序和方法等所组成的。这个理论体系来源于管理实践,又能用于指导管理实践。

管理学的基本框架,最初是由法国管理学家亨利·法约尔首先提出来的。他认为需要有一种反映政治、宗教、慈善机构、军事及企事业单位的各种组织管理共性的一般管理理论。为此他写了《工业管理与一般管理》一书,提出了管理学的基本框架,为管理学的研究和发展做出了巨大贡献。以后的管理学学者基本上都是依据他的思想来进行研究和发展的。

(二)管理学的特点

一般来说,管理学具有以下特点。

1. 一般性

管理科学的学科体系可分为一般管理学和专门管理学两大类,管理学作为一般管理学,在管理科学的学科体系中居于基础地位,因此也称为管理学原理,如图 1-5 所示。一般管理学与专门管理学之间的关系是一般与特殊的关系、普遍与专门的关系。管理学要研究的是在各个专门管理学中都适用的、普遍的一般管理理论与方法。各专门管理学也要运用管理学的研究成果,推动本领域管理理论的发展。

2. 综合性

管理学是从社会生活的各个领域以及各种不同类型组织的管理实践中,抽象地概括出具有普遍指导意义的管理思想、原理和方法;管理过程的复杂性、动态性和管理对象的多样化决定了管理所要借助的知识、方法和手段的多样化,因而管理学的研究必然涉及众多的学科,主要有哲学、经济学、社会学、心理学、生理学、伦理学、政治学、法学、数学、系统科学和计算机科学等。

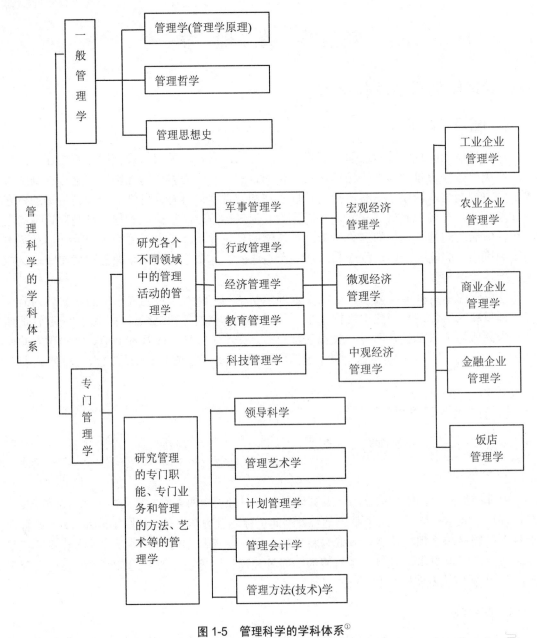

图1-5　管理科学的学科体系[①]

[①] 本图只是提供了管理科学学科体系的基本框架，所列举的各种管理学是不全面的，在图中突出说明了经济管理学。

3. 历史性

任何一种理论都是实践和历史的产物。管理学是对前人管理实践、经验和管理思想的总结、扬弃和发展。现代管理是从研究历史上的管理开始的。割断历史，不了解管理的历史发展和前人对管理经验的理论总结，不进行历史考察，将难以理解建立现代管理学的依据；不了解历史，就不知道现状是怎样形成的。要有创造性、要发展管理学，必须注重管理学的历史性。

4. 实践性

管理学作为管理的理论学科，与其他纯理论科学相比较，又显示出很强的实践性。管理学是为管理者提供从事管理工作的有用的理论、原则和方法的实用性学科。这些有用的理论、原则和方法，是实践经验的总结和提炼，管理学形成的基础是管理实践。管理的实践性，还表现为通过管理实践来检验管理学阐述的理论、原则和方法是否科学，是否可行。管理学作为一门实用科学，只有把管理理论与管理实践相结合，才能真正发挥这门学科的作用。

二、管理学的研究内容

根据管理的性质和管理学的研究对象与特点，管理学的研究内容大体上有以下三个方面。

1. 从管理的二重性出发，着重从三个方面研究管理学

1) 生产力方面

管理学主要研究生产力诸要素之间的关系，即合理组织生产力问题；研究如何合理配置组织中的人、财、物，使各要素充分发挥作用的问题；研究如何根据组织目标的要求和社会需要，合理地使用各种资源，以求得最佳的经济效益和社会效益。

2) 生产关系方面

管理学主要研究如何正确处理组织中人与人之间的相互关系问题；研究如何建立和完善组织机构以及各种管理体制等问题；研究如何激励组织内成员，从而最大限度地调动各方面的积极性和创造性，为实现组织目标服务。

3) 上层建筑方面

上层建筑方面主要是指理论观念、方针政策、法律条例、价值标准、道德规范、思想作风和行为准则等方面，主要研究如何使组织的规章制度与社会的政治、经济、法律及道德等上层建筑保持一致的问题，从而维持正常的生产关系，促进生产力的发展。

2. 从历史的角度研究管理实践、管理思想及管理理论的形成与演变过程

管理思想是管理实践的产物，而管理实践是与人类历史的发展同步进行的。对管理理

论的研究就需要追寻人类的管理实践，扫描不同时期的管理环境，研究管理思想的演变和发展的历史趋势，从中把握管理的发展规律。

3. 着重从管理者出发研究管理过程

管理是一个过程，管理者就是在这个过程中重复地履行各种职能。对管理过程的研究主要有：管理活动中有哪些职能；执行这些职能涉及组织中的哪些因素；在执行各项职能中应遵循哪些原则，采用哪些方法、程序、技术；执行职能过程中会遇到哪些障碍、阻力；如何克服这些障碍、阻力等。

三、学习管理学的重要性

(一)管理在现代社会中的地位和作用决定了学习管理学的重要性

科学技术的进步决定了社会生产力水平，从而推动了社会的发展进程。生产力是由劳动者、劳动对象、劳动手段构成的。只有通过管理才能将劳动者、劳动对象、劳动手段这三个要素合理地组织起来，使生产力达到最佳功能状态，加速生产力的发展。

人们普遍认为，现今的科学技术和先进的管理是推动现代社会发展的"两个车轮"，二者缺一不可，这一点，已被许多国家的发展经验所证明。还有人认为，管理是现代社会文明发展的三大支柱之一，它与科学和技术三足鼎立。国外的社会学者一般认为，19世纪时经济学家特别受欢迎，而20世纪40年代以后却是管理人才的天下了。

以上所述都表明管理在现代社会发展中占有重要的地位，起着巨大的作用。

为了不断完善我国的社会主义市场经济体制，加速我国的现代化建设，增强我国的国际竞争力，必须建立一支高素质的管理人才队伍，努力提高我国的管理水平，加速实现管理现代化。因此，要学习、掌握管理理论与方法，搞好管理教育，发展管理科学。

(二)学习管理学是提高管理者管理能力的重要途径

管理者要提高自己的管理能力，必须把直接经验和间接经验结合起来，管理学的学习是获得间接经验最有效、最迅速的途径。

(三)未来的社会更需要管理

未来社会共同劳动的规模日益扩大，劳动分工协作更加精细，社会化大生产日趋复杂，管理就更加重要了。未来社会科学技术将有更大的发展，需要一套更科学的管理，才能使新的技术、新的能源、新的材料等充分发挥它们的作用。

四、学习和研究管理学的方法

学习和研究管理学的方法主要有以下八种。

(一)唯物辩证法

唯物辩证法是学习和研究管理学的总的方法论指导。方法论是人们认识世界和改造世界的一般方式、方法的理论体系。根据唯物辩证法，管理学产生于管理实践活动，是管理实践经验的科学总结和理论概括。因此，学习和研究管理学，必须坚持实事求是的态度，深入管理实践，进行调查研究，总结实践经验并利用判断和推理的方法使管理实践上升为理论。

唯物辩证法使我们认识到，一切现象都是相互联系和相互制约的，一切事物也都是不断发展变化的。因此，我们不能脱离具体的历史条件，机械地、孤立地、静止地去研究管理理论与方法，必须运用全面的历史的观点，去观察和分析问题，要研究管理学的历史、现状及其发展趋势，不能固定不变地看待组织和组织的管理活动。

(二)系统方法

现代管理把管理对象看成一个系统，就是说任何一个管理对象都是一个系统。系统是指由若干相互联系、相互作用的部分组成，在一定环境中具有特定功能的有机整体。系统具有以下特征。

(1) 目的性。任何系统都有自己的明确目的，系统的运转是为目的服务的。

(2) 整体性和相关性。系统是由若干个从属它的子系统构成的一个有机整体。各个子系统之间、各子系统与整体之间都存在着有机联系。

(3) 有序性。就是系统要具有有序的结构。如组织内各管理层次之间的隶属关系清楚、权责明确，各部门之间工作内容和职责范围明确，每个人的工作岗位和能力相适应，这样组织的活动就会脉络清楚、有条不紊地进行。

(4) 协调性。就是系统的各构成部分配合得恰当，活动协调同步。

(5) 环境适应性。就是系统适应环境变化的特性。

研究管理学就要把管理对象作为一个系统来研究，研究系统的构成，分析系统的功能，分析影响系统发展的各种因素，研究系统之间的相互联系，研究系统的历史等，运用系统的观点和方法去解决管理中的各种复杂问题。

(三)观察总结法

学习研究管理学，必须观察管理实践，总结管理经验，并对其进行提炼概括，使其上升为理论。

(四)比较研究法

有比较才有鉴别。对外国的管理实践与管理理论，通过比较分析，分辨出一般性的内容和特殊性的内容、可为我借鉴的内容和不可为我借鉴的内容，来丰富我国管理学的内容。

(五)历史研究法

历史研究法，就是运用管理理论与实践的历史文献，考察管理的起源、历史演变、重要管理思想家的理论、重要的管理案例，从中找出规律性的东西，寻求对现在仍有意义的管理原则、方式和方法。

(六)案例分析法

案例分析法是指在学习、研究管理学的过程中，通过对典型的管理案例进行分析、讨论，从中总结出管理经验、方法和原则，加强对管理理论的理解与方法的运用。

(七)试验研究法

试验研究法是指有目的地在设定的环境条件下认真观察研究对象的行为特性，并有计划地变动试验条件，反复考察管理对象的行为特征，从而揭示管理的规律、原则和方法的方法。如著名的"霍桑试验"就是运用试验研究方法研究管理学的典范之一。这种方法的不足是条件要求较高，费用较大。

(八)理论联系实际的方法

管理学是一门实践性非常强的学科，必须理论联系实际。理论联系实际的方法，具体说可以是到有关单位去了解实际情况，边学习边实践，带着问题学习，利用假期去企业勤工俭学等多种形式。通过理论与实践的结合，深化认识，提高分析问题和解决问题的能力。

理论联系实际还有一个含义，就是在学习和研究外国的管理经验时，要从我国国情出发，加以取舍和改造，有分析、有选择地学习和吸收。至少要考虑到四个不同：社会制度不同；生产力发展水平不同；自然条件不同；民族习惯和传统不同。我们要从我国实际出发来吸收外国的科学成果，在不断总结自己实践经验的基础上，形成和发展具有中国特色的社会主义管理学。

案 例 分 析

杨总经理的一天

胜利电子公司是一家拥有 200 多名员工的小型电子器件制造企业。除了三个生产车间之外，企业还设有生产技术科、购销科、财务科和办公室四个部门。总经理杨兴华任现职已有四年，此外还有两个副总经理张光和江波，分别负责生产技术、经营及人事。几年来，公司的经营呈稳定增长的势头，职工收入在当地属于遥遥领先的水平。

今天已是年底，杨总经理一上班就平息了两起"火情"。首先是关于张平辞职的问题。

张平是一车间热处理组组长,也是公司的技术骨干,一向工作积极性挺高,但今天一上班就气呼呼地来到总经理办公室递上了一份辞呈。经过了解,张平并非真的想辞职,而是觉得受了委屈。原因是昨天因车间主任让他去参加展览中心的热处理新设备展销会而未能完成张副总交办的一批活,受到了张副总的批评。经过杨总说服后,张平解开了心结,收回了辞呈。

张平刚走又来了技术科的刘工。刘工是厂里的技术大拿,也是技术人员中工资最高的一位。刘工向杨总抱怨自己不受重视,声称如果继续如此,自己将考虑另谋出路。经过了解,刘工是不满技术科的奖金分配方案。虽然技术科在各科室中奖金总额最高,但科长老许为了省事,决定平均分配,从而使得自认为为企业立下汗马功劳的刘工与刚出校门的小李、小马等人所得一样。结果是小李、小马等欢天喜地,而刘工却感到受到了冷落。杨总对刘工作了安抚,并告诉刘工明年公司将进一步开展和完善目标管理活动,"大锅饭"现象很快就会克服。事实上,由于年初定计划时,目标定得比较模糊和笼统,各车间在年终总结时均出现了一些问题。

送走了张平和刘工后,杨总经理开始翻阅秘书送来的报告和报表,上个月的质量情况令他感到不安,产品不合格率上升了0.6个百分点。车间和生产技术科在质量问题上的相互推诿也令人恼火。他准备在第二天的生产质量例会上重点解决这个问题。此外,用户的几起投诉也需要格外重视。

处理完报告和报表后,杨总经理决定到车间巡视一下。在二车间的数控机床旁,发现操作工小王在操作时不合乎规格要求,当即给予了纠正。之后又到了由各单位人员协作组成的技术攻关小组,鼓励他们加把劲儿,争取早日攻克这几个影响产品质量和生产进度的拦路虎。杨总顺便告知技术员小谭,公司会尽量帮助解决他妻子的就业问题。此外,杨总又透露了公司的一项决定:今后无论是工人还是技术人员,只要有论文发表,公司将承担其参加学术会议的全部费用。大家备受鼓舞。

中午12点,根据预先的安排,杨总同一个重要的客户共进了午餐。下午2点他主持了公司领导和各部门主管参加的年终总结会,会上除了生产技术科科长与购销科科长为先进科室的称号又一次争得面红耳赤之外,其他基本顺利。散会以后,他同一个外商进行了谈判,签下了一份金额颇大但却让两位副总忐忑不安的订单,因为其中的一些产品本公司并没生产过,短期内也没有能力生产。但杨总经理心中自有主意,因为他知道,有一家生产这类产品的大型企业正在四处找米下锅,而这份订单不仅会使这家大企业愁眉轻展,也将使胜利电子公司轻轻松松稳赚一笔。

下班时间到了,但杨总经理丝毫没有回家的意思。明天上午他将应邀去行业的一个联谊会做主题演讲,需要打个腹稿。下周还要开董事会,也还有不少的细节需要考虑。望着窗外不知何时飘起的雪花,他陷入了沉思。

【问题】

请分别从管理职能和管理角色的角度分析杨总经理的工作。

(资料来源:杨文士,张雁,李晓光.管理学.3版.北京:中国人民大学出版社,2009)

阅读资料

管理中的角色把握

大家都认为,《西游记》中,沙僧是能力最弱的,就是老实听话,领导喜欢。从一般的绩效考核角度看,他似乎也没有什么突出的硬业绩,最后却与有能力的师兄们一起受封,功德圆满,不少人不服气。其实,沙僧是一个角色感很强的人,既不忘记自己的岗位职责——保护文书以及行李,又能在关键时候站出来,作为"后勤处长",他履职之余,常常配合大师兄、二师兄降妖伏魔而不邀功,在两位师兄不在的时候保护师父。可以说,沙僧是一个懂得配合又懂得该干什么的人,既恪守职责,又补位意识很强。也就是说,他是一个知道并且能够做正确事的人。

管理就是让人们做正确的事的过程。就像一出没有谢幕的大戏,舞台上所有的演员都能演好自己角色的时候,这出戏才能完美收场,如果演员超常发挥,这出戏就能成为经典。在具体的管理过程中,很多管理者更多地强调岗位职责,叫作"屁股指挥脑袋"。问题在于,很多人明明知道坐在哪里,却不干那个位置上的事情,更有甚者,做出与"座位"要求相反的事情。这一方面是由于监管者出了问题,更有一个直接的原因是这些人不知道在这个位置应该做什么事情。这是"导演"出了问题,使他们根本不知道自己应该在那个位置上扮演什么样的角色。因此,要达到管理的目的,管理者首先要了解自身在管理过程中的角色,角色是动态的,职责是静态的,岗位职责是角色的脚本,优秀的演员永远是立足于脚本并超越脚本。一位优秀的管理者就像一个优秀的演员一样,参透剧本的精髓,守正出奇地演绎好自己的角色,超越岗位职责而又万变不离其宗。要想管理到位,管理大戏中"演员"们对于角色的理解和演绎是关键。《圣经》言:你的心在哪里,财宝就在哪里。在我们看来,你关注了什么,你就获得什么。角色感决定了关注点。

高层的角色定位:导演还是独行侠?

如何当好一个高层领导者?柳传志给出的答案是:订战略、搭班子、带队伍。也就是确定方向和策略、找到合适的人。有人将联想和宗申的成长进行了比较:两家均是中国制造业的代表,而且都是从主业走向多元化并采取了投资控股模式进行扩张的战略。宗申走起来收效甚微,而联想控股则看起来做啥成啥,并已经成就了PC行业的世界级企业基础。联想的成功主要归结于一批优秀的执行者是毋庸置疑的,他们是团队的核心,如朱立南、杨元庆、郭为、赵令欢、陈绍鹏、刘军、乔健等,可谓战将如云,多元化战略自然执行起来可以游刃有余。

自恋倾向很严重的苹果创始人乔布斯脾气暴躁、态度严厉,是全球都出了名的,但也可能正是这种苛刻,造就了苹果的盛世辉煌。我们必须承认,乔布斯虽然很"粗鲁",但是看人的眼睛很"贼",也非常清楚要用什么样的人。与美国的很多大公司相比,乔布斯手下的顶尖人才往往在公司的时间更长，也更忠诚。他曾说："多年来我认识到，如果你的员工真的很优秀，你就没必要去呵护他们。你期待他们做了不起的事，你就能让他们做了不起的事。你可以去问 Mac 团队的任何人。他们会告诉你，痛苦是值得的。"找对了人，你就成为优秀的领导者；找不对人，你最多就是优秀的大侠！

把优秀的人才聚合在一起，去完成组织赋予的任务，实现管理的目标，激励机制的建立是老板和高层领导者最基本的管理手段。耶稣带着门徒彼得云游，路过一个村庄，看到地上丢弃着一个旧马掌，示意彼得捡起来，彼得装作没有看见，因为他正走得劳累，不愿弯腰做这件跟自己无关的事情。耶稣自己将马掌拾起来放进包中。他们路过一个铁铺，耶稣用旧马掌换了两个铜板，然后在集市上买了二十枚樱桃。走出村庄后，耶稣和彼得在荒野中越来越感到饥渴和炎热。耶稣拿出了一颗樱桃，悄悄地丢在彼得前面，彼得赶紧弯腰拾起来吃掉，耶稣一次又一次丢下樱桃，彼得一次又一次地弯下了腰。当最后一棵樱桃被彼得弯腰捡起来的时候，耶稣问："为什么当初我让你弯腰拾马掌你不愿意，而现在我没有让你弯腰，你却一次又一次地弯腰呢？如果当初你拾起那个旧马掌，你就可以少弯腰十九次了。"这是一则典型的行为与激励的故事，当人们看不到所做的事情与自己切身利益相关的时候，做事的积极性就会大打折扣，甚至根本无视来自任何方面的指令。一个优秀的领导者，就应如耶稣一样，洞悉人性，系统地设计激励约束机制，俗称"分好钱"。钱的意义在于激发人的本性，创造不满足，让人们在管理过程中充满斗志和持续的激情。

选对人、分好钱的同时，高层领导者还需要一个重要的角色特征，就是要有全局观，要"盯住面"。所谓面，就是整体。由于位置的不同，其他人都可以只看到自己的那一亩三分地，而高层领导者则必须要有整体思维，从而形成总体控制能力，能够一叶知秋。雷曼兄弟投资银行垮台的原因很多，直接的原因就是 CEO 富尔德对于面的判断有误并失去了控制，当有人开价每股 40 多美元购买雷曼的时候，他异常气愤："我们的股票几个月前还 66 美元，40 多美元简直是强盗！"可是，当雷曼的股票连一美元都不值的时候，连美国财政部和华尔街的九大金融机构巨头们也无法帮助了，只好任其破产，此时的富尔德又怨恨美国政府不肯出手相救。他没有想到雷曼的天文数字负债是如何形成的，手下的业务到底如何，他也想不到美国政府会让他破产，这要归咎于他对公司以及环境整体的判断失误。高层领导者要时时关注整体的面，对于组织内部发生的问题，都要有系统的认识，善于从蛛丝马迹中发现大问题的隐患，善于消弭问题于无形之中。高层领导者真正的管理境界不是整天疲于解决各类问题，更不是以解决问题为荣，而是不让问题发生，可是，要达到这样的境界，就必须学会掌握全局，勤于思考，消弭任何可能产生问题的征兆。因此，领导者要紧紧地盯住面，运用系统思考能力，善于发现事件之间的相互联系，悟透事件背后的玄机，透过现象看到本质。

中层管理者的角色拿捏难题

中层是个相对的概念，他们在自己的地盘中可能是最高的领导者。只要你有上级（不包括董事会对 CEO 的约束与管控），又有下级，我们就视同你是中层。中层是至关重要的，对下，他们是领导者；对上，他们是执行者。角色感拿捏起来比较困难。笔者与众多大型企业的中层管理者对此问题进行了探讨，他们提到的角色定位至少包括以下四个特征：承上启下、完成目标、理解上级、帮助部下。对中层管理者来说，最令人尴尬和担忧的一种角色认知，是认为只要把领导的指令传达下去，他们的任务就完成了。由于中层定位的相对性，角色认知困难，可是这又是从基层到高层的必由之路和管理过程的必由之路。我认为中层是执行过程的"腰"。这个"腰"应如何发挥作用，成为更加坚挺的中流砥柱呢？

首先要盯住自己的一亩三分地，也就是所谓盯住线，如果自己的耕地荒了，就是帮了更多的人，你这个中层也是不合格的，最多被评为一个"好人"。但这不是说，中层只关心自己的部门业绩就可以了。如果你是营销负责人，你就要对任何影响成交的行为都保持百分之百的关注和投入。如果你是一个财务部门的负责人，基本的要求就是将本部门的事情做好：账不能记错、现金要管好等；高一点的要求是做好预算，建立并健全财务管控系统，再高一点的要求就是对融资和投资有自己的能力和见解。但要成为优秀的财务负责人就不能仅仅关注这些职责，而是要关注财务这条线，凡是与公司财务有关的，都要打起十二分的精神加以关注，并与公司财务方面的主管领导保持热线沟通，如其他部门对于资金运用的建议、营销回款的关注、公司成本的精细化分析、国家相关会计、税收规范，以及银行贷款政策的变动、优秀财务管理人才的选拔和任用等，都应在关注范畴。并不是说中层不要去关注公司的整体，而是强调着眼点，如果一个中层管理者连自己的这条线都关注不到位，又怎么能管理到位呢？无论是管理着多少人，无论你的管理范围有多宽，只要你是中层，你就必须把你管理的这条线盯好，既不能仅仅盯在点上，对于影响整条线的问题视而不见、见死不救，又不能整天盯着线外的事情，看起来很具有"大局观"，很热心，其实是不落地、不专注的体现。

其次，做教练，指导部下成功完成目标。缺少指导的下属是很难完成预期任务的，下指令是开始而不是过程，更不是结果。一位优秀的中层管理者应该是一位优秀的教练。管理者成为教练就是要做好3+2。"3"就是定目标(明确具体的执行目标)、定规则(游戏规则和奖罚规则)、定位置(做什么)；"2"是充分训练+资讯分享。由此可以看出，教练是管理过程中指挥协调的一种方式，强调了指导、辅导并帮助下属完成任务和成长的特征，尤其是在知识型组织中。教练不能被误理解为老师，教练是帮助部下成长并取得业绩，从而带动团队达成组织的目标；而老师则是帮助学生成长，这个成长与组织可能没有什么直接关系。在企业里，教练的思维需要发扬，教师的思维万万要不得！一个组织的领导者是通过教练方式培养越来越多的人才，这些人才逐渐成为组织的顶梁柱，并不断完成组织的目标，这才是合格的领导者。

第三就是要结果。管理到位的目的在于获得一个预期结果，而能够对管理过程进行全程关注的就是中层。盯住过程，关注结果，是中层的基本要求，既不能为了过程而过程，也不能对基层说"我只管结果，不管过程"。你是导演，就要像斯皮尔伯格、卡梅隆那样，为了达到一个预期的结果而精雕细琢过程，为了更"完美"的结果而努力。有人不喜欢听

第一章　管理、管理者与管理学

完美，批评完美主义，但在管理过程中，一位中层干部如果没有用追求完美的态度去追求结果，什么事情都是差不多就行了，本来百分百努力才能考80分的人最后只能考60分了。不追求完美，你管理的事情永远是"差不多"的，永远进入不了顶级行列，并最终被淘汰。

基层人员的角色

现场是企业所有活动的出发点和终点，那是管理的真正舞台。而现场的主力军则是一线的基层员工，如果他们搞砸了，就是高层喊得再欢、中层再努力，结果都是零。基层人员的角色认知直接决定了他们现场的努力程度、执行能力和做事方式。要想管理到位，基层人员在角色认知方面必须做到以下三件事。

第一件事，盯住点。盯住点就是盯住手中的活，心无旁骛。对于员工不是把注意力放在自己手头的活上而是整天谈论公司战略和文化的现象，任正非说："华为的文化是大创新不鼓励，小创新大奖励。"就是说，作为基层员工不要整天想着公司的战略如何了、文化如何了，而是应该关注自己正在做的具体事情。任正非非常反感那些整天提战略性重大建议的基层员工，而对那些关注手中事情、改进具体工艺和流程的事情给予重大奖励，甚至赋予极高的荣誉。你是业务员，眼睛就盯住你手中即将成交的订单；你是餐厅服务员，眼睛就盯住周围的顾客看看有无什么需要；你是生产线上的工人，眼睛就盯住流水线上的每一个环节和每一件产品；你是会计，眼睛就盯住从你手中进出的每一笔款和每一分账。有人说，这样盯下去，员工就完全成了螺丝钉了。这是对成长的误解：一个做事不认真，连自己的工作都不能盯住的人能有成长吗？蒙牛的一位副总曾坦率地说："我今天成为副总裁，很多人说我很优秀，其实，我觉得，我当普通员工的时候就很优秀，我刷奶瓶子都比他人刷得快得多！"

第二件事，练功夫。管理就是功夫，需要天天练、时时练，一刻不放松。企业的基层员工要想做好手头的活儿，获得预期效果，完全靠技术是不可能的，完全靠小聪明也是不可能的，必须把做事的方式当成一门功夫来练才行。基层员工做的都是具体的事情，观点的思考会少一些，但具体到事情处理，功夫差的和功夫深的人处理起来就不一样。管理人员的一个基本要求就是带领员工练习功夫，让每一个员工都成为功夫高手。当我在海底捞看到一位服务员擦拭餐桌时的麻利、迅速、整洁、有节奏的场景时很震惊，这就是功夫。你要是不勤练习，准会把桌子上的垃圾扫到周边客人的身上。我们曾到浙江嘉兴一家西饼店调查，老板总说门店的人员不积极主动，服务态度不好，可是当我提出要进行足够训练，让这些人不断练功的时候，老板犹豫了，担心会影响现在的工作，也担心成本太高。但如果只是参观一下武功高手的练功过程、给高手们鼓鼓掌就想成为武功高手，或者把人家练功的过程录像拿回来学习一下就能成为武功高手吗？这未免有点缘木求鱼吧。

第三件事，守标准。遵守规则和标准是一线基层员工的基本角色要求，创新是如何遵守标准的创新，而不是整天质疑并抵制标准的创新。乔布斯对苹果的规矩和标准很在意，甚至有点偏执；鲍尔默对微软的标准和规矩很在意，甚至有点狂妄；任正非对华为的标准和规矩很在意，甚至有些不近人情。纪律是对人行为的约束，标准是对做事过程的基本要求。当公司不少人对于新建的管理系统有异议,不大愿意执行的时候,任正非提出了"先僵化,后优化,再固化"的要求。他认为,一个制度和标准还没有执行,员工怎么会知道不能执行,任何新的制度标准只有用过了才能知道成还是不成。如果任何基层员工都可以对不理解的制度标准不执行,那不成了乌合之众了吗?为此,他要求,先去执行,即使不合理也执行,一直到大家都习以为常了,发现其中有不合理的地方,再去不断优化,然后形成固化的制度和标准。

我们中国绝大多数的基层员工是肯吃苦的,也是知书达理的,可是其中一部分人就是对规矩和标准不太买账,认为公司订立规矩和标准来整治员工,认为公司的很多规定是不合理的,这些人的口头禅是:"这些规定和标准不合理,不合理的东西就不应遵守。"可是,什么叫合理呢?每个人心中都有一杆关于"合理"的秤。规定和标准是根据公司的目标和核心价值观确定的,而不是根据个性化的合理性制定的。如果发现规定和标准中确实有不合理的地方,也就是影响工作和人们做事积极性的地方,执行者可以通过正常的渠道主动提出具体的修订建议,并与主管进行交流,而不是私下议论,更不是公开抵触。如果不能严格地遵守规则和标准,基层员工很难做出突出的业绩,即使真的做出了超常的业绩,也是个性化的要素发挥着作用,很难推广到更多的员工,而且如果违反标准和规范,可能会酿成大错,甚至灾难。

(资料来源:周永亮.管理中的角色拿捏.企业管理,2013-02)

本 章 小 结

管理总是存在于一定的组织之中的,组织是管理的载体。组织是具有既定目标和正式结构的社会实体,它具有目的、人员、管理和文化等特征。组织是人类集体协作的产物。

关于管理的定义有多种多样的说法。本书将管理定义为:管理是在一定环境中、组织中的管理者,通过实施计划、组织、领导和控制等职能,有效地利用各种资源,以达到组织目标的过程。要很好地理解这个定义的含义。

管理的职能,就是管理的功能、作用。国内外的学者对管理职能的划分有许多说法,但只是繁简不同,并无实质上的差异。本书将管理职能划分为四个:计划、组织、领导和控制。通过了解管理职能,使我们明确了管理的实质。

任何组织的管理活动都是在一定的环境中进行的,要适应环境的变化才能生存和发展。通常将组织的管理环境分为内部环境和外部环境。内部环境包括物质环境和文化环境;外部环境包括特殊环境和一般环境。

管理的二重性是马克思主义关于管理问题的基本观点,是管理的根本属性。管理的二重性,就是管理既有同生产力、社会化大生产相联系的自然属性,又有同生产关系、社会制度相联系的社会属性。管理的自然属性体现了不同社会制度下管理的共性,管理的社会

第一章 管理、管理者与管理学

属性体现了不同社会制度下管理的个性。管理的自然属性和社会属性有机统一于管理的过程中。学习和掌握管理二重性原理具有重要的理论意义和实践指导意义。

管理的另一个特性，就是管理的科学性和艺术性。管理的科学性，是指它以反映客观规律的管理理论和方法为指导，有一套分析问题、解决问题的科学的方法论。管理的艺术性是指一切管理活动都应当具有创造性。管理的科学性和艺术性是相互作用、相互影响的。

管理者区别于其他管理人员的显著特征是管理者拥有直接下属，负有直接指挥下属开展工作的职责。管理者的类型，在管理学中主要是按管理者在组织中的地位分为高层管理者、中层管理者和基层管理者。管理者扮演着10种不同的但高度相关的角色，这10种角色可被归入三大类：人际角色、信息角色和决策角色。管理者的素质包括品德、知识、实际能力和身体心理四个方面。

在管理科学的学科体系中，管理学属于一般管理学。管理学研究的是管理活动的基本规律与一般方法。管理学具有一般性、综合性、历史性和实践性等特点。管理学研究内容的主线是从管理者出发研究管理过程，从总体上看，也顾及从生产力、生产关系、上层建筑三个方面研究管理学和从历史的角度研究管理理论的形成与演变。学习管理学的重要性表现在三个方面：管理在现代社会中的地位和作用决定了学习管理学的重要性；学习管理学是提高管理者管理能力的重要途径；未来的社会更需要管理。学习和研究管理学的方法主要有唯物辩证法、系统方法、观察总结法、比较研究法、历史研究法、案例分析法、试验研究法和理论联系实际的方法。

自 测 题

一、单项选择题

1. 决定管理社会属性的是( )。
   A. 生产方式　　B. 生产力　　C. 生产关系　　D. 上层建筑
2. 组织中的人员是指( )。
   A. 管理方式　　　　　　　　B. 管理的主体和客体
   C. 管理手段　　　　　　　　D. 管理的媒介和依据
3. 管理学的研究对象是( )。
   A. 国民经济管理　　　　　　B. 工业经济管理
   C. 企业管理　　　　　　　　D. 管理活动的基本规律与方法
4. 管理的艺术性是指一切管理活动都应当具有( )。
   A. 复杂性　　B. 精确性　　C. 创造性　　D. 有效性
5. 管理者扮演着10种不同的但高度相关的角色，这10种角色可被归入三大类：人际角色、信息角色和( )。

A. 管理角色   B. 领导角色   C. 决策角色   D. 指挥角色

6. 作为学习、研究管理学的总的方法论指导的是( )。
   A. 系统方法   B. 理论联系实际的方法
   C. 比较研究法   D. 唯物辩证法

二、多项选择题

1. 组织的特征有( )。
   A. 目的   B. 人员   C. 管理
   D. 领导   E. 文化
2. 按组织的社会功能划分,组织可分为( )。
   A. 经济组织   B. 政治组织   C. 营利性组织
   D. 文化组织   E. 群众组织
3. 管理的职能是( )。
   A. 核算   B. 组织   C. 领导
   D. 计划   E. 控制
4. 按管理者在组织中的地位分,管理者可分为( )。
   A. 计划管理者   B. 高层管理者   C. 中层管理者
   D. 财务管理者   E. 基层管理者
5. 管理学的特点是( )。
   A. 一般性   B. 艺术性   C. 综合性
   D. 历史性   E. 实践性
6. 系统的特征是( )。
   A. 目的性   B. 整体性和相关性   C. 有序性
   D. 协调性   E. 环境适应性

三、判断题

1. 管理不是一切社会组织所必需的活动。( )
2. 计划、组织、领导、控制等管理职能只适用于企业管理。( )
3. 人际技能对各级管理者通常都具有同等重要的意义。( )
4. 技术技能主要是指对组织的战略性问题进行分析、判断和决策的能力。( )
5. 管理的目的是为了获得更多的利润。( )

四、简答题

1. 简述组织的含义和类型。
2. 管理的含义是什么?
3. 简述管理职能和管理过程。

4. 为什么环境研究对于管理十分重要?
5. 简述管理环境的分类。
6. 简要说明管理的科学性和艺术性。
7. 如何识别一个人是不是管理者?
8. 高层管理者的主要职责是什么?
9. 中层管理者的主要职责是什么?
10. 基层管理者的主要职责是什么?
11. 美国管理学家罗伯特·卡茨认为管理者至少应具备哪三类基本技能?
12. 管理学研究的对象和内容是什么?
13. 管理学有哪些特点?
14. 简述学习管理学的重要性。
15. 学习和研究管理学的方法有哪些?

五、论述题

1. 试论管理二重性原理。
2. 一个合格的管理者应具备怎样的素质?
3. 举实例说明管理者在企业中扮演的三大类 10 种角色分别发挥什么样的职能?
4. 试述学习和研究管理学的系统方法。

第二章　管理理论的形成与发展

【学习要点及目标】

通过本章的学习，了解中外早期的管理思想；了解西方管理理论的发展线索和过程；了解当代管理理论的发展趋势；理解并掌握主要的管理理论产生的背景、代表人物和理论要点；能够运用相关的管理理论指导管理实践。

【关键概念】

古典管理理论　霍桑试验　人际关系学说　行为科学　现代管理理论　学习型组织

【引导案例】

汽车生产方式的变革

一百多年以来，管理人员通过应用不同的管理哲学，使汽车的生产方式发生了巨大的变化。

在1900年以前，工人组成生产小组相互协作，把各种零部件用手工的方式组装成汽车。这种小批量生产是非常昂贵的：组装一辆汽车需要花费大量的时间和精力；工人们一天只能够生产很少量的汽车。为了降低成本、提高销量，早期汽车厂的管理者需要具有较高的提高生产效率的技能。

1913年，亨利·福特使整个汽车行业发生了革命性变化。他在底特律开办了"高地公园汽车厂"，生产T型车。福特与他的生产管理团队开创了大批量生产系统，使得小批量生产系统在一夜之间变得陈旧过时。在大批量生产系统下，传送带将汽车传送到工人面前，流水线旁的每个工人负责完成一项特定的工作任务。福特通过试验确定了使每一位工人完成其特定工作的最有效率的方式，结果是每一位工人负责一项特定的工作，诸如安装车门螺丝、安装车门把手等。这样，福特汽车工厂里的工作变得非常具有重复性和简单性。福特管理方法极大地提高了效率，使汽车生产成本降低了2/3，每年的汽车销售量占了全球一半的市场。福特汽车公司也因此成为世界汽车行业的领头羊，许多竞争对手也竞相采用这种大批量生产技术。在这些竞争对手中，通用汽车公司和克莱斯勒公司最终成为福特公司最大的竞争对手。

通用汽车公司的CEO艾尔弗雷德·斯隆和克莱斯勒公司的CEO沃尔特·克莱斯勒没有简单地模仿福特的方法，而是采取了一种新的战略：为消费者提供一个范围广泛的选择空间。新战略一经提出即大受欢迎，以至于福特最后不得不将工厂关闭了7个月，以进行重组来适应生产多种型号汽车的需要。由于福特对于汽车市场变化的局限性眼光，他的公司失掉了竞争优势。在20世纪30年代，通用汽车公司取代福特汽车公司成为市场领导者。

汽车生产的第二次革命发生在日本。20世纪60年代，丰田汽车公司的生产工程师大野耐一在参观了美国三家汽车生产厂家后，开创了精益生产(准时制)方式，成为管理思想的一大变革。在精益生产方式下，工人们在一个运动的生产线旁工作，但不同的是他们被组织成为小的团队，每一小组对某一特定的装配环节负责，像安装汽车传动系统、电子系统等。团队中的每一位成员都需要学习掌握他所在团队所有成员的全部工作技能，并且每一个工作团队的工作职责不仅是装配汽车，而且要不断地发现可以提高效率、降低成本的办法。到20世纪70年代，日本的管理者已经成功高效地应用了这种新的精益生产系统，与美国竞争对手相比，他们生产的汽车质量更高、成本更低。到20世纪80年代，日本汽车企业已称雄世界汽车市场。

为了与日本同行竞争，美国三大汽车公司的管理者访问了日本以学习准时制生产方法。福特公司和克莱斯勒公司成为学习应用这一新的生产哲学以提高质量、降低成本的最为成功者。事实上，到了20世纪末，它们的生产成本已经与日本汽车企业基本持平。尤其是福特公司，还极大地提高了其汽车质量。

(资料来源：臧良运.管理学基础.北京：中国电力出版社，2012)

　　管理理论的产生与管理的实践活动密不可分。上述案例中，汽车生产方式的演变体现了管理理论的变化趋势，同时，管理理论的发展也促进了管理方式的改进。尽管在不同的时代和不同的组织中，管理的具体方式和手段各有差异，管理活动仍然是有规律可循的。管理理论就是人们对于管理实践活动规律的系统性总结。管理理论的形成和发展与时代特征密切相关，它随着生产力的发展而发展，体现了社会化大生产的要求。管理理论的发展也体现了人们对人性认识的不断深化。考察管理理论发展的历史能够帮助我们了解今天的管理理论和实践。本章将介绍现代管理理论的起源、主要内容与发展趋势，以说明管理理论是如何适应组织和社会的变化而不断演进的，并将过去与未来联系起来，说明管理是一个在不断发展的领域，使人们能更好地运用管理理论去指导管理实践，并在实践中不断修正和完善管理理论。

第一节　早期的管理思想

　　管理是劳动社会化的产物，可以说，有了人类历史，就有了管理的实践活动。有记载的管理活动即在某些人的监督下将人们组织起来以达到目标，这些监督者负责计划、组织、领导和控制，这种活动已存在了几千年。如金字塔、长城等大型建筑工程的实施，就需要精湛的管理技术。因此管理思想的产生可以追溯到远古时代。管理活动的出现促使人们对这种活动加以研究和探索，逐步形成了一些对于管理的朴素的见解和认识，这些零散的管理思想记载在古代的史籍和各种著作中。包括古中国、古埃及、古巴比伦、古希腊以及古罗马等，都曾经孕育了丰富的管理思想。

一、中外早期的管理实践和思想

中外早期的管理实践和思想主要体现在治国、治军以及教会管理等方面。

中国是世界上历史最悠久的文明古国之一。在漫长的历史发展中，我国在有关管理国家、巩固政权、统率军队、组织战争、治理经济、发展生产、安定社会等方面积累了极为丰富的经验，留下了许多至今仍闪耀着光辉的管理思想。

我国古代典籍《孙子兵法》关于战争原则的论述至今仍吸引着大量的中外读者。著作中关于战争中的节制和谨慎、速度、灵活性和适应性、战略的运用等思想是与现代企业的战略管理思想息息相通的。在《周礼》、《墨子》、《老子》、《齐民要术》、《天工开物》等著作中都有大量的管理思想，这些管理思想是中国传统文化乃至东方文化的精髓。

外国的管理实践和思想也有着悠久的历史。古埃及人是首先意识到"管理幅度"的实践者，古巴比伦王国的《汉谟拉比大法典》和古希腊的大哲学家苏格拉底、色诺芬、柏拉图、亚里士多德等人的著作中到处都闪耀着管理思想的火花。罗马天主教有等级森严的层级管理制度，宗教著作《圣经》中体现的管理思想对后世的影响很大。

欧洲文艺复兴时期出现了许多管理思想，如意大利的尼克罗·马基雅维利(Niccolo Machiavelli，1469—1527)在《君主论》中论述了领导者的素质问题，强调了人民在国家生活中的作用；早期空想社会主义者莫尔(Thomas More，1478—1535)的《乌托邦》则论述了社会制度、国家管理、经济管理和生产管理方式，这些著作中体现的管理思想对现代管理有一定的借鉴意义。

但是，只有在过去的几百年里，尤其是18世纪下半叶工业革命以后，管理才被系统地研究，逐渐成为一门共同的知识体系，成为一门正式的学科。

二、管理理论的萌芽

20世纪前对管理最重要的影响来自于工业革命(Industrial Revolution)，它开始于18世纪60年代的英国，随后扩散到欧美其他国家。工业革命在工业技术和社会关系上都引起了巨大的变化，推动了资本主义生产力的发展。工业革命的结果是机器动力代替部分人力——机器大生产和工厂制度的建立。随着工业革命以及工厂制度的发展，工厂的管理问题越来越突出：这些工厂需要预测需求，保证有足够的原料供应；向工人分派任务，指挥每天的生产活动；协调各种活动，保证机器正常运转和保证产品质量以及为产品寻找市场等。在传统的家庭手工业中人们很少关心效率，而在大生产条件下，面临按期支付工人工资的压力，如何使工人满负荷工作就变得非常重要了。于是，计划、组织、领导和控制就成为必不可少的管理工作。在新的社会生产组织形式下，如何提高效率和取得利润最大化成为许多经济学家和管理实践者研究的中心问题。

第二章 管理理论的形成与发展

(一)亚当·斯密的管理思想

亚当·斯密(Adam Smith，1723—1790)是英国古典经济学体系的建立者，他在1776年出版的《国民财富的性质和原因的研究》一书中，系统地阐述了其政治经济学观点，为资本主义经济的发展奠定了理论基础。同时，在其著作中也涉及许多管理的思想。

亚当·斯密对管理理论发展的最重要贡献是提出了劳动分工的观点，他特别强调分工带来的经济利益，认为劳动分工是提高劳动生产率的重要因素。劳动分工之所以能够提高生产率，是因为它提高了每个工人的技巧和熟练程度，节约了由于变换工作而浪费的时间，以及有利于工具的改进和机器的发明。亚当·斯密的劳动分工观点适应了当时生产力发展的需要，也成为以后管理理论中的一条重要原理。

亚当·斯密在研究经济现象时的基本论点是所谓的"经济人"观点，即经济现象是具有利己主义的人们的活动所产生的。他认为，人们在经济活动中，追求的完全是私人利益。但每个人的私人利益又受到其他人利益的限制，这就迫使每个人必须顾及其他人的利益，由此产生了相互的共同利益，进而产生了社会利益。社会利益正是以个人利益为立足点的。这种"经济人"的观点，正是资本主义生产关系的反映，同样对以后资本主义管理思想的发展产生了深远的影响。

亚当·斯密还提到管理中的控制职能。他认为，如果要真正地对一个人进行控制，他必须为自己的成绩对某人负责，否则就无法对他人施加影响。

(二)欧文的人事管理革命

罗伯特·欧文(Robert Owen，1771—1858)是英国的空想社会主义者，合作运动的创始人，也是英国职工会最早的组织者之一，在管理实践和管理思想方面也有重要的贡献。欧文出生于英国北威尔士的一个手工业者的家庭，由于生活拮据，他只在乡村小学受过初等教育，童年时代便开始外出谋生。最初他在一家小商店里做学徒，18岁时与人合伙，在曼彻斯特经营一个小工厂，两年后便成为苏格兰一家纺织厂的经理。1800年，欧文在苏格兰的新拉那克街办了一家工厂，在管理方面进行了许多试验。欧文在新拉那克工厂进行的管理试验主要在人事管理方面，可分为两个阶段：第一阶段，欧文致力于改善工厂的工作条件及职工的家庭生活状况；第二阶段，欧文致力于以工厂为中心的社区的社会改革。具体措施包括：改善工厂的工作条件，合理布局生产设备，缩短劳动时间，提高雇用童工的最低年龄限制，提高工资，在厂内免费为工人提供膳食，开设按成本出售工人生活必需品的工厂商店，设立幼儿园和模范学校，创办互助储金会和医院，发放抚恤金，通过建设工人住宅、修建街道来谋求改进工厂区的整个状况。他善于与工人接触，他的改革得到了工人们的支持，从而大大增加了工厂的盈利。

欧文是人事管理的先驱。他认为"人是环境的产物"，重视人的因素在工业中所起的重要作用。欧文的理论和实践对以后的管理，特别是人事管理有相当大的影响。一般认为欧文是人事管理的创始人,称他为"人事管理之父"。

(三)巴贝奇的作业研究与报酬制度

查尔斯·巴贝奇(Charles Babbage,1792—1871)是英国著名的数学家、机械学家,现代自动计算机的创始人和科学管理的先驱。巴贝奇出生于一个富有的银行家的家庭,曾就读于剑桥大学三一学院。1832年,他出版了《论机器和制造业的经济》一书,书中论述了他从管理实践中总结出的关于专业分工、工作方法、机器与工具的使用以及成本记录等方面的管理思想。巴贝奇的管理思想主要可以概括为以下几个方面。

(1) 提出了在科学分析研究的基础上有可能制定出企业管理的一般原则。对于科学分析,他建议经过严密调查而获得数据。

(2) 发展了亚当·斯密关于分工的思想,通过时间研究和成本分析进一步分析了分工能提高劳动生产率的原因。巴贝奇还指出,脑力劳动也同体力劳动一样可以进行分工。

(3) 在劳资关系方面,强调劳资协作,强调工人要认识到工厂制度对他们有利的方面。巴贝奇提出一种固定工资加利润分享的制度,即工人可以按照其在生产中所做的贡献,分到工厂利润的一部分。巴贝奇也很重视对生产的研究和改进,主张实行有益的建议制度,鼓励工人提出改进生产的建议。他认为工人的收入由三个部分组成:①按照工作性质所确定的固定工资;②按照对生产率所做出的贡献分得的利润;③为提高生产率提出建议而应得的奖金。提出按照生产效率不同来确定报酬的具有刺激作用的制度,是巴贝奇做出的重要贡献。

第二节　古典管理理论

资本主义经济的发展,科学技术的进步,促进生产进一步社会化,企业规模不断扩大,生产技术日益复杂。这时,只凭个人经验管理企业,已不适应大规模社会化生产的要求,迫切需要用科学的、规范化的管理来代替传统的经验管理。与此同时,前一时期管理经验的积累,管理理论的萌芽,也为正式管理理论的产生提供了条件。19世纪末20世纪初,在欧美国家形成了比较系统的管理理论,主要包括科学管理理论、一般管理理论和行政组织理论。

一、科学管理理论

科学管理关心的是那些能够最大限度提高单个工人劳动生产率的手段,它代表了一种20世纪以来一直在使用的工作(作业)设计模式。对科学管理理论做出突出贡献的代表人物主要有泰勒、甘特、吉尔布雷斯夫妇、埃默森等。

(一)泰勒对科学管理理论的贡献

1. 泰勒简介

弗雷德里克·温斯洛·泰勒(Frederick Winslow Taylor，1856—1915)，科学管理理论的主要创始人，被后人尊称为"科学管理之父"。1856年3月，泰勒出生于美国费城一个富有的律师家庭，1872年考入哈佛大学法律系，但不幸因眼疾而被迫辍学。1875年，他进入一家小机械厂当学徒，1878年，22岁的泰勒进入费城米德维尔钢铁公司工作，开始当技工，后来被迅速提升为工长、总技师。1883年通过业余学习，泰勒获得史蒂文斯技术学院的机械工程学位，1884年被提升为米德维尔钢铁公司的总工程师，1886年加入美国机械工程师协会，1890年在费城一家生产投资公司任总经理，1898—1901年在美国伯利恒钢铁公司做咨询工作。1901年后泰勒以大部分时间从事咨询、写作和演讲等工作，宣传他的管理主张；1906年担任美国机械工程师学会会长；1915年泰勒因肺炎逝世。由于他生前在科学管理方面所做的特殊贡献，人们在他的墓碑上镌刻"科学管理之父 F.W.泰勒"，以示纪念。

泰勒的经历使他对生产现场很熟悉。他始终对工人的低效率感到震惊，认为工人的生产率只达到应有水平的三分之一，并且认为经营者和工人都存在着问题。于是，他从1880年开始在车间里试验用科学方法来纠正这种状况。他花了二十多年的时间，以极大的热情寻求从事每一项工作的"最佳方法"。为此，他先后进行了著名的"搬运生铁块试验"、"铁砂和煤炭铲掘试验"、"金属切削试验"等，系统地研究工人的操作方法和劳动所花时间。

泰勒的主要著作有：《计件工资制》(1895年)、《工厂管理》(1903年)、《论金属切削技术》(1906年)、《科学管理原理》(1911年)，以及《在美国国会的证词》(1912年)。

2. 科学管理理论的主要内容

1911年，泰勒出版了《科学管理原理》一书，集中体现了其管理思想与研究成果。科学管理理论的具体内容可以概括为以下几个方面。

(1) 工作定额原理。泰勒认为，科学管理的中心问题是提高劳动生产率。要提高劳动生产率，就要制定科学的工作方法，在动作—时间研究的基础之上，为工人制定"合理的日工作量"。这一原理为开发科学方法，代替传统的经验方法奠定了基础。

(2) 标准化原理。制定并使工人掌握标准化的、科学的操作方法，包括标准化的工具、机器和材料以及标准化的作业环境，即所谓的"标准化原理"。泰勒认为工人提高劳动生产率的潜力是巨大的。挖掘潜力的方法应该是把工人多年积累的经验和技巧归纳整理并结合起来，通过分析比较找出其中具有共性和规律性的东西，并将其标准化。用这一方法对工人的工作方法、使用的工具、劳动和休息时间等进行合理搭配，同时对机器安排、环境因素等进行改进，消除种种不合理因素，把最好的因素结合起来，这就得到了提高生产率的根本保证。泰勒将其视为管理当局的首要职责。

(3) 能力与工作相适应的原理。为了挖掘人的最大潜力，提高劳动生产率，必须做到人尽其才，或者说，对某一项工作必须找到最适宜干这项工作的人，同时还要最大限度地挖掘最适宜干这个工作的人的最大潜力。因此，对任何一项工作必须要挑选"第一流的工人"。泰勒认为培训工人成为"第一流的工人"是领导方面的职责，因此要制定科学的方法对工人进行培训。企业管理当局的责任在于为工人安排最合适的工作，培训他成为第一流的工人，使其能力与工作相匹配。

(4) 实行差别计件工资制。泰勒认为，工人"磨洋工"，生产效率低下的一个重要原因就是当时的报酬制度不合理。为了克服消极怠工的现象，调动工人的积极性，泰勒于1895年提出了其刺激性工资制度——"差别计件工资制"。其主要内容包括：

① 通过工时研究和分析，制定工作定额或标准，这样就把定额的制定从以估计和经验为依据改变为以科学为依据。

② 采用"差别计件工资制"，即计件工资率按完成定额的程度而浮动，从而鼓励工人完成或超额完成工作定额。如果工人完成或超额完成定额，则按较高的工资率付酬，通常是正常工资率的125%；如果工人没有完成定额，则按正常工资率80%的较低工资率付酬，并发给一张黄色工票警告，如不改进就要被解雇。

③ 工资支付的对象是工人而不是职位，即根据工人的实际工作表现而不是根据工作类别来支付工资。泰勒认为这样做，既能克服消极怠工的现象，更重要的是能调动工人的积极性，从而大大提高劳动生产率，这对劳资双方都是有利的。

(5) 计划职能与执行职能相分离，变经验工作法为科学工作法。经验工作法是指每个工人根据个人的习惯和经验来决定用什么方法操作、使用什么工具等。科学工作法是通过试验和研究的结果制定标准，按照标准办事。为此，泰勒主张明确划分计划职能与执行职能，由专门的计划部门制定标准化的操作方法、工具和定额，拟订计划并发布指示和命令，并进行有效的控制。现场的工人和部分工长则从事执行职能，按照计划部门制定的操作方法，使用规定的标准工具，从事实际工作，不得自行改变计划。

(6) 实行"职能工长制"。泰勒主张实行"职能管理"，即将管理工作予以细分，使所有的管理者只承担一种管理职能。他设计出八种职能，分别由八个工长执行，其中四个在计划部门，四个在车间。每个职能工长负责某一方面的工作，在其职能范围内向工人发布命令。泰勒认为"职能工长制"有三个优点：其一，对管理者的培训所花费的时间较少；其二，管理者的职能明确，因而可以提高效率；其三，由于计划部门的作用，车间现场的职能工长只需进行指挥监督，因此非熟练技术工人也可以从事较复杂的工作，从而可以降低整个企业的生产费用。

由于一个工人同时接受几个职能工长的多头领导，容易引起混乱，所以职能工长制在实际工作中没有得到推广。但泰勒的这种职能管理思想为以后职能部门的建立和管理的专业化提供了思路，这是泰勒对组织管理的一大贡献。

(7) 实行例外原则。所谓例外原则，即企业的高级管理人员把例行的一般日常事务授权给下级管理人员去处理，自己只保留对例外事项即重大事项的决策权和控制权，如企业发展战略和重要的人事任免等。例外原则至今仍是管理的重要原则之一，以例外原则为依据的管理控制原理，以后发展成为管理上的分权化原则和事业部制的管理体制。

(8) 劳资双方都要进行"心理革命"。泰勒认为，在管理上"用科学方法取代单凭经验的方法，会给雇主和雇员双方带来巨大的收益"。科学管理实际上是一种将人从传统的小农思想意识转变为现代的社会化大生产思想意识的"革命"。对雇主来说，关心的是成本的降低；而对工人来说，关心的则是工资的提高。因此工人和雇主都必须认识到提高效率对双方都有利，都要进行一次"心理革命"，这是工人与管理当局协调与合作的基础。只有双方相互协作，才能共同为提高劳动生产率而努力。

3. 对科学管理理论的评价

科学管理理论是适应时代发展的需要而产生的，同时也受到历史条件和倡导者个人经历的限制。泰勒把人看作是纯粹的"经济人"，认为人的活动仅仅出于个人的经济动机，忽视企业成员之间的交往及工人的情感、态度等社会因素对生产效率的影响。泰勒认为，单个人是可以取得最大效率的，集体的行为反而导致效率下降。科学管理理论研究的范围和内容都比较狭窄，仅从个人操作技术层面提出解决作业效率问题，而没有解决企业作为一个整体如何经营和管理的问题。

尽管在今天看来科学管理理论存在着缺陷，然而它在当时的社会历史条件下是一种巨大的进步，是符合当时的社会现实的。泰勒所倡导的科学管理制度被称为"泰勒制"，在20世纪初得到了广泛的传播和应用，影响很大。其突出的贡献在于把科学引进了管理领域，将管理由经验上升为科学。《科学管理原理》一书的出版更是被公认为管理理论发展史上一个最重要的里程碑，它标志着一个全新的管理时代的来临，掀起了一场企业管理的变革，使得西方19世纪末20世纪初的早期工厂管理实践向科学管理迈进了一大步。科学管理理论的推广，极大地提高了生产效率，推动了生产力的发展。

(二)其他人对科学管理理论的贡献

为科学管理理论体系的建立做出贡献的是以泰勒为核心人物的一个群体，这个群体中较为突出的有亨利·劳伦斯·甘特、弗兰克·吉尔布雷斯和丽莲·吉尔布雷斯、哈林顿·埃默森等，他们为丰富科学管理的内容，传播科学管理原理做出了极为重要的贡献。

1. 亨利·劳伦斯·甘特

亨利·劳伦斯·甘特(Henry Laurence Gantt，1861—1919)，美国管理学家、机械工程师。甘特是泰勒在创建和推广科学管理时的亲密合作者，他与泰勒密切配合，使科学管理理论得到了进一步的发展。甘特的主要贡献有：

(1) 发明了"甘特图"。甘特图又称"线条式进度表"，是表示工作计划和进度的一种图示方法。这种方法至今仍被广泛应用，并进一步发展为现代的"计划评审技术"(PERT)、关键路径法等管理方法。

(2) 提出了"计件奖励工资制"。即除了按日支付有保证的工资外，超额部分给予奖励，完不成定额的，可以得到原定日工资，这种制度补充了泰勒的差别计件工资制的不足。

(3) 重视人的因素在科学管理中的作用。强调"工业教育"和更重视人的领导方式，这对后来的人际关系理论有很大的影响。

2. 吉尔布雷斯夫妇

弗兰克·吉尔布雷斯(Frank Gilbreth，1868—1924)是一位泥瓦工出身的美国工程师和管理学家，泰勒的合作者之一，毕生致力于研究通过减少劳动中的动作浪费来提高效率，被人们称为"动作研究之父"。他的夫人丽莲·吉尔布雷斯(Lillian Gilbreth，1878—1972)是一位心理学家和管理学家，是美国第一个获得心理学博士学位的妇女，被称为"管理学第一夫人"。他们合作进行管理方面的研究，不但在动作研究、疲劳研究、制度管理等方面做出了出色的成绩，而且很重视企业中人的因素。他们把当时西方社会科学各学科以及生理学、心理学、教育学等学科的有关知识用来改进和提升工人的能力，以便为提高生产率服务。这些研究对以后行为科学的兴起有一定的影响。

3. 哈林顿·埃默森

哈林顿·埃默森(Harrington Emerson，1853—1931) 独立地发展了科学管理的许多原理，是"科学管理"理论的奠基人之一，西方管理学界所公认的传播效率主义的一位先驱者。埃默森的管理思想主要体现在两个方面：

(1) 组织职能的改进。埃默森设计了"直线—参谋组织"职能，与泰勒"职能工长制"不同的是，"直线—参谋组织"是让直线组织在参谋人员的计划和建议的基础上去进行监督和行使权力。这一改变使直线人员既保持了拥有专门知识的长处，又维护了统一指挥的原则。

(2) 提出了组织的效率原则。1912年，埃默森发表了《十二个效率原则》一文，积极宣传效率观念，成为管理思想史上的又一个里程碑。这十二个原则是：明确的目标；常识；选择"有能力的顾问"；纪律；待人公平；准确、及时、永久性的记录；有效调度；制定标准和进度表；标准化条件；标准化作业；制定标准做法的书面说明书；效率奖励。

二、一般管理理论

泰勒的科学管理开创了西方古典管理理论的先河。在其被传播之时，欧洲也出现了一批古典管理的代表人物及其理论，其中影响最大的首推法约尔及其一般管理理论。

亨利·法约尔(Henry Fayol，1841—1925)，法国杰出的经营管理思想家，1841年出生于法国一个资产阶级家庭，1860年从圣艾帝安国立矿业学院毕业后进入康门塔里—福尔香堡采矿冶金公司，成为一名采矿工程师，并在此度过了整个职业生涯。他从采矿工程师升任矿井经理直至公司总经理,由一名工程技术人员逐渐成为专业管理者,他在实践中逐渐形成了自己的管理思想和管理理论。法约尔于1916年首次发表了《工业管理与一般管理》一文,1925年此文作为著作正式出版,这一著作是他一生管理经验和管理思想的总结,是其最主要的代表作。法约尔认为,他的管理理论虽然是以大企业为研究对象,但除了可应用于工商企业之外,还适用于政府、教会、慈善机构、军事组织以及其他各种事业。所以,人们一般认为法约尔是第一个概括和阐述一般管理理论的管理学家。

法约尔的一般管理理论主要包括以下内容。

(一)企业的基本活动和管理的基本职能

法约尔指出,任何企业都存在着六种基本的活动,而管理只是其中之一。这六种基本活动是:

(1) 技术活动,是指生产、制造、加工等活动;
(2) 商业活动,是指购买、销售、交换等活动;
(3) 财务活动,是指资金的筹措和运用;
(4) 安全活动,是指设备维护和工人安全等活动;
(5) 会计活动,是指货物盘存、成本统计、核算等;
(6) 管理活动,是指计划、组织、指挥、协调和控制。

在这六种基本活动中,管理活动处于核心地位,即企业本身需要管理,同样其他五项属于企业的活动也需要管理。

法约尔认为经营和管理是两个不同的概念。经营就是保证上述六种基本活动的顺利完成,从企业所拥有的资源中获取尽可能大的利益以引导企业实现目标。管理的要素包括五项职能,即计划、组织、指挥、协调和控制。计划就是探索未来、制定行动方案;组织就是建立企业的物质和社会的双重结构;指挥就是使其人员发挥作用;协调就是连接、联合、调动所有的活动及力量;控制就是保证一切活动都按已制订的计划和下达的命令进行。

(二)管理的一般原则

法约尔根据自己的工作经验提出了一般管理的14条原则。

(1) 劳动分工。法约尔认为劳动分工不只限于技术工作,而且也适用于管理工作,适用于职能的专业化和权限的划分。

(2) 权力与责任。权力是"指挥和要求别人服从的能力"。法约尔将权力分为正式权力和个人权力。正式权力是由职务和地位而产生的;个人权力则是由个人的智慧、经验、品德和能力等所构成的。好的管理人员能够以他的个人权力来补充他的正式权力。权力和责任是相互的,有权力就必然有责任。

(3) 纪律。纪律是企业同员工之间通过协定而达成的服从、勤勉、积极、举止和尊敬的表示。任何组织要有效地工作，必须有统一的纪律来规范人的行为。纪律的实质是对协定的尊重，纪律状况取决于其领导人的道德状况。高层领导和下属人员一样，必须接受纪律的约束。

(4) 统一指挥。统一指挥是指组织内每一个人只能服从一个上级并接受他的命令。如果两个领导人同时对同一个人或同一件事行使他们的权力，就会出现混乱。没有统一指挥，纪律、权力、秩序及稳定等都将受到威胁。

(5) 统一领导。对于目标相同的活动，只能有一个领导，一个计划。统一领导与统一指挥这两个原则之间既有区别又有联系。统一领导取决于健全的组织，而统一指挥取决于人员如何发挥作用。统一领导原则讲的是组织机构设置的问题，即在设置组织机构的时候，一个下级不能有两个直接上级。而统一指挥原则讲的是组织机构设置以后运转的问题，即当组织机构建立起来以后，在运转的过程中，一个下级不能同时接受两个上级的指令。

(6) 个人利益服从整体利益。个人或小集体的利益不能超越组织的利益。

(7) 人员的报酬。报酬是人们服务的价格，报酬与支付的方式要公平合理，并尽量使企业和所属人员都满意。

(8) 集权与分权。集权与分权主要指权力的集中或分散的程度问题。集权化管理作为一种制度，本身并无好坏之分，集权的程度应该根据企业的性质、规模、人员素质和环境等具体情况而定。

(9) 跳板原则。从最高权力机构直至低层管理人员的职权等级系列称为"等级链"，它显示出企业内权力执行和信息传递的路线，一般情况下不能轻易违反等级链原则。但在特殊情况下这种做法会产生信息传递延误，因此法约尔设计出一种"跳板"，也叫"法约尔桥"(Fayol bridge)，如图2-1所示，以便同级之间横向沟通。为了维护统一指挥的原则，法约尔认为，在下级横向沟通之前要取得各自上级的同意，事后要立即向各自上级汇报。

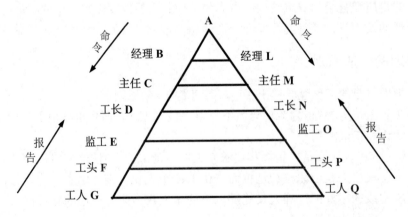

图 2-1　法约尔桥

(10) 秩序。秩序即每个人都有一个位子，每个人都在他的位置上。而每个位子都是事先选择好的。这一条原则还应用于物品和场地方面。

(11) 公平。公平是由公道和善意产生的。企业领导应特别注意员工希望公道、平等的愿望，并发挥自己最大的能力，使公平感深入人心。

(12) 人员稳定。不稳定往往是企业不景气的原因与结果，所以要努力保持企业领导人和其他人员的相对稳定性，合理补充人力资源，掌握好人员稳定的尺度。

(13) 首创精神。发明创造是首创精神，建议与发挥主动性同样是首创精神，经营成功的企业来源于企业领导和全体成员的首创精神。领导者要有勇气激发和支持大家的首创精神。

(14) 人员的团结。全体人员的和谐与团结是一个企业巨大的力量，所以应该尽力做到团结。为维护团结，法约尔特别强调了要注意的一个原则和需避免的两个危险。一个原则即统一指挥的原则。两个危险即：①对书面语言断章取义、各取所需；②滥用书面联系。

法约尔认为这些原则并不是固定不变的僵化的概念，在管理方面，没有什么死板和绝对的东西，只有尺度问题，因而原则是灵活的、可以适用于一切需要的。其真正的本质在于懂得如何运用它们。这是一门很难掌握的艺术，它要求智慧、经验、判断和对尺度的把握。

(三) 管理教育的必要性与可能性

法约尔认为，人的管理能力可以通过教育来获得，为此，他提出了一套比较全面的管理理论，首次指出管理理论具有普遍性，可以用于各个组织之中，并提出在学校普及管理教育，传授管理知识。

法约尔的管理思想和泰勒的管理思想都是古典管理理论的代表，但法约尔管理思想的系统性和理论性更强，他对管理五大职能的分析为管理学提供了科学的理论构架，后人据此建立了管理学并把它引入课堂。法约尔强调管理教育的必要性和可能性，并为之努力，他还是一位管理教育家。法约尔的管理理论是以企业为研究对象建立起来的，但由于他强调管理的一般性，使得他的理论在许多方面也适用于政治、军事及其他组织，从管理思想史上看他是第一个概括和阐述一般管理理论的管理学家，为形成管理学做出了巨大贡献。他提出的一般管理理论成为管理过程学派的理论基础，后人称他为"管理过程之父"。

三、行政组织理论

马克斯·韦伯(Max Weber，1864—1920)是德国著名的社会学家，现代社会学的奠基人。他对管理理论的研究集中在组织理论方面，主要贡献是提出了"理想的行政组织体系"理论，并因此被人称为"组织理论之父"。行政组织体系又被称为官僚政治或官僚主义，指的是组织活动要通过职务或职位而不是个人或世袭地位来管理，是一个有关集体活动理性化的社会学概念，与中文的"官僚主义"含义不同。韦伯认为，等级、权力和行政体系是一切社会组织的基础。对于权力，他认为任何一种组织都是以某种形式的权力为基础的。权力有三种类型：理性—合法的权力、传统的权力和"神授的"权力，这三种权力中只有理性—合法的权力才是构成理想的行政组织体系的基础。而"理想的"，不是指最合乎需要的，而是指现代社会最有效和合理的组织形式。之所以是"理想的"，是因为它具有以下特点。

(1) 明确分工。即每个职位的权利和义务都有明确规定，人员按职业专业化进行分工。

(2) 职权等级。组织内的各个职位，按照等级原则进行法定安排，形成自上而下的等级系统。

(3) 正式选拔。组织中的人员完全根据职务上的要求，通过正式考试或教育训练来任用。

(4) 职业管理。管理人员是一种职业的管理人员，领取固定的薪金，有明文规定的升迁制度。

(5) 规则和纪律。管理人员必须遵守组织中规定的规则和纪律以及办事程序。

(6) 非人格化。组织中人员之间的关系不受个人情感的影响，只是一种职位的关系。

韦伯认为这种理想的行政组织体系是最符合理性原则、效率最高的，它在精确性、稳定性、纪律性和可靠性方面都优于其他组织形式。这种高度结构化的、正式的、非人格化的理想的行政组织体系适用于所有大型组织。韦伯的理论对后来的管理学者，特别是组织理论学家有很大的影响，也是对泰勒、法约尔理论的补充。

第三节　行为科学理论

古典管理理论的广泛流传和实际运用，极大地提高了生产效率。但古典管理理论多侧重于生产过程、组织控制方面的研究，较多地强调科学性、精密性、纪律性，而对人的因素注意较少，把工人当作机器的附属品，加剧了社会矛盾。20世纪20年代前后，一方面是工人日益觉醒，另一方面是经济的发展和周期性危机的加剧，使资产阶级认识到传统的管理方法已不可能有效地控制工人来提高生产率。一些管理学家和心理学家也意识到社会化大生产的发展需要有与之相适应的新的管理理论。于是，一些学者开始从生理学、心理学和社会学等方面出发研究企业中有关人的一些问题，如人的工作动机、情绪、行为与工作之间的关系等，以及研究如何按照人的心理发展规律去激发其积极性和创造性，于是行为科学就应运而生。早期的行为科学被称为人际关系学说，1949年以后被正式称为行为科学。

一、霍桑试验与人际关系学说

（一）霍桑试验

对行为科学开创性的贡献来自 1924—1932 年进行的霍桑试验。这项试验因在西方电气公司设在伊利诺伊州西塞罗的霍桑工厂进行而得名。试验的中后期工作主要是在乔治·埃尔顿·梅奥(George Elton Mayo，1880—1949)的领导下进行的，并由此产生了人际关系学说。梅奥原籍澳大利亚，后移居美国，是人际关系理论的创始人，美国艺术与科学院院士，行为科学家。1924年，美国国家研究委员会和西方电气公司合作，开始在霍桑工厂进行试验，这一试验最初试图回答一个非常质朴的问题：工作场所的照明对雇员的绩效会产生什么样的影响？最初的照明试验引发了随后的一系列试验。从1924年到1932年，试验先后进行了四个阶段。

第一阶段：工作场所照明试验(1924—1927年)。研究人员选择一批工人并将其分为两组，一组为"试验组"，先后改变工场照明强度；另一组为"对照组"，照明始终维持不变。研究人员希望通过试验推测出照明强度的变化对生产率的影响。但试验结果发现，照明度的变化对生产率几乎没有影响。不论照明条件如何，两组的产量都提高了。研究人员由此得出结论：

① 工场照明只是影响工人生产效率的一项微不足道的因素；

② 试验中存在着太多的变量导致无法准确衡量照明度对产量的影响，最重要的可能是"人类个体的心理状态"。

第二阶段：继电器装配室试验(1927—1928年)。这一阶段梅奥加入试验。为了能够更有效地控制影响工作效果的因素，研究人员选定6名女工，安置在一间与其他工人隔离的继电器装配室内。同时指定一名观察员，专门记录室内发生的一切，并与工人保持友好的气氛。通过材料供应、工作时间、劳动条件、工资、管理作风与方式等各个条件变化对工作效率影响的试验，研究人员发现，无论各个因素如何变化，产量都是增加的。其他因素对生产率也没有特别的影响，似乎是由于督导方法的变更，使员工的态度改善，因而产量增加。

第三阶段：大规模访谈(1928—1931年)。研究人员在上述试验的基础上进一步开展了全公司范围的普查与访问，调查了两万多人次，发现所得结论与上述试验所得相同，即"任何一位员工的工作绩效，都受到其他人的影响"。试验结果表明影响生产效率的最重要因素是工作中发展起来的人际关系，同时也表明新型的领导方式对提高生产率的重要性。

第四阶段：接线板接线工作室试验(1931—1932年)。试验选了14名男工，其中接线工9人，每3人一组，每组再配1名焊接工，还有对接线工和焊接工的工作质量进行检验的检验工2人。工人的报酬是以集体计件工资制为基础的，强调他们在工作中要协作，以便共同提高产量和工资报酬。试验开始后研究人员发现：

① 大部分成员都故意自行限制产量，公司规定的产量标准是每天焊合7312个结点，但他们完成的只有6000~6600个结点，原因是工人们担心如果他们的产量超过了正式定额，工资率就会降低，或者当局的产量定额就会提高，也担心因此而造成工作速度较慢的同事失业。这个非正式的产量定额是靠小团体的压力维持的，工人们都不愿意被小团体所抛弃，因此都自觉维持着非正式的定额。

② 工人对待不同层次的上级持有不同的态度。一般职位越高，受到的尊重就越大，大

家对他的顾忌心理就越强。

③ 成员中存在着一些小派系。研究人员对工作室中的社会关系进行了分析，分析结果表明，在正式组织中存在着两个小团体即非正式组织，两个非正式组织各有 5 个人。有 4 个人被排斥在外，其中一人过分自信，同别人合不来，一个爱向工头打小报告，一个在语言上有困难，一个是检验工在检验中过于认真，所以他们 4 个人被排斥在非正式组织之外。非正式组织存在的目的是对内控制成员的行为，对外保护自己派系的成员。在非正式组织中有自己的行为规范，成员必须遵守。这个阶段的试验研究人员采取了旁观的态度，所以工人能继续维持过去那套非正式的做法。

(二)人际关系学说

通过四个阶段历时近八年的霍桑试验，梅奥等人认识到，人们的生产效率不仅要受到生理方面、物理方面等因素的影响，更重要的是受到社会环境、社会心理等方面的影响，这个结论对科学管理只重视物质条件，忽视社会环境、社会心理对工人的影响，是一个重大的修正。梅奥于 1933 年出版了《工业文明中人的问题》一书，对霍桑试验进行了总结，提出了与古典管理理论不同的新观点——人际关系学说，主要内容如下。

(1) 工人是"社会人"，而不是"经济人"。梅奥认为，作为复杂社会系统的成员，人们的行为并不单纯出自追求金钱的动机，还有社会、心理等方面的需要，社会和心理因素等方面所形成的动力，对效率有更大的影响。因此，不能单纯从技术和物质条件着眼，而必须首先从社会心理方面考虑合理的组织与管理。

(2) 企业中存在着非正式组织。这种非正式组织是企业成员在共同工作的过程中，由于具有共同的社会感情而形成的非正式团体。这种无形组织有它特殊的感情、规范和倾向，左右着成员的行为。古典管理理论仅注重正式组织的作用，这是很不够的。非正式组织不仅存在，而且同正式组织是相互依存的，对生产率的提高有很大的影响。

(3) 新型的领导能力在于提高工人的满意度。生产率的升降，主要取决于工人的士气，即工作的积极性、主动性与协作精神，而士气的高低，则取决于社会因素特别是人群关系对工人的满足程度。满足程度越高，士气也越高，生产效率也就越高。所以，新型领导的职责在于提高士气，善于倾听和与下属职工进行沟通，使正式组织的经济需求和工人的非正式组织的社会需求保持平衡。

霍桑试验及梅奥对霍桑试验结果的分析，对西方管理理论的发展产生了重大而深远的影响，这些结论使人们对组织中的人重新认识，使西方管理思想在经历了科学管理理论阶段之后进入了行为科学理论阶段。

二、行为科学的发展

人际关系学说建立以后，这方面研究的成果大量出现，形成了人际关系运动。1949 年在美国芝加哥大学召开了一次由哲学家、精神病学家、心理学家、生物学家和社会学家等参加的跨学科的科学会议，讨论了应用现代科学知识来研究人类行为的一般理论。会议给这门综合性的学科定名为"行为科学"。1953年，芝加哥大学成立了行为科学研究所。

行为科学即综合运用与人有关的各种知识，采用系统分析的方法，研究一定组织中人的行为规律，从而提高对人的行为的预测和引导能力，以便更有效地实现既定目标的科学。行为科学从研究对象所涉及的内容和范围及其发展历程来看，着重进行了个体行为、群体行为和组织行为三方面的研究。行为科学理论的主要观点是：

① 强调以人为中心研究管理问题，重视人在组织中的关键作用。强调探索人类行为的规律，提倡善于用人，进行人力资源的开发。

② 强调个人目标和组织目标的一致性。认为调动积极性必须从个人因素和组织因素两方面着手，使组织目标包含更多的个人目标。把以工作本身来满足人自身需要作为最有效的激励因素，因此组织不仅要改进工作的外部条件，更重要的是要改进工作设计。

③ 主张在组织中恢复人的尊严，实行民主参与管理，改变上下级之间的关系，由命令服从变为支持帮助，由监督变为引导，实行组织成员的自主自治。

第二次世界大战后，行为科学研究的主要成果有马斯洛(A. H. Maslow)的需求层次理论、赫茨伯格(F. Herzberg)的双因素理论、麦格雷戈(D. M. McGregor)的"X-Y"理论、弗鲁姆(Victor H. Vroom)的期望理论、麦克利兰 (David Clarence McClelland)的成就需要理论等，这些理论将在第四篇"领导职能"中进行介绍。

第四节　现代管理理论

第二次世界大战后，社会经济发展中出现了许多新的变化：工业生产和科学技术迅速发展；企业的规模进一步扩大，生产社会化和复杂程度更加提高，生产过程自动化的程度空前提高；技术更新的周期大为缩短；市场竞争越来越激烈。这些都对企业经营管理提出了许多新的要求，原有的管理理论和方法有些不能适应新形势的需要。因此，众多的学者和管理专家各自都从不同的背景、不同的角度对管理问题进行研究，出现了许多新的管理理论和方法，形成了不同的学术派别。这些理论同古典管理理论和行为科学理论，在历史渊源和内容上互相影响、盘根错节。著名管理学家孔茨将这种管理理论林立的现象形象地称作"管理理论的丛林"。下面对主要管理理论进行介绍。

一、管理过程理论

管理过程理论是在法约尔的一般管理理论的基础上发展而来的。一般认为，管理过程理论的创始人是法国管理学家法约尔，代表人物有著名的管理学家孔茨、奥唐纳以及古利克等。1916年，法约尔提出管理包括计划、组织、指挥、协调和控制五种要素，即管理的五种职能，这五种职能构成了一个完整的管理过程。之后，一些管理学者在此基础上加以修改或补充，如美国管理学家戴维斯把管理职能分为计划、组织和控制；古利克把管理描述成计划—组织—人事—指挥—协调—报告—预算的过程；著名的管理学家孔茨、奥唐纳等人提出管理由计划、组织、人员配备、指导与领导、控制等过程组成。这些学者对管理职能、管理过程的论述不尽相同，但是他们都是把管理的职能划分为各种因素和各个过程加以考察的，因此他们的理论被称为管理过程理论。

管理过程理论是一种以管理过程与管理职能为研究对象的管理理论，其主要观点是：管理是一个过程，即让别人或同别人一起实现既定目标的过程。管理是由一些基本步骤如计划、组织、人事、控制等职能所组成的独特过程。该学派注重把管理理论和管理者的职能和工作过程联系起来，目的在于分析过程，从理论上加以概括，确定出一些管理的基本原理、原则和职能。由于过程是相同的，从而使实现这一过程的原理与原则，具有普遍适用性。

二、社会系统理论

切斯特·巴纳德(Chester Z. Barnard，1886—1961)是西方现代管理理论中社会系统理论的创始人。巴纳德在漫长的工作经历中积累了丰富的经营管理经验，并深入分析现代管理的特点，写出了许多重要著作。其中最有名的是 1938 年出版的《经理人员的职能》，被誉为美国现代管理科学的经典著作。该书连同他 10 年后出版的《组织与管理》是其毕生从事企业管理工作的经验总结。他将社会学概念应用于分析经理人员的职能和工作过程，并把研究重点放在组织结构的逻辑分析上，提出了一套协作和组织的理论。社会系统理论的要点有以下几个方面。

(1) 组织是一个有意识的协作系统。巴纳德认为，组织是一个由人们有意识地加以协调的各种活动的系统。其中最为重要的因素是经理人员，只有依靠经理人员的协调，才能维持一个协作系统。经理人员有三个主要职能：①制定并维持一套信息传递系统；②促使组织中每个人都能做出重要的贡献，包括选聘工人和合理的激励方式；③明确组织的目标。

(2) 组织可以分为正式组织和非正式组织。巴纳德把组织分为正式组织和非正式组织，指出在正式组织中还存在着一种无形的组织，即非正式组织。它的活动对正式组织有双重作用，既有不利的影响，但又可能促使组织的效率得到提高。

(3) 组织存在有三个基本条件。正式组织作为一个协作系统，无论级别的高低和规模的大小，都包含三个基本要素：明确的目标、协作的意愿和良好的沟通。

(4) 组织效力和组织效率原则。所谓组织效力是指组织实现其目标的能力或实现其目标的程度。一个组织协作得很有效，它的组织目标就能实现，这个组织就是有效力的。若一个组织无法实现其目标，这个组织就是无效的，组织本身也必然瓦解。因此，组织具有较高的效力是组织存在的前提条件。所谓组织效率是指组织在实现其目标的过程中满足其成员个人目标的能力和程度。一个组织若不能满足其成员的个人目标，就不能使其成员具有协作意愿，也不能使成员做出实现组织目标所必需的贡献，他们就不会支持甚至退出组织，从而使组织的目标无法实现，使组织瓦解。所以组织效率就是组织的生存能力。

(5) 权威论。巴纳德认为管理者的权威并不是来自上级的授予，而是来自自下而上的认可。管理者权威的大小和指挥力的有无，取决于下级人员接受其命令的程度。单凭职权发号施令是不可取的，更重要的是取得下级的同意和支持。巴纳德分析了承认指令的权威性并乐于接受指令的四个条件：

① 他能够并真正理解指令；
② 他相信指令与组织的宗旨是一致的；
③ 他认为指令与他的个人利益是不矛盾的；
④ 他在体力和精神上是胜任的。

巴纳德的这一理论为后来的"社会系统学派"奠定了理论基础。

三、决策理论

决策理论的代表人物是美国卡内基—梅隆大学教授赫伯特·西蒙(Herbert Simon)。西蒙于 1978 年获得诺贝尔经济学奖，他的代表作是《管理决策新科学》。决策理论的要点如下所述。

(1) 决策贯穿于管理的全过程，管理就是决策。
(2) 决策过程包括四个阶段：
① 搜集情报；
② 拟定计划；
③ 选定计划；
④ 评价计划。
这四个阶段中的每一个阶段本身都是一个复杂的决策过程。
(3) 在决策标准上，用"令人满意"的准则代替"最优化"准则。
(4) 一个组织的决策根据其活动是否反复出现可分为程序化决策和非程序化决策。
(5) 一个组织中集权和分权的问题是和决策过程联系在一起的，有关整个组织的决策必须是集权的，而由于组织内决策过程本身的性质及个人认识能力有限，分权也是必需的。

四、系统管理理论

系统管理理论是指运用系统科学的理论、范畴和一般原理，全面分析组织管理活动的理论，代表人物是弗里蒙特·卡斯特和詹姆斯·罗森茨韦克。该理论把系统论原理应用于企业管理，其理论要点有以下三个。

(1) 企业是由人、物资、机器和其他资源在一定目标下组成的一体化系统，它的成长和发展同时受到这些组成要素的影响，在这些要素的相互关系中，人是主体，其他要素则是被动的。

（2）企业是一个由许多子系统组成的、开放的社会技术系统。企业是社会这个大系统中的一个子系统，它受到周围环境(顾客、竞争者、供货者及政府等)的影响，也同时影响环境。它只有在与环境的相互影响中才能达到动态平衡。在企业内部又包含着若干子系统，它们是目标和准则子系统、技术子系统、社会心理子系统、组织结构子系统和外界因素子系统。

（3）运用系统观点来考察管理的基本职能，可以提高组织的整体效率，使管理人员不会因为只重视某些与自己有关的特殊职能而忽视了大目标，也不会忽视自己在组织中的地位与作用。

五、社会技术系统理论

这一理论的代表人物是特里司特(E.L.Trist)及其在英国塔维斯托克研究所中的同事。他们通过对英国煤矿中长壁采煤法生产问题的研究，发现许多矛盾的产生是由于只把组织看成一个社会系统，而没有看到它同时又是一个技术系统，而技术系统对社会系统有很大的影响；个人态度和群体行为都受到人们在其中工作的技术系统的重大影响。因此，他们认为，必须把企业中的社会系统同技术系统结合起来考虑，而管理者的一项主要任务就是要确保这两个系统相互协调。

六、管理科学理论

管理科学理论又称为数量管理理论，产生于第二次世界大战期间，是"科学管理"理论的继续和发展。其代表人物是美国的伯法(E.S.Buffa)等人，伯法的代表作是《现代生产管理》。这一理论的特点是利用有关的数学工具，以运筹学、系统工程、电子技术等科学技术手段解决管理问题，着重于定量研究，为管理决策寻得一个有效的数量解。管理科学理论认为，管理就是制定和运用数学模型与程序的系统，就是用数学符号和公式来表示计划、组织、控制和决策等合乎逻辑的程序，求出最优的解答，以达到企业的目标。该理论还提倡依靠电子计算机管理，提高管理的经济效率。管理科学理论把科学的知识和方法用于研究复杂的管理问题，以便确定正确的目标和合理的行动方案。因此，与其说是探求管理的科学，不如说是努力把科学应用于管理，从这一点而言，定量管理思想和科学管理思想是极为相似的。

七、经验主义理论

经验主义理论的代表人物是美国的彼得·德鲁克(Peter .F. Drucker)和欧内斯特·戴尔(Ernest Dale)。他们强调通过分析经验(通常为案例)来研究管理，主张学生和管理者通过研究各式各样成功和失败的案例，就能理解管理中的问题，自然就能学会有效地进行管理。因此又称经理学派或案例学派。经验主义的主要观点是：第一，关于管理的性质。认为管理是管理人员的技巧，是一个特殊的、独立的活动和知识领域。第二，关于管理的任务。作为主要管理人员的经理，必须能够形成一个"生产的统一体"，经理好比一个乐队的指挥，他要使企业的各种资源，特别是人力资源得到充分发挥。另外，经理在做出每一决策和采取每一行动时，要把当前利益和长远利益协调起来。第三，提倡实行目标管理。

八、权变理论

权变理论是20世纪70年代开始形成并发展起来的，其代表人物是美国管理学家卢桑斯以及英国学者伍德沃德等人。所谓权变就是随机应变的意思。权变理论的核心思想是，认为不存在一成不变的、无条件适用于一切组织的最好的管理方法，强调在管理中要根据组织所处的内外环境的变化而随机应变，针对不同情况寻找不同的方案和方法。其主要观点如下。

(1) 环境变量与管理变量之间存在着函数关系，即权变关系。这里所说的环境变量，既包括组织的外部环境，也包括组织的内部环境。而管理变量则指管理者在管理中所选择和采用的管理观念和技术。

(2) 在一般情况下环境是自变量，管理观念和技术是因变量。因此，如果环境条件一定，为了更快地达到目标，必须采用与之相适应的管理原理、方法和技术。

(3) 管理模式不是一成不变的，要适应不断变化的环境而有所变革，要根据组织的实际情况来选择最适宜的管理模式。

第五节　管理理论的新发展

20世纪80年代以后，世界形势发生了极为深刻的变化，国际政治形势发生了剧变，社会、经济、文化各个领域迅速发展，特别是信息技术的发展与知识经济的出现，信息化、网络化、知识化、全球化、经济一体化等成为"新经济时代"的显著特征。管理出现了一些全新的发展趋势，产生了一些体现时代特征的管理理论。

一、战略管理理论

战略管理理论起源于20世纪的美国，它萌芽于20年代，形成于60年代，在70年代得到大发展，80年代受到冷落，90年代又重新受到重视。战略管理理论的发展经历了经典战略理论、产业结构分析和核心能力理论三个阶段。

20世纪60年代出现的经典战略管理理论的主要特点是强调企业战略要适应外部环境。

钱德勒于 1962 年出版了《战略与结构》一书，研究了环境、战略和组织结构之间的关系，提出了"战略要适应环境的要求，组织结构要适应战略的要求"的理论，奠定了以外部环境为基础的战略管理理论。1965 年，安索夫出版了《公司战略》一书，对企业发展的基本原理、理论和程序进行了研究，并认为战略构造是一个有控制、有意识的正式计划过程，因而企业高层的任务是制订和实施战略计划。1976 年，安索夫在《从战略规则到战略管理》中首次提出了"企业战略管理"的思想。后来他又于 1979 年写了《战略管理论》一书，建立了企业经营战略管理的基本框架。

迈克尔·波特是美国哈佛大学商学院的教授，也是美国企业竞争战略研究的权威，他把系统论的研究方法运用于企业经济分析和企业战略管理，取得了成功。其代表作是 1980 年出版的《竞争战略》和 1985 年出版的《竞争优势》。在《竞争战略》中，波特提出了五种竞争力模型。按照波特的观点，一个行业中的竞争，存在五种基本的竞争力量，它们是潜在的行业新进入者、替代品的威胁、购买商讨价还价的能力、供应商讨价还价的能力以及现有竞争者之间的竞争。在产业分析的基础上，波特提出了三种基本的竞争战略：成本领先战略、差异化战略和目标集中战略。这三种战略为企业战略理论与实践提供了最基本的模式。波特的战略管理思想是："产业结构分析—制定竞争战略—实施战略—取得竞争优势—获得业绩"，即在产业结构分析(五种竞争力分析)的基础上，提出企业竞争战略(成本领先战略、差异化战略、目标集中战略)，通过战略的实施建立企业的竞争优势，从而获得高于竞争对手的业绩(价值)。

核心能力理论代表了战略管理理论在 20 世纪 90 年代的最新进展，它是由美国学者普拉哈拉德和英国学者哈默(C. K. Prahalad & G. Hamel)于 1990 年在《哈佛商业评论》合作发表的《公司的核心能力》(The Core Competence of the Corporation)一文中首次提出的。此后，核心能力理论成为管理理论界的前沿问题之一并被广为关注。核心能力理论认为，并不是企业所有的资源、知识和能力都能形成持续的竞争优势。区分核心能力和非核心能力主要在五个方面：①价值性。核心竞争能力必须对用户看重的价值起重要作用。②异质性。一项能力要成为核心能力必须为某公司所独有的、稀缺的，没有被当前和潜在的竞争对手所拥有。③不可模仿性。其他企业无法通过学习获得，不易为竞争对手所模仿。④难以替代性。没有战略性等价物；⑤延展性。从公司总体来看，核心竞争能力必须是整个公司业务的基础，能够产生一系列其他产品和服务，能够在创新和多元化战略中实现范围经济。

【案例 2-1】战略新思维：关公战秦琼

舞台上的关公战秦琼荒诞不经，然而，现实的企业竞争发展中，类似的戏码却一再上演并异彩纷呈。

2013 年 4 月 29 日，新浪发布公告称，阿里巴巴集团对新浪进行战略投资。阿里以 5.86 亿美元购入新浪公司发行的优先股和普通股，占公司全稀释摊薄后总股份的约 18%。阿里巴巴还获得增持新浪股份至 30%的许可。同时，双方还将在用户账户互通、数据交换、在线支付、网络营销等领域进行深入合作,并探索社会化电子商务模式。

当新浪发布公告,宣布阿里巴巴要对新浪微博进行战略投资时,整个互联网江湖都为之震动。一个是网络媒体,一个是电子商务平台,这两个表面看上去没有任何交集的企业奇怪地走向了"婚姻的殿堂","这场"联姻"的逻辑在哪里?此次战略合作能否达到双赢的局面?

媒体解释说,通过新浪,阿里巴巴可以吸引更多来自移动端的流量,在未来的竞争中处于优势地位,同时能够掌握和了解消费者的消费行为数据,并且进行很好的数据化运营;对于新浪微博而言,除了5.86亿美金的注入以外,与阿里巴巴合作营销以及社会化电子商务为其未来发展铺平了道路,提供了构建创新价值战略的条件,增强了自身的竞争力。

其实,深究这一事件我们会发现,两家企业不但有共同点,而且交集明确并突出:首先,它们都依托着互联网这个大平台;其次,它们都占据着人们的碎片时间,也就是说无论是作为媒体的微博,还是作为网络商城的淘宝,还是作为通信工具的微信,它们之间有极强的竞争关系,甚至可以说它们是互换的,因为网民在闲暇时候可以刷微博,也可以逛网上商城,还可以玩微信,微博、微信、淘宝共同的目的都是为了争夺人们的碎片时间,在这一点上相互产生了竞争,关公开始大战秦琼!神奇吧!

在新经济时代,产业的界限越来越模糊,不同行业之间的融合、碰撞的情况越来越多,企业已经不能再只关注自己相同领域里的竞争对手,它们必须更加注重在不同领域寻求新的竞争与合作。比如说,银行与电商,本是两个平行的行业,但是,在互联网金融领域,两个行业却有了交集,"金融电商化"与"电商金融化"成了两个行业的新趋势。银行跨界开网店,电商兼职放贷款,银行与电商,两个完全不同的行业,走上了相互竞争、相互渗透的道路。

这种商业格局的变化,无疑将改变人们固有的购物模式与贷款等融资模式,网购不一定找电商,也可以找银行;贷款不一定找银行,也可以找电商,关公与秦琼战作一团!

(资料来源:王吉鹏.战略新思维:关公战秦琼.企业管理,2013-07)

二、全面质量管理

全面质量管理(Total Quality Management,TQM)就是一个组织以质量为中心,以全员参与为基础,目的在于通过让顾客满意和本组织所有成员及社会受益而达到长期成功的管理途径。20世纪50年代,戴明(W. Edwards Deming)提出质量改进的观点,60年代初,美国通用电气公司的费根堡姆(A.V.Feigenboum)和质量管理专家朱兰(Joseph H. Juran)提出了"全面质量管理"的概念。全面质量管理理论最先在日本被普遍接受,到了20世纪80年代,该理论受到美欧工商企业界和公共管理部门的重视,掀起了一场质量管理革命。TQM包含三层含义:全面的管理、全过程的管理和全员管理,其本质是由顾客需求和期望驱动企业不断改进的管理理念。TQM的主要内容可以概括为:

① 关注顾客。顾客不仅包括购买组织产品的外部顾客，还包括组织内部相互联系的员工。

② 持续改进。TQM 是一种永远不能满足的承诺，"非常好"还是不够，质量总能得到改进。

③ 关注流程。TQM 不仅与最终产品和服务有关，还与工作流程有关。

④ 精确度量。TQM 采用统计度量组织作业中的每一个关键变量，然后与标准和基准进行比较来发现问题，追踪问题的根源，从而达到消除问题、提高品质的目的。

⑤ 授权员工。TQM 吸收一线员工加入改进过程，广泛地采用团队形式作为授权的载体，依靠团队发现和解决问题。

三、精益管理思想

精益管理源于精益生产(Lean Production，LP)。精益生产是美国麻省理工学院教授詹姆斯·P. 沃麦克等专家通过"国际汽车计划(IMVP)"对全世界 17 个国家和地区 90 多个汽车制造厂的调查和对比分析，认为日本丰田汽车公司的生产方式是最适用于现代制造企业的一种生产组织管理方式。精益管理要求企业的各项活动都必须运用"精益思维"(Lean Thinking)。"精益思维"的核心就是以最小资源投入，创造出尽可能多的价值，为顾客提供新产品和及时的服务。精益管理的内容包括：

① 由顾客确定产品价值结构。利用工业社会的规模优势和信息社会的信息低成本优势，满足顾客个性化的需求。

② 变"成批移动"为"单件流动"，生产方式采用"准时制(Just In Time，JIT)生产"。这样做的好处一是有助于消除不良品；二是生产周期大幅度缩短，更能满足市场多变的需求；三是降低了库存成本。

③ 生产由顾客拉动。拉动式生产是相对于推动式生产而言的，即从市场需求出发，由市场需求信息决定产品组装，再由产品组装拉动零部件加工，将物流和信息流结合在一起。整个生产过程相当于从后(后工序)向前(前工序)拉动，故这种方式被称为拉动式(Pull)方法。

④ 消除产业价值链的 Muda。消除 Muda 是精益管理思想的精髓。Muda 的日文意思是专指消耗了资源而不创造价值的活动。要实现精益管理，就要遵循消除产业价值链的 Muda 这一原则。

四、企业再造

企业再造是 20 世纪 90 年代开始在美国出现的关于企业经营管理方式的一种新的理论和方法。所谓企业再造，就是以工作流程为中心，重新设计企业的经营、管理及运作方式。该理论的创始人是美国麻省理工学院教授迈克尔·哈默(M. Hammer)与詹姆斯·钱皮(J. Champy)，他们于 1993 年出版的《再造公司》一书中将再造定义为"为了飞跃性地改善成本、质量、服务、速度等重大的现代企业的运营基准,对工作流程进行根本性的再思考并彻底改革"。

工作流程的重新设计是企业重新构建的出发点,而工作流程的重新设计需要根据不同的情况对症下药。其中的一个基本的原则概念是"同步工程",就是把过去在分工制下需要由各部门顺序完成的工作整合起来同时进行,以大大压缩工作程序中的时间成本。同时,组织结构也需要随着工作程序的改变而改变,组织中的人也必须改变,他们必须从专才变为通才,不但精通自己的工作,而且熟悉别人的工作。于是,随着工作流程的重新设计,组织结构、员工素质、辅助工作的性质以及过去为这些不同部门、不同工作所制定的规章制度,全部要发生根本性的变化,这就是企业再造。再造不是对现有的东西稍作改良,要治本、重新做、要脱胎换骨,就要从根本上改变思路。要抛弃现有流程的一切框框,利用头脑风暴法、逆向思维等方法,充分发挥想象力,将科学的思维和艺术创造相结合,以创造出更加合理、科学的全新流程。

【案例2-2】活的流程

可以把企业理解为把"原料"转化为"产品"的一组能力的组合。把这一组能力进行细分,就可以得到一系列的活动。每一个活动,必须有相应的人员、机器、原料、方法、环境来支撑,可以把它看作一个能力单元。每个流程可以被看成一个完整的转化过程所必需的能力单元组合方式。

当一种组合经实验被认为是高效率、高效益的,就可以由计算机记录下这个流程的能力单元组合路径。这些路径被记录之后,就如同企业体内的一条条经络。我们可以给这些流程命名,使之方便地与相应的产品转化任务相对应。

当我们需要完成某个产品的转化任务时,就去激活相应的流程。激活某个流程,实际上是由信息系统给这个流程相关联的能力单元下达工作任务订单,这时流程与能力单元的关系,就变成了"分离与调用"的关系。这样,流程与能力单元就不用紧密捆绑在一起,一个能力单元可以由多个流程共享,一个流程被激活时也可以选择功能相同的能力单元,这时候的流程,就是活的流程。

(资料来源:愚顽. 活的流程. 企业管理,2013-07)

五、学习型组织

学习型组织是指通过培养弥漫于整个组织的学习气氛,充分发挥员工的创造性思维能力而建立起来的一种有机的、高度柔性的、扁平化的、符合人性的和能持续发展的组织。这种组织具有持续学习的能力,具有高于个人绩效总和的综合绩效。美国著名管理学家彼得·圣吉(Peter M. Senge)于1990年出版了《第五项修炼:学习型组织的艺术与实务》一书。在这本著作中,圣吉提出了"学习型组织理论",系统地分析了学习型组织的内部结构和运作规律，他认为学习型组织是21世纪全球企业组织和管理方式的新趋势。

建立学习型组织，需要进行五项修炼，即自我超越、改善心智模式、建立共同愿景、开展团队学习、系统思考。其中系统思考是五项修炼中的核心。

(1) 自我超越。自我超越是学习型组织的精神基础。只有能够超越自我的人，才能够不断地实现他们内心深处最想实现的愿望，全身心地投入、不断创造、不断超越，这是一种真正的终身学习。

(2) 改善心智模式。心智模式是指根深蒂固于人们心中，影响人如何认识周围世界，以及如何采取行动的许多假设、成见和印象。人们要学习如何改变自己多年来养成的思维习惯，摒弃陋习，强制和约束自己，并进入新的心智模式，破旧立新。

(3) 建立共同愿景。共同愿景是指能鼓舞组织成员共同努力的愿望和远景，或者说是共同的目标和理想。共同愿景主要包括三个要素：共同的目标、价值观与使命感。"愿景"强调的是大家共同愿意去做的远景。因此组织需要建立共同的理想、共同的文化、共同的使命，能使员工看到组织近期、中期和远期的发展目标和方向。共同愿景深入人心后，每个员工都会受到共同愿景的感召和鼓舞，从而使员工充分发挥聪明才智，使组织形成一种不断进步的合力。

(4) 开展团队学习。团队学习就是组织化的学习或交互式的学习。团队学习是适应环境突变的最佳方法。通过团队学习，可以实现高于个人智力总和的团队智力，形成高于个人力量之和的团队力量，达到运作上的默契并形成团队意识。唯有团队成员一起学习、成长、超越和进步，才能让组织创造持续佳绩。

(5) 系统思考。系统思考是五项修炼的核心，它要求人们运用系统的观点来看待组织的生存和发展，进而将组织成员的智慧和活动融为一体。系统思考能引导人们由看事件的局部到纵观整体，由看事件的表面到洞察其变化背后的深层原因，由孤立地分析各种因素到认识各种因素之间的互动关系和动态平衡关系。因此系统思考是要让人与组织形成系统观察、系统思考的能力，并以此来观察世界，从而决定我们正确的行动。

现代企业和其他许多组织面临复杂多变的环境，只有增强学习能力，才能适应种种变化，未来真正出色的组织将是能够设法使组织各阶层人员全心投入，并有能力不断学习的组织，也就是学习型组织。

案 例 分 析

赵助理的难题

利达公司是一家经营绩效良好的企业，在前些年有过骄人的业绩。但近几年来，公司的赢利水平不断下降，一个中等规模的企业，赢利水平甚至不如本地一家小型企业。公司上下对此颇感迷惑，人心浮动，企业面临着严峻的考验。

第二章　管理理论的形成与发展

一天，公司总经理把总经理助理赵立叫到办公室。总经理首先和他简单地讨论了公司目前的经营状况，明显地表示了对这一现状的担忧。接着，总经理交给小赵一个特殊的任务，集中一段时间，深入调查造成本企业目前赢利水平下降的根本原因是什么，并提出对策及建议。

小赵来这个企业工作时间不长。他过去曾系统学习过管理理论，对古典管理理论与现代管理理论都有较深的研究。他对总经理交办的这个任务高度重视，决定运用所学的管理理论分析解决本企业的实际问题。

小赵首先将目光投向市场，在激烈竞争的今天，市场是决定企业赢利水平最首要的因素。在调查的过程中，小赵了解到，本公司为开拓市场，建立了本地同行业最庞大的营销队伍，而且每年的营销预算都高于同行其他企业，还建立了与本地几家最大企业旗鼓相当的市场份额。他觉得营销环节问题不大。接着他调查了本企业产品开发与价格情况。他了解到，本企业有很强的技术力量，有一支高水平的科技开发队伍。本企业的产品不比同行业的差，而且价格合理，不高也不低。他也感到困惑，这怎么会造成赢利水平的不断下降呢？

他又深入车间了解一线生产情况。生产线运行正常，员工们工作也较为认真。当然，也发现有些员工积极性不是很高，工作节奏较慢。车间主任抱怨道："去年每个人都涨了一级工资。咱厂工人在本地工厂中是工资最高的。可是这些工人的积极性一点也没提高。"关于严格管理，他说道："其实咱厂管理是很严格的，有那么多的管理规章制度。我本人管理也是非常严格的，对那些迟到早退、生产不合格产品、材料损失浪费的工人从不客气，都狠狠地进行批评。可是这些现象就是屡禁不止，这生产率就是上不去，有的工人好像是在同厂里作对，其实厂子黄了，工人的饭碗也打了，这不是两败俱伤吗？我是没办法了。"小赵还了解到公司的管理机构庞大，管理费用高，产品生产成本也普遍高于同行，据说原材料进价也偏高。

调查的情况千头万绪，小赵决定运用管理理论进行分析，并提出有效的对策方案，以出色地完成总经理交办的任务。但他也似乎觉得在运用泰勒的经济刺激手段与现代行为科学原理之间还有些冲突或需要进一步理顺的地方。

(资料来源：董卫民，王永芳，李健，等. 管理学. 北京：中国市场出版社，2006)

【问题】

1. 造成该公司赢利水平下降的原因有哪些？最主要的原因是什么？
2. 你认为解决该公司问题，是应用泰勒的科学管理原理还是应用行为科学原理，哪个更为有效？
3. 请你对赵助理制定解决该公司问题的对策方案提出建议。

阅 读 资 料

上海大众——打造标准生产系统

上海大众汽车有限公司(简称上海大众)成立于1985年3月,是上海汽车股份有限公司与德国大众各出资50%组建而成的中国第一家轿车合资企业。二十多年来,上海大众通过滚动发展,注册资本从最初的1.6亿元增加到目前的106亿元;目前已拥有大众(VW)和斯柯达(Skoda)两大品牌,年生产能力为50万辆。

2003年之前,上海大众在同行业中一直处于绝对领先地位,不仅保有量占了半壁江山,销售量也处于第一位。随着世界各大汽车厂商加快向中国市场的开拓,本田、丰田、通用等厂商快速占领一席之地,尤其是2004年后上海通用的崛起,上海大众的市场份额急剧下滑。市场竞争的加剧,使得上海大众必须在持续保证质量的前提下从各个环节降低过程成本,通过管理提高效率,消除各类浪费,从而提高产品性价比,满足市场用户的需求。

上海大众走过了二十多年,产品结构从单一的桑塔纳发展到拥有桑塔纳、高尔、波罗、帕萨特、途安、斯柯达等全系列车型,以满足市场用户不断升级的需求;生产区域也由单一的汽车一厂,发展到拥有三大轿车生产中心、一个冲压中心和一个发动机生产中心。上海大众无论在产品系列、生产区域、年度产量上,都有了巨大的扩展和提升,在管理经验上,也有了充足的积累。虽然每个工厂均积累了大量的管理经验,但各个工厂起点不同,长期处于较为分散的状态,各自秉承了独有的管理方式,未形成统一的、能够覆盖汽车生产工艺全过程的管理标准,使得上海大众整个生产系统显得较为发散,不利于系统自身完善、资源统一配置和管理信息共享。

为此,上海大众进行了标准生产系统建设,也就是以确保产品质量、降低企业管理和运营成本、提高劳动生产率、促进产品性价比的提高为目标,覆盖汽车制造领域的全过程。通过对组成汽车制造领域的所有环节进行模块化管理,形成对每个模块的制定具有指导性、操作性的若干标准,依托制度和文化保障,确保标准能够被所有人员准确执行和持续改善。坚持标准化原则,使组成汽车生产领域的所有环节,成为可追溯、可继承、可复制、易接受、易操作的标准,并为进一步的改善活动提供依据。

上海大众标准生产系统的建设借鉴了国外先进生产系统——如丰田生产系统TPS等的成功经验,并进行了本土化设计。上海大众标准生产系统以准确、翔实的操作描述,贯穿整个制造过程的标准设立,自下而上的建标思想,使其具有指导性强、操作性强、具体化、本土化的特点。该系统的建立,为上海大众生产系统的标准化管理建立了实践基础,提供了技术指导。

从2005年开始,上海大众启动实施企业的变革管理和调整转型。其中的战略举措之一,就是开展生产系统的标准化管理,建立上海大众标准生产系统。为此,上海大众从生产系统组织机构调整入手，通过流程整合、重组等方式，将原来分散的三大轿车生产厂、一个发动机厂、一个冲压中心组建为整合的制造部，使得原来各大生产中心分散的管理模式，走向标准化管理，为构建和实施标准生产系统打下了组织基础。

为继承各大生产中心行之有效的经验，吸收国内外知名汽车生产企业先进的管理经验，从2005年开始，上海大众大力开展了行业对标和调研，派出大量的专业人员，奔赴国内同行企业进行了广泛的对标，如与天津丰田、广州本田、上海通用、北京现代等企业进行全面对标；同时，与国外诸多同行业企业(如奥迪等)进行了对标。系统分析与竞争对手相比的优势和劣势，并对二十年来的生产管理进行系统总结和深入思考，以打造卓越制造系统为目标，构建满足企业可持续发展要求的标准生产系统。

在完成组织结构调整和同行企业对标之后，上海大众开始建立支撑标准生产系统建设的模块。

标准生产系统由10个模块组成：标准化作业(SOS)、标准化质量流程、安全生产、全面生产保全(TPM)、物料系统、工位组织、目视化管理、班组建设、环境保护和持续改善。这10个模块全面覆盖并共同组成了现代汽车制造流程，保证了生产过程的有效性、稳定性、自我完善性和可追溯性。标准化作业和标准化质量流程是上海大众标准生产系统的核心内容，是生产产品的质量保障，将确保劳动生产率的提高，以及制造成本的下降，充分反映了"精良造车"和"质量是上海大众的生命"的制造理念。安全生产是标准的基础，它是开展一切生产活动的保障。全面生产保全(TPM)、物料系统、工位组织是标准的有力支撑，为生产系统的精益开展提供了必要支持。目视化管理是系统与使用者之间生动活泼的信息交流工具，为生产系统各类标准的传递提供了简便快捷的途径。班组建设是生产系统推广和实施的人文基础，为增强团队凝聚力、贯彻各类标准，营造了稳定而良好的氛围。环境保护是上海大众持之以恒追求的目标之一。持续改善是生产系统得以自我完善、滚动前进的动力和基础工具。

1. 标准化作业

标准化作业是上海大众标准生产系统的核心内容之一，目的是为获取稳定的生产作业动作和质量保证提供作业标准，缩短制造周期消除生产过程中的浪费，并确保生产全过程的质量控制，为以后的改善和优化活动提供方法和工具。同时也是管理者进行产品和过程质量控制的强有力手段，为新员工培训提供教材。标准化作业强调操作者参与的过程，能激发全体员工的工作积极性，在具体细则的制定上，采取了"自下而上"的方针。上海大众标准化作业系统是在总结20年来在生产现场管理的经验的基础上，将原有的规范与精益生产的思想和方法结合在一起建立形成的。它从完善的大众集团工艺操作系统衍生而来，但更进一步地体现了以人为本的理念，强调发挥所有员工的主观能动性，并充分显示出团队协作精神，也是对生产现场进行持续改善的有效工具。标准化作业系统由相互渗透、相互补充的模块组成，它科学而严格地规范了上海大众整车厂、发动机厂、冲压中心每一个生产工位的人、机、料、法、环等工作要素，使所有的作业都遵循有据可依的标准，并且都是当前最优的状态。

2. 标准化质量流程

标准化质量流程就是在上海大众制造部建立一个对生产制造进行全面质量管理的过程，是上海大众标准生产系统的核心内容之一，是产品质量形成的基础和保证，是质量管理的"中心环节"，目的是要对同样的工作内容建立相同的检验标准和质量控制流程；同时在制造过程中能够及时发现和消除缺陷，保证过程质量；更好地预防缺陷的产生，建立一个能够稳定生产合格品和优质品的生产制造系统。它强调过程控制和质量责任制，以不接受、不传递、不制造缺陷产品的"三不原则"为准则，把质量要求和质量控制标准贯彻到每一个操作岗位，使每个岗位对制造质量负责。标准化质量流程模块主要包括冲压制造过程质量控制、发动机制造过程质量控制、车身制造过程质量控制、油漆制造过程质量控制、整车装配过程质量控制等五个方面。

3. 安全生产

安全生产模块的目的是制定生产安全管理的标准，以统一规范生产现场的安全管理，做到"预防为主"，保障员工人身安全，保障设备安全，保障生产秩序正常。通过九项标准来落实安全生产：区域安全责任制标准、生产现场消防安全管理标准、现场应急处理预案编制与管理标准、班组安全生产管理标准、安全生产教育标准、安全标志安全色管理标准、安全操作规程编写标准、个人安全防护用品使用标准、外来人员管理标准等。

4. 全面生产保全

全面生产保全是全员、全系统、全效率的生产保全活动，目的就是追求设备的零缺陷、无停机时间，最大限度提高设备的综合效率，构筑能预防管理及生产工序中所有损耗发生的良好机制，最终达成损耗的最小化和效益的最大化。包括自主维护、设备管理、审核评价、人才培养、持续改进五个标准。

5. 物料系统

物料系统是指生产物流链中涉及生产部门范围的物料活动，它是以合理、均衡组织物料供给为手段，以保证生产部门连续生产为目的的上海大众生产部门物料活动的总称。其目的是规范上海大众生产部门现有的物料工作形式，对生产部门物料方面的各项工作进行指导，为生产部门的管理人员对现有的物料工作进行管理、优化提供依据和规范，更有效地为保证生产提供服务。包括在制品管理、在线物料管理、小循环工位器具管理、工具辅料及其他材料管理四个标准。

6. 工位组织

工位组织是指对单个工位或者工作区域的设计，使之符合安全、清洁、高效以及人机工程学的要求，并充分考虑它们与整个工作系统的联系。良好的工位组织模式能够确保流程的安全性、可重复性，提高流程的透明度，加强工位的安全性，使得新员工能够迅速熟悉工作内容掌握作业要领。包括发动机的工位组织、冲压的工位组织、车身的工位组织、油漆的工位组织、总装的工位组织五个标准。

第二章 管理理论的形成与发展

7. 目视化管理

目视化管理是指利用形象直观、色彩适宜的各种视觉感知信息来组织现场生产活动，达到提高劳动生产率目的的一种管理方式。包括定置管理、信息栏(电子信息牌)的目视化管理、设备管理及维护的目视化管理、人员识别管理、工具箱的目视化管理、料箱/料架/物流的目视化管理、通道/导向/警告的目视化管理和目视化管理的评价八个标准。

8. 班组建设

班组是企业管理工作的落脚点和出发点，也是企业文化建设的重要阵地。上海大众班组建设贯彻"自我经营型、精益生产型"班组的思想，目的是帮助班组管理者制定行之有效的工作方法，提高班组在生产、质量、成本、设备、安全、现场、人员和团队建设等方面的自我经营能力，从而促进企业的核心竞争能力。包括人员管理、团队建设、成本管理、安全管理、生产管理、质量管理、设备管理和现场管理八个标准。

9. 环境保护

环境保护是上海大众制造部始终如一的原则，环境保护模块是在 ISO 9000 基础上，结合生产系统实际情况进行的具体化、标准化。它强调预防为主，不断对生产状况进行持续改善，努力提高环境管理水平，努力建设美好家园。包括环境管理、环境因素识别、环境控制、人员素质和体系审核五大标准。

10. 持续改善

通过持续改善活动，简化流程和工作方法，消除浪费，提高产品质量，使顾客满意，从而达到生产、管理过程的持续改善，提高自我改善能力，提高企业的竞争能力。结合上海大众生产系统二十多年的发展特点，制定了五个持续改善的标准，即持续改善团队的组建标准、持续改善活动流程标准、持续改善活动改善工具使用标准、持续改善活动的开展标准和持续改善活动评价与激励标准。

支撑标准生产系统建设的模块建立之后，上海大众着手推进标准生产系统的实施。

1. 确定组织推进原则，保障项目实施基础

上海大众遵循"项目推进从上而下，制定细则自下而上"的组织推进原则，从机构整合入手，获取管理层的全力支持，充分考虑执行人员的实际操作合理性，在短短一年时间里，建立并推行了上海大众标准生产系统，完成了覆盖汽车生产系统全领域的标准化生产管理。

2. 强化全员培训，确保系统运行的准确性

标准生产系统是覆盖汽车制造领域全过程的复杂系统，包括了数十条具体的标准。为了确保使用者对系统理解的一致性，以及实际运用的准确性，上海大众利用员工固定培训日、班前班后会、特殊培训等机会，通过逐级培训、现场示范、集中培训相结合的方式，完成了对各部门使用者的全员培训。

3. 实行项目负责制，确保系统实施进度

基于标准生产系统项目的复杂性，上海大众自筹建开始就实行了项目负责制，按照模

块将整个项目划分为若干个子项目,并逐级确定项目负责人。上海大众确定了领导负责制,由管理层人员分别担任项目总负责人和子项目负责人,这使得管理层不仅能够与普通操作员工共同探讨标准的操作性和严密性,而且自上而下的项目推进思想也使得各项标准的进展更为快速。

4. 依托班组建设,营造系统实施的良好氛围

班组建设作为标准生产系统的模块之一,不仅是生产系统长期发展的人文保障,而且在系统建立和实施中,发挥着机体细胞的作用;不仅各项培训要以班组为单位,快速有序地进行,而且在标准推行过程中,项目负责人与班组成员的互动交流,也使得各项标准更符合实际操作,推行更快速。

5. 建立绩效评价制度,提高系统推进和运行的有效性

为确保标准生产系统各项标准的严格实施,上海大众制定具体的绩效评价制度。采取月度评价、年度考核的方式,将各工厂生产系统运行成果进行横向对标,在生产系统内不同部门之间形成"追求卓越、勇争第一"的良好竞争氛围,为生产系统的自我完善提供了保障。在具体指标的考核制定上,上海大众采用多种评价方式,包括过程审核式、开关式、目标完成率式等。

6. 建立项目定期评审制度,不断完善系统的严密性

按照闭环控制原则,上海大众每半年对标准生产系统进行一次总体评审,在稳固现有成效、追求完善方面不断努力,提高系统的竞争力,使其朝着适应公司发展需求的方向迈进。总体评审不仅仅局限于各项目负责人,同时邀请公司生产系统以外的专业人员参与;评审的内容也不仅仅局限于标准生产系统运行的既得效果,也考虑其长期稳定运行的有效性,以及其对外围系统变化的适应性。

7. 运用信息平台,整合标准生产系统

为将10大模块整合为标准生产系统,上海大众通过整合各种现有的、服务于独立子系统的信息平台,以及建立部分必要的新平台,构建了强大的上海大众标准生产系统信息平台,不仅包括传统的报表工具的应用,也包括现代信息系统的引入,它的建立使得上海大众标准生产系统的所有信息,实现了可查询、可录入、可追溯,为整个系统的严密性、操作性提供了信息支持。

上海大众标准生产系统的运行,使得公司生产管理水平得到了显著提高,从而保证了产品质量的稳定、劳动生产率的提高、生产成本的降低,促进了公司经济效益的提升,不仅实现了企业社会效益,也为企业形象的提高做出了贡献。

安全生产模块实施以来,上海大众各项安全指标均处于受控状态。2006年上海大众无重大安全事故发生;年度工伤率低于千分之一。

上海大众标准化作业的开展,为加速现场改善工作、实现年度劳动生产率提高提供了基础工具。劳动生产率水平由2005年的27.3台/人年提高到2006年的45台/人年,提高了65%。TPM模块的实施,为持续降低设备故障率,稳定提高设备开动率,提高全体员工的

第二章 管理理论的形成与发展

参与意识，促进设备效率最大化做出了重要的贡献。目视化管理模块的实施，通过标准工段信息栏、定置管理、色标、标准指示等工具，为改善现场环境，提高工作效率，推动全员参与管理，提高员工素养，起到了促进作用。物料系统模块的实施，为降低在制品库存，规范在线物料的管理，寻找最经济路径，开展小循环工位器具的全生命周期管理等，提供了工具。班组建设模块围绕精益生产的理念展开，基于小班化基础进行管理，促进了上海大众员工直接参与集体管理和决策的积极性，充分发挥了员工能动性，并造就了一个个行动敏捷、步伐一致、共同迈进的团队，使得集体的愿景得到最大限度的实现，效率最大化。工位组织模块在上海大众的实施，明显提高了各工位效率，不仅降低了劳动强度，使各工位布置更加有利于物流高效和质量保证，还实现了多项现场优化项目。标准化作业与工位组织模块的共同作用，为上海大众年度劳动生产率目标的完成以及经济指标的优化做出了实质性的贡献。

(上海大众汽车有限公司的汽车制造企业标准生产系统建设获第十四届国家级企业管理创新成果二等奖。成果主要创造人：陈志鑫)

(资料来源：上海大众汽车有限公司. 上海大众——打造标准生产系统. 企业管理，2009)

本章小结

管理理论是随着社会生产力的发展而不断演进的。自从有了人类社会，就有了管理实践活动。长期的实践经验的积累，形成了早期的管理思想。现代管理理论的形成是以社会化大生产为背景的，工业革命的直接结果是工厂制度的建立，促使人们思考管理中的突出问题，形成了管理理论萌芽，为管理理论的形成奠定了基础。本章首先介绍了中外早期的管理实践和思想，然后按照时间和人性两条主线介绍了古典管理理论、行为科学理论和现代管理理论。管理理论萌芽阶段的主要代表人物是：亚当·斯密、欧文、巴贝奇。古典管理理论主要包括科学管理理论、一般管理理论和行政组织理论。泰勒提出的科学管理理论使企业的生产率迅速提高，使管理从传统的经验管理发展为科学管理；法约尔在一般管理理论中区分了企业经营活动与管理活动，提出了管理的 14 项原则及管理教育的可能性和必要性；韦伯提出了理想的行政组织体系理论。早期的行为科学理论被称为人际关系学说，其结论来自于霍桑试验，代表人物是梅奥。后期行为科学的研究分为个体行为、团体行为和组织行为三个层次。第二次世界大战之后，管理理论发展进入了现代管理理论阶段，形成了"管理理论的丛林"，本章主要介绍的理论包括：管理过程理论、社会系统理论、决策理论、系统管理理论、社会技术系统理论、经验主义理论、管理科学理论和权变理论。20世纪80年代以后，各种适应时代特征的新的管理理论不断涌现，本章主要介绍了战略管理理论、全面质量管理理论、精益管理思想、企业再造理论和学习型组织理论。

自 测 题

一、单项选择题

1. (　　)认为研究经济问题的出发点是人的本性，即资产阶级利己主义。
   A. 詹姆斯·斯图亚特　　　　　B. 亚当·斯密
   C. 泰勒　　　　　　　　　　D. 法约尔

2. 管理理论的萌芽阶段是(　　)。
   A. 19世纪末20世纪初　　　　B. 18世纪下半叶到19世纪末
   C. 远古时期　　　　　　　　D. 20世纪30年代

3. 泰勒认为，科学管理的中心问题是(　　)。
   A. 提高劳动生产率　　　　　B. 提高工人的劳动积极性
   C. 制定科学的作业方法　　　D. 提高工人的满意度

4. 高级管理人员把例行的一般日常事务授权给下级管理人员去处理，自己只保留对例外事项即重大事项的决策权和控制权，这是泰勒提倡的(　　)。
   A. 工作定额原理　　　　　　B. 例外原则
   C. 职能工长制　　　　　　　D. 计划与执行相分离

5. 一般认为，管理过程理论的创始人是(　　)。
   A. 泰勒　　B. 梅奥　　C. 法约尔　　D. 韦伯

6. 韦伯在管理思想发展史上被称为(　　)。
   A. 科学管理之父　　　　　　B. 动作研究之父
   C. 实验心理学之父　　　　　D. 组织理论之父

7. "组织内每一个人只能服从一个上级并接受他的命令"是法约尔提出的(　　)原则。
   A. 统一领导　　　　　　　　B. 统一指挥
   C. 劳动分工　　　　　　　　D. 等级制度

8. 梅奥在霍桑试验的(　　)阶段认识到组织中存在非正式组织。
   A. 工作场所照明试验　　　　B. 继电器装配室试验
   C. 大规模访谈　　　　　　　D. 接线板接线工作室试验

9. 提出"社会人"假设的是(　　)。
   A. 决策理论　　　　　　　　B. 权变理论
   C. 社会系统理论　　　　　　D. 人际关系学说

10. (　　)理论认为，在组织管理中要根据组织所处的环境和内部条件的发展变化而随机应变，没有什么一成不变、普遍适用的"万能"的管理理论手段和方法。
    A. 社会技术系统　　　　　　B. 经验主义
    C. 管理科学　　　　　　　　D. 权变理论

第二章 管理理论的形成与发展

二、多项选择题

1. 查尔斯·巴贝奇主张工人的收入应由( )三个部分组成。
   A. 固定工资　　　　　B. 利润　　　　　　C. 福利
   D. 奖金　　　　　　　E. 津贴

2. 反映泰勒科学管理思想的主要著作有( )。
   A. 《计件工资制》　　　B. 《车间管理》
   C. 《科学管理原理》　　D. 《管理决策新科学》
   E. 《经理的职能》

3. 古典管理理论的代表人物有( )。
   A. 泰勒　　　　　　　B. 法约尔　　　　　C. 韦伯
   D. 梅奥　　　　　　　E. 巴贝奇

4. 法约尔认为管理的要素或职能包括( )。
   A. 计划　　　　　　　B. 组织　　　　　　C. 指挥
   D. 协调　　　　　　　E. 控制

5. 以下属于科学管理理论主要内容的是( )。
   A. 提高劳动生产率　　　B. 作业标准化　　　C. 计件工资制
   D. 工作定额原理　　　　E. 职能工长制

6. 人际关系学说的主要内容包括( )。
   A. 工人是"社会人"　　B. 工人是"经济人"　C. 企业中存在着非正式组织
   D. 新型的领导能力在于提高工人的满意度　　E. 福利产生激励

7. 巴纳德认为正式组织的生存必须具备的要素包括( )。
   A. 明确的目标　　　　　B. 劳动分工　　　　C. 职权等级
   D. 协作的意愿　　　　　E. 良好的沟通

8. 建立学习型组织需要进行的五项修炼包括( )。
   A. 自我超越　　　　　　B. 改善心智模式　　C. 建立共同愿景
   D. 开展团队学习　　　　E. 系统思考

三、判断题

1. 管理是随着人类社会的发展而产生的,在原始社会是不存在管理的。　　　　( )
2. 法约尔认为,人的管理能力可以通过教育来获得。　　　　　　　　　　　　( )
3. 韦伯认为理想的行政组织体系未必是效率最高的组织形式,它只是一种理想的组织状态。　　　　　　　　　　　　　　　　　　　　　　　　　　　　　　( )
4. 梅奥认为提高生产率的主要途径是提高领导的满意度,从而达到提高效率的目的。　　　　　　　　　　　　　　　　　　　　　　　　　　　　　　　( )
5. 安索夫的《公司战略》一书的问世,标志着现代战略管理理论体系的形成。　( )

6. 企业所有的资源、知识和能力都能形成持续的竞争优势。 （ ）

四、简答题

1. 简述科学管理理论的主要内容。
2. 简述权变理论的主要观点。
3. 管理科学理论的特点是什么？
4. 如何区分核心能力和非核心能力？
5. 简述全面质量管理的特点和主要内容。
6. 简述企业再造理论的实质。

五、论述题

1. 论述法约尔一般管理理论的主要内容及其对管理理论的贡献。
2. 结合实际简述我国企业管理的发展趋势。

第二篇 计划职能

第三章 计划职能与计划

【学习要点及目标】

通过本章的学习,理解计划职能的含义,明确计划的作用、类型和指标,系统地掌握计划的内容、编制程序和方法。

【关键概念】

计划职能　计划　计划体系　战略计划　计划指标　综合平衡法　滚动计划法

【引导案例】

松下电器的规划

三十多年前,RCA 公司、通用电气公司和齐尼思(Zenith)公司等统治着美国的电视机市场。如今,这些公司的电视机产品都销声匿迹了,取而代之的是日本松下电器工业公司的 Panasonic 和 Quasar 等品牌的电视机。松下公司生产的各种录像机也占领了市场。

松下电器公司是松下幸之助在第二次世界大战后建立的。其目标是成为当时正在浮现的电子学领域的领导者,重建日本强国的地位。20 世纪 50 年代初期,松下公司确立了控制美国电视机市场的目标,与其他日本电视机制造商组成了集团,将进攻的焦点集中在了美国市场。

在 20 年的时间里,松下将它的美国竞争对手从 25 个削减到了 6 个,最终,所有的美国竞争对手不是破产就是被外国同行所兼并。目前,松下公司已经成长为世界第 12 位的大公司。1990 年 11 月,松下又斥资 60 多亿美元买下了 MCA 公司,它是环球制片公司的母公司。作为世界消费电子产业中的巨人,松下公司已经制订了 250 年的规划。它试图不给竞争对手留下任何可乘之机。

(资料来源:王克岭,张建民. 管理学. 北京:高等教育出版社,2010)

"凡事预则立,不预则废",这句话说的就是计划工作的重要性。管理是对资源进行优化配置的过程,要把资源协调好需要时间,且离不开计划,没有计划或计划不周会降低管理的效率，甚至直接影响到组织目标的实现。

第一节 计划职能的概念

一、计划职能的含义

计划职能有广义和狭义之分。广义的计划职能是指制订计划、执行计划和检查计划执行情况三个紧密衔接的工作过程。具体来说，广义的计划职能包括调查研究、预测、决策、制订计划、执行计划和检查计划执行情况。狭义的计划职能则是指制订计划，即根据实际情况，通过科学的预测，权衡客观的需要和主观的可能，提出在未来一定时期内要达到的目标，以及实现目标的途径。

计划是对未来行动的事先安排，或者说是预先确定的行动方案。计划是计划职能中制订计划的成果，是执行和监督检查的对象。

二、计划职能的性质

计划职能的性质可以概括为目的性、首位性、普遍性、效率性和创新性五个方面。

（一）目的性

计划职能要通过调查研究、预测，确定组织的目标，然后制订实现目标的计划，计划职能的目的性是非常明显的。每个计划及其派生而来的计划，目的在于促使组织目标的实现。如果没有计划，行动就会盲目，就会产生混乱。

（二）首位性

计划职能是管理的首要职能。从管理过程来看，计划职能在时间顺序上是处于计划、组织、领导和控制四大管理职能的开始阶段，计划是管理者行使管理职能的基础，组织、领导、控制职能作用的发挥要以计划为依据，计划要贯穿到这些职能中去，而组织、领导及控制的目的在于促使计划的实现。

（三）普遍性

计划职能涉及组织内各层次、各部门，组织内的任何管理活动都需要进行计划，任何一个管理者都要参与计划管理活动。人们常说，管理者的主要任务是作决策，而决策是计划职能的核心。如果将管理者的决策权限制过严，就会束缚他们的手脚，使他们无法自由地处置那些本应由他们处置的问题。久而久之，他们就会失去计划职能与职责，养成依赖上级的习惯。

(四)效率性

计划职能的任务,不仅要确保实现组织目标,而且要选择最优的资源配置方案,以求得合理地利用资源和提高效率。计划职能的效率,是以实现组织目标所得到的利益,扣除为制订和执行计划所需要的费用和其他预计不到的损失之后的总额来测定的。效率这个概念一般含义是指投入和产出之间的比率,但在这个概念中,不仅包括人们通常理解的按资金、工时或成本表示的投入产出比率,如资金利润率、劳动生产率和成本利润率,还包括组织成员个人和团体的满意程度。只有能够实现收入大于支出,并且顾及国家、集体和个人三者利益的计划才是一个完美的计划,才能真正体现出计划的效率。

(五)创新性

由于计划是面向未来的,所以它常常要面临变化的新环境,遇到需要解决的新问题,针对新的机遇或挑战,因而必须有创新的计划、创造性的管理过程。管理创新,包括目标创新、技术创新、制度创新、组织结构的创新、环境创新(通过创新去改造环境,使环境朝着有利于组织经营的方向发展,如通过技术创新,影响社会技术进步的方向)。管理创新主要是体现在计划职能中。就企业来讲,根据经营环境的变化,需要确定含有创新因素的目标,制订含有创新因素的计划,科学组合人才、资本和科技要素,以创造市场和适应市场,满足市场需求,同时达到企业经济效益和社会责任目标。

> **【案例3-1】联想的计划**
>
> 1984年11月1日,一个仅靠20万元起家的自负盈亏的计算机公司成立了,它就是闻名全国的联想集团。1988年4月,联想集团宣布开始向海外进军。第一步准备在香港设立一个贸易公司,目的在于为创办产业积累资金;第二步决定于1995年以前,建立科、工、贸一体化的跨国集团;第三步在20世纪末形成经济规模,使联想股票在海外上市,公司的营业额达到10亿美元。2004年12月8日,联想演绎了一出新的IT版的蛇吞象的惊人故事,联想以12.5亿美元的价格兼并了IBM公司的全球PC及笔记本业务,只不过这次吞下的只是大象的一条腿。
>
> 由于联想集团从成立至今,每一步都有清晰的发展计划,所以它已发展成为我国IT产业的领头羊。目前该集团正向世界500强企业迈进!
>
> (资料来源:孙晓琳.管理学.北京:科学出版社,2006)

三、计划的作用

(一)计划是管理者指挥的依据

组织的计划要层层分解、落实到各部门,直至基层单位,各级管理者依据计划组织指挥本单位的工作。计划使组织中的全体成员的行动保持同一方向，共同努力实现组织的目标。

(二)计划是降低风险、掌握主动的手段

计划是面向未来的，而未来的情况是不断变化的，计划是预见这种变化并且设法消除变化对组织造成不良影响的有效手段。计划作为对组织未来活动的安排，必然促使管理者对未来的各种情况进行预测，及时预见未来可能出现的机会或威胁，考虑未来环境变化的冲击，制定适应变化的最佳方案，消除或降低组织未来活动的风险。

(三)计划是合理配置资源、减少浪费、提高效益的方法

计划能从多条实现目标的途径中，通过技术经济论证和可行性分析，选择最佳方案，避免无计划的重复性、浪费性活动，使组织的各项资源得以充分利用，从而降低成本，提高经济效益，实现组织的目标。

(四)计划是管理者进行控制的基础

计划和控制是管理的一对孪生子，没有计划的活动是无法控制的，因为通过计划，管理者设立了组织目标，而在控制过程中，管理者就可以将计划的执行情况与组织目标进行比较，以发现可能出现的偏差，通过纠正脱离计划的偏差，使活动保持既定的方向。可见，没有计划，任何控制活动都毫无意义；没有计划确定的目标作为测定的标准，管理者就无法检查其下属完成工作的情况，控制也就无法进行。所以说，计划为控制提供标准。

第二节　计划的内容、类型和指标

一、计划的内容

计划通常是用数据加文字说明编制的一种书面文件。一般的，一项完整的计划，通常包括以下六个方面的内容，即"5W1H"，计划必须清楚地确定和描述这些内容。

What——做什么？目标与内容。要明确计划工作的具体任务和要求，明确每一个时期的中心任务和工作重点。例如，企业生产计划的任务主要是确定生产哪些产品，生产多少，合理安排产品投入和产出的数量和进度，在保证按期、按质和按量完成订货合同的前提下，使得生产能力得到尽可能充分的利用。

Why——为什么做？原因。要明确计划工作的宗旨、目标和战略，并论证可行性。实践表明，计划工作人员对组织的宗旨、目标和战略了解得越清楚，认识得越深刻，就越有助于他们在计划工作中发挥主动性和创造性。正如通常所说的"要我做"和"我要做"的结

果是大不一样的,其道理就在于此。

Who——谁去做? 人员。规定由哪个主管部门负责。例如,开发一种新产品,要经过产品设计、样机试制、小批试制和正式投产几个阶段。在计划中要明确规定每个阶段由哪个部门负主要责任,哪些部门协助,各阶段交接时,由哪些部门和哪些人员参加鉴定和审核等。

Where——何地做? 地点。规定计划的实施地点或场所,了解计划实施的环境条件和限制,以便合理安排计划实施的空间组织和布局。

When——何时做? 时间。规定计划中各项工作的开始和完成的进度,以便进行有效的控制和对能力及资源进行平衡。

How——怎样做? 方式、手段。制定实现计划的措施,以及相应的政策和规则,对资源进行合理分配和集中使用,对人力、生产能力进行平衡,对各种派生计划进行综合平衡等。

【案例3-2】××玻璃厂20××年第三季度生产计划

在提高质量、增加品种、搞好节约、保证安全的前提下,努力增产适销对路的产品,全年总产值预计1—9月份可达到××××万元,为全年增产指标××××万元的80%。

一、指导思想

全面提高各项技术经济指标,努力增产短线产品,厉行节约,实现增产增收,力争达到一个没有水分的增长速度。

贯彻四个原则:

(1) 贯彻超额完成生产任务,今年生产比上年增长4%的原则,全年总产值一定要达到或超过××××万元。

(2) 贯彻以质量求生存的原则。

(3) 贯彻充分利用企业人力、物力资源的原则。

(4) 贯彻编制计划权威性、先进性和灵活性的原则(超产幅度为6%~11%)。

二、努力抓好以下四个方面的工作

(1) 加强市场预测,狠抓产品质量和品种,最大可能地生产适销对路的产品,特别是对玻璃管瓶及青霉素瓶要根据市场需求进行生产。生产仪器产品、玻璃管瓶要摸清市场变化情况,打开销路,防止库存积压。

(2) 通过企业整顿,建立和健全各项生产管理制度,把重点转移到提高经济效益上去,各项经济指标要努力达到本厂的最高水平,增强科室之间的协调,不断提高质量,降低成本,增加收入。

(3) 切实抓好原材料和能源的供应和节约,确保生产稳定增长,根据目前部分原材料供应紧张的情况,必须竭尽全力,保质、保量地供应原材料、辅助材料,搞好能源适用和节约等工作。

(4) 搞好安全生产，做好防暑降温和防台、防汛工作，搞好生产工作，采取可行办法预防事故发生，确保安全生产。

三、各车间生产安排

一车间(部分情况，其他略)

1号炉四台行列机生产青霉素瓶，其中，1号、2号、3号机生产7毫升的青霉素瓶，日产72.6万只，设备利用率95%，合格率92%；4号机生产10毫升的青霉素瓶。

(其他车间生产安排略)

生产安排中要注意的问题如下：

(1) 根据药厂需要，本季度需要增加生产7毫升的青霉素瓶，减少生产10毫升的青霉素瓶，因此4号机在6月底前做好调换7毫升的青霉素瓶生产的准备工作。
(2) 2号机要加强维护保养，争取年内不修。
(3) 1号、2号机的中修要做好备品备件的准备工作。
(4) 1号机及2号炉定额，待整顿办查定后再予确定，现制定临时定额。

附件一：总产值计划表 (略)
附件二：产量计划表 (略)

××玻璃厂20××年××月××日

(资料来源：董卫民，王永芬，李健，等. 管理学. 北京：中国市场出版社，2006)

二、计划的类型

由于社会系统各种组织的复杂性，对组织的计划管理也相当复杂，需要各种计划的配合，因此组织计划是一个由各种计划相互联系组成的计划体系。对构成计划体系的各种计划，我们可以按不同的标志进行分类。主要的分类标志有按计划的形式分类、按计划的期限分类、按计划的职能分类、按计划的内容分类、按计划制订者的层次分类和按计划的明确性分类等。计划的分类，就是从不同的角度来研究计划体系。

在实践中，由于一些管理者认识不到计划的多样性，在编制计划时，常常忽视某些重要的方面，因而降低了计划的有效性。

(一)按计划的形式分类

现代管理学理论认为，组织中开展的一切以未来为工作内容的管理活动都可以纳入计划职能。同理，这些工作的表现形式也就是计划的形式。在一个组织中，常见的计划形式有以下几种。

1. 宗旨

宗旨是社会赋予组织的基本职能和基本使命，它表明了组织是干什么的，应该干什么。

例如，工商企业的宗旨是向社会提供商品或劳务，医院的宗旨是救死扶伤、治病救人，大学的宗旨是为社会培养高级人才。现实中的每个组织对自己的宗旨都有着不同的理解和表达方式，以企业为例，一些著名企业都有明确的宗旨，如日本索尼(SONY)公司的宗旨是："索尼是开拓者，永远向着那未知的世界探索。"表示索尼公司绝不步别人后尘的意志。正是从这一宗旨出发，索尼公司把最大限度地发掘人才、信任人才、鼓励人才不断前进视为自己唯一的生命，取得了巨大的成功。不同性质的组织，有其不同的宗旨。宗旨不是目标，它是拟定、明确目标的最高原则。一个组织必须有明确的宗旨，组织的高层管理者要深入思考组织的宗旨，并将它明确阐述出来，灌输到每一个员工的头脑中，贯彻到计划的制订和执行过程中。只有明确宗旨，才能制定清楚而有意义的目标，才能正确制订实现目标的计划。

2. 目标

目标是在宗旨的指导下提出的，它是组织在计划期内所要达到的结果。目标通常用一系列指标来表示。经济组织常用利润、产量、产值、成本及利润率等来表示。组织计划中的目标，是相互关联的，形成目标网络。保证组织中各层次、各部门目标之间的协调统一，是管理者要予以充分注意的。

3. 战略

战略是确定组织的长远目标，以及为实现这些目标而确定的发展方向、行动方针、工作重点、资源配置的总体方案。它不是要具体说明组织如何实现目标，而是通过指明方向、政策、工作重点和资源配置，为考虑问题、采取行动提供了指导思想和必要的框架，来决定组织未来的长远发展。

"战略"这个词来自军事用语，是指通过对交战双方进行分析判断而做出对战争全局的筹划和指导，它具有对抗和竞争的含义，总是针对竞争对手的优势和劣势，以及对方正在和可能采取的行动来做出反应。因此，只要存在竞争，且竞争成败取决于因长期准备和持续努力而获得的优势地位，就需要制定战略。对于一个企业来说，制定战略的根本目的是使企业尽可能有效地比竞争对手占有持久的优势，使企业持续、稳健地发展。一个城市要有城市的发展战略，一个国家要有国家的发展战略。除了长期竞争需要战略以外，那些涉及长远发展、全局部署的管理活动也需要制定战略。

4. 政策

政策是用于指导决策或处理问题的明文规定。例如，公司的用人政策规定某一阶层的管理者受教育的程度；公司从内部提升管理者的政策；鼓励职工提供合理化建议的政策等。作为明文规定的政策，通常列入计划之中，而一项重大政策，则往往单独发布。政策的主要作用是指导或沟通决策思想，规定行动的方向和范围，明确解决问题的原则，使决策与目标相一致，保证目标的实现。政策给出了其作用的范围和界限，鼓励下级在规定的范围内自由处置问题，主动承担责任。例如，上级主管部门对企业更新改造项目的立项审批权一般都规定一个限额，这是一种政策，即把低于规定限额的更新改造项目的立项审批权下放给企业，只有那些超过限额的项目才报上级主管部门审批。

5. 程序

程序也是一种计划，它规定了如何处理那些重复发生的例行问题的标准方法，程序也是一种工作步骤。程序的实质是对所要进行的活动规定时间顺序。例如，采购部门采购材料应由使用材料的部门申请购买，经有关部门和领导审批，再实施采购活动；会计部门记载往来业务的程序；制造企业处理订单的程序；公司董事会应当有进行重大决策的程序。管理的程序化水平是管理水平的重要标志，制定和贯彻各项管理工作的程序是组织的一项基础工作。

6. 规则

规则是对具体场合和具体情况下，允许或不允许采取某种特定行动的规定。规则也是一种计划，它的要求是在计划方案中选定的，用孔茨的话来说，规则往往是一种最简单的计划。规则常常与政策和程序相混淆，所以要注意区分。规则与政策的区别在于规则在应用中不具有自由处置权；规则与程序的区别在于规则在应用中不规定时间顺序，如在防火要求很高的企业中，"禁止吸烟"就是规则。

7. 规划

规划是一个由宗旨、目标、战略、政策、程序、规则、任务分配、执行步骤及资源利用等构成的综合性计划，它是最常见的、最典型的计划形式。规划一般是粗线条的、纲要式的，如国家的"十一五"规划、企业的发展战略规划等。

8. 预算

预算是数字化的计划，就是用数字编制未来某一个时期的计划，也就是用财务数字(如以货币为单位的财务预算)或非财务数字(如用工时、台时、原材料单位和产品单位等对投入量、产出量和销售量进行预算)来表明预期的结果。预算可以以货币为单位，成为汇总各种计划的工具，它可以使企业各级管理者从资金和现金收支的角度，全面、细致地了解企业生产经营活动的规模、重点和预期成果。预算是计划的一种基本形式，同时也是一种控制方法。

(二)按计划的期限分类

1. 长期计划

长期计划通常又称为战略规划、远景规划，计划期限一般为 5 年以上，是为实现组织长期目标而制定的具有战略性、综合性的发展规划。它主要规定组织为实现长期目标而采取的行动步骤、分期目标和重大措施。

2. 中期计划

中期计划是根据长期计划提出的战略目标和要求,并结合计划期内实际情况制订的计划。它是长期计划的具体化,同时又是制订短期计划的依据,一般期限为1年以上、5年以内。

3. 短期计划

短期计划的期限一般为1年,也称年度计划。它是将长期计划、中期计划的目标分解成年度的目标而制订的计划。年度计划是组织的执行计划,依据年度计划可以确定半年、季、月、旬或周的计划。

(三)按计划的职能分类

1. 业务计划

业务计划是组织的主要计划,因为组织是通过一定的业务活动立足于社会的。其中长期业务计划主要涉及业务方面的调整或业务规模的发展,短期业务计划则主要涉及业务活动的具体安排。例如,生产企业的业务计划主要是销售计划、生产计划,围绕这两个计划编制研究开发计划、基本建设与技术改造计划、物资供应计划和设备动力计划等业务计划。商品流通企业主要的业务计划是商品流转计划,即确定商品采购、销售、库存指标的计划,围绕商品流转计划编制商品运输计划、商品促销计划、基本建设计划等业务计划。

2. 人力资源计划

人力资源计划是围绕业务计划展开的,主要是分析如何为业务规模的维持或扩展提供人力资源的保证。其中,长期人力资源计划主要研究如何保证组织的发展,提高员工的素质,储备必要的人力资源;短期人力资源计划则主要研究如何将员工安排在与其能力相适应的岗位上。

3. 财务计划

财务计划也是围绕业务计划展开的,它研究如何从资本的提供和利用上促进业务活动的有效进行。其中,长期财务计划主要是为了满足业务规模发展和资本增大的需要,决定如何建立新的融资渠道和选择不同的融资方式;短期财务计划则要研究如何保证资金的供应和监督资金的利用效果。

(四)按计划的内容分类

1. 综合性计划

综合性计划是指对组织活动所做出的整体安排。在较长时期内执行的战略计划一般是综合性计划，短期计划中也有综合性的，如企业编制的年度综合经营计划。

2. 专业性计划

专业性计划是对某一专业领域的职能工作所做的计划，它通常是综合性计划某一方面内容的细化，如销售计划、生产计划、产品研究开发计划和人力资源计划等。它们与综合性计划是局部与整体的关系。

(五)按计划制订者的层次分类

1. 战略计划

战略计划的内容主要包括组织在未来一段较长时间内的战略目标、战略重点、战略阶段和战略措施等，它由高层管理者负责制订，具有长远性、全局性等特点。战略计划对战术计划和作业计划具有指导作用。

2. 战术计划

战术计划是为实现战略计划，由组织的各部门制定的局部性计划。它是根据战略计划制订的落实性计划，是实现战略计划的手段和方法。战术计划是由中层管理者制订的，它对作业计划具有指导作用。

3. 作业计划

作业计划由基层管理者负责制订，是将战术计划确定的内容具体化，是基层各单位较短时期内的工作计划，如月工作计划、周工作计划、日工作计划及轮班工作计划等。

(六)按计划的明确性分类

1. 指令性计划

指令性计划一般是指由上级主管部门向下级下达的具有严格约束力的计划。指令性计划一经下达，计划的执行者就必须遵照计划开展工作，并且要尽一切努力去完成计划。它主要依靠行政手段来实现，具有强制性。

2. 指导性计划

指导性计划只规定方向、指出重点，但不限定具体的目标或特定的行动方案。比如，某公司利润增长的指导性计划可表示为：在未来的1年里，利润增长5%~8%。这表明指导性计划具有内在的灵活性。

三、计划的指标

指标是综合反映社会现象数量特征的概念和数字。计划指标是用数字表示的、计划期内组织在各个方面预期所要达到的水平。一个完整的计划指标通常是由指标名称和指标数值、计量单位组成的,每一项计划指标都有其特定的内容和意义。例如,商品销售额 100 万元,在这个指标中,商品销售额是指标名称,100 是指标数值,万元是计量单位,这个指标反映组织经营达到的规模。组织计划规定的任务,是通过一系列具体的计划指标来表现的,这一系列的指标,既相互联系又各自独立,构成了组织的计划指标体系。

(一)按计划指标的性质划分,计划指标可分为数量指标和质量指标两大类

数量指标是指通过绝对数形式表示的,组织在计划期内生产经营活动在数量上要达到的目标,如产值、产量、销售量、职工人数、工资总额、产品成本、管理费用总额及利润额等。质量指标,是指通过相对数的形式来表示组织在计划期内生产经营活动在质量上要达到的目标或水平,如资金利润率、销售利润率、投资报酬率、市场占有率、废品率、设备开工率、产品销售率、劳动生产率等。

(二)按计划指标的表现形式划分,计划指标可分为实物指标和价值指标

实物指标是指用台、吨、箱、件、打及米等实物计量单位计算和表示的指标,如机器台数、织布米数和衣服件数等。价值指标,也称货币指标,是用货币额来表示的指标,如总产值、工资总额等。价值指标可用来对不同的实物指标进行综合计算和比较,以便组织进行经济核算。

第三节 计划编制的原则和程序

一、计划编制的原则

(一)科学性原则

所谓科学性原则,是指我们所制订的计划,必须符合客观规律、符合实际情况。只有这样,才有理由要求各个层次、各部门按照计划办事。相反,如果计划不够科学甚至从根本上违背客观规律,那么,这样的计划就很难被接受,即使通过某些强制的办法贯彻下去,也难以实现计划的目标。因此,这就要求计划编制人员必须从实际出发,深入进行调查研究,掌握客观规律,使每一项计划都建立在科学的基础上。

(二)系统性原则

所谓系统性原则,就是指在制订计划时,不仅要考虑到计划对象系统中所有的各个构成部分及其相互关系,而且还要考虑到计划对象和相关系统的关系,按照它们的必然联系,

进行统一筹划。这是因为，计划的目的是通过系统整体的优化实现决策目标，而系统整体优化的关键在于系统内部结构的有序和合理，在于对象的内部关系与外部关系的协调。

(三)灵活性原则

灵活性原则，是指计划在实际管理活动中的适应性、应变能力和与动态的管理对象相一致的性质。应当看到，任何计划都只是预测性的，在计划的执行过程中，往往会出现某些人事先预想不到或者无法控制的事件，如气候的突变、自然灾害、科技的重大突破等，这都会影响到计划的实现。因此，必须使计划具有灵活性，以及时适应客观事物各种可能的变化。为做到这一点，通常的做法：一是编制备用计划；二是做计划时留有余地，切忌满打满算。

(四)群众性原则

计划工作的群众性原则，是指在制订和执行计划的过程中，必须依靠群众、发动群众，广泛听取群众意见。要通过各种形式向群众讲形势、交任务、摆问题、指关键；要放手发动群众，揭矛盾、找差距、挖潜力、定措施。只有依靠群众的经验和智慧，才能制订出科学、可行的计划，也才能激发群众的积极性，自觉地为实现计划目标而努力。

二、计划编制的程序

虽然计划的种类多种多样，但是计划编制的程序都是相似的。

(一)对环境进行调查研究和预测

组织的环境，包括内部环境和外部环境。对环境进行调查研究和预测是在编制计划之前进行的，是编制计划的真正起点。通过内部环境的调查和分析，可以发现自己的长处和短处；通过外部环境的调查、分析和预测，主要是找到组织发展的机会，以便抓住机会，促进发展；同时，要发现威胁，以主动地规避风险。这样，既要考虑组织的现实环境，又要预测未来的环境，为确定组织目标提供依据。

在对环境进行调查研究和预测中，有一项涉及对内外环境分析的工作，就是分析前期计划执行情况。以编制年度计划为例，编制 2013 年计划，2012 年计划就是 2013 年的前期计划。前期计划完成情况是编制计划的参照标准。无论计划完成与否，都应进行全面深刻的分析。完成得好的应总结经验，未完成的应分析原因，找出问题所在，编制计划时应考虑这些问题对下期目标的影响。

(二)确定目标和分解目标

在对环境进行调查研究和预测的基础上，确定组织的目标。组织在未来的计划期中的目标不止一个，而是一个目标体系。因此，组织的目标确定之后，还要进行目标分解。例如，企业在未来一年的利润目标是实现税后利润1000万元，那么这个总目标就必须分解为主营业务收入和营业外收入各自要完成的税后利润两大目标，主营业务收入还必须分解到各个产品或各个分厂、分公司。

(三)拟定可供选择的方案

"条条大路通罗马"，描述了实现某一目标有多条途径。目标确定之后，就要拟订方案，这种方案往往是几个，以便进行比较、选择。通常最显眼的方案不一定就是最好的方案。在过去的计划方案上稍加修改也不会得到最好的方案。拟定可行性方案，要大胆创新、开阔思路，充分发挥潜在的途径。同时，注意方案也不是越多越好，即使我们可以采用数学方法和借助电子计算机手段，还是要对备选方案的数量加以限制，以便把主要精力集中在对少数最有希望的方案的分析方面。

(四)评价各种备选方案

评价各种备选方案就是要根据计划目标和调查、预测的计划期环境来权衡各种因素，比较各个方案的优点和缺点，对各个方案进行评价。评价工作可以从以下三个方面进行。

(1) 分析和认识每个方案的限制性因素，也就是妨碍达成目标的因素。例如，企业的目标是增加利润，在有的方案中可能存在着资金限制因素、市场限制因素、技术限制因素等，对这些限制性因素的认识，是评价工作的重要一环。

(2) 全面掌握每个方案的实效，对每个方案可能取得的效果作全面的衡量。不仅要掌握每个方案的有形实效，如对扩大再生产、增加利润的贡献，也要考虑它们的无形实效，如对企业文化、企业形象等方面的影响；不仅要考虑计划执行所带来的利益，还要考虑计划执行所带来的损失，特别应注意那些潜在的、间接的损失。

(3) 要用总体的效益观点来衡量方案。这是因为对某一部门有利的不一定对全局有利，对某项目标有利的不一定对总体目标有利。

(五)选择方案

选择方案是从诸多可行方案中选择一个较优方案。选择方案是编制计划最关键的一步，也是决策的实质性阶段——抉择阶段。选择方案通常是在经验判断、实验和数学分析的基础上进行的。

人们通常认为经验是最好的教师，"前事不忘，后事之师"就是这个意思。某一项已成功的计划，如果重要的因素没有变化则没有理由相信同样的计划会失败。但是，由于客观情况在不断地变化，只凭经验抉择经常会造成失误。需要注意的是，作为抉择基础的经验，不仅是某一个管理者个人的经验，也包括众人的经验。为了做好抉择，管理者要清醒地估计自己以往的经验,要学习别人的经验,要分析客观情况的本质联系。

对于一些依靠经验和直觉以及数学分析都不能做出正确决定的问题,通常要依靠实验和试点来解决。例如一项新产品通常都要经过试制、试销并加以改进才敢于大批生产。一项新的、重大的政策只有在局部进行试点后,才敢于做出抉择。这种方法虽好,但耗费较大,所以只有当其他方法都不宜采用时才采用此办法。

数学分析是借助于建立数学模型进行研究与分析的方法。首先是将问题分解为不同的部分,找出影响目标达成的所有重要参数和限制因素。其次是分析并找出各参数和限制因素与目标之间的因果关系,建立数学模型;最后是将各可行方案的假设变量值代入模型,求出结果,并互相比较,确定较优方案。

在实际工作中,人们往往综合运用经验、实验和数学分析三种方法来选择较优方案。

(六)拟定支持计划

支持计划就是一个基本计划下的分计划。为了使基本计划具有更强的针对性和可操作性,就需要制订一系列支持计划。比如,企业总体计划的支持计划是由下级各层次和职能部门来制订的,如销售计划、生产计划、研究开发计划、基本建设与技术改造计划、物资供应计划、人力资源计划、财务计划等。再如,当一家公司决定开拓一项新的业务时,这个决策发出了要制订很多支持计划的信号,如雇佣和培训各种人员的计划、筹集资金计划、广告计划等。基本计划要靠支持计划来保证,支持计划是基本计划的基础。制订支持计划时,要务必使有关人员和部门了解基本计划的目标、实施环境、主要政策、抉择理由,充分掌握基本计划的指导思想和内容;要协调并保证各项计划方向的一致性以支持基本计划,防止仅追求本单位目标而影响基本计划目标的实现。

(七)计划的实施与反馈

编制完成的计划,经组织的决策机构批准后,付诸实施,但管理的计划职能并未结束。在计划执行过程中,管理者要不断追踪进度和成效,分析和解决计划执行中存在的问题,必要时还要调整计划方案,最后要对计划执行结果进行总结。只有当一项计划执行后取得了预定的成果,实现了预定的目标,才可以说计划是成功的。

第四节　常用的计划方法

计划工作与其他管理工作一样必须强调效率,提高计划工作效率的最好办法就是采用科学的计划方法。

一、综合平衡法

综合平衡法就是根据客观规律的要求,为实现计划目标,做到计划期的有关方面或有关指标之间的比例适当、相互衔接、彼此协调,利用平衡表的形式,经过反复平衡分析计算来确定计划指标。从系统论的角度来说,也就是保持系统内部结构的有序和合理。不平衡的计划就是有关指标之间比例关系失调和矛盾的计划,它会使系统的无序性和内耗增加,这样的计划不是好的计划。所以,编制计划时,必须对计划的各个组成部分、计划对象与相关系统的关系进行统筹安排。其中,最重要的就是保持任务、资源与需求之间、局部与整体之间、目前与长远之间的平衡。例如,企业在确定生产计划指标时,就要把所确定的指标与生产条件进行全面的、反复的综合平衡。平衡的内容主要有:①生产任务与生产能力之间的平衡;②生产任务与劳动力之间的平衡;③生产任务与物资供应之间的平衡;④生产任务与成本、财务之间的平衡。此外,还有生产与生产技术准备、生产与销售等方面的平衡。通过平衡,可以充分挖掘企业在人力、物力和财力等方面的潜力,保证计划的实现,以取得最大的经济效益。

二、比例法

比例法又称间接法,它是利用过去两个相关经济指标之间长期形成的稳定比率来推算确定计划期的有关指标。例如,在一定的生产技术组织条件下,某些辅助材料的消耗量与企业产量之间有一个相对稳定的比率,这样就可以根据这个比率和企业的计划产量,推算确定某种辅助材料的计划需用量。

运用比例法来确定计划指标,关键是要通过长期的分析研究,正确掌握相关量之间的比例关系。因为这种比例关系的正确性,对计划指标的正确性起着决定性的影响。同时,还要充分考虑到计划期内生产技术组织条件可能发生的变化,并根据条件变化的影响,对计算结果作必要的修正,使之更加符合实际。

三、定额法

定额法就是根据有关的技术经济定额来计算确定计划指标的方法。这种方法广泛应用于企业的生产、劳动、物资、成本及财务等计划的编制。

定额可以有不同的表现形式。例如,劳动定额就有两种基本的表现形式:一种是用生产单位产品消耗的时间来表示,称为时间定额或工时定额;另一种是用单位时间内应完成的合格产品的数量来表示,称为产量定额。此外,还有看管定额和服务定额的形式,它们是指一个或一组工人同时看管(或服务)的某种对象的数量。

四、滚动计划法

滚动计划法是一种动态编制计划的方法。静态的计划方法往往是把一项计划全部执行完了之后再重新编制下一期的计划。滚动计划法是根据一定时期计划的执行情况,考虑组织内外环境条件的变化,适时调整计划,并相应地将计划期顺延一个时期,把近期计划与长期计划结合起来的一种编制计划的方法。

滚动计划法具有以下特点:一是计划分为若干个执行期,其中近期计划编制得详细具体,而远期计划则相对粗略;二是计划执行一定时期,要根据执行情况和环境变化对以后各项计划内容进行修改、调整;三是上述两个特点决定了组织的计划工作始终是一个动态过程,因此滚动计划法避免了计划的凝固化,提高了计划的适应性和对实际工作的指导性。

图3-1为滚动计划法的一个过程,其计划期为5年,滚动期为一年,企业在2005年年底制订了2006—2010年的5年计划,2006年实施后根据实施结果,在2006年年底再制订2007—2011年的5年计划,将计划向前滚动1年,依次累进,不断地将计划向前推动。

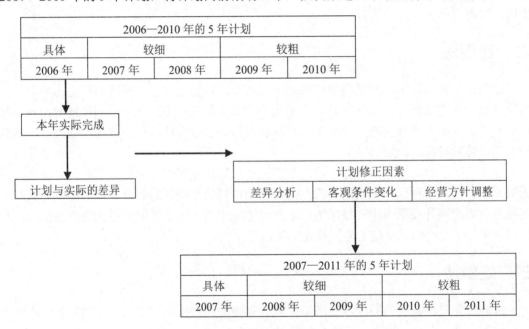

图3-1 滚动计划法程序

滚动计划方法虽然使得计划编制和实施工作的任务量加大,但在计算机普遍应用的今天,其优点十分明显。其最突出的优点是计划更加切合实际。一是使战略性计划的实施更加切合实际。战略性计划是应用于整体组织的、为组织未来较长时期(通常为5年以上)设立总体目标和寻求组织在环境中的地位的计划。由于人们无法对未来的环境变化做出准确的估计和判断，所以计划的时期越长，不准确性就越大，其实施难度也越大。滚动计划相对缩短了计划时期，加大了计划的准确性和可操作性，因而它是战略性计划实施的有效方法。二是滚动计划方法使长期计划、中期计划与短期计划相互衔接，短期计划内部各阶段相互衔接。这就保证了即使由于环境变化出现某些不平衡时，也能及时地进行调节，使各期计划基本保持一致。三是滚动计划法大大加强了计划的弹性，这在环境剧烈变化的时代尤为重要，它可以提高组织的应变能力。

五、网络计划技术

网络计划技术是根据网络分析技术的基本原理转化而来的，它的运用对于减少人力、物力和财力资源的占用与消耗起到了积极的推进作用。尤其是对那些由多个部门、多种资源、多个环节所组成的大型工程项目，运用网络计划技术制定行动方案，可以达到减少时间的目的。美国航天局的登月计划、我国的某些尖端科学实验计划都是网络计划技术成功运用的经典之作。这种技术不仅在大型项目上可以一展身手，在组织和家庭活动中也有"用武之地"。

网络计划技术的基本原理是将一项工作或项目分为若干个活动，然后按照活动的顺序进行排列，应用网络图对整个工作或项目进行总体规划和调配，以便用最少的人力、物力和财力资源以及最高的速度完成整个项目。以建造小型加工车间为例，将该项目分为若干个活动，如表3-1所示，紧前活动是指该活动开始之前必须完成的相邻活动。

表3-1 建造小型加工车间各项作业明细表

活动具体名称或内容	预期所需时间/天	紧前活动
A.审核计划图样购买建材	5	—
B.平整、清理施工场地	2	A
C.建立框架并砌墙	6	B
D.搭建楼板	2	C
E.安好门窗	2	C
F.布设电线	2	E
G.安装各种电动机械	2	F
H.平整室内地面	3	D
I.室内清理	2	G、H
J.工程交接验收	1	I

绘出网络图，如图3-2所示，图中网络的关键路线即 A—B—C—E—F—G—I—J。在这一路线上的任何一项活动若推迟完成，都将影响计划的按时完成。非关键路线上的活动若无法按照预期的时间完工，在一定限度内对计划的按时完成影响不大。可以看出，在路线C

—D—H—I—J 上耗费的时间为(2+3+2+1)=8 天，而在路线 C—E—F—G—I—J 上耗费的时间为(2+2+2+2+1)=9 天，所以，若想提前完成计划，就必须从关键路线上设法缩短某活动的完成时间。

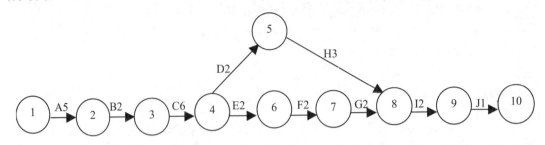

图 3-2　网络图

对于涉及面十分广泛，许多具体工作又相互交叉在一起的项目，最好采取 PERT 网络计划设计过程，从更全面的角度出发，对项目做出完整的考虑与安排。网络计划方法具有如下几个优点。

(1) 简单易行。这种方法无须掌握高深的定量分析方法，对于基层管理者很容易掌握。

(2) 可以迅速确定计划的重点。设计网络计划图即可清楚地获得计划中的关键路线，便于管理者对它们进行监督、控制。

(3) 应用范围十分广泛，适用于各行各业。

案 例 分 析

某厂生产计划方案的确定

湘河精密仪器厂是一家新型的综合性光学仪器制造企业，属多品种、小批量生产类型。企业技术力量雄厚、设备齐全，能够生产多种大型精密光、机、电结合的光学仪器。其主要产品有光学计量仪器、显微镜仪器、物理光学仪器等 6 大类，80 多个品种。

今天早上销售主管张广兵接到胡国军厂长亲自打来的电话，要求他务必亲自参加后天下午举行的 2008 年度生产计划方案讨论会。记得前几年厂里召开下年度生产计划方案讨论会的时候，他都是安排助理小赵参加的，这次胡厂长亲自打电话通知，而且特别强调"务必亲自参加"，可见厂里对这次会议的重视程度。

下午，计划科的计划员王玮给张广兵送来了一些资料，这些资料中包括三份不同的生产计划方案及其它们之间的比较分析（见表 3-2～表 3-4）。王玮说，希望各部门提前做好准备，在会上要对这几个方案展开充分讨论。王玮还解释说，胡厂长非常重视这次会议，他希望不光计划科，销售部和产品开发部都应该充分参与到下一年度生产计划方案的制定中来，确保明年的生产计划制订得更加科学、合理。

表3-2 甲、乙、丙三方案部分产品比较

产品代号	下年计划产量/台			销售科建议产量/台	本年计划产量/台	单位产量总工时/分
	甲方案	乙方案	丙方案			
2XAⅡ	2800	2250	3000	2000	1750	5622
2XC	800	800	800	800	500	8753
19IC	60	60	60	60	46	67 949
19JA	60	60	60	100	120	73 758
19JE	30	10	40	10	20	…
3C	—	30	—	30	—	…
⋮	⋮	⋮	⋮	⋮	⋮	⋮
合计	13 275	13 405	13 315			

表3-3 甲、乙、丙三方案主要指标比较

方案	产量/台	产品价值/万元	利润/万元	产值利润率/%	全部产品总工时/分	品种/个
甲	13 275	8650	935	10.8	128 251 290	34
乙	13 405	8800	880	10.0	132 403 912	36
丙	13 315	8500	935	11.0	127 463 532	31

表3-4 甲、乙、丙三方案主要项目排列

名次	品种	产量	商品产值	利润	利润率	工时
1	乙	乙	乙	丙	丙	乙
2	甲	丙	甲	甲	甲	甲
3	丙	甲	丙	乙	乙	丙

　　虽然是体制改革以后才进入湘河精密仪器厂的，但张广兵能明显感觉到，在这个走过了四十多年发展历程的企业中，计划经济时期的影响依然无处不在。就以制订生产计划方案来说，体制改革以前是国家统购统销，那时企业制订生产计划比较容易。计划科只要按上级下达的指令性计划安排生产即可，不需要考虑销售问题，自然也不需要销售科参与。体制改革以来，企业由生产型转向生产经营型，制订计划要考虑的因素大大增多了，继续沿用长期以来形成的、以产品为导向的制订计划的方法，已经越来越不适应现实需要了。所以这几年计划科制订生产计划以前，都会结合销售部之前的销售记录，但成效并不大。最近两年，尽管工厂产值呈低幅度上升，但利润却下降了。利润下降，固然有原材料涨价、生产成本提高、制造业平均利润率下滑等多方面因素影响，但计划制订得合理与否却是个

关键问题。

在两天后召开的下年度生产计划方案讨论会上，张广兵注意到，除了计划科的人员外，产品开发部主任肖福全也亲自到会了。胡厂长说，现在市场竞争加剧了，内外条件都非常复杂，不确定因素多，这些都加大了平衡的难度。而计划制订得正确与否直接关系到企业下一年的经济效益，关系到企业能否稳定地向前发展，因此必须认真对待和严密论证。

计划科科长朱海洋指出，从外部形势看，目前销售市场变化迅速，出口创汇难度大，行业竞争加剧，企业负担加重；从内部看，生产能力跟不上，新产品开发难，批量试制上场慢。鉴于这些因素，根据市场销售情况和厂里现有的生产能力，同时考虑到各车间的生产周期性、各工种负荷均衡性、原材料供应的保证程度和技术准备等，在进行综合平衡的基础上，计划科编制了甲、乙、丙三个下年生产计划方案供商榷。

朱科长解释道："我们制订出三个计划方案主要是为了便于大家就此广泛展开讨论、集思广益，以便最终确定出适合企业情况的最佳生产方案。三个方案的侧重点各不相同，丙方案侧重于效益，乙方案侧重于销售，甲方案介于二者之间。至于我们计划科的观点，下面由王玮来详细讲一下吧。"

王玮说道："我们计划科认为采用丙方案作为明年的生产计划比较合适。"他边说边熟练地切换着幻灯片，"大家从表3-4中可以看到，丙方案虽然产量、产值都不是最高，但所耗工时最少，效益最好。企业生产的中心任务是提高经济效益。只有通过不断提高经济效益，才能增加积累，发展生产，才能改善职工的生活条件，为社会创造更多的物质财富。所以经济效益是第一位的，我们在安排各种具体产品时，充分考虑了这一点。比如，销售科建议生产计量仪器中的非接触式球径仪(3C)30台，但我们在甲、丙两方案中均没作安排。其原因主要是考虑到效益问题。这种产品已经几年不生产了，技术资料不全，设备工装也不配套，重新上马，许多技术问题一时难以解决。而且生产这种产品准备工时很长，是生产工时的2~3倍，工作量大、工艺复杂，效益相对其他品种而言较低，每台售价18 000元，利润却只有8%左右。如果安排这种产品，势必影响计划的完成，延误交货期。综合考虑，我们认为生产这种产品弊大于利。"

停顿了一下，见在座的各位没有提出异议，王玮继续说道："再如，万能工具显微镜19JA的安排也是这样。销售科建议生产100台，但在方案中均安排了60台。而19JE产品，销售科建议生产10台，但甲、丙方案分别多安排了20台、30台。为什么这样安排？其原因在于，19JE是在19JA的基础上改型换代的，属于新开发产品。多安排19JE的目的在于向用户推广新产品。让新产品逐渐占领市场，老产品逐渐退出来。不断进行产品的更新换代，是企业长期占领市场、获取长期高效益的关键！因此，推广新产品关系到企业的市场竞争能力和企业今后的长期发展。基于这种考虑，我们在安排计划时作了有意识的调整，降低了19JA的产量，提高了19JE的产量。"

"好，小王你就说到这里吧。"朱海洋打断道，"我想我们计划科的意思小王已经阐述得非常清楚了。总之，对于一些产值高、利润大的产品和一些有利于提高企业长期经济效

第三章 计划职能与计划

益的产品,我们尽量多作了安排。其他一些和销售科提出的建议数有出入的品种,我们也都是从这一基点出发进行安排的。当然,我们在具体安排时,除了考虑利润的因素,也考虑了销售的可能性,并且和企业的生产能力进行了平衡。多安排的品种数量是建立在市场销售还有很大潜力可挖的基础上的。少安排的或不安排的品种数量主要是因其生产成本高,消耗工时多,利润少。我们认为,通过加强销售工作,采取适当的促销手段,配合得力的推销人员,开辟潜在市场,按丙方案生产,销售不成问题。"

朱海洋说完,大家都把目光转向了张广兵。张广兵显然是有备而来,他拿出自己预先准备好的资料,说道:"这三个方案我都仔细看了,用一句话说就是各有利弊。如单纯从效益和工时着眼,丙方案显然可取。但是,我是做销售的,我认为,决定企业年度生产计划,不能把着眼点仅仅放在效益上,应该首先考虑销售的可能性。当今市场竞争激烈,变化多端,产品的销售状况很难预测。由于新产品不断涌现,今天畅销的产品,明天也许会变成滞销品。用户的需求多样化、复杂化,因此制订生产计划不仅仅要考虑企业能否获利、获利多大,还须重点考虑销售是否有保证。如果没有销售作保证,利润就是一句空话!"

张广兵喝了口水,又继续有条不紊地阐述着自己的观点:"以销定产、满足用户需要,为社会提供适销对路的产品,是我们企业进行生产的主要目的。另外,丙方案也缺乏严密性。例如,新产品19JE,从推广新产品角度看,多安排当然有理,但必须有销售的可能性。目前,用户对19JE这种新产品还不够了解,习惯于使用19JA。据市场调查,明年19JA的需求将更大。所以应以19JA为主。至于向用户推广新产品,以适应将来的发展,这需要一个介绍和引导的过程,不能一下子就增加30台19JE。因为其单价为8万元,30台则将240万元。这意味着要冒240万元的风险。万一这种新产品推销不出去,必然造成积压,从而浪费大量资金。考虑到企业的经济效益,这笔账不能不算!所以丙方案不足取,我们认为采取乙方案作为下年生产计划方案比较合适。这样可以保证产销平衡,企业不至于冒太大的风险。"

"我有不同看法,"产品开发部主任肖福全突然站起来说道,"我认为乙、丙方案固然有其道理,但难免都存在着不足。丙方案单纯讲效益,对销售考虑不足,计划自身带有冒险性;乙方案单纯强调销售的保证程度,有些保守,缺乏开拓市场、争取用户的进取精神。所以我认为甲方案比较合适。"

"那你给我们说说甲方案好在什么地方。"张广兵插话道。显然这也是会上其他人共同关心的问题。

"这正是我接下来要说的。根据我厂面临的内外部形势,明年将是我厂生产情况最严峻的一年,因此我们制订计划一定要慎重、稳妥。近两年产值增长幅度很小,利润则呈明显下降趋势,就目前掌握的情况分析,明年如不采取强有力的措施,利润将进一步下降。目前从企业内部看,生产能力同产值的增长越来越不能同步。由于近几年来在设计、工艺、加工手段等方面所采取的技术措施跟不上生产发展的步伐,使生产能力不足的问题日益严重。现在产值一上升,能力缺口就增大,实际生产能力不仅得不到补充,甚至有下降趋势,所以为稳定生产，谋求长期发展，我们必须从下年开始深入挖掘企业内部潜力，在对现有生产能力填平补齐的基础上，力争使生产能力再提高一步。在恢复、发展生产能力的同时，大搞开源节流，推行现代管理方法，降低成本，提高利润，尽量使产值和利润的增长趋于同步。甲方案产值、利润居中，而产量和工时都比较低，便于我们进行生产能力的填平补齐和其他各项工作。因此我认为下年生产计划采用甲方案比较妥当。"

三个方案各有千秋，厂里到底会采取哪个方案呢？张广兵自己也判断不出来。会议结束后，他看见胡厂长神情凝重地走出了会议室，看来这个难题最后得交给厂长去解决了。

(资料来源：http://www.docin.com/p-333497883.html)

【问题】

1. 本案例中计划制订的依据和前提有哪些？
2. 结合本案例说明计划工作的程序。
3. 如果你是胡厂长，将选择哪个方案作为明年的生产计划？为什么？

阅 读 资 料

上航假期的追梦之旅

一、导言

2008年12月初的一天，在上海市普陀区宁夏路的一座办公楼里，上海航空假期旅行社有限公司(以下简称"上航假期")的经营分析会正在进行当中。这一年，公司的经营经历了多方面的严峻挑战，如年初的大雪灾、5月的汶川大地震、8月的奥运安保控制，等等。会议一方面在盘点这一年当中的收获与付出，更重要的还是在思考未来的发展之路。

二、公司概况

上航假期(www.sh-holiday.corn)成立于2002年8月，是由上海航空股份有限公司和上海航空国际旅游(集团)有限公司共同投资组建的综合性旅游企业。2007年年底，上航假期实现了5.17亿元的销售额，实现了净利润1000万元。在成立后的五年中，上航假期业务规模年平均增长幅度达到15%~20%，顺利实现了2002年公司成立之初的"一年1个亿，三年3个亿，五年5个亿"的战略目标。在过去的三年里，上航假期蝉联国内百强旅行社第二名。2007年更被评为全国旅游系统先进企业。随着业务发展的需要，从2004年起，上航假期分别在海南、四川、北京三地开设了分支机构。

上航假期作为上海航空公司的子公司，在航空资源的采购成本上拥有绝对的优势。对于包机资源的掌控是支撑上航假期近几年快速发展的核心竞争力，围绕包机线路的旅游业务成为上航假期的主要利润来源。目前上航假期拥有五条包机线路和若干条小包机线路，公司的主要业务就是围绕这些包机线路展开的。其中的"上海组团、海南地接"的业务占到了公司业务的相当比例。整体而言,上航假期还是一个区域性的旅行社。上航假期的产品以观光型产品为主,常规产品的销售额占总销售额的 80% 左右。此外,公司还提供专项及主题旅游、自游人、商旅服务、鹰之旅高尔夫等产品。

上航假期自成立开始就确立了"品牌是生命,质量是根本"的经营理念,致力于建立和完善客户导向的生产服务流程,同时配合 ERP 等信息化手段,整合各类资源,大大提高了劳动生产率,缩短了客户服务的相应时间。公司的各项绩效指标处于行业领先地位。

三、旅游业的光与影

第二次世界大战以后,旅游业迅速发展成为一个新兴的行业。进入 20 世纪 60 年代,世界旅游业平均以年 10% 的速度增长。40 多年来,国际旅游人数增长 10 余倍,旅游收入增长近 40 倍。根据世界旅游组织的统计,旅游已经占到了世界贸易的 8%,仅次于石油工业,成为全球经济中发展势头最强劲和规模最大的产业之一。

旅游业的发展,是与经济的发展、社会的进步和人民生活水平的提高联系在一起的。决定旅游业的发展有三个主要因素:一是有较多的余暇时间;二是有较方便的交通条件;三是有可供消费的经济收入。有人通过研究得出结论,当人均国民生产总值达到 300 美元,人们就产生国内旅游的动机;增至 1000 美元,就产生近国旅游;达到 3000 美元,就出现远国旅游。

在我国,旅游业也已经成为六大新兴消费热点行业之一。一般来说,在国民经济中所占比重超过 5% 就是支柱产业。我国旅游业在 GDP 中所占的比重 2002 年就达到了 5.44%,且还在以 10% 以上的增速不断提高。2006 年,我国实现了城乡居民人均出游一次的历史性跨越。2007 年,我国国内旅游收入达 7771 亿元,旅游外汇收入达 419 亿美元,居世界第四位。据世界旅游组织预测,到 2015 年,中国将成为世界第一大旅游接待国、第四大旅游客源国和最大的国内旅游市场。

中国旅游从无到有、从有到旺,经历了三个阶段。第一个阶段是观光旅游。其特点是"白天看庙,晚上睡觉,最大的收入来源于门票"。观光游是一种对应大生产流水线而形成的工业化模式,强调集中性、团队式和同质化。在旅游过程中,几乎每一分钟都要安排妥当:乘的是旅游包机,住的是标准客房,坐的是大巴士,玩的是景区景点。同质化的操作衍生出一连串的积弊:零负团费、高额回扣、品质不佳……

第二个阶段是休闲度假旅游。人们休闲旅游的目的不仅仅是为了观光,还要追求身心的放松。休闲度假旅游是近几年才渐渐兴起的,最显著的现象就是五一、十一黄金周,或农家游、自驾游等。

第三个阶段是以体验旅游为特征的泛旅游时代。其特点是注重景点的文化内涵和人文内涵的挖掘,强调游客对历史、文化、生活的体验,强调融入性和参与性。其背后的经济意义更不可小视。体验旅游将带动当地房地产、休闲、娱乐等一系列产业的发展,实现旅游产业由"门票经济"向"产业经济"的转变。这方面的典型代表是丽江,旅游产业已经占到当地GDP的50%以上，成为绿色GDP的典型。

在以体验旅游为主要特征的时代，游客的需要发生了质的变化。与快速发展的旅游市场和瞬息变化的消费需求相冲突，交互性弱、市场应变较缓慢的传统旅游正在逐渐丧失其主导优势。

四、国内外同业一瞥

世界顶尖级旅游企业如美国运通公司和日本JTB公司，尽管发展的历史不同，经营的业务领域不同，经营的方式不同，但所建立的经营模式的"成功关键"是极其相似的，这就是"有效集聚客户资源——提供优质的服务——深化与客户的联系"，并运用IT技术，处理"需求的个性化与经营的规模化"的矛盾。例如，美国运通公司发展了"金融服务与旅行服务"相结合的模式，巧妙地使用信用卡和旅行支票，大规模集聚旅行消费的顾客群体。同时，积极运用现代信息技术和网络技术，强化"集聚客户的营销网络"和"提供价值的服务体系"之间的结合。

目前，在欧美等发达国家正在大力发展低成本、高效益的旅游电子商务。旅游电子商务已经成为整个电子商务领域最大、最突出的部分。电子商务的便捷性、低成本、覆盖面广等优势是传统旅游不可比拟的。资料显示，全球旅游电子商务连续5年以350%以上的速度增长，一度占到全球电子商务总额的20%以上。美国美林公司的调查指出，2007年，全美在线旅游销售收入占旅游市场总收入的39%，而我国目前的旅游电子商务收入在整个旅游业收入中所占比重还不足10%。

我国的旅行社业呈现出一种完全竞争的态势。到2007年年末，全国共有旅行社19 720家，其中国际旅行社1838家，国内旅行社17 882家。可以看出，国内旅行社业的产业集中度很低，可以说是处于一种高度分散的状态。近2万家旅行社瓜分着1500亿元的市场份额。行业内的同质化竞争十分严重。根据18 943家旅行社(国际社1797家、国内社17 146家)填报的有效数据统计，2007年度全国旅行社净利率仅为0.66%。

上海春秋旅行社目前是国内旅游第一大社，资产和营业收入每年平均以20%的幅度增长，现在年营业收入约40亿元，净利润约1亿元。该社以国内旅游的散客市场为主，业务涉及旅游、会议、展览、商务、房地产、贸易和运输等行业。1998年，上海春秋社大规模整合上端旅游交通资源，进入包机、包轮船、包专列市场，打通了旅游价值链，如今更是建立了春秋航空，一举进入航空领域。

携程是中国第一家吸纳国内外创业投资成立的高科技旅游服务公司，是我国目前最大的旅游电子商务网站，员工近8000人。携程网提供数万家酒店、所有国内航线和大部分国际航线的预订服务，还有五大洲10 000多个景点及相关住宿餐饮娱乐情况的介绍。携程2007年净营业收入为12亿元，净利润为3.98亿元。

五、上航假期的未来之路

旅游业发展的前景令人振奋，当前的惨烈竞争又令人忧思。上航假期过去五年的进一步深化,信息技术、互联网的快速发展,国民可支配收入的不断增加和出游习惯的改变,这些因素的交互作用正在从根本上改变着旅游业的格局。要在未来续写辉煌,上航假期必须对一些根本性的问题加以思考。例如,我们的公司应当采取怎样的定位?我们所服务的主要顾客群是谁?我们的发展方向应当如何?我们应秉持怎样的原则?我们将如何实现我们的追求?针对这些根本性的问题,2008年,上航假期提出了公司的使命、愿景和核心价值观。这便是:使命是为现代社会和生活提供丰富多彩的旅游体验;愿景是成为国内最好的、顾客首选的、具有国际水平的综合性旅游企业;核心价值观是以客户为导向,追求卓越的服务与产品品质,超越客户期望。在此基础上,上航假期提出了未来五年的战略计划,即从地区性企业步入全国性企业,从单一经营国内旅游业务向国际国内入境出境旅游等全方位的综合性旅游企业转变,成为国内最好的、顾客首选的、具有国际水平的综合性旅游企业。

与此同时,上航假期旗下的主要分支机构也分别对这些根本性问题进行了思考。例如,海南上航假期国际旅行社有限公司(原上航假期海南分社,2007年9月注册为独立的法人公司),原先主要是负责上航假期的海南地接业务,成为独立法人之后,该公司也重新深入思考了自身的定位和努力方向,对于思考这些问题的意义,公司这样认为:"我们希望我们的公司成为一个长久的公司,成为一个受世人尊敬的公司,成为一个让我们的员工充满自豪的公司。"其使命、愿景和核心价值观的表述如下。

使命:为人们创造美好的体验。

愿景:成为中国最专业的包机旅游及会奖度假游服务运营商。

核心价值观:用心服务(Heart)、抓住机遇(Opportunity)、保持领先(Leading)、诚信(Integrity)、责任(Duty)、能力(Ability)、活力(Youthful)。

值得一提的是,上述核心价值观的表述颇具特色,几项价值观的英文首字母正好对应着该公司的英文名称"Holiday",很方便人们记忆和领会。

成功需要思考,但更离不开行动。如何在当前的现实与心中的理想之间架起一座桥梁,如何把对未来的设想转化为实际的努力,如何用思想来驱动行动,显然还需要大量扎扎实实的工作。未来无疑是光明的,但前进的道路上也充满了荆棘和坎坷。上航假期,你准备好了吗?

(资料来源:杨文士,焦舒斌,张雁,等.管理学.3版.北京:中国人民大学出版社,2009)

本 章 小 结

计划职能有广义和狭义之分。广义的计划职能是指制订计划、执行计划和检查计划执行情况三个紧密衔接的工作过程。具体来说,广义的计划职能包括调查研究、预测、决策、制订计划、执行计划和检查计划执行情况。狭义的计划职能则是指制订计划。

计划是对未来行动的事先安排，它是计划职能中制订计划的成果，是执行和监督检查的对象。

计划职能的性质可概括为目的性、首位性、普遍性、效率性及创新性这五个方面。

计划的作用表现在以下四个方面。

(1) 计划是管理者指挥的依据。

(2) 计划是降低风险、掌握主动的手段。

(3) 计划是合理配置资源、减少浪费、提高效益的方法。

(4) 计划是管理者进行控制的基础。

计划通常是用数据加文字说明编制的一种书面文件。我们要了解计划的一般内容。

组织计划是一个由各种计划相互联系组成的计划体系。对构成计划体系的计划可以按不同的标志进行分类。了解计划的分类，可以使我们认识到计划的多样性，在实践中，不忽视某些重要的计划，有效发挥计划的作用。

计划规定的任务是通过一系列计划指标来体现的，这一系列指标既相互联系又各自独立，构成了计划指标体系。

编制计划应遵循的原则是：科学性原则、系统性原则、灵活性原则和群众性原则。

计划编制的程序如下。

(1) 对环境进行调查研究和预测。

(2) 确定目标和分解目标。

(3) 拟定可供选择的方案。

(4) 评价各种备选方案。

(5) 选择方案。

(6) 拟定支持计划。

(7) 计划的实施与反馈。

常用的计划方法有综合平衡法、比例法、定额法、滚动计划法和网络计划技术等。

自 测 题

一、单项选择题

1. 狭义的计划职能是指( )。
   A. 检查计划执行情况　　　B. 执行计划
   C. 制订计划　　　　　　　D. 决策
2. 具有首位性的管理职能是( )。
   A. 组织　　　　　　　　　B. 计划
   C. 领导　　　　　　　　　D. 控制

第三章　计划职能与计划

3. 编制计划最关键的一步是(　　)。
   A. 拟定备选方案　　　　　　B. 评价各种备选方案
   C. 选择方案　　　　　　　　D. 对环境进行调查研究和预测
4. 在决策时具有一定自由处置权指的是(　　)。
   A. 规则　　　　　　　　　　B. 程序
   C. 政策　　　　　　　　　　D. 标准
5. 长期计划往往是(　　)。
   A. 战术计划　　　　　　　　B. 财务计划
   C. 战略规划　　　　　　　　D. 人力资源规划
6. 动态编制计划的方法是(　　)。
   A. 综合平衡法　　　　　　　B. 比例法
   C. 定额法　　　　　　　　　D. 滚动计划法

二、多项选择题

1. 广义的计划职能是指(　　)。
   A. 拟定可供选择的方案　　B. 制订计划　　C. 评价各种备选方案
   D. 执行计划　　　　　　　E. 检查计划执行情况
2. 计划职能的性质是(　　)。
   A. 目的性　　　　　　　　B. 首位性　　　C. 普遍性
   D. 效率性　　　　　　　　E. 创新性
3. 按计划的内容分类，计划可划分为(　　)。
   A. 战略计划　　　　　　　B. 战术计划　　C. 作业计划
   D. 综合性计划　　　　　　E. 专业性计划
4. 计划的内容通常包括(　　)和 How。
   A. Who　　　　　　　　　B. Where　　　C. When
   D. Why　　　　　　　　　E. What
5. 按计划的表现形式分类，它包括(　　)。
   A. 目标　　　　　　　　　B. 规划　　　　C. 预算
   D. 业务计划　　　　　　　E. 财务计划
6. 下列计划指标属于质量指标的是(　　)。
   A. 销售额　　　　　　　　B. 利润率　　　C. 利润额
   D. 市场占有率　　　　　　E. 废品率

三、判断题

1. 就管理的过程而言计划位于其他管理职能之首。　　　　　　　　　　(　　)

2. 计划是计划职能中制订计划的成果。　　　　　　　　　　　（　）
3. 销售计划、生产计划、人力资源计划是综合性计划。　　　（　）
4. 选择方案通常是在经验判断、实验和实践的基础上进行的。（　）
5. 滚动计划是一种定期修正未来计划的方法。　　　　　　　（　）
6. 计划是降低风险、掌握主动的手段。　　　　　　　　　　（　）

四、简答题

1. 说明计划职能和计划的含义。
2. 简述计划职能的性质。
3. 简述计划的分类。
4. 简述计划的内容。
5. 简述规划的含义。
6. 什么是计划指标？它是怎样分类的？
7. 简述计划编制的程序。
8. 评价方案时要考虑哪些问题？
9. 什么是综合平衡法？
10. 什么是滚动计划法？

五、论述题

1. 试论计划的作用。
2. 试述计划编制的原则。
3. 通过具体实例讨论网络计划技术的优点。

第四章 目标与目标管理

【学习要点及目标】

通过本章的学习，理解目标的性质、制定目标的原则、目标的分类；认识目标管理的基本思想，掌握其实质；明确目标管理的作用和实施过程中应掌握的原则；掌握目标管理的基本程序和过程；了解目标管理的优点及其局限性。

【关键概念】

目标　目标管理　目标体系

【引导案例】

目标管理的实施

一家制药公司，决定在整个公司内实施目标管理，根据目标实施和完成情况，一年进行一次绩效评估。事实上这家制药公司之前在为销售部门制定奖金系统时已经使用了这种方法。公司通过对比实际销售额与目标销售额，支付给销售人员相应的奖金。这样销售人员的实际薪资就包括基本工资和一定比例的个人销售奖金两部分。

销售大幅度提上去了，但是却苦了生产部门，他们很难完成交货计划。销售部抱怨生产部不能按时交货。总经理和高级管理层决定为所有部门和个人经理以及关键员工建立一个目标设定流程。为了实施这个新的方法他们需要用到绩效评估系统。生产部门的目标包括按时交货和库存成本两个部分。

他们请了一家咨询公司指导管理人员设计新的绩效评估系统，并就现有的薪资结构提出改变的建议。他们付给咨询顾问高昂的费用修改基本薪资结构，包括岗位分析和工作描述。还请咨询顾问参与制定奖金系统，该系统与年度目标的实现程度密切相连。他们指导经理们如何组织目标设定的讨论和绩效回顾流程。总经理期待着能够很快提高业绩。

然而不幸的是，业绩不但没有上升，反而下滑了。部门间的矛盾加剧，尤其是销售部和生产部。生产部埋怨销售部销售预测准确性太差，而销售部埋怨生产部无法按时交货。每个部门都指责其他部门的问题。客户满意度下降，利润也在下滑。

(资料来源：万卉林，贾书章，李淑勤. 管理学. 武汉：武汉理工大学出版社，2006)

从上面的例子中不难看出目标管理对一个企业发展的重要性。它也引发人们进一步地思考：计划工作中制定目标时需注意哪些基本要求？怎样更好地实施目标管理？通过本章的学习将有助于这些问题的解决。

第一节　目标的性质和分类

目标是一个组织的各项管理活动所追求的，是组织或个人期望的成果，也是组织或个人努力奋斗的结果。目标为所有的管理决策指明了方向，并且作为标准可以用来衡量实际的绩效。正是由于这些原因，目标成为计划的基础。目标不仅是一个组织的基本特征，还表明一个组织的存在意义，如果一个组织长期不能实现自己的目标，就会逐渐丧失自己存在的价值。

一、目标的性质

进行目标管理必须了解目标的特征和全貌。目标是目的或宗旨的具体化，是一个组织努力奋斗争取达到所希望的未来的状况。换句话说，目标是根据企业的宗旨而提出的企业在一定时期内要达到的预期成果。从管理学的角度来看，企业目标具有独特的属性。因此，在制定目标时，必须注意这些特性，主要体现在以下几个方面。

(一)目标的层次性

目标的层次性是指从组织结构的角度来看，组织目标是分层次、分等级的。组织目标形成一个有层次的体系，范围从广泛的组织战略性目标到特定的个人目标。因为有目标的层次性才有现在的目标管理技术。总的来说，组织的目标从大的方面有三个层次。

第一层次的目标是环境对组织的要求，是组织的远景和使命的陈述，即社会环境强加于组织的目标。比如，社会要求企业为其提供所需要的产品和服务，并创造尽可能多的价值，同时不能造成环境污染。

第二层次的目标是组织的总目标和战略。总目标和战略更多地指向组织的未来，且为组织的未来提供行动框架，是企业或组织作为自身生存和发展的目标。比如，企业的产品市场占有率达到60%，销售收入达到100亿元，就是企业从自身的角度，对自己所制定的目标。追求利润的最大化应该是在市场经济条件下所有企业的目标，但表现方式不同，有的表现为唯利是图，有的表现为有利可图，即有所为有所不为。

第三层次的目标是组织成员的目标，有分公司目标、部门目标、个人目标等。如股东、员工追求收入的最大化或工作的稳定性、荣誉感等。

在组织的层次体系中，不同层次的管理人员参与不同类型目标的建立。如公司董事会和最高层主管人员主要参与确定企业的使命和任务目标，并且也参与在关键领域中更多的、具体的总目标；中层管理人员，主要是参与建立关键成果领域的目标、分公司和部门的目标；基层管理者关心的是部门和单位的目标以及他们的下级人员目标的制定。对于组织任何层次的人员来说，都应该有个人目标，包括业绩和个人发展目标。

(二)目标的网络化

目标体系是从整个组织的整体观来考察组织目标的，目标网络则是从某一具体目标的实施规划的整体协调方面来进行工作的。如果各种目标不相互关联、不相互协调或互不支持，那么组织成员会出于自利而采取对本部门有利而对整个公司不利的途径。目标网络的内涵体现在以下几个方面。

(1) 目标和计划并非是线性的，也就是说并非是一个目标实现后接着去实现另一个目标，目标和规划形成一个相互联系着的网络。

(2) 组织中的主管人员必须确保目标网络中的每个组成部分相互协调。

(3) 组织中的各部门在制定自己的部门目标时，必须要与其他部门相协调。

(4) 组织制定各自的目标时，必须要与许多约束因素相协调。

(三)目标的多样性

组织目标总的来说是一个，所谓目标的多样性是指总目标的不同侧面的反映，或者说总目标可以用不同的指标来全面反映。比如企业的目标是多重的，即使是组织的主要目标，一般也是多种多样的。在企业的总体目标中可以包括：一定的利润率；继续开发专利产品的科研重点；发展和实行股份制；通过企业留利和银行贷款来扩大再投资；把产品销往国外市场；确保优质产品的竞争价格；在同行业中取得主导地位等。

每一个方面都还有更具体的目标，例如利润率方面可能包含销售利润率、资金利润率和投资报酬率等目标。

组织目标的多样性除了体现在主要目标和次要目标方面，还体现在组织中既有明确目标，也会有模糊目标。管理企业就是需要在多种目标之间取得平衡。这就要求对错综复杂的现实做出判断。寻求某一个唯一的目标实际上就是企图寻求一种"灵丹妙药"来替代自身的判断和分析，这在实践中是行不通的，而且十分愚蠢。了解目标的多样性，有助于帮助管理人员正确地确定目标，充分发挥目标的作用。

著名的管理学家彼得·德鲁克曾经指出，如果把盈利目标确定为企业的唯一目标是很危险的。过分强调单一的目标，会过多地考虑眼前的行动而忽视了明天的利益。例如，只强调利润就会错误地将管理人员引导到他们有可能危及企业生存的地步。为了获得今日的利润，他们往往会损害未来的利益。他们会推销最易销售的产品系列而忽视明日市场的产品；他们会削减研究、促销和其他可推迟投资项目的费用。为了比较全面地考虑组织的经营目标，彼得·德鲁克提出了经营目标体系的概念。

(四)目标的可考核性

目标的可考核性是指所定的目标必须明确，不能模棱两可或含含糊糊。如果目标不具有可考核性，也就失去了目标的作用，进而计划的作用也大大降低了。一般来说，目标有定性目标和定量目标之分。要想使目标可以考核,一个途径是将目标量化。目标定量化往往会损失组织运行的一些效率,但对组织活动的控制,对成员的奖惩会带来很多方便。但是许多目标是不宜用数量表示的,故不能硬性地将一些定性的目标数量化和简单化,其结果有可能将管理工作引入歧途。在组织的活动中,定性目标是不可缺少的,主管人员在组织中的地位越高,其定性目标就可能越多。定性目标不好把握,在工作中制定定性目标一定要明确给出可考核的指标。大多数定性目标也是可以考核的,但不可能和定量目标一样考核得那么精确。尽管确定可考核的目标十分困难,但任何定性目标都能用详细说明规划或其他目标的特征和完成日期的方法来提高其可考核的程度。

(五)目标的可接受性

根据美国管理心理学家维克多·弗鲁姆的期望理论,人们在工作中的积极性或努力程度(激发力量)是效价和期望值的乘积。其中效价是指一个人对某项工作及其结果(可实现的目标)能够给自己带来满足程度的评价,即对工作目标有用性(价值)的评价;期望值是指人们对自己能够顺利完成这项工作可能性的估计,即对工作目标能够实现的概率的估计。因此,如果一个目标对其接受者要产生激发作用的话,这个目标必须是可接受的、可以完成的。对一个目标完成者来说,如果目标超过其能力所及的范围,则该目标对其没有激励作用。

(六)目标的挑战性

根据弗鲁姆的期望理论,如果一项工作完成所达的目的对接受者没有多大意义,接受者就没有动力去完成该项工作;如果一项工作很容易完成,对接受者来说是件轻而易举的事情,那么接受者也没有动力去完成该项工作。因此,目标的设置应当具有一定的挑战性,需要付出努力才可以达到。

目标的可接受性和挑战性是对立统一的关系,但在实际工作中,必须把它们统一起来。要使目标具有激励作用,必须使目标能符合员工的需要,并具有挑战性。

(七)目标信息反馈

信息反馈是把目标管理过程中目标的设置、目标的实施情况不断地反馈给目标设置和实施的参与者,让员工及时知道组织对自己的要求、自己的贡献情况。如果建立了目标再加上反馈,就能更进一步改善员工的工作表现。

综上所述,设置目标的数量不宜太多,应包括工作的主要特征,并尽可能地说明必须完成什么和何时完成,如有可能,也应明示所期望的质量和为实现目标的计划成本。此外,目标应能促进个人和职业上的成长和发展,对员工具有挑战性,并适时地向员工反馈目标完成情况。

针对目标的性质，为了使目标发挥作用，在制定目标时必须遵循以下原则。

(1) 目标必须是从全局出发，整体考虑的结果，各分目标必须协调一致。

(2) 目标层次要清楚。一个组织的各种目标不是同等重要的，要突出关于组织经营成败的关键目标，在总目标下再分层次列出相应的分目标。

(3) 目标应建立在可靠的基础上，必须是可行的，而不能是可望而不可即的，应建立在对组织内外环境进行周密调查研究的基础上，有充分的客观依据。

(4) 目标必须是具体的，要便于衡量，而不是笼统、空洞的口号，应尽可能用数量表示出来。

(5) 目标要保持相对稳定，一经确定就要相对稳定，不能朝令夕改，同时根据组织内外环境的变化及时调整，实行滚动目标。

二、目标分类

任何组织总是有各种各样的目标，需要通过组织成员的努力去加以实现。组织目标之间存在着层次、形式、内容等各方面的差异和联系。

(一) 按目标抽象程度划分

企业的目标有等级层次，各种目标的具体程度、时间幅度等都是各不相同的，它们显示了不同的抽象程度。就目标的抽象性而言，目标通常可分为三类，它们分别是宗旨、使命、目标，抽象程度由高到低。

(1) 组织的宗旨。组织的宗旨可视为最基本的目标，它是由该组织运营所在的社会环境所限定的。企业的宗旨可以是为股东盈利；大学的宗旨是发展和传播知识；医院的宗旨是提供医疗保健。组织的宗旨实际上表达了组织在社会上存在的理由。

(2) 组织的使命。抽象性处中间状态，这类目标把一些类似的组织作了最好的区分。虽然社会限定了组织的总的宗旨，管理人员还需选择最佳途径来实现它的宗旨，他们选择的途径便是组织的使命。如某公司的宗旨是向一般公众提供价廉而又方便的交通工具，其使命可能表达为生产、销售和维修汽车。

使命表达了组织的业务是什么。"我们经营的业务是什么？"这不是生产者决定的，而是由顾客决定的；它不是由公司的名称、地位或公司章程确定的，而是由顾客在购买商品和需要服务时，由顾客的需求确定的。因而，应从企业外部来看待企业，根据客户和市场的观点来回答。由于宗旨与使命之间的区别很细微，因此，许多管理学研究者及实务管理人员并不严格区分这两者。

(3) 组织的目标。组织的目标是组织准备如何完成使命的具体表述，所以抽象性最低。目标一般表达得较为具体，其时间幅度更明确，因此也称为一定时期的目标或具体目标。

(二)按目标主要内容划分

从组织目标的内容来看,一个组织通常有许多的目标,但不管什么组织,营利性组织或非营利性组织其目标主要包括四方面的内容,即财经目标、环境目标、参与者目标和生存目标。

(1) 财经目标。财经目标是指涉及组织的资金费用及其他财经方面的目标。对于企业来说,经济效益是首位的任务,这方面的目标包括利润水平、投资报酬率、生产率水平及销售收入等。

(2) 环境目标。环境目标主要描述组织和外部环境的关系,包括对环境变化的适应性、增长、社会责任和市场占有率等目标。

(3) 参与者目标。参与者目标涉及组织中的人。目标变量包括职工离职率、缺勤率以及一些不可定量因素,如职工的满意程度、人员的培训与发展和工作生活质量等方面。

(4) 生存目标。生存是所有组织的基本目标。任何组织必须振兴组织活力,防止衰退和腐败,才能求得生存和发展。

(三)按目标时间跨度划分

按时间的长短跨度区分,目标通常可以分为三类:短期目标、中期目标和长期目标。

(1) 短期目标。短期目标是指期望在 1 年内达到的目标,短期目标通常全面又具体。

(2) 中期目标。中期目标是指期望在 2～5 年内达到的一些目标。

(3) 长期目标。长期目标是指期望在 5～10 年或更长的时间内达到的一些目标。

目标期的长短是相对而言的,不能一概而论,不同的行业、不同的组织有不同的长短期计划。例如对于社区里的小商店来说,两年期的目标可能算是很长期的目标了,但是对于一家煤矿公司,做一个为期 20 年的目标也很平常。

【案例 4-1】瑞典计划 15 年后不再依赖石油

据英国《卫报》2006 年 2 月 8 日的报道,瑞典正在计划用 15 年的时间摆脱在能源方面对石油的依赖,成为世界第一个不依靠石油的国家,并且这一计划将以不增建核电厂为前提。该计划由瑞典政府内一个包括产业界、学者、农场主、汽车制造商和公务员等在内的委员会共同拟订。瑞典政府表示,该计划的用意是将瑞典所有的石化能源替换为可恢复的能源,以减少气候改变对经济的危害和石油缺乏导致的物价上涨。

瑞典可持续发展部部长萨赫林说:"我们对石油的依赖将在 2020 年结束,这意味着所有的房屋将不再依靠石油来取暖,所有的司机也将不再依靠汽油来开车。"瑞典经济曾在 20 世纪 70 年代遭受油价上涨的打击,如今其几乎所有的电力都来自核能和水力发电,仅在交通上依靠石化能源。过去 10 年中,瑞典已将所有取暖转换为依靠地热和废热。20 世纪 80

年代，一次全民投票决定淘汰核电厂，但该计划尚未完全实施。

抛弃对石油的依赖，将使瑞典在世界"绿色联盟"中名列榜首。在其他国家中，冰岛计划于2050年前使其全部汽车和船只用氢驱动，这种氢产生于可恢复能源所发的电。巴西则计划于5年内依靠主要从甘蔗中产生的乙醇，驱动其国内80%的船只。美国总统表示，美国过度依赖于石油，应该大规模减少从中东的石油进口。目前美国正计划大量增加核电厂。英国也有类似的计划，但一份最近的调查报告显示，这个拥有欧洲最丰富的风能、波浪能和潮汐能的国家，并未能对它们加以很好地利用。

瑞典能源部的官员表示，他们希望石油委员会能够提供更多的建议，以利用该国发达的森林资源制造生物能源，并进一步引用风能和波浪能。据透露，到2003年，瑞典使用的26%的能源都是可恢复的，仅有33%来自石油，这与1970年的77%的能源来自石油形成了巨大反差。目前，瑞典政府正与萨博和沃尔沃两大汽车商合作，开发并生产用乙醇和其他生物能源驱动的轿车和卡车。

(资料来源：瑞典计划15年后不再依赖石油.中国工商时报，2006-02-10)

第二节 目标管理

企业及其他社会组织的目的或使命都是通过完成一定的目标而得以实现的。目标管理是美国管理学家彼得·德鲁克于1954年在总结日本企业管理实践的基础上，在其著作《管理实践》中提出的，我国企业于20世纪80年代初开始引进目标管理法，并取得了较好的成效，迄今仍然是组织普遍遵循的一种现代管理方法。

一、目标管理的由来

目标管理(Management by Objectives，MBO)是20世纪50年代中期出现于美国，以泰勒的科学管理和行为科学理论(特别是其中的参与管理)为基础形成的一套管理制度。凭借这种制度，可以使组织的成员亲自参加工作目标的制定，实现自我控制，并努力完成工作目标。而对于员工的工作成果，由于有明确的目标作为考核标准，从而使对员工的评价和奖励做到更客观、更合理，因而可以大大激发员工为完成组织目标而努力。由于这种管理制度在美国应用得非常广泛，而且特别适用于对主管人员的管理，所以被称为"管理中的管理"。

1954年，彼得·德鲁克在《管理实践》一书中，首先提出了"目标管理和自我控制"的主张。之后，他又在此基础上发展了这一主张。他认为，企业的目的和任务，必须化为目标，企业的各级主管必须通过这些目标对下级进行领导，以此来达到企业的总目标。如果一个范围没有特定的目标，则这个范围必定被忽视，如果没有方向一致的分目标来指导各级主管人员的工作，则企业规模越大，人员越多时，发生冲突和浪费的可能性就越大。德鲁克的主张在企业界和管理学界产生了极大的影响，对形成和推广目标管理起了巨大的推动作用。

> 【案例4-2】名家：彼得·德鲁克
>
> 彼得·德鲁克(Peter F.Drucker)(1909—2005)是著名的思想家，一代管理宗师。1942年受聘为当时全世界最大企业——通用汽车公司的顾问，于1946年将心得成果编辑为《公司的概念》一书出版，对大企业的组织与结构有详细而独到的分析。1950年起任纽约大学商业研究院管理学教授。1954年出版《管理实践》一书，从此将管理学开创成为一门学科，"管理"成了20世纪最伟大的社会创新，也使德鲁克成为20世纪最具影响力的管理思想家。他于1966年出版的《卓有成效的管理者》成为全球管理者必读的经典之作。作为第一个提出"管理学"概念的人，德鲁克更是一个引领时代的思考者。20世纪50年代初，他指出计算机终将彻底改变商业；1961年，他提醒美国应关注日本工业的崛起；20年后，又是他首先警告这个东亚国家可能陷入经济滞胀；90年代，他率先对"知识经济"进行了阐释。2003年7月，彼得·德鲁克接受了美国总统布什颁发的美国最高荣誉勋章"总统自由奖章"。对于94高龄的德鲁克而言，这可谓是一份迟到的荣誉。
>
> (资料来源：肖小虹. 管理学. 北京：科学出版社，2011)

二、目标管理的基本思想

(1) 企业的任务必须转化为目标，企业管理人员必须通过这些目标对下级进行领导并以此来保证企业总目标的实现。凡是在工作成就和成果直接地、严重地影响企业的生存和发展的每个部门中，目标都是必需的，并且期望于经理取得的成就必须是从企业的目标中引申出来的，他的成果必须用他对企业的成就有多大的贡献来衡量。

(2) 目标管理是一种程序，使一个组织中的上下各级管理人员会同到一起来制定共同的目标，确定彼此的成果责任，并以此项责任作为指导业务和衡量各自贡献的准则。一个管理人员的职务应该以达到公司目标所要完成的工作为依据；如果没有方向一致的分目标来指导每个人的工作，则企业的规模越大、人员越多时，发生冲突和浪费的可能性就越大。

(3) 每个企业管理人员或工人的分目标就是企业总目标对他的要求，同时也是这个企业管理人员或工人对企业总目标的贡献。只有每个人的分目标都完成了，企业的总目标才有完成的希望。

(4) 管理人员和工人是靠目标来管理，由所要达到的目标为依据，进行自我指挥、自我控制，而不是由他的上级来指挥和控制。

(5) 企业管理人员对下级进行考核和奖惩也是依据这些分目标。

三、目标管理的作用

(一)目标管理是管理中的管理

现代化管理的方法很多,但目标管理是联系所有现代化管理的主轴,是贯穿于并统率其他管理方法的。任何一种管理方法,都是围绕并保证组织目标有效实现。因此,它是管理中的管理,特别适合对管理人员的管理。

(二)目标管理能增强组织的活力

在当前科学技术和生产力迅速发展的情况下,任何组织要想有活力,一是必须适应外界环境的剧烈变化;二是能及时有效地采取对策和行动。这就要求组织内部必须有发达灵敏的情报信息系统,以保证信息的内外沟通。而实行目标管理,就能使组织内部分工明确、相互配合,各司其职、各尽其责,减少推诿和扯皮,这样,有利于创造一个良好的组织气氛,为广泛畅通的信息交流奠定基础。

(三)目标管理有利于职工自我控制、自我纠正、自我完善和自我加强

实行目标管理有助于明确在实现组织目标过程中各个部门和每个职工的责任和任务。通过实行目标、责任、权利和利益相互挂钩,调动职工的主动性、积极性和创造性,使职工能够独立自主地管理好自己承担的工作,通过信息反馈和考核,有利于职工的自我控制、自我纠正、自我完善和自我加强。

(四)目标管理能增进组织内部的协调

实行目标管理,通过领导与下属参与制定目标能够弄清各自的责任目标同整个组织目标的关系。这样在实现目标的过程中,能够增强领导者与被领导者之间的相互了解、相互依赖和合作,还能减轻领导许多指挥环节和工作负担。而被领导者在自我控制中,又会增强责任感、义务感和成就感。这样便会促进领导者和被领导者之间的关系更加融洽。同时,在人与人之间也会避免一些扯皮、踢皮球和揽功诿过的现象,从而出现一个上下、左右协调一致,团结共事的新局面。

(五)目标管理能够促进一个组织管理水平的全面提高

就企业管理来说,不少领导者在管理过程中,只着重管做什么、怎么做,根本不问或很少过问最后的效果。这是一种本末倒置的管理方法。面对这种管理方法,广大职工养成墨守成规、事事请示、领导让干什么就干什么的习惯。而目标管理要求体现企业管理的科学化、系统化、标准化和制度化。为此,企业必须抓好基础工作,如定额、原始记录、计

量检测。只有抓好这些工作,才能科学地确定企业的总体目标,合理地规定分目标和个人目标,正确地评价和考核目标的执行情况,保证目标顺利实现。因此,随着目标管理的推行和深入发展,必然带动企业各项管理工作水平的全面提高。

四、目标管理的原则

目标管理是一种以组织目标和工作成就为核心的新的领导方法和管理方式,在实施目标管理时必须遵循以下原则。

(一)整体效能原则

对一个组织来说,目标管理的目的在于高效率、高质量地实现这一组织的总体目标,即提高组织的整体效能。组织内部的分目标与个人目标,都是以是否有利于实现组织的总体目标而设置,并决定取舍的。这就要求,在目标管理中,一定要注意克服本位主义和分散主义,要努力合作、相互配合,这样才能保证总体目标的实现。否则,各顾各,互相扯皮,内耗丛生,不但组织的整体效能提高不了,个人利益也会受到损失。

(二)目标、责任、权力、利益统一原则

目标一般来自职位,是职位任务的具体化;权力是完成目标所需要的重要条件,包括人、财、物等一定的自由处置权;责任即是应当承担的后果;利益是完成目标时应得的精神和物质利益,完不成时应付出的代价。目标、权力、责任和利益是实行目标管理不可缺少的四大要素,是完成每项工作任务的必要条件。让下属承担一定的目标,就应当使其具有相应的权力。如果定了目标而不授予权力,实际上是使工作人员处于有责无权的境地;相反,如果一个人掌握很大的权力,而不承担相应的目标和责任,就可能造成滥用权力的现象。所以,在目标管理中,一定要注意克服目标大于权力或权力大于目标这两种情况,要使目标与权力相当。同时,还要使目标完成情况同人们的切身利益结合起来。

(三)及时反馈原则

"人的第一个动力是对结果的回馈"。在目标管理中,为了激励职工更好地完成目标,必须建立反馈体系,使职工能够及时了解到自己完成目标的情况,从中感受到成功和胜利的喜悦,有助于自我控制、自我纠正、自我完善和自我加强。

(四)目标责任与考核、奖惩相结合原则

实现目标管理,必须坚持严格考核和兑现奖惩。目标责任是考核的基础,而考核又是奖惩的依据。没有严格的考核和严肃公正的奖惩,目标管理就会流于形式。只有把目标责

第四章 目标与目标管理

任与考核和奖惩这三项工作有机地结合起来，做到论功行赏，依过论罚，不称职者调整岗位，才能使目标管理真正起到鼓励先进、鞭策后进、转变作风、提高效能的目的。

> **【案例 4-3】徐总经理的目标设置构想**
>
> 天骄集团公司是一家拥有 20 家子公司和分公司的大型集团企业，业务涉及六个行业。集团公司对分公司的管理方式是独立经营、集中核算。
>
> 集团分公司的徐冰总经理最近听了关于目标管理的讲座，激发了很大的热情，他也认为由彼得·德鲁克率先倡导的目标管理，其实践价值很高。徐冰召开专门的会议，在会上他详细介绍了目标管理的起源和发展以及诸多成功实例，他列举了在分公司推行目标管理的好处，要求下属考虑他的建议。可是，事情并不这样简单。在下一次会议上，中层经理们就徐冰的提议提出了好几个问题。财务主管要求知道："你是否有集团公司总裁分配给你的明年的分公司的目标？"徐冰回答说："我没有，但我一直在等待总裁办公室告诉我，他们期望我们做什么，可他们好像与此事无关一样，真郁闷。"
>
> "那么分公司到底要做什么呢？"生产主管问道。"我打算列出我对分公司的期望。关于目标没有什么神秘的，明年的销售额达到 5000 万元，销售利润率达到 8%，投资收益率达到 15%，正在进行的技改项目 6 月 30 日能投产。我以后还会列出一些明确的指标，如选拔一定数量分公司未来的主管人员，今年年底前完成我们的新产品开发工作，以及保持员工流动率在 15% 以下等。"徐冰越说越兴奋。
>
> 中层经理们对徐冰提出的这些目标，以及如此明确和自信地来陈述这些目标感到惊讶，一时不知怎么说好。"下个月，我要求你们每个人把这些目标转换成你们自己部门可考核的目标！不用说，这些目标对财务、营销、生产、工程和人事将是不同的。但是，我希望你们都能用数字来表达，我希望把你们的数字加起来就实现了分公司的目标。"
>
> 对于分公司来说，要制定可行的目标离不开集团公司的政策支持，还需要集团公司提供相关信息。集团公司要提供的信息包括集团公司战略目标、经营方向，以及下达给分公司的任务等。
>
> （资料来源：冯国珍. 管理学习题与案例. 上海：复旦大学出版社，2011）

五、目标管理的过程

孔茨认为，目标管理是一个全面的管理系统，它用系统的方法，使许多关键管理活动结合起来，并且有意识地瞄准、有效和高效率地实现组织目标和个人目标。目标管理的基本内容是动员全体职工参加制定目标并保证目标的实现。具体地讲，是由本单位主要负责人根据上级要求和本单位的具体情况，并在充分听取广大职工意见的基础上制定出整个组织的总目标，然后进行层层展开、层层落实，要求下属各部门负责人以至于每个职工根据上级的目标，分别制定个人目标和保证措施，形成一个全单位的、全过程的、多层次的目标管理体系。

在理想的情况下,这个过程开始于组织的最高层,并且有总经理的积极支持和指导。但是目标设置并非一定开始于最高层。它可以从分公司一级开始,也可以在职能部门这一级甚至更低层开始。例如,某一公司的目标管理首先开始在一个分公司的建立,随后逐级建立到管理的最低层而形成一个相互联系、互相支持的目标网络。在分公司经理的领导和指导下,无论在获利性、成本降低、改善经营等方面都取得了成功。不久,其他一些分公司经理和企业总经理也产生了兴趣并力图实行类似的目标管理计划。

由于组织活动的性质不同,目标管理的步骤可以不完全一样,但一般来说,目标管理的过程可以分为以下几个步骤。

(一)目标体系的制定

目标体系的制定是目标管理的第一个阶段。首先由单位总负责人制定总目标体系,并在充分发动群众的基础上确定整个组织的总体目标;下属各部门负责人根据本部门具体情况,为完成组织总体目标而提出部门目标;部门下属各小组为完成小组目标而制定个人目标。这样,自上而下与自下而上地把组织总体目标层层展开,最后落实到每个职工,形成一个完整的目标体系,共同为保证实现总目标而奋斗。这种目标体系可以用图4-1表示。

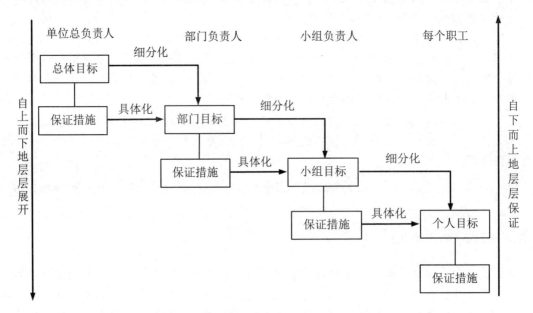

图4-1 目标体系示意图

目标体系的制定具体又可以分为三个工作步骤。

第四章 目标与目标管理

1. 总目标的制定

总目标的制定是目标管理的中心内容。任何一项管理活动都是由一个总目标联系的整体，这个总目标体现了一个组织在一定时期内的各项工作的努力方向和管理目的，下一级目标的制定都要保证总目标的实现。

总目标是组织在一定时期内的行动纲领，它是根据上级领导机构下达的工作要求和存在的问题而确定的。所谓"存在的问题"包括现在存在的或预计今后可能出现的问题等。制定总目标的目的就是为了保证完成上级单位布置的工作任务，以及争取在一定时期内改善和解决存在的问题。因此，在提出总目标之前，就应该把这些问题的来龙去脉弄清楚，在充分酝酿讨论的基础上找到当前应首先解决和改善的重大问题，这样才能使总目标明确，具有科学依据，尊重客观规律，符合实际情况，真正成为每个职工的行动方针和指南。

定量目标是在总目标的指引下，具体制定的行动标准，规定的定量目标值。有了定量目标，管理活动就有了具体的奋斗目标；有了定量目标，在目标管理过程中就便于加强管理，便于协调控制；有了定量目标，在考核评比中，就有了衡量每个人工作好坏、成果大小、目标实现与否的客观评价标准。例如，某厂在提出明确的总目标后，结合全厂经济工作实际情况，提出了"双超十，单减半，一元钱"的定量目标，即产值、利润增长幅度超10%、亏损额减少50%、百元产值利润增长一元钱等一系列的奋斗目标。

保证措施是指为保证达到定量目标而采取的对策。在确定保证措施时，要从本单位的全局出发，通盘考虑可能影响定量目标实现的种种不利因素，然后制定出相应的对策和措施。每一项保证措施必须具体、全面、明确地提出。措施项目包括内容、影响程度、现状、对策、标准、保证程度、预期效果、责任承担人、进度、检查人、检查要求、检查日期和总结要求等。

2. 总目标的展开

整个组织的总目标制定后，单位负责人必须向全体职工宣布，并发动群众层层分解、逐级落实。目标展开的内容包括以下几个方面。

(1) 上级宣布目标。在进行总目标展开的时候，首先要求各级负责人将其定量目标、保证措施向下级明确宣布。只有这样，下级才具有制定个人目标的依据。同时，上级的目标必须能反映企业发展的实际情况，否则就会造成下级茫然失措、无所适从。

(2) 下级制定目标。下级要在充分了解上级的目标和保证措施后，才能着手制定自己的目标体系中的一部分，要求下级目标必须保证上级目标的实现。这样，下级在制定各自目标的过程中必须使自己的目标得到上级的认可，同时上级有责任，也有权力检查下级的各项目标值对实现上级目标的保证程度，分析其保证措施的可行性和可靠性。只有这样，才能确保下级目标紧紧围绕上级目标进行展开和分解，而且还要充分考虑提高下级人员的工作积极性和创造能力。这就要求上级必须充分发扬民主，对下级保证措施的具体选择尽量不要横加干涉，以免管得过死，抑制了下级人员的积极性和创造性。

(3) 协调与调整。这方面的任务主要是上下级之间以及对共同目标的协调和企业总体调整等工作。

① 上下级之间的协调。下级在提出各自的目标方案以后，应主动与上级协调，征求他们的意见，并共同探讨这些目标能否保证上级目标的实现，这些保证措施是否切合实际等问题。在双方都同意的基础上，可根据不同情况作必要的修改和调整，最后才能拍板决定。

② 共同目标的协调。由于整个组织的管理活动是许多部门和许多人进行分工协作的共同劳动过程，因此任何一个目标只靠一个人或一个部门的努力是很难达到的，即使是个人目标也需要大家的配合才能实现。一般来说，越是重大的目标，越需要制定者与其他部门、其他人的紧密配合才能达到。在这种情况下，这个目标就成了几个部门或几个人的共同目标，所涉及的人员和部门的直属上级或者同一上级，有责任就这个共同目标与各有关人员进行充分磋商，待取得一致意见后，这个目标才能最终确定下来。

③ 总体调整。整个组织的目标体系不仅有上下级之间的纵向连锁关系，而且还有横向的连锁关系，即各部门、各小组和个人之间的相互衔接。当各部门和每个职工都提出自己的目标后，组织应根据总目标进行总体调整，使各目标彼此能取得平衡、协调一致，以形成一个更为完整均衡的、上下左右关系更为协调的、力量更为集中的目标体系。例如，某厂提出了"双超十，单减半，一元钱"的总目标，然后把这个定量目标划成计划指标、定包指标和建议指标三档，再分成几十个具体指标，通过综合平衡落实到车间、班组和职工，形成一个由小指标保分目标、分目标保总目标的目标控制网。

3. 确定目标的过程

确定目标是一个完整的决策过程，包括采取一定的步骤和运用科学的预测、决策方法。一般来说，制定目标的过程如下。

(1) 掌握信息。即调查、收集和掌握一个管理系统的内部条件和外部环境的资料作为确定目标的依据。内部条件主要是人、财、物、技术及信息等的状况，上一个目标管理循环完成的状况，本系统的优势和制约因素等；外部环境主要是资源状况、生态状况、交通状况，对本系统实现目标的有利因素和不利条件等。

(2) 要经过反复酝酿。先由决策层提出一个系统的目标设想，供下属部门和全体人员进行广泛的讨论；有关部门把讨论的意见集中起来，作为进一步修订目标的参考，并把修改过的目标反馈给决策层。

(3) 决策层选定目标及实现的措施，再发动全体人员进行讨论，在这个基础上把正式目标确定下来，公布执行。

一个管理系统的目标确定以后，必须把它层层分解，以建立完整的目标体系。每个系统的部门人员的分目标，就是总目标对他们的要求，也是他们对总目标的责任和保证。目标展开，一般可分为纵向展开和横向展开。

(二)目标的实施

目标的实施是目标管理的第二个阶段,也就是进入了完成预定目标值的阶段。这个阶段的工作内容主要包括三个部分。

(1) 通过向下级人员委任权限,使每个人都明确在实现总目标中自己应负的责任,让他们在工作中实行自我管理,独立自主地实现个人目标。

(2) 加强领导和管理,主要是指加强与下级的意见交流以及进行必要的指导等,至于下级以什么方法和手段来完成目标,则听其自行选择,不横加干涉,这样就能极大地发挥各级人员的积极性、主动性、创造性和工作才能,从而提高工作效率,保证所有目标的全面实现。

(3) 目标实施者必须严格按照"目标实施计划表"上的要求进行工作,目的是为了在整个目标实施阶段,使得每一个工作岗位都能有条不紊地、忙而不乱地开展工作,从而保证完成预期的各项目标值。实践证明,"目标实施计划表"编制得越细,问题分析得越透,保证措施越具体、明确,工作的主动性就越强,实施的过程就越顺利,目标实现的把握就越大,取得的目标效果也就越好。

(三)成果的评价

对目标成果的评价是目标管理的第三个阶段。这个阶段的工作内容是:当目标实施活动已按预定要求结束时,就必须按照定量目标值对实际取得的成果做出评价,并使这种评价与奖励挂钩。同时还要把评价的结果及时反馈给执行者,让其主动地总结经验教训。根据一些单位的实践来看,搞好成果评价工作的关键是:必须把评定结果与集体和个人的经济利益真正挂钩,严格实行按劳分配、奖勤罚懒的原则。

成果评价的目的是为了促进领导工作的改善,鼓励全体职工的斗志,以便更好地为保证达到目标而奋斗。成果评价工作的具体步骤如下。

(1) 目标实施者自己评定个人成果。每一个目标的具体实施人,根据制定的定量目标值和自己完成的实际情况,进行自我评定,并填写"个人目标评定表",要求检查自己在达到目标过程中所采取的措施和手段是否合适,在工作条件变化了的情况下,自己适应能力的大小以及努力程度的高低等,并在此基础上认真总结经验教训,以便能更具体地找到今后提高自己工作能力、弥补自己不足的关键。

(2) 上级对评定工作的指导。上级通过个别协商或召开座谈会的形式,对下级评价活动进行指导,使之能恰如其分地评价个人成果。在指导时,应采取启发与引导的方式,例如上级可用"我是这样想的,你的意见如何"等委婉的口吻提出自己的看法,以便下级充分陈述自己的意见。这样做,即使当职工还没有认识到自己的评价有偏时,也能够愉快地接受上级的看法。与此同时,上级还要通过积极的引导,热情鼓励下级为达到今后的目标而继续努力,争取把自己的工作能力提高到一个新的水平。

(3) 考核评定小组的综合评议。各基层小组应成立由组长、工会组长和群众代表所组成的群众性的考评小组，本着实事求是、大公无私的精神，根据每个职工自己填写的"目标实施计划表"和"个人目标评定卡"的内容，对各项目标逐一进行考核评定。在评议过程中，应注重实际取得的成果，并要与执行者充分交换评定意见，以减少评定的片面性和局限性。

(4) 奖励与总结。评定的结果除了作为一份重要的资料反映在人事考核上以外，还要对成果优秀者给予奖励和表彰。在当前为了便于进行这项工作，应根据各单位的具体情况而采取不同的形式，既可纳入经济责任制中一并实行，也可将每个人的目标完成率进行累计考核、综合评比，纳入工作竞赛奖励活动中予以评分给奖。其中较常用的形式是百分制给奖形式，即在贯彻岗位责任的基础上，做到人定岗、岗定责、责定分、分定奖的一种奖励形式。具体方法是每个职工根据目标实施成果逐一进行自评记分，由组长核实后，交考评小组进行综合记分，最后再按奖励制度与个人经济利益挂起钩来。

需要指出的是，对那些未完成目标值或在工作中存在明显缺点或不足的职工，在追究责任的同时，应热情地帮助其总结教训，分析、研究存在的种种问题，找出解决问题的办法，指出今后的努力方向，激励其发挥出更大的干劲。

总之，这种评定既是目标管理真正能落实的重要手段，又是下一循环周期制定目标体系的主要根据。由此可见，评价阶段是上级进行指导、帮助和激发下级工作热情的最好时机，同时也是发扬民主管理的一种重要形式，是群众参加管理的一种好方法。成果评价工作完毕，则目标管理的一个循环周期即告结束。

(四) 建立新目标体系与新循环

成果评价与成员行为奖惩，既是对某一阶段组织活动效果以及组织成员贡献的总结，也为下一阶段的工作提供参考和借鉴。在此基础上，为组织成员及其各个层次、部门的活动制定新的目标并组织实施，便展开了目标管理的新一轮循环。目标管理是一个不间断的、反复出现的循环过程，每一循环周期的目标体系都是在前一循环周期的管理实践基础上建立起来的，而且比上一期目标管理有了更新的内容，从而使组织的管理活动达到更高的水平。

【案例4-4】西门子公司的目标管理

从移动电话到燃气汽轮发动机，到照明灯泡，德国西门子公司始终致力于让它那些杰出的工程师生产最高质量的产品。但是近些年来，它的管理层认识到，它与美国通用电气公司或者韩国的三星公司的竞争，已经不仅仅是在质量方面，还必须在产品推出速度、创新以及压缩成本等方面开展竞争。两年间，西门子公司的利润减少了2/3，公司的市场份额则下降得更快。公司的CEO海因里希·冯·皮埃尔(Heinrich von Pierer)制订了一个志在使西门子公司复兴的计划，具体目标(目标管理法步骤1)是在三年内强化公司整体财务业绩，使公司能在美国的股票交易所挂牌上市。

管理层制订了行动计划(目标管理法步骤 2)，其中包括：①缩短开发和生产新产品的时间；②出售或关闭业绩不良的下属单位，通过并购强化剩余的企业，使得它们成为世界上的领军企业；③为经理设定很高的利润指标，并且按照业绩支付报酬；④按照美国的会计标准开展财务工作并且报告经营结果。然后各个单位的经理为他们各自单位内的员工制订行动计划。每个季度召开一次会议检查行动计划的执行情况(目标管理法步骤 3)，在会上，来自14家企业的经理直接向冯·皮埃尔报告工作进展情况。

如果工作没有达到计划要求，会要求经理做出解释，并且说明将如何解决存在的问题。每年年底考虑下年计划时，将对每家企业的绩效，以及整个公司的整体绩效进行考评(目标管理法步骤 4)。实现了目标的经理将得到奖励，始终完不成目标的经理将下台，绩效最差的经理会第一个被解职。自从该计划实施以来，西门子公司已大大提高了它的生产速度和全面财务成绩。目标管理体系激发了管理层的干劲，使全公司员工向高管层设定的关键目标前进。

(资料来源：(美)理查德·L.达夫特(Richard L.Daft)著，范海滨译．管理学．北京：清华大学出版社，2012)

六、目标管理的评价

目标管理使得企业效益性提高，组织整体性能力提升，员工的自主性增强，在提高管理效率上非常有效。目标管理的优点主要表现在以下几个方面。

(1) 目标管理对组织内易于度量和分解的目标会带来良好的绩效。目标管理使各项活动的目的性很明确，避免搞形式主义花架子。以往企业着重管理作业程序、方法问题，忽略了对成果的重视。目标管理是一种达到目标的科学周密的方法。

(2) 目标管理有助于改进组织结构的职责分工，由于组织目标的成果和责任划分到每一个职位或部门，容易发现授权不足与职责不清等缺陷。目标管理是促进分权管理使组织具有弹性的最好办法。

(3) 目标管理有利于调动员工的主动性、积极性和创造性。由于强调自我控制、自我调节，将个人利益和组织利益紧密联系起来，因而提高了士气，营造了更好的氛围。

(4) 目标管理表现出良好的整体性，组成一个完整的目标锁链和目标体系，将企业的所有任务和目标连成一个有机的整体，促进了意见交流和相互了解，使人际关系更加和谐。

但是，目标管理也不是一种完美的管理模式，尽管有很多优点，但它在现实的运作过程中也存在一些问题，认识这些问题对于管理者更好地把握目标管理具有重要意义。它的局限性主要表现在以下方面。

(1) 偏重操作，对目标管理的原理阐述不够。目标管理可能看起来简单，但是管理人员必须对它有很好的领会和了解。他们必须依次向下属人员解释目标管理是什么，它怎样起作用，为什么要实行目标管理，在评价业绩时它起什么作用，以及最重要的是参与目标管理的人能够得到什么好处。这个原理是建立在自我控制和自我指导的概念基础上的，目的在于使管理人员成为内行。

　　(2) 给予目标设置者的指导准则不够。目标管理和其他计划工作一样，如果那些被期待去设置目标的人没有给予必要的指导准则，便不能起到目标管理的作用。管理人员必须知道组织的目标是什么，以及他们自己的活动怎样适应这些目标。如果组织的一些目标含糊不清、不现实或不协调一致，那么管理人员想同这些目标协调一致，实际上是不可能的。

　　各级管理人员也需要了解公司的主要政策。人们必须对将来有些设想，对影响他们经营范围内的各种政策有一定的了解，并知晓目标的性质，以及为了有效地计划而把目标连锁起来的规划的性质。如果不能满足这些要求，计划工作就会陷于致命的真空中，无法实现。

　　(3) 设置系统的、合理的、可考核的目标体系比较困难。真正可考核的目标是很难确定的，尤其是如果要求它们每年、每季始终具有正常的"紧张"和"费力"程度的情况下更是困难，许多岗位工作难以使目标量化和具体化。一个组织的目标好确定，作业的目标也好定，但是真正让每个管理人员和工人都定数量化指标有时是很困难的。可能是下级不了解整体目标，不了解整体目标和个人的关系；或者组织本身的目标就不明确，使管理者无法配合制定；或者领导心中无数，提不出合理的要求和意见。

　　(4) 过分强调短期目标。在大多数的目标管理计划中，管理人员设立短期目标，很少多于一年，往往是一季或更短。为了取得近期目标而忽视长远发展，如为了追求高产、多产而忽视技术开发、新产品的研制。所以过分强调短期目标很可能会损害长期目标的安排。这就要求上级领导人必须始终保证他们的现有目标像任何其他短期计划一样，是为长期目标服务而制定的。

　　(5) 目标管理有可能使计划缺乏灵活性。管理人员对改动目标往往犹豫不决，如果目标经常改动，就不好说明它是经过深思熟虑和周密计划得出来的，这样的目标也就没有意义了。在公司的目标已经修改，计划工作的前提条件已经发生了变化或政策已经改变的情况下，如果要求或期望一个管理人员为已经过时的目标去努力奋斗，显然是愚蠢的。

　　(6) 目标管理的哲学假设不一定都存在。目标管理对于人类的动机作了过分乐观的假设：认为多数人都有发挥潜力、承担责任、实行自治和富有成就感的需要，都有事业心和上进心，而且只要有机会，他们就会通过努力工作来满足这些需要，把工作中取得的成就看得比金钱更重要，这就是"自我实现人假设"，即 Y 理论。而现实并不完全这样，特别是将目标的考核和奖励结合起来时，往往是指标要低、出力要少、奖励要多。有时奖惩不一定都能和目标成果相配合，也很难保证公正性，从而削弱了目标管理的效果。因此在商定目标时，如果没有科学管理做基础，没有齐全的资料数据，而又缺乏全局观点的话，很容易产生留一手、互相摸底、讨价还价等现象，从而破坏了信任和承诺的气氛。这种破坏可能是由上级引起，上级的管理指导思想并未改变，仅是变换花样，通过某种形式让下级接受自己设定的比较高的目标，以达到控制的目的，这样就失去了信任的气氛。

案例分析

目标管理何以"迷失方向"

A公司自2002年7月开始实行目标管理,当时属于试行阶段,后来人力资源部由于人员的不断的变动,这种试行也就成了不成文的规定执行至今,到现在运行了将近一年的时间了。应该说执行的过程并不是很顺利,每个月目标管理卡的填写或制作似乎成了各个部门经理的任务或者说是累赘,总感觉占了他们大部分的时间或者说是浪费了他们许多的时间。每个月都是由办公室督促大家写目标管理卡。除此之外就是一些部门,例如财务部门的工作每个月的常规项目占据所有工作的90%,目标管理卡的内容重复性特别大;另外一些行政部门的工作临时性的特别多,每一个月之前很难确定他们的目标管理卡……

A公司的目标管理按如下几个步骤执行。

一、目标的制定

1. 总目标的确定

前一财年末公司总经理在职工大会上作总结报告是向全体职工讲明下一财年的大体的工作目标。财年初的部门经理会议上总经理和副总经理、各部门经理讨论协商确定该财年的目标。

2. 部门目标的制定

每个部门在前一个月的25日之前确定出下一个月的工作目标,并以目标管理卡的形式报告给总经理,总经理办公室留存一份,本部门留存一份。目标分别为各个工作的权重以及完成的质量与效率,由权重、质量和效率共同来决定。最后由总经理审批,经批阅以后方可作为部门工作的最后得分。

3. 目标的分解

各个部门的目标确定以后,由部门经理根据部门内部的具体的岗位职责以及内部分工协作情况进行分配。

二、目标的实施

目标的实施过程主要采用监督、督促并协调的方式,每个月月中由总经理办公室主任与人力资源部绩效主管共同或是分别到各个部门询问或是了解目标进行的情况,直接与各部门的负责人沟通。在这个过程中了解到哪些项目进行到什么地步,哪些项目没有按规定的时间、质量完成,为什么没有完成,并督促其完成项目。

三、目标结果的评定与运用

(1) 目标管理卡首先由各部门的负责人自评,自评过程受人力资源部与办公室的监督,最后报总经理审批，总经理根据每个月各部门的工作情况，对目标管理卡进行相应的调整以及自评的调整。

(2) 目标管理卡，最后以考评得分的形式作为部门负责人的月考评分数，部门的员工的月考评分数的一部分来源于部门目标管理卡。这些考评分数作为月工资发放的主要依据之一。

但是，在最近部门领导人大多数反映不愿意每个月填写目标管理卡，认为这没有必要，但是明显的在执行过程中，部门员工能够了解到本月自己应该完成的项目，而且每一个项目应该到什么样的程度是最完美的。还有在最近的一次与部门员工的座谈中了解到有的部门员工对本部门的目标管理卡不是很明确，其中的原因主要就是部门的办公环境不允许把目标管理卡张贴出来(个别的部门)，如果领导每个月不对本部门员工解释明白，他们根本就不知道他们的工作目标是什么，只是每个月领导叫干什么就干什么，显得很被动……可是部门领导如今不愿意作目标管理这一块，而且有一定数量的员工也不明白目标管理分解到他们那里的应该是什么。

目前人力资源部的人数有限，而且各司其职。

【问题】

1. A公司的目标管理存在哪些问题？
2. 为什么A公司的部门管理者不支持目标管理？
3. 如何解决"员工不知道他们的工作目标是什么，领导叫干什么就干什么"的问题？

阅 读 资 料

实施目标管理让某市药品监管局每个人自觉行动起来

"监督工作实行分片管理，增加可比性和竞争性"加4分，"药品监督网络和供应网络建设纳入政府工作目标，并签订责任状"加4分，"案件查、审、定'三分离'制度执行不到位"扣1分，"个别案件处理未按程序"扣1分……这是某市药品监管系统目标管理考核中的评分情况。

如果要用一个字来概括该市药品监管系统目标管理工作，那就是"实"。

2004年以前，药品监管局年度工作总结和考评，采取各单位或部门总结发言、民主投票推荐的做法，由于没有充分的现场考评为基础，在一定程度上流于形式或有失客观。为健全和完善科学公正的工作绩效评价机制，调动各单位、各部门的工作积极性，药品监管局自2004年开始推行目标管理。目标管理的考评等级设先进单位、达标单位、未达标单位三个档次。年终按照目标管理考评等级发放目标管理奖；对未达标的单位或部门亮"黄牌"，对连续两年未达标的单位或部门的负责人进行调整。2005年4月，药品监管局在总结上年经验的基础上，进一步细化了各职能部门的工作，重新修订了考核方案和考评细则，按照基层各单位和机关各处室的不同职能分别制定了两种不同的考核目标和任务，把各项工作任务细化成两大类 30 个子项，使目标管理考核更科学、公正。

对于目标管理，药品监管局局长说："目标管理也叫齿轮管理模式。通过目标管理，让每个部门或单位都知道要做什么，做得好与不好的标准是什么，所做的工作与目标有什么关系。通过齿轮传动的模式，让每个部门或单位直至每个岗位的人员都自觉地动起来，最终实现'自我管理'。"

实施目标管理以来，药品监管局各部门、单位及时改进工作，创新工作思路。稽查处制定了《药品稽查人员规范行为承诺书》，组织了多次全系统优秀案卷评选活动；市场处制定了《GSP 认证预案》；A 县药品监管局实行案件回访制度，对行政执法人员实行闭卷考试；B 县药品监管局制作了"治理医药购销中不正之风举报投诉电话"标识牌，发放到所有的药品经营单位。

对于目标管理所带来的好处，B 县药品监管局局长深有感触地说："自实行目标管理以来，各科室、各岗位的工作人员都抢先干工作，谁也不愿意等到年末再突击。因为大家明白，突击和实干的效果是完全不同的。"在该市成大方圆连锁药店，药店经理反映，自实行目标管理以来，药品监管局的监管和执法都更加规范、透明了。在 GSP 认证、药品分类管理等工作中，监管人员都是积极主动帮企业出主意，真心实意地给企业解决难题，企业对此非常感谢。

目标管理重在结果，为此，药品监管局目标管理考核领导小组对市、县(区)部分医院、诊所和药品零售企业进行了走访，并与涉药单位的负责人进行了谈话。从实际走访的情况来看，药品监管执法人员的素质较高，做到了文明服务、公正执法。

(资料来源：陈静. 齿轮转动，让每个人自觉动起来. 中国医药报，2005-08-09A2 版)

本 章 小 结

目标是人们从事某项活动所要达到的预期结果。组织目标是作为一个由人群组成的团体，其组织活动所要达到的预期结果。目标具有层次性、网络化、多样性、可考核性、可接受性、挑战性和信息反馈性等特性。组织目标呈现出多样性，可以按不同的标准划分为不同的类型，如按目标的抽象程度划分为组织的宗旨、使命和目标；按目标的主要内容划分为财经目标、环境目标、参与者目标、生存目标；按目标的时间跨度划分为短期目标、中期目标和长期目标。

目标管理是 20 世纪 50 年代中期出现于美国，以泰勒的科学管理和行为科学理论(特别是其中的参与管理)为基础形成的一套管理制度。目标管理思想自提出后一直被认为是一种行之有效的方法。目标管理的理论依据是心理学与组织行为学中的目标论。其实质包括：强调以目标为中心进行管理，一个具有明确目标的组织才能成为一个高效的组织；是以目标网络为基础的系统管理，把管理目标组成一个体系，从而保证了目标的整体性和一致性；强调以人为中心的主动式管理，不断满足广大职工的需要，是调动工作积极性的关键，期望的满足是调动职工积极性的重要因素，追求较高的目标是每个职工的工作动力。目标管理在管理中有着重要的作用，同时在实施过程中必须遵循一定的原则。目标管理的程序主要分为四个阶段：目标体系的制定；目标的实施；成果的评价；建立新目标体系与新循环。目标管理是一种成果型管理方式，有其优点和局限性。

自 测 题

一、单项选择题

1. 确立目标是(　　)工作的一个主要方面。
   A. 计划　　　　B. 人员配备　　C. 领导　　　　D. 控制
2. 下列各项中不属于目标管理的优点的是(　　)。
   A. 有利于提高管理水平
   B. 有利于调动人的积极性、责任心
   C. 有利于长期目标的实现
   D. 有利于暴露组织结构中的缺陷
3. 企业中对某一部门有利的目标并不总是有利于企业整体，各部门的目标之间有时常常会发生矛盾，产生冲突和干扰。这反映了下列目标的(　　)属性。
   A. 目标的层次性　　　　　　　　B. 目标是一个网络体系
   C. 目标的多样性　　　　　　　　D. 长期目标和短期目标的协调
4. 北斗公司的总经理刘冰在一个职业培训中学到了很多目标管理法的内容。他对于这种理论逻辑上的简单清晰以及其预期的收益印象非常深刻。为此，他准备在公司中实施这种管理方法。第一步就是要和各个部门的主要负责人协商确定如何为各部门制定目标。在讨论的过程中大家有着不同的见解，主要有以下几种，你认为看法正确的是(　　)。
   A. 各部门的目标决定了整个公司的业绩，应该确立较高的标准
   B. 考虑到企业全体员工的积极性，各部门的目标应该设置最低的标准
   C. 目标的确定应该略高于各部门的现有能力，但要是各部门经过努力能够达到的
   D. 各部门情况不一样，有的部门宜采用高标准，有的部门则宜采用低标准
5. 妨碍目标得以实现的因素，称为(　　)。
   A. 主要因素　　B. 关键因素　　C. 限定因素　　D. 环境因素
6. 1954年，(　　)提出了一个具有划时代意义的概念——目标管理。
   A. 西蒙　　　　B. 德鲁克　　　C. 梅奥　　　　D. 亨利·甘特
7. 目标管理思想诞生于美国，最早应用却是在(　　)。

第四章 目标与目标管理

　　A. 日本　　　　B. 英国　　　　C. 中国　　　　D. 德国
8. 以下各项中不可评估的目标是(　　)。
　　A. 在本年末实现利润 15%
　　B. 产品抽查的不合格率低于 2‰
　　C. 主管人员增加与下属的沟通
　　D. 在不增加费用和保持现有质量水平的情况下, 本季度的生产率比上季度增长 10%

二、多项选择题

1. 目标管理的过程可划分成(　　)几个阶段。
　　A. 目标体系的制定　　　　　　B. 目标的实施　　C. 成果的评价
　　D. 建立新目标体系与新循环　　E. 检查目标体系
2. 目标管理的优点是(　　)。
　　A. 目标易于确定　　　　　　　B. 有利于暴露组织机构中的缺点
　　C. 有利于增强人们的责任心　　D. 易于制定长期目标
　　E. 有利于有效地控制
3. 目标具有(　　)等性质。
　　A. 分层次、分等级的　　　　　B. 网络化　　　C. 多样性
　　D. 一般性　　　　　　　　　　E. 不断变化性
4. 目标网络是指目标与目标之间(　　)。
　　A. 左右关联　　　　　　　　　B. 上下贯通　　C. 彼此呼应
　　D. 彼此补充　　　　　　　　　E. 融为一体
5. 目标管理的局限性表现在(　　)。
　　A. 目标管理理论尚未普及和宣传　B. 适当的目标不易确定
　　C. 目标是长期的　　　　　　　　D. 不灵活
　　E. 难以进行成果评价
6. 目标管理的特点有(　　)。
　　A. 参与管理　　　　　　　　　B. 自我控制
　　C. 下放权力　　　　　　　　　D. 群众监督
　　E. 注重成果
7. 目标设置的过程包括(　　)。
　　A. 企业经营环境调查　　　　　B. 初步在最高层设置目标
　　C. 设置部门和员工的目标　　　D. 反复循环修订
　　E. 检查和评估
8. 以下对目标的描述中恰当的是(　　)。
　　A. 一项陈述中包含两个或多个承诺　B. 仅以过程或活动的形式来表述

C. 没有完成目标的具体期限　　　　D. 尽可能地用数字精确地说明
E. 从公司管理的实际出发

三、判断题

1. 目标是指在目的或任务指导下，提出组织所要达到的具体目标。　　（　）
2. 个人目标与组织目标无法协调。　　（　）
3. 组织目标是通过一定的计划工作来确定的。　　（　）

四、简答题

1. 目标的性质有哪些？
2. 目标管理的作用是什么？
3. 实施目标管理时应遵循哪些原则？
4. 目标管理有哪些优点和局限性？

五、论述题

1. 试述目标管理的具体实施程序。
2. 在现代管理活动中，如何理解和评价目标管理？

第五章 决　　策

【学习要点及目标】

通过本章的学习，明确决策的含义和特点；理解决策的类型；掌握决策的过程和主要方法。

【关键概念】

决策　决策特点　决策程序　程序化决策　非程序化决策

【引导案例】

诺基亚的决策

诺基亚公司是一家移动通信产品跨国公司，总部位于芬兰。在移动电话产品市场上，诺基亚已经多年占据市场份额第一的位置。2010 年第二季度，诺基亚在移动终端市场的份额约为 35.0%，领先三星和摩托罗拉的市场占有率 20.6%和 8.6%；此外，它在通信网络设备制造及移动多媒体应用开发等领域的实力也处于世界前列，并可为企业级的用户提供无线连通解决方案。诺基亚的优势主要集中在其市场份额和终端影响力方面，其终端遍布 77%的国家和地区，而且在消费者心中树立了良好的品牌形象。然而，研究机构加特纳在 2011 年年初发布报告称，诺基亚的市场份额已经从 2009 年的 36.4%降至 2010 年的 28.9%。更令人担忧的是，这一下滑趋势并没有减缓的迹象。

在众多导致市场占有率下滑的因素中，竞争对手的迅速崛起无疑是最大原因，iPhone、Android 等开始引领新一代智能手机的潮流，尤其是苹果公司的 iPhone，不仅拥有人性化的设计和可靠的质量，而且其 APP Store 中积累了大量的软件资源，这些对于用户具有强大的吸引力。而在 2007—2010 年，诺基亚逐渐失去在智能手机上的先发优势，其 Ovi 手机商店也一塌糊涂。为了阻止市场份额的进一步下滑，提升智能手机的竞争力，诺基亚公司加强了内部研发的投入，同时开始积极寻求外部的合作资源，其中就包括微软这样的重要合作伙伴。微软公司在软件和操作系统方面具有强大的优势，近年来随着谷歌、苹果等公司的发展，其原有的商业模式受到了巨大挑战，进军互联网以及下一步的移动互联网是微软进一步创新和发展的方向。进入新市场很好的途径是寻求合作伙伴，产生协同效应，所以微软有与终端生产商合作的意向。

诺基亚通过与微软的协商和谈判，初步订立了合作方案。在微软方面，其搜索引擎"必应"为诺基亚全线设备提供搜索服务，并向诺基亚支付数十亿美元的资金，帮助其推广和开发 Windows Phone 手机。诺基亚的内容和应用商店 Ovi 将被整合到微软在线商店

Marketplace 中。而在诺基亚方面,其把 Windows Phone 作为智能手机的主要操作系统,并基于该平台,在诺基亚处于市场领先地位的领域进行创新,如拍照等。同时在技术方面,诺基亚将向微软提供硬件设计和语言支持方面的专业技术,并协助 Windows Phone 手机丰富价格定位,获得更多市场份额,并进军更多地区市场。此外,诺基亚地图将成为微软地图服务的核心部分之一。

(资料来源:黄金萍. 诺基亚微软:两个失意之王的最后一搏. 南方周末,2011-02-18)

第一节 决策的概念和特点

一、决策的概念

决策是人类社会一切活动的先导。人们在采取一项行动之前,总是要考虑和比较各种行动方案,然后才决定应当做什么和应当怎样做,这就是决策。小至个人和家庭,大至企业和国家都要作决策。例如,家里要购买哪个品牌的电视机;学生报考哪个学校,学什么专业;国家如何改革经济管理体制;企业如何提高服务质量等,都存在合理决策的问题。我们研究决策科学,要制定和执行正确的决策,使决策获得成功,就必须首先明确决策的概念,正确理解决策。

严谨地说,决策的定义应表述为:决策是指人们为实现既定的目标,借助一定的科学手段和方法,制定若干个可行方案,从中选择一个令人满意的方案并付诸实施的过程。从这个定义可以看出决策是为了实现既定的目标,借助调查、预测、实验、数学模型、管理信息系统(MIS)及决策支持系统(DSS)等科学方法与手段,制定并选择出令人满意的方案,选出的方案是要付诸实施的,决策是一个过程,不能把决策只看作选择方案中的"拍板"定案。

决策理论学派的代表人物赫伯特·A.西蒙认为:"为了理解决策的含义,就得将决策一词从广义上予以理解,这样,它和管理一词几近同义。"也就是说,在西蒙看来,决策实际上就是管理本身。这一观点流传甚广,颇有影响。

但是,过分地扩展决策的定义,甚至认为管理就是决策,也是不恰当的。如果把管理看作只是作决策,无疑会使管理的定义失之偏颇,既不便于对管理学的理论体系进行科学的分类,也无法将许多实际上属于管理的重要内容包括进来。例如,领导者利用他的个人权威(如性格、品德、价值观、威信等)对下级施加影响使之为组织目标做出积极贡献,就不是一个决策过程。反之,将决策都看作管理,又使得管理的含义过于宽泛。因为任何活动,无论是组织的还是个人的,都涉及选择和决策。然而,家庭主妇到超市去选购商品与一个公司的总经理决定公司的投资方向,无论如何是不能相提并论的。

决策是管理的一个重要因素。管理涉及计划、组织、领导和控制诸方面的活动。有效的管理固然要求正确的决策，但同时也要求必须做好大量的其他方面的工作。

二、决策的特点

科学的决策应当在科学、认真、实事求是分析的基础上，把握住事物变化的规律，从而做出合理、可行的决断。正确的决策具有以下特点。

(一)目标性

这是决策的出发点和归宿。决策是理性行动的基础，行动是决策的延续。无目标或目标不合理的行动是盲目的、错误的行动。任何决策都必须根据一定的目标来做出。没有目标，人们就难以拟定未来的活动方案，评价和比较这些方案也就没有了标准，对未来活动效果的检查就失去了依据。

(二)可行性

组织决策的目的是为了指导组织未来的活动。组织的任何活动都需要利用一定的资源。缺少必要的人力、物力、财力和技术条件的支持，理论上非常完善的决策方案也只会是空中楼阁。因此，决策方案的拟定和选择，不仅要考察采取某种行动的必要性，而且要注意实施条件的限制。组织决策应该在外部环境与内部条件结合研究和寻求动态平衡的基础上来制定。

(三)选择性

决策的实质是选择，没有选择就没有决策。而要能有所选择，就必须提供可以相互替代的多种方案。至少要有两个以上的可行方案，但只能采用其中一个。而如果只有一种方案，无选择的余地，也就无所谓决策。事实上，为了实现同一目标，总是存在多条途径的，而每一条途径在资源需求、可能结果及风险程度等方面均有所不同。因此，决策时不仅要提出多种备选方案，而且还要有选择的依据，即提供选择的标准和准则。从本质上说，决策目标与决策方案两者都是经由"选择"而确定的。为实现组织某一特定目标，必须从多个可行方案中通过分析、比较和判断进行选择。如果只有一个方案，则别无选择；或虽有多个备选方案，但无限制，可随意选取，也就无须分析、判断，这都不符合决策的要求。

(四)满意性

传统的决策理论中，是以决策标准最优化为准则的，如力图寻找最大的利润、最大的市场份额、最优的价格、最低的成本及最短的时间等。而现代决策理论认为，最优化决策是不可能实现的，它只是一种理想而已。因为，最优化决策需要具备三个条件，缺一不可：决策者了解与组织活动有关的全部信息；决策者能正确地辨识全部信息的有用性，了解其价值,并能据此制定出所有可能的、没有疏漏的行动方案;决策者能够准确地预料到每个方案在未来的执行结果。显然上述这些条件是不可能实现的,因为组织的一切环境对组织的现在和未来都会直接或间接地产生某种程度的影响,但决策者很难收集到反映这一切情况的信息。对于收集到的有限信息,决策者的利用能力也是有限的,从而决策者只能制定数量有限的方案。任何方案都要在未来实施,而人们对未来的认识是不全面的,对未来的影响也是有限的,从而决策时所预测的未来状况可能与未来的实际情况有出入。客观存在的上述状况决定了决策者难以做出最优决策,只能做出令人满意的决策。

(五)过程性

决策是一个过程,而非瞬间行动。决策的过程性可以从两个方面去考察:首先,组织决策不是一项决策,而是一系列决策的综合。通过决策,组织不仅要选择业务活动的内容和方向,还要决定如何具体地展开组织的业务活动,同时还要决定资源如何筹措,组织结构如何调整,人事如何安排等。只有当这一系列的具体决策已经制定、相互协调,并与组织目标相一致时,才能认为组织的决策已经形成。其次,这一系列决策中的每一项决策,包括明确问题、确定目标、收集资料、拟定备选方案、评价和选择方案以及决策方案的实施与反馈,这些步骤就构成了科学的决策过程。因此,决策是一个过程,即管理过程就是决策过程。

(六)动态性

决策是一个动态的、不断调整的、循环往复的过程。如在拟定方案时,可能会发现确定的某个目标过高,就要修订该目标;在选择方案时,可能发现拟定的备选方案有不足,需要补充新的方案;在方案的实施过程中,由于组织外部环境不断变化,通过信息反馈,可能发现方案的某个局部与环境不相适应,就要对方案进行局部调整等。因此,决策是个动态的过程,一个正确的决策往往不是一次完成的,决策过程是"决策—实施—再决策—再实施"这样一个不断调整的循环往复的过程,这就保证了决策过程科学地进行,把出现的问题解决在萌芽中,从而减少了决策出现巨大偏差的危险。

第二节 决策的类型

一、按决策是否具有重复性划分

(一)程序化决策

程序化决策是指对经常出现的例行公事所作的决策,也称为常规决策。程序化决策处理的主要是常规性、重复性的问题。处理这些问题的特点，就是要预先建立相应的制度、规则、程序等，当问题再次发生时，只需根据已有的规定加以处理即可。现实中有许多问题都是经常重复出现的，如职工请假、日常任务安排、常用物资的采购及"三包"产品质量问题的处理等，因为这些问题反复多次出现，人们可以制定出一套常规的处理办法和程序，按照规定的程序、处理方法和标准，每当这些问题出现时就可以按规定处理，不必每次重新作决策。

(二)非程序化决策

非程序化决策是指用来解决以往没有先例可依据的新问题的决策，也称为非常规决策。非程序化决策往往是有关组织重大战略问题的决策，如新产品开发、产品方向变更、企业规模扩大、市场开拓、重大人事变更和组织机构的重大调整等，主要由高层管理人员做出。由于非程序化决策要考虑企业内外环境的变化，所以，无法用常规的办法来处理，除采用定量分析外，决策者个人的经验、知识、洞察力及直觉、信念等主观因素，对决策有很大的影响。

二、按决策的重要程度划分

(一)战略决策

战略决策是指直接关系到组织生存发展的全局性、长远性问题的决策，例如，企业使命、目标的确定，企业发展战略与竞争策略、收购与兼并、产品转向、技术引进和技术改造等。战略决策多是复杂的、不确定性的决策，常常依赖于决策者的经验、直觉和判断力。其目的是谋求企业与外界变化着的环境达成动态平衡。战略决策主要重视组织的外部环境，如国家的有关政策、法令、长期规划、物质资源条件及市场环境等。总的来说，战略决策的正确与否，直接决定组织的发展方向和成败，战略决策一般由高层管理者做出。

(二)战术决策

战术决策是为了实现战略决策而做出的带有局部性的具体决策。如企业的生产计划、销售计划、财务计划的确定，产品开发方案、广告策略、新商品的定价以及机器设备的更新等，这类决策大多由中层管理人员做出。

(三)业务决策

业务决策是组织为了解决日常工作和业务活动中的问题而做出的决策，如生产进度安排、库存控制、工作定额的制定等。它比战术决策更具体，一般由基层管理者做出。

三、按决策影响时间的长短划分

(一)长期决策

长期决策是指有关组织今后发展方向的长远的、全局性的重大决策,又称战略决策,包括投资方向、生产规模的选择、新产品的开发、企业的技术改造、设备和新工艺方案的选择、生产过程的组织设计、市场开拓、厂址选择和生产布局及人力资源开发等问题的决策。

(二)短期决策

短期决策是为实现长期战略目标所采取的短期的策略手段,又称短期战术决策,如日常的营销决策、物资储备决策、生产过程的控制和采购资金的控制等。

四、按决策问题所处的条件划分

(一)确定型决策

确定型决策,是指可供选择的方案只有一种自然状态(是指决策问题未来发生的各种可能情况)时的决策,即一个方案只有一种确定的结果,只要比较各个方案的结果,就可以做出选择的决策。

(二)风险型决策

风险型决策是各种备选方案都存在着两种以上的自然状态,不能肯定哪种自然状态会发生,但可以确定各种自然状态发生的概率(对自然状态发生可能性大小的估计)的决策。

(三)不确定型决策

不确定型决策,是指各种备选方案都存在两种以上可能出现的自然状态,而且不能确定每种自然状态出现的概率的决策。这种决策,方案的最终选择主要取决于决策者的态度、经验及其所持的决策原则。

第三节 决策的过程

在决策的整个过程中,要解决三个方面的问题:需要做出怎样的决策?怎样来做出决策?所作决策的后果怎样?我们可以将解决上述三方面问题的过程归结为六个阶段,即明

第五章 决策

确问题、确定目标、收集资料、拟定备选方案、评价和选择方案和决策方案的实施与反馈。

一、明确问题

决策是为了解决一定问题所进行的管理活动,所以,决策必须围绕一定的问题来展开。问题(偏差)=应有现象-实际现象。管理者必须明确究竟面临什么样的问题,起因如何,它与其他各种因素之间存在着什么样的关系,管理者必须意识到偏差,必须将事情的现状和某些标准进行比较,当发现问题与要求之间存在的偏差已经达到不能令人满意的程度时,就有必要付出代价去消除或者缩小这一偏差,这就提出了需要做出某种决策的问题。

在提出问题的基础上,要对问题进行分析,以明确问题的性质。弄清楚是涉及组织全局的战略性问题还是局部问题;是属于非程序性问题,还是程序性问题。由此确定解决问题的决策层次,避免高层决策者被众多的一般性问题所缠绕而影响对重大问题的决策。

提出问题,并不是说决策者就只有坐等问题发生,等下级将发生的问题呈报在自己的面前。对决策者特别是高层决策者来说,清楚地认识到潜在的问题,对事物的发展做出超前的、正确的预计尤为重要。这就要求决策者必须主动地深入实际调查研究,及时发现新问题,明确问题进而解决问题,以保证组织的健康发展。

二、确定目标

所谓决策目标,就是一个组织通过决策及决策的实施所期望达到的未来状况和衡量状况的各种指标。没有目标,决策工作就没有方向;同样的决策问题,倘若决策目标不同,决策也会大不相同。实践证明,失败的决策,往往是由于决策目标不正确或不明确造成的。

确定决策目标时,还应当估计到是否有条件实现这个目标。为此,需要对实现决策目标的各方面的条件作全面、细致的分析。这里的条件,是指与决策目标有直接关系的各种环境条件。以企业生产经营决策为例,要分析市场状况、竞争对手状况、政府有关的方针政策和社会经济形势等,以及原材料、资金、技术力量及关键设备等资源条件,这些条件中,可以分为可控条件和不可控条件。可控条件必须基本具备,对不可控条件,也必须大致估计出其发展趋向和其对决策目标的影响程度,才能确定合适的决策目标。

三、收集资料

信息是决策的客观依据,在许多情况下,不能进行确定型决策主要是因为信息不完备。为了使决策不致失误,所搜集的信息必须系统、完整、全面。所谓系统,是指由历史到现状的全部信息;完整,是指搜集的所需信息不应有残缺,一旦出现残缺,应通过间接方法加以补充;全面,是指应具有决策范围内各方面的信息。获得系统、完整、全面的信息的方式,一是收集历史资料,二是调查现实资料,并加以分析和整理。为此,需要建立良好的信息系统，从事信息的收集、整理、筛选、传递，以保证决策不可缺少的有关信息。

四、拟定备选方案

为了解决问题，根据所确定的目标及有关信息资料，需要设计出多个可行的、供选择的方案。管理者必须努力挖掘各种可能的方案，以避免遗漏实现目标的最佳途径。原则上要求整体详尽性和相互排斥性相结合。整体详尽性，是指所拟定的各种备选方案，应尽可能多地包括能找到的方案，要从不同的角度和多种途径去拟定出各种可能方案，保证备选方案的多样性，在这一阶段，创新具有十分重要的意义；相互排斥性，是指在多个方案中只能选择一个方案，不能同时选用几个，即方案之间是互斥的。

拟定备选方案和选择方案往往无法截然分开。实际上，不是等把全部备选方案都找出后才进行一次选择，而是先拟定一批，初选淘汰一些，补充修改一些，再选择；如此反复进行，直到选出满意方案为止。

五、评价和选择方案

评价和选择方案是决策过程的关键阶段。行动方案的选择，是在分析、评价各备选方案执行后果的基础上进行的。决策是为了满足特定的需求，实现一定的决策目标，因此是否符合决策目标就是行动方案好坏的标准。对方案的分析可以从方案的可行性、满意性和综合影响几个方面进行。

方案的可行性就是要考察方案实现的可能性和现实性。例如，对于一个资金紧张的小企业而言，一个需要巨大投资的方案显然是不现实的。许多方案都会因为法律方面的限制、人、财、物资源等方面的限制而不具有可行性。对于通过可行性评估的方案，还要考察其实现目标的程度，也就是方案的满意性。例如某企业正在探索一条实现生产倍增的途径，方案之一是并购另外的一家工厂。仔细的测算表明购买该工厂只能使产量增加 45%，因而这个方案不能令人满意。即使是一个可行性和满意性兼备的方案，还必须对其可能产生的各种后果进行综合分析、考察与评价。这一方案对组织的其他部门会产生什么影响，这些影响又具有多大的代价，这些都是必须考虑的问题。例如，一个制药厂的扩建项目投产后可以增加工厂的收入，但是其废水的排放会造成附近农作物的大量减产等诸多的索赔问题，这样就必须对其进行综合评价，如果废水处理设备的投入和运行远远大于扩建后的收入，即使在可行性和满意性方面符合要求，这个方案也是不可接受的。经过上述评估过程，一些不符合要求的方案就会被淘汰，此时决策者必须从所剩下的若干方案中，选择一个令人满意的方案。

六、决策方案的实施与反馈

在方案选定后，要制定具体的实施措施，并使执行者了解和接受决策。将决策目标层

第五章 决策

层分解、层层落实，直到个人；明确责任、权力和利益，层层保证；通过控制系统，及时掌握实施进度和情况。在决策执行中，往往会发现决策有不够周密的地方，或者因客观情况的变化而出现不适应新情况的地方，这就需要及时把决策执行情况和变化了的客观情况反馈到决策系统，对决策方案作必要的修改或补充，或者重新做出决策，制定新的方案，使决策与环境的变化保持动态平衡。

【案例 5-1】决策要求不同意见

一个人如果不考虑可供选择的各种方案，他的思想就是闭塞的。卓有成效的决策者往往不求意见的一致，而十分喜欢听取不同的想法，这正好与一般教材中关于决策的原则截然相反。有效的决策绝非是在一片欢呼声中做出的。只有通过对立观点的交锋，不同看法的对话，以及从各种不同的判断标准中做出一种选择之后，管理者才能做出有效的决策。因此，决策的第一条规则就是：在没有不同意见之前，不要做出决策。

据说，艾尔弗雷德·斯隆曾在通用汽车公司高级管理层的一次会议上说："先生们，我想我们大家对这项决定都一致同意，是吗？"在场的人都点头表示同意。于是斯隆接着说："那么，我建议推迟到下次会议再对这项决定作进一步的讨论，以便我们有时间来提出不同的意见，并对与这项决定有关的各个方面有所了解。"事实证明，斯隆避免了一个错误的决策。斯隆作决策从来不靠"直觉"。他总是强调必须用事实来检验意见，并确实保证不要从结论开始再回头来找支持这一结论的事实。他知道，正确的决策要求有恰当的不同意见。美国历史上每一位政绩卓著的总统都有他自己的方法来得到做出有效决策所需的不同意见。美国国父华盛顿痛恨冲突和争吵并要求其内阁统一，但他为了在重大事件上获得必需的不同看法，就征求汉密尔顿和杰斐逊在这些问题上的看法。

(资料来源：德鲁克. 管理的实践. 北京：机械工业出版社，2006)

第四节 决策方法

随着决策理论和实践的不断发展，人们在决策中所采用的方法也不断地得到充实和完善。当前，经常使用的决策方法一般可分为两大类：一类是定性决策方法，另一类是定量决策方法。前者注重于决策者本人的直觉；后者则注重于决策问题各因素之间客观的数量关系。把决策方法分为两大类只是相对而言的，在具体使用中，两者不能截然分开，两者密切配合、相辅相成，已成为现代决策方法的一个发展趋势。

一、定性决策方法

定性决策方法，是依靠决策者个人或集体的学识、经验、分析和判断能力来进行决策的方法。

(一)直觉决策方法

如果你正在穿越马路，突然发现一辆汽车向自己驶来，你一定会立即决定是前进、停止或者后退；围棋高手在一瞬间准确判断形势；一个管理者的经验很丰富，对某一项决策所针对的问题很熟悉，那么他就可以跳过许多步骤，一下子直接想出满意的解决方案来，这些都是直觉决策。

直觉来源于经验的积累，是对事物的内在规律的深刻理解。直觉决策就是决策者通过长期的学习和实践，掌握了相当数量的知识、信息，一旦碰到有关问题时，决策者能在记忆里迅速检索，识别出所需知识和信息，常常直接得到答案。一般来说，在情况紧迫和缺乏可供推理的事实时，在非程序化决策和不确定型决策中，在高层战略决策和创造性决策中，直觉决策应用较多。直觉决策的次数越多，决策者的经验越丰富；直觉决策的效果越好，决策者的水平越高。

在进行定性决策时，决策者的理论水平、经验阅历、能力素质往往起决定作用。但是一个人的知识、经验与精力毕竟是有限的，因此，组织中有关重大问题的决策，常常采用集体决策的方法，即用某种组织或聘请一些专家来代替个人进行决策。

(二)集体决策方法

1. 头脑风暴法

头脑风暴法又称风暴式思考，是由被称为"风暴式思考之父"的奥斯本(A.F.Osborn)提出的，意思是通过专家们的相互交流，在头脑中进行智力碰撞，产生新的智力火花，使专家的讨论不断集中和升华。

头脑风暴法是吸收专家积极的创造性思维的活动。其原则如下。
(1) 严格限制问题范围，明确具体要求以便使注意力集中。
(2) 不能对别人的意见提出怀疑和批评，不管这种设想是否适当和可行。
(3) 发言要精练，不要详细论述。冗长的发言将有碍产生富有成效的创造性气氛。
(4) 不允许参加者用事先准备好的发言稿，提倡即席发言。
(5) 可以补充完善已有的建议。
(6) 创造一种自由的气氛，激发参加者的积极性。

头脑风暴法的目的在于创造一种自由奔放思考的环境，产生更多的创造性思维。一般参与者以5～10人为宜，时间一般为1～2小时，参加的人员中不一定都与讨论的问题专业一致，可以包括学识渊博、对讨论问题有所了解的其他领域的专家。

2. 德尔菲法

德尔菲法又称专家意见法，是一种向专家进行调查研究的专家集体判断，它是由美国兰德公司于20世纪50年代初发明的，最早用于预测，后来推广应用到决策中。德尔菲是阿波罗神殿所在地的希腊古城之名,传说阿波罗是太阳神和预言神,众神每年到德尔菲集会以预言未来,因而借用其名。这种方法的程序如下。

(1) 就决策内容写成若干条含义明确的问题,规定统一的评估方法。

(2) 根据情况,选择有关方面的专家数十人,将上述问题邮寄给他们,征求他们的意见。各专家互相之间不沟通,对专家的姓名要保密,避免因专家意见彼此不同而产生消极影响。

(3) 将专家的意见收集起来,对每一问题进行统计处理,找出答案中的中位数和分布情况。

(4) 将统计结果再反馈给专家,每个专家根据统计结果,考虑其他专家的意见,对自己的建议进行修改,但全部过程都需保密。

(5) 将修改过的意见再寄给专家。这样经过几次反复,取得比较一致的意见。

由此可见,德尔菲法也可称之为有控制的反馈法。采用这种方法要求征求意见的问题明确具体,问题不可过多,如实地反映专家意见,问题不能带有编拟者的主观倾向性。这种方法的好处在于:一方面被调查者彼此不见面,不了解真名实姓,避免相互之间产生消极影响;另一方面经过几次反馈,意见比较集中,便于决策者作决定。

3. 电子会议

电子会议是将专家会议法与现代计算机技术相结合的一种群体决策方法。它要求人数众多的人(可多达 50 人)围坐在一张马蹄形的桌子旁。这张桌子上除了一系列的计算机终端外别无他物。主办者将问题显示给决策参与者,决策参与者把自己的回答输到计算机屏幕上。个人评论和票数统计都投影在会议室内的屏幕上。

电子会议的主要优点是匿名、诚实和快速。决策参与者能不透露姓名地输出自己所要表达的任何信息,一按键盘即显示在屏幕上,使所有人都能看到。这种方法可以使人们充分地表达他们的想法而不会受到指责,避免了闲聊和讨论偏题,且不必担心打断别人的"讲话"。专家们声称电子会议比传统的面对面会议快一半以上。例如,菲尔普斯·道奇矿业公司采用此方法将原来需要几天的年计划会议缩短到 12 小时。但是,电子会议也有缺点。那些打字快的人使得那些口才好但打字慢的人相形见绌;再有,这一过程缺乏面对面的口头交流所传递的丰富信息。

(三)有关活动方向的决策方法

1. 经营单位组合分析法

这是由美国波士顿咨询公司为大企业确定和平衡其各项经营业务发展方向和资源分配而提出的战略决策方法。其前提假设是,大部分企业都经营有两项以上的业务,这些业务扩展、维持还是收缩,应该立足于企业全局的角度来加以确定,以便使各项经营业务能在现金需要和来源方面形成相互补充、相互促进的良性循环局面。

这种决策方法主张,在确定各经营业务发展方向的时候,企业应综合考虑到该项经营业务的市场增长情况以及企业在该市场上的相对竞争地位。相对竞争地位是通过企业在该项业务经营中所拥有的市场占有率与该市场上最大的竞争对手的市场占有率的比值(相对市场份额)来表示的，它决定了企业在该项业务经营中获得现金回笼的能力及速度，较高的市场占有率可以带来较大的销售量和销售利润额，从而能使企业得到较多的现金流量。而该项业务的市场增长情况则反映该项业务所属市场的吸引力，它主要用该市场领域最近两年平均的销售增长率来表示，并且将平均市场销售增长率在 10%以上的划定为高增长业务，10%以下的则为低增长业务。

根据业务增长率和企业相对竞争地位这两项标准，可以把企业所有的经营业务区分为四种类型，如图5-1所示。

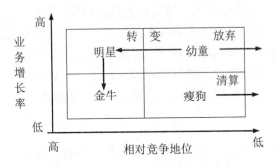

图 5-1　企业经营单位组合分析

(1) "金牛"业务。该类经营业务的特点是：企业拥有较高的市场占有率，相对竞争地位强，能从经营中获得高额利润和高额现金回笼，但该项业务的市场增长率低，前景并不好，因而不宜投入很多资金，盲目追求发展，而应该将其当前市场份额的维护和增加作为经营的主要方向。其目的是使"金牛"类业务成为企业发展其他业务的重要资金来源。

(2) "明星"业务。这类经营业务的业务增长率和企业相对竞争地位都较高，将来能给企业带来较高的利润，但同时也需企业增加投资，以便跟上总体市场的增长速度，巩固和提高其市场占有率。因而，"明星"业务的基本特点是：无论其所回笼的现金还是所需要的现金投入，数量都非常大，两者相抵后的现金流可能出现零或者负值状态。

(3) "幼童"业务。这类经营业务的市场增长率较高，但企业目前拥有的市场占有率相对较低，其原因很可能是企业刚进入该项相当有前途的经营领域。由于高增长速度要求大量的资金投入，但是较低的市场占有率又只能带来很少量的现金回笼，因此，企业需要将其他渠道获得的大量现金投入到该项"幼童"业务中，使其尽快扩大生产经营规模，提高市场份额。采取这种策略的目的，就是使"幼童"业务尽快转变成"明星"业务。但是如果决策者认为某些刚开发的业务并不可能转变成"明星"业务时，应及时采取放弃策略，因为这类业务如果勉强维持下去，企业可能要投入相当的资金，其投资量甚至还会超过它们提供的现金量，这样，企业就很容易出现现金的短缺。

(4)"瘦狗"业务。这是指市场销售增长率比较低,而企业在该市场上也不拥有相对有利的竞争地位的经营业务。由于销售前景和市场份额都不乐观,经营这类业务只能给企业带来极微小甚至负值的利润。对这种不景气的"瘦狗"类经营业务,企业应及时做出缩小规模或者清算、放弃的策略。

经营单位组合分析法之所以被认为是企业经营决策的一种有用工具,是因为它通过将企业所有的经营业务综合到一个平面矩阵图中,使决策者可以简单明了地看出现有业务中哪些是产生企业资源的单位,哪些是企业资源的最佳使用单位,依此可以判断企业经营中存在的主要问题及未来的发展方向和发展战略。比较理想的经营业务组合情况应该是:企业有较多的"明星"类和"金牛"类业务,同时有一定数量的"幼童"类业务和极少量的"瘦狗"类业务,这样企业在当前和未来都可以取得比较好的现金流量平衡。如果产生现金的业务少,而需要投资的业务过多,企业发展就易陷入资金不足的状况中;或者相反,企业目前并不拥有需要重点投入资金予以发展的业务,则企业就面临发展潜力不足的战略性问题。

根据企业现有所经营业务各自的特性和总体组合的情况,决策者可根据以下两条来确定经营和发展的战略:把"金牛"类业务作为企业近期利润和资金的主要来源加以保护,但不作为重点投资的对象;本着有选择和集中地运用企业有限资源的原则,将资金重点投放到将来有希望成为"明星"或"幼童"类的业务上,并根据情况有选择地抛弃"瘦狗"类业务和无望的"幼童"类业务。如果企业对经营的业务不加区分,采取"一刀切"的办法,规定同样的目标,按相同的比例分配资金,结果往往是对"金牛"和"瘦狗"类业务投入了过多的资金,而对企业未来生存发展真正依靠的"明星"和"幼童"类业务则投资不足,这样的决策,是没有战略眼光的。

2. 政策指导矩阵

该法由荷兰皇家壳牌公司创立。顾名思义,政策指导矩阵即用矩阵来指导决策。具体来说,就是从市场前景和相对竞争能力两个角度来分析企业各个经营单位的现状和特征,并把它们标示在矩阵上,据此指导企业活动方向的选择。市场前景取决于赢利能力、市场增长率、市场质量和法规限制等因素,分为吸引力强、中、弱三种;相对竞争能力取决于经营单位在市场上的地位、生产能力、产品研究和开发等因素,分为强、中、弱三种。根据上述对市场前景和相对竞争能力的划分,可把企业的经营单位分成9大类,如图5-2所示。

管理者可根据经营单位在矩阵中所处的位置来选择企业的活动方向。

处于区域1和区域4的经营单位竞争能力较强,市场前景也较好。应优先发展这些经营单位,确保它们获取足够的资源,以维持自身的有利市场地位。

处于区域2的经营单位虽然市场前景较好,但企业利用不够——这些经营单位的竞争能力不够强。应分配给这些经营单位更多的资源以提高其竞争能力。

处于区域3的经营单位市场前景虽好,但竞争能力弱。由于企业资源的有限性,要根据不同的情况来区别对待这些经营单位：最有前途的应得到迅速发展，其余的则需要逐步淘汰。

处于区域 5 的经营单位一般在市场上有 2~4 个强有力的竞争对手。应分配给这些经营单位足够的资源以使它们随着市场的发展而发展。

处于区域 6 和区域 8 的经营单位市场吸引力不强且竞争能力较弱，或虽有一定的竞争能力(企业对这些经营单位进行了投资并形成了一定的生产能力)但市场吸引力较弱。应缓慢放弃这些经营单位，以便把收回的资金投入到赢利能力更强的经营单位。

处于区域 7 的经营单位竞争能力较强但市场前景不容乐观。这些经营单位本身不应得到发展，但可利用它们的较强竞争能力为其他快速发展的经营单位提供资金支持。

处于区域 9 的经营单位市场前景黯淡且竞争能力较弱。应尽快放弃这些经营单位，把资金抽出来并转移到更有利的经营单位。

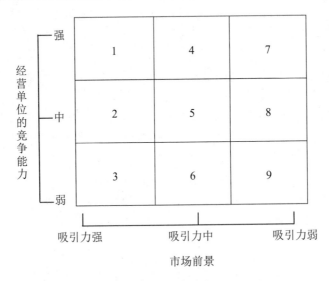

图 5-2　政策指导矩阵

二、定量决策方法

定量决策方法是建立在数学工具基础上的决策方法，它的核心是把决策变量与变量、变量与目标之间的关系用数学式表示出来，即建立数学模型。然后，根据决策条件，通过计算(复杂问题要用电子计算机)求得答案。这种办法特别适用于决策方案的比较、评价和选择。

(一)确定型决策方法

确定型决策是指决策的影响因素和结果都是明确的、肯定的。因此，对于此类问题一般可根据已知条件，直接计算出各个方案的损益值，通过比较，选出比较满意的方案。企业中有相当数量的决策问题属于此种情况，均可采用这种方法。

1. 单纯择优法

单纯择优法是根据已掌握的每一个备选方案的确切结果，直接进行比较，从中择优，确定满意方案的方法。例如，某服装厂拟向三个备选工厂购买质量相当的布料，单价分别为甲厂 35 元/米，乙厂 42 元/米，丙厂 50 元/米，则该服装厂应选购甲厂的布料，因为其价格最便宜。

2. 盈亏平衡分析法

盈亏平衡分析法又称为量本利分析法或保本分析法，用于研究生产、经营一种产品达到不盈不亏时的产量或收入决策问题。这个不盈也不亏的平衡点即为盈亏平衡点。显然，生产量低于这个产量时，则发生亏损；超过这个产量时，则获得盈利。如图 5-3 所示，随着产量的增加，总成本与销售额随之增加，当达到平衡点 A 时，总成本等于销售额，此时不盈也不亏，正对应此点的产量 Q 即为平衡点产量，销售额 R 即为平衡点销售额。同时，以 A 点为分界，形成亏损与盈利两个区域。此模型中的总成本是由固定成本和变动成本构成的。

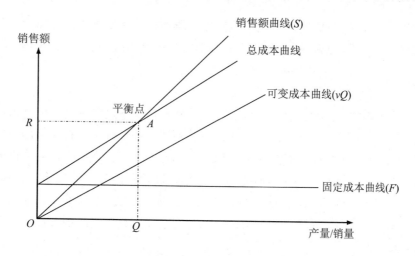

图 5-3　盈亏平衡分析法

根据图 5-3，假设 p 代表单位产品价格，Q 代表产量或销量，F 代表总固定成本，v 代表单位变动成本，π 代表总利润，c 代表单位产品贡献（$c=p-v$）。

(1) 求盈亏平衡点产量的计算公式。

　　企业不盈不亏时：$pQ=F+vQ$

　　盈亏平衡点的产量为 $Q=F/(p-v)=F/c$

(2) 求目标利润产量的计算公式。

　　设目标利润为 π，则 $pQ=F+vQ+\pi$

所以保目标利润π的产量为 $Q=(F+\pi)/(p-v)=(F+\pi)/c$

(3) 求利润的计算公式。

$$\pi=pQ-F-vQ=(p-v)Q-F$$

【例5-1】 某企业生产 A 产品,预计单位产品的价格为 6000 元,固定成本总额为 630 万元,单位产品变动成本为 3000 元。求:

(1) 盈亏平衡点。

(2) 企业欲获利 510 万元,应达到的产量和销售收入为多少?

(3) 若设计能力为 4000 台,那么,达到设计能力时,获利期望值为多少?

解:

(1) 盈亏平衡点:

$Q=F/(p-v)=630×10^4/(6000-3000)=2100$(台)

销售收入为 $S=2100×6000=1260$(万元)

(2) 若企业获利 510 万元,应达到的销售量 Q 为

$Q=(F+\pi)/(p-v)=(630+510)×10^4/(6000-3000)=3800$(台)

销售收入为 $S=3800×6000=2280$(万元)

(3) 若设计能力为 4000 台,那么,达到设计能力时,获利期望值为

$\pi=(p-v)Q-F=(6000-3000)×4000-630×10^4=570$(万元)

(二)风险型决策方法

在风险型决策中,决策者对未来可能出现何种自然状态不能确定,但其出现的概率可以大致估计出来。常用的风险型决策方法是决策树法,适于分析比较复杂的问题。决策树分析法是指将构成决策方案的有关因素,以树状图形的方式表现出来,并据以分析和选择决策方案的一种系统分析法。它以损益值为依据,比较不同方案的期望损益值(简称期望值),以此决定方案的取舍。此方法的最大特点是能够形象地显示出整个决策问题在不同时间和阶段上的决策过程,逻辑思维清晰,层次分明,非常直观。应用此法一般要经过以下三个步骤。

(1) 绘制决策树。

(2) 计算期望损益值。根据图中有关数据,计算不同备选方案在不同自然状态概率值下的期望损益值及其综合值,将综合值(期望损益综合值)填写在相应的方案枝末端的节点上方,表示该方案的经济效果。

(3) 剪枝决策。比较各方案的期望收益值,从中选择收益值最大的方案作为最佳方案,其余选择的方案枝一律剪掉,最终剩下一条方案枝,即决策方案。

【例5-2】 某公司计划未来 3 年生产某产品,需要确定产品批量。根据预测估计,这种产品的市场状况的概率是:畅销为 0.2,一般为 0.5,滞销为 0.3。现提出大、中、小三种批

量的生产方案，求取最大经济效益的方案，有关数据如表 5-1 所示。

表 5-1　某企业的有关资料　　　　　　　　　　　　　　单位：万元

产品批量	畅销(0.2)	一般(0.5)	滞销(0.3)
大批量	40	30	-10
中批量	30	20	8
小批量	20	18	14

第一步，绘制决策树。首先从左端决策点(用"□"表示)出发，按备选方案引出相应的方案枝(用"—"表示)，每条方案枝上注明所代表的方案；然后，每条方案枝到达一个方案的节点(用"○"表示)，再由各方案节点引出各个状态枝(也称概率枝，用"—"表示)，并在每个状态枝上注明状态内容及其概率；最后，在状态枝末端(用"△"表示)注明不同状态下的损益值，如图 5-4 所示。

第二步，计算期望损益值。根据决策树资料，计算如下。

大批量生产期望值=[40×0.2+30×0.5+(-10)×0.3]×3=60(万元)

中批量生产期望值=(30×0.2+20×0.5+8×0.3)×3=55.2(万元)

小批量生产期望值=(20×0.2+18×0.5+14×0.3)×3=51.6(万元)

第三步，剪枝决策。将各方案的期望值标在各个方案的节点上；然后比较各方案的期望值，从中选择期望值最大的作为最佳方案，并把最佳方案的期望值写在决策点方框的上边，同时剪去(用"∥"表示)其他方案枝。此例中，大批量生产期望值最大，所以选择该方案。

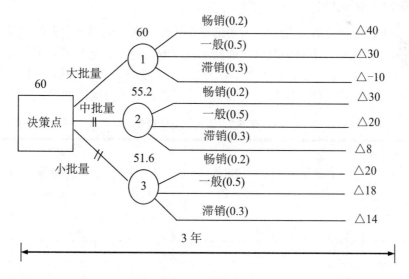

图 5-4　决策树图

(三)不确定型决策方法

不确定型决策是在对未来自然状态完全不能确定的情况下进行的。由于决策主要依靠决策者的经验、智慧和风格,便产生了不同的评选标准,因而形成了多种具体的决策方法。常用的不确定型决策方法有乐观法、悲观法和后悔值法。

【例 5-3】某公司计划生产一种新产品。该产品在市场上的需求量有四种可能:需求量较高、需求量一般、需求量较低、需求量很低。对每种情况出现的概率均无法预测。现有三种方案:A 方案是自己动手,改造原有设备;B 方案是全部更新,购进新设备;C 方案是购进关键设备,其余自己制造。该产品计划生产 5 年。据测算,各个方案在各种自然状态下 5 年内的预期损益如表 5-2 所示。

表 5-2　各方案损益表　　　　　　　　　　　　　　单位:万元

自然状态 损益值 方案	需求量较高	需求量一般	需求量较低	需求量很低
A 方案	70	50	30	20
B 方案	100	80	20	−20
C 方案	85	60	25	5

1. 乐观法(大中取大法)

这种决策方法是建立在决策者对未来形势估计非常乐观的基础之上的,即认为极有可能出现最好的自然状态,于是争取好中取好。具体方法是:先从每个方案中选择一个最大的收益值,即 A 方案 70 万元,B 方案 100 万元,C 方案 85 万元;然后,再从这些方案的最大收益中选择一个最大值,即 B 方案的 100 万元作为决策方案,如表 5-3 所示。

表 5-3　最大收益比较表　　　　　　　　　　　　　　单位:万元

自然状态 损益值 方案	需求量较高	需求量一般	需求量较低	需求量很低	最大收益值
A 方案	70	50	30	20	70
B 方案	100	80	20	−20	100
C 方案	85	60	25	5	85

2. 悲观法(小中取大法)

这种决策方法是建立在决策者对未来形势估计非常悲观的基础上的,故从最坏的结果中选最好的。其具体方法是：先从每个方案中选择一个最小的收益值,即 A 方案 20 万元；B 方案-20 万元，C 方案 5 万元；然后,从这些最小收益值中选取数值最大的方案(A 方案 20 万元)作为决策方案,如表 5-4 所示。

表5-4 最小收益比较表　　　　　　　　　　　　　　　　　　　单位：万元

自然状态 损益值 方案	需求量较高	需求量一般	需求量较低	需求量很低	最小收益值
A方案	70	50	30	20	20
B方案	100	80	20	-20	-20
C方案	85	60	25	5	5

3. 后悔值法(大中取小法)

这种决策方法的基本思想是如何使选定决策方案后可能出现的后悔达到最小,即蒙受的损失最小。每一自然状态下的最大收益值与该自然状态下每一方案的收益值之间的差额,叫作后悔值。这种决策方法的步骤是：先从每种自然状态下找出最大收益值,再用最大收益值减去该自然状态下每一方案的收益值,求得后悔值。然后,从各个方案后悔值中找出最大后悔值,并从中选择最大后悔值最小的方案作为决策方案。如表 5-5 所示,三个方案的最大后悔值分别为 30、40、20。因为 C 方案的最大后悔值最小(20),故选择该方案。

表5-5 最大后悔值比较表　　　　　　　　　　　　　　　　　　单位：万元

自然状态 后悔值 方案	需求量较高	需求量一般	需求量较低	需求量很低	最大后悔值
A方案	30 (100-70)	30 (80-50)	0 (30-30)	0 (20-20)	30
B方案	0 (100-100)	0 (80-80)	10 (30-20)	40 (20+20)	40
C方案	15 (100-85)	20 (80-60)	5 (30-25)	15 (20-5)	20

案 例 分 析

三鹿与强生

2008年9月，"毒奶粉"事件震惊全国，成千上万的消费者受到伤害，企业、股东、员工付出了沉重的代价，也让整个奶制品产业遭受了巨大的打击，甚至让我们整个国家为之蒙羞。这次事件的主角三鹿集团在整个事件发生过程中的表现令人扼腕。与之相对照，著名的强生公司当年也曾遭遇类似的危机。在遭遇危机时的不同应对方式决定了这两家公司迥然不同的命运。

一、三鹿"毒奶粉"

2008年9月9日，媒体报道"甘肃14名婴儿因食用三鹿奶粉同患肾结石"。短短两周内，"毒奶粉"事件迅速蔓延开来，全国因食用含三聚氰胺奶粉而住院的婴幼儿高达1万余人，官方确认四例患儿死亡。

三鹿集团位于河北省石家庄市，其奶粉销量连续11年位居全国第一。2008年9月11日，中国卫生部宣布，"高度怀疑石家庄三鹿集团股份有限公司生产的三鹿牌婴幼儿配方奶粉受到三聚氰胺污染"。按照石家庄市政府的说法，是不法分子在原奶收购过程中添加了三聚氰胺。然而没有多少人相信三鹿对此毫不知情。国务院调查组公布的信息显示，三鹿集团2007年12月即接到患儿家属投诉，但直到2008年3月才开始调查。这意味着，在接到投诉后的三个月时间里，三鹿明知奶粉中含三聚氰胺，还在继续生产和对外销售。

2008年9月16日，当地政府宣布免去三鹿集团党委书记、董事长及总经理田文华的职务，三鹿集团全面停产整顿。9月17日，因认定三鹿集团涉嫌生产、销售有毒、有害食品罪，带领这家企业前行21年的田文华被警方刑拘。这个中国奶业龙头企业的企业形象瞬间崩塌，目前要面对超过1万吨的奶粉退赔，以及1万多名患儿的巨额医疗费用。三鹿集团濒临破产。

二、强生"毒泰诺"

1982年9月29日和30日，在芝加哥地区发生了有人因服用强生公司主打产品"泰诺"中毒死亡的事故。消息传开后，在美国引起一片恐慌。强生公司并没有掩盖事实，而是一方面同警方合作，展开对事件的调查，另一方面在全国范围内回收了数百万瓶"泰诺"，同时花费50万美元向那些可能与此有关的内科医生、医院和经销商发出警报。经过对800万片药剂的检验，发现所有受污染的药片只源于一批药，总共不超过75片。最终的死亡人数只有7人，且仅限于芝加哥地区。

最后的调查结果显示，是有人故意在"泰诺"胶囊里投放了氰化物，而强生公司是无辜的。此事件的发生给强生公司造成了上亿美元的损失，但由于公司成功的善后处理而赢

第五章 决策

得了消费者和社会舆论的同情。在事故发生后的仅 5 个月，该公司就夺回了该药原来所占市场的 70%，并在两年后重新夺回市场老大的位置。

《华尔街日报》报道说："强生公司选择了一种自己承担巨大损失而使他人免受伤害的做法。如果昧着良心干，强生将会遇到很大的麻烦。"强生公司有一个"做最坏打算的危机管理方案"。该计划的重点是首先考虑公众和消费者利益，这一信条最终挽救了强生公司的信誉。

【问题】

有哪些因素决定了三鹿和强生这两家公司面对类似的危机而采取完全不同的做法？

(资料来源：杨文士，焦叔斌，张雁，等. 管理学. 3 版. 北京：中国人民大学出版社，2009)

阅 读 资 料

危机来袭，联想如何破解

联想集团成立于 1984 年，是一家以研究、开发、生产和销售自有品牌的计算机系统及其相关产品为主，在信息产业领域内多元化发展的大型企业。联想集团于 1994 年在香港联合交易所挂牌上市，联想集团有限公司的市值达到约 500 亿港币，位居香港股市十大上市公司之列。

在技术竞争日趋激烈的今天，联想集团积极调整发展策略，提出了"打破应用瓶颈，促进信息产业发展"的口号。1998 年，联想与中国科学院计算技术研究所共建联想中央研究院，加大前瞻性技术研究；并通过进军软件产业，提高技术附加值，联想集团提出了面向 Internet 的新战略，全面进军数字化领域；全面发展信息服务业，积极开拓宽带网络业务。2000 年 4 月，联想集团主动应变，进行大规模业务重组。从原来的以事业部为核心的体制向以子公司为核心的体制转变，形成两大子公司，分别为：向客户提供全面的 Internet 的接入端产品、信息服务的联想电脑公司和为客户提供电子商务为核心的局端产品及全面系统集成方案为主的联想神州数码有限公司。2004 年 3 月，联想加入了国际奥委会的 TOP 计划，成为国际奥委会 2005—2008 年的计算机技术设备的合作伙伴。同年 12 月联想宣布收购 IBM 全球台式电脑及笔记本电脑业务，收购在 2005 年第二季度完成。

联想集团是以技术密集型为主的高技术产业集团，它集中了中科院数百名科技专家和青年知识分子，在联想员工中大专以上学历占 82%，其中工程师占 40%，高级工程师占 15%。11 年来，联想集团累计完成科研项目 400 余项，其中 62 项获国际国家和部级奖励，产生直接经济效益达数十亿元。在创业初期，联想以研制"汉卡"为突破口，成功解决了"西文汉化"难题，确立了科技领先地位，实现了企业第一次腾飞。针对日益发展的国内计算机市场，联想集团从 1988 年开始致力于自制微机的研究与开发，推出了性能价格比极优的联想微机,被评为国家科技进步一等奖。中国第一台486微机、第一台586奔腾机、第一台686奔月,都诞生在联想集团,作为中国最大的计算机厂商,联想集团当之无愧地成为民族工业的代表。

2008年联想自成立以来首次亏损,联想如何应对呢?

杨元庆做CEO是必需的。柳传志复出的意义与价值被放大了。"如果杨元庆不做CEO,联想的局面很可能难以收拾。杨元庆划桨,柳传志掌舵,柳杨配是最佳组合,联想问题的最终解决靠的是杨元庆,而不是柳传志。"《计算机世界》资讯总经理曲晓东认为。踏足国际化的这四年,杨元庆寄望以"兼容"戴尔的方式改造IBM,成就联想,期间阵痛不止。目前的联想似已陷入僵局,一方面,尽管早已毅然地"去IBM化",但并未在跨国经营过程中真正建立起"国际公司"的光荣与尊严;另一方面,虽以凌厉之势硬性导入戴尔"要素",也未能在这场触及"灵魂"的体系建造、文化重构中树立起"超越本土"的精神与气质。

勇敢者的"游戏"

这四年,联想怀抱强烈的憧憬与愿望立志成为超越"中国化"的"国际公司"。其中,最为显著的例证即是力图通过密集"空降"戴尔高管的做法,"复制"戴尔模式,彻底改造、提升联想国际的供应链与物流体系。供应链重建、文化融合是联想当下最直接的挑战与考验。前者是外露于表的"现象",后者是潜存其里的"本质"。

"IBM靠的是技术、品牌、资本优势,IBM的效率低下,供应链系统混乱而复杂。"曲晓东透露,联想的信息系统里,全国PC市场销售情况的汇总是以小时为"单位",但是IBM基于全球范围内PC市场的销售汇总信息是以月度为"计量"。据此,不难理解,联想在国际化之后,期望借助戴尔的人力团队与文化力量重构"联想国际"之供应链。然而其中纠缠着"剪不断、理还乱"的文化融合之难。"把IBM的供应链切换为联想国际,再用戴尔模式去重构,这就有点像飞机在飞行途中更换发动机,难度之大、风险之巨可见一斑。"曲晓东说。

"阿梅里奥(联想前总裁兼CEO)对供应链的偏执,依托的是戴尔自身的文化基础与体系支撑,这些要素在联想并不完全具备。看上去很美的戴尔模式,很可能与联想的心愿背道而驰。"联想内部人士说,"这两年联想全球供应链是在优化,但没有变革。联想全球供应链还需要更大的手术。"

2009年1月8日,联想集团宣布重组的消息,即联想亚太区与联想大中华区、俄罗斯区合并为一个"亚太及俄罗斯区"。重组后,联想由原来全球四个大区的架构变为亚太兼俄罗斯区、美洲区、欧洲中东和非洲区三个,联想亚太和俄罗斯区总裁陈绍鹏执掌的亚太兼俄罗斯区的业务比重将达到总收入的55%,成为联想集团最重要的收入和利润市场。"以前是想借助戴尔模式在全球范围内实现供应链重构,现在是通过逐步递进的方式,用本土的模式去影响海外,以小胜换大胜,以空间换时间。"曲晓东分析。

2009年以来,伴随着组织结构的调整,联想的供应链系统也在进行一场低调的区域整

第五章 决策

合,即将把 AP(亚太区)纳入到原来的 GCR(大中华区和俄罗斯区),现在叫 APR(亚太区和俄罗斯区)。目前,供应链的区域整合尚处于磨合期。

文化的杂糅与纠缠

联想另一个棘手难题是文化融合。联想文化已经面目恍惚。一位跟随柳传志多年的"联想系"经理人如此表达自己的感受:"IBM、戴尔、联想文化的杂糅与纠缠,是一个可以要命的问题,期待着柳总凭借个人威望妥善解决这个敏感问题。"应该承认,文化整合上,联想迈过了第一道坎儿,即与 IBM 做出了妥善的"切割"。联想并购 IBM 达成之初,一次董事会上,柳传志发表过一个非常沉重的讲话。他说,毛巾挤水、成本管理是联想的核心竞争力之一,"我必须对股东负责,所以在花钱上必须严格控制。这些事情要处理好,如果处理不好,美国人会觉得你目光短浅,只知道省钱。"后来,IBM 方面还是剥离了部分高企的成本。

柳传志曾和联想集团第一任 CEO 沃德有过一次谈话:"业务要做好,还是要奉行说到做到的企业文化,否则,很多事情很难展开。"重组、整合前期,联想"说到做到"的品质发挥了有效作用。联想员工在接受任务时,只要搞清楚了目标和责任,以及边界条件支持,即无折扣地执行。而 IBM 的员工答应得痛快,但遇到环境情况变化,指标就开始修正,任务落实也不尽如人意。

导出 IBM、导入戴尔,其后成为联想新的选择。"导入戴尔文化具有一定的合理性,戴尔代表着一种商业模式的创新与成功,是业界的风向和标准。"曲晓东说。从此以后,联想文化进入混沌期。"刘军事件"标志着"戴尔元素"在联想进入"强悍"期。2006 年 8 月 31 日,阿梅里奥以一种既狠又绝的方式将时任联想集团高级副总裁的刘军"请"出局,转而"祭"来戴尔的"空降兵"接掌联想全球供应链。2007 年 10 月,刘军回归,出任联想集团高级副总裁兼新成立的消费集团总裁。为了舒缓刘与阿梅里奥的"矛盾",杨元庆曾极力主张——刘军直接向董事长汇报,不必向阿梅里奥汇报。作为 CEO 的阿梅里奥坚决不认可这样的安排,为此和杨元庆有过几次冲突与争执。杨元庆、阿梅里奥的矛盾在后期愈益显现,相反,在联想集团内部,阿梅里奥多次表达他对柳传志的由衷敬意,甚至还用了"敬畏"这样的词汇。

2006 年至今,原本掌控关键业务的一些老联想人纷纷离去,既有业绩原因,也有公司政治的因素。联想在国际化的征途中,不自觉地丧失了原本最具样板意义的比较优势,同时又没有将"国际公司"的企业文化彻底而有效地兼容并蓄,消化吸纳。众所周知,柳传志向来对"人"的因素非常看重,为了保证"成分多元"的高管之间的坦诚沟通与有机协调。每个季度都会开专门的会议,进行关于跨文化交流的讨论与分析,高层非常希望通过这种方式打破沟通障碍与误解。

"联想国际化进程注定是一个艰难的过程。首先,联想对 IBM PC 业务的兼并,是弱势企业对强势企业的兼并,文化整合难度相当大。其次,中国国家品牌本身比较弱,由弱势形象的国家输出的品牌，是很难在强势市场占据主导地位的，至少品牌成长是一个漫长的过程。当然，现在联想国际化遭遇很大困难，和国际经济大环境有很大关系，毕竟，经济危机来了。"业内专家刘步尘分析道。归总来看，联想在国际化过程中，暴露出两大问题：一是海外交付的效率低下，二是文化融合艰辛。这是联想最头疼的两个问题。通过开发一个紧密集成的供应链，戴尔可以运用互联网及时、精准地向客户提供定制化的产品，联想一直在努力，渴望通过学习戴尔来提升竞争力，但是成效不彰。

2009年也许注定是联想历史上不太平静的一年。新年的钟声还未走远，联想系列重组方案已经在1月8日迫不及待地出台，这样的"开年"似乎并没有雷倒业界。毕竟从2008年年底开始，关于联想的传闻就已经满天飞，各类负面的消息不仅被媒体放大，在员工间也弥漫了不少悲观情绪，很多高管将离职的传闻最早也来自公司内部。"前两天我主动报名参加集团内的海外志愿者项目，准备承担一些亚太区的工作，公司内就有人说我要升职了，其实我本人也没有机会跟员工解释，最近类似的消息很多。"2008年12月30日晚，联想高级副总裁、大中华及俄罗斯区总裁陈绍鹏还向记者否认了其职位的变化，陈在联想工作15年，从普通销售做起，开拓西南、西北和华南区的业务，业绩增长快速。在2009年1月8日，陈绍鹏管辖版图扩大，从大中华及俄罗斯区扩大到亚太区。

两洋高管为最差业绩下课

也许2008年走得过于匆忙，奥运的强心针好像还没有注入，联想的好时光就已告一段落。如今，虽然想给市场传递更多积极应对的信号，但联想重组信息披露进行得相当低调，没有安排例行的新闻发布会，甚至以往重大消息发布后的高管采访也在发布前夜临时决定取消。

"今天的变革与调整将决定我们的未来。对于我们来说，这是联想面对今天的困难做出的积极选择……"在联想中国高管给员工的内部邮件中，强调的是新管理团队会给联想带来更多的希望。为了安全过冬，在联想2009年1月8日发布的重组文件中，最重要的是联想集团将原本独立运营的大中华及俄罗斯区与亚太区合并为一个大区，称之为亚太和俄罗斯区(APR)，而这部分业务的总负责人由陈绍鹏担任，其升职的传言也算被部分证实。由于中国区市场的优秀表现，陈绍鹏管辖版图扩大，亚太区的业绩约占联想全球业绩的13%，亚太区仍是联想当下收入最小的地区。因此，原本从戴尔挖来的亚太总裁麦大伟被勒令下课，而2007年从微软挖来、领导美洲大区销售的集团高级副总裁兼美洲区总裁Scott Di Valerio也将同时离开联想。除此外，联想还准备全球裁减包括经理级、高管约2500个岗位，留下的高管在2009年期间薪酬与福利也会降低30%～50%。

"在中国区来看，这个调整比我们预想的要小，其实走的两位高管也都是洋人，与我们关系不大。"在联想中国区员工眼中，这两位外来的"和尚"被取代的主要原因就是这两个地区的业绩表现不佳，"无论是新产品的推行、毛利率的把控还是区域战略的执行都不到位。"2008年三季财报发布时，联想集团董事会主席杨元庆就曾表达过自己对以上市场的不

第五章 决策

满。"联想需要为投资者,更重要的是为他们自己做些事情。联想未能在美国等主要的消费者市场扩大份额令人失望,也暴露出了内在的问题。"摩根大通分析师郭晓说。

一直以来,联想内部多种不同公司、不同背景高管的文化整合被视为其国际化征程的重要问题。原来留下的IBM美国人、从戴尔挖来的CEO阿梅里奥带来的戴尔人、日本大和实验室研发团队的日本人加上与不同国家当地人的磨合有很多问题,联想在最高层和区域高管间布置的熟悉联想业务流程的人水平参差不齐,而可以派往他国的中国本土高管明显不足,这也是造成有些地区战略执行不到位、业绩增长缓慢的原因所在。当然亚太、美国高管的下课也足以表明杨元庆要下狠心治理落后的区域,购并后引入的新高管不同程度地存在水土不服问题。为解决此类问题,北京奥运会刚结束,陈绍鹏和其他三位中国高管就被派往美国哈佛商学院短期学习了语言和管理。

新财年还将困难

2009年,也许是联想国际化征程最为困难的时刻,欧美市场因为金融危机导致低迷,加上联想的海内外新品推出速度不及惠普、戴尔、宏基,而新年开始,除了公司重组削减成本外,还没有其他利好消息出来。联想当下面对的是前所未有的、影响到所有人的经济挑战。不久前,IDC已经降低了对整个IT行业的预测,调低约10%,这也表明,严峻的形势将在2009年整个一年继续影响整个PC产业。由此,可以想象,2009年4月1日开始的联想新财年还将是杨元庆的艰难一年。

此次针对未来一年的重组计划不是联想公司酝酿的第一次,当然也不可能是最后一次,但与2005年并购后第一次重组比,本次规模堪称最大。自从2005年收购IBM个人电脑业务以来,联想集团就进行了一系列重大调整。联想预计,在2008财年第四财季(2009年1—3月)还将发生1.5亿美元的重组成本,这将使联想的成本压力进一步增大。"今天我们采取的举措并不容易,我们将对公司里那些受到影响的同事表示关爱和尊重。今天的消息对联想所有员工来说都显得沉重,但我们相信公司今天采取的举措对于联想在当下的经济环境中竞争是必要的。从长期来看,也将帮助我们更好地为全球客户提供卓越的产品和服务。"联想集团总裁兼首席执行官威廉·阿梅里奥表示。

2008年12月,联想和巴西电脑软硬件制造商Positivo Informatica SA终止了有关一桩可能的22亿巴西雷亚尔(约合4.65亿美元)合并案的谈判,当时联想希望以此获得所需的分销渠道,扩展海外市场。"尽管全球经济放缓,联想仍然会对那些有助增长的潜在收购张开怀抱。"威廉·阿梅里奥言之凿凿。除了海外征程受阻,造成联想前景不太明朗的主要原因是中国市场也存在同海外一样的强劲对手,惠普与戴尔对中国市场的争夺也日益激烈。按发货量计算,2008年第三季度惠普在中国市场的占有率从2007年同期的10.4%上升到11.6%,戴尔的占有率从7.3%上升至9.3%。而IDC表示,同期联想的市场份额也有所增加,但只是从2007年第三季度的29.1%微增至29.4%。"惠普今年在中国要覆盖到2000个县,辐射到乡,虽然压缩成本是永远要做的事情,不能停。"惠普信息产品集团总经理张永利说。

显然，随着全球个人电脑需求放缓，其他个人电脑厂家也在采取措施提高效率。过去一年，戴尔公司裁减了大约9000名员工，这是该公司一项节省30亿美元年支出长期计划的一部分。戴尔公司不久前表示，按照以产品而非地域划分公司的计划，也有两名高管将离开公司。

(资料来源：陈西川，杜贺亮，孙东坡. 危机来袭，联想如何破解(节选). 管理学经典案例. 北京：知识产权出版社，2010)

本 章 小 结

决策是指人们为实现既定的目标，借助一定的科学手段和方法，制定若干个可行方案，从中选择一个令人满意的方案并付诸实施的过程。正确的决策具有以下特点：目标性、可行性、选择性、满意性、过程性和动态性。

决策的类型按决策是否具有重复性可划分为程序化决策和非程序化决策；按决策的重要程度可划分为战略决策、战术决策和业务决策；按决策影响时间的长短可划分为长期决策和短期决策；按决策问题所处的条件可划分为确定型决策、风险型决策和不确定型决策。

决策的过程分为六个阶段，即明确问题、确定目标、收集资料、拟定备选方案、评价和选择方案、决策方案的实施与反馈。决策方法包括定性决策方法和定量决策方法。定性决策方法有直觉决策法、集体决策方法(包括头脑风暴法、德尔菲法)和有关活动方向的决策方法(包括经营单位组合分析法、政策指导矩阵)；定量决策方法有确定型决策方法(包括单纯择优法、盈亏平衡分析法)、风险型决策方法(包括决策树法)、不确定型决策方法(包括乐观法、悲观法和后悔值法)。

自 测 题

一、单项选择题

1. 决策的标准遵循(　　)原则。
   A. 最优化　　　　　　　　　　B. 满意性
   C. 目的性　　　　　　　　　　D. 可行性
2. 政策指导矩阵就是用矩阵来指导决策，是由(　　)创立的。
   A. 美国波士顿咨询公司　　　　B. 西方电气公司
   C. 荷兰皇家—壳牌公司　　　　D. 马克斯·韦伯
3. 头脑风暴法选择专家的人数为(　　)。
   A. 5～10人　　B. 10～25人　　C. 30～50人　　D. 50人以上

第五章 决策

4. 德尔菲法又称专家意见法,是一种向专家进行调查研究的专家集体判断,它是由美国兰德公司于20世纪50年代初发明的,最早用于( )。
   A. 控制　　　　B. 决策　　　C. 领导　　　　D. 预测
5. 正确决策具有( )特点,这是决策的出发点和归宿。
   A. 目标性　　　B. 可行性　　C. 选择性　　　D. 满意性

二、多项选择题

1. 决策的特性有( )。
   A. 目标性和可行性　　　　B. 选择性　　　　C. 满意性
   D. 过程性　　　　　　　　E. 动态性
2. 按决策的重要程度划分,决策可分为( )。
   A. 程序化决策　　　　　　B. 战略决策　　　C. 战术决策
   D. 长期决策　　　　　　　E. 短期决策
3. 集体决策方法有( )。
   A. 头脑风暴法　　　　　　B. 直觉决策法　　C. 经营单位组合分析法
   D. 德尔菲法　　　　　　　E. 单纯择优法
4. 根据业务增长率和企业相对竞争地位这两项标准,可以把企业所有的经营业务区分为四种类型,即( )。
   A. 金牛　　　B. 明星　　　C. 幼童　　　D. 瘦狗　　　E. 棕熊
5. 按决策问题所处的条件划分,决策可划分为( )。
   A. 确定型决策　　　　　　B. 风险型决策　　C. 不确定型决策
   D. 战略决策　　　　　　　E. 战术决策

三、判断题

1. 确定型决策最基本的特征是事件的各种自然状态是完全肯定而明确的。（　）
2. 具有匿名和多次反馈特征的决策方法是头脑风暴法。（　）
3. 组织准备所需的人力、物力、财力等资源的决策属于战略决策。（　）
4. 决策不仅是一个过程,而且是一个动态的、不断调整的、循环往复的过程。（　）
5. 决策的实质是选择,没有选择就没有决策。（　）

四、简答题

1. 简述决策的分类。
2. 何谓确定型决策?风险型决策和不确定型决策有何区别?
3. 使用决策树的步骤有哪些?
4. 如何利用经营单位组合分析法进行决策?
5. 简述决策的过程。

五、计算题

某公司准备生产某种新产品,可选择两个方案:一是引进一条生产线,需投资 500 万元。建成后如果销路好,每年可获利 150 万元;如果销路差,每年要亏损 30 万元。二是对原有设备进行技术改造,需投资 300 万元。如果销路好,每年可获利 60 万元;如果销路差,每年可获利 30 万元。两方案的使用期限均为 10 年,根据市场预测,产品销路好的概率为 0.6,销路差的概率为 0.4,应该如何利用决策树法进行决策?

六、论述题

1. 试述决策的特点。
2. 试述决策者难以做出最优决策,只能做出令人满意的决策。
3. 试述决策与管理的联系与区别。

第三篇　组 织 职 能

第六章　组 织 设 计

【学习要点及目标】

通过本章的学习，明确组织职能的含义和特点；领会组织结构的含义和组织设计的原则，理解管理幅度与管理层次的关系；掌握部门划分的方法以及组织结构的基本类型。

【关键概念】

组织职能　组织结构　组织设计　管理幅度　管理层次　部门化

【引导案例】

思科创新与运营的成功之道

在众多企业中，思科公司很好地平衡了创新和运营的关系，使企业既获得了丰厚的当前利益，又拥有了长远发展的动力。其秘诀是二元的组织结构及相应的运行机制，在这种模式下，正所谓"攻守兼备"，两全其美。ETG(Emerging Technology Group)是思科公司内部的一个特殊组织，其主要任务是进行颠覆性新创意的开发，并在思科研发部享有独特的规章程序，负责公司最高端的工程项目，直接向CEO汇报。ETG还建立了一套独特的内部评审流程，可用于确认、评估、培育新创意，然后将其应用于实际或放弃使用。

正是在"二元组织"的理论指引下，ETG取得了令人瞩目的成绩，2007—2009年，其销售额增长了近9倍，识别出9个颠覆性的机遇，其中3个已经大获成功，估值都超过10亿美元。2010年年初，ETG还完成了网真系统的培育，整合至思科的主流业务，如今已成为公司发展最快的产品之一。

(资料来源：黄金萍. 基亚微软：两个失意之王的最后一搏. 南方周末，2011-02-18)

第一节　组织职能概述

一、组织职能的含义

　　管理学中的"组织"有名词和动词两层含义。作为名词，主要指作为实体本身的组织，它是人们进行合作活动的必要条件，一般泛指各种各样的社会组织，如事业单位、企业、机关、学校及医院等。美国的切斯特·巴纳德认为，由于生理的、心理的、物质的、社会的限制，人们为了达到个人的和共同的目标，就必须合作，于是形成群体，即组织。本书第一章所阐述的"组织"，指的就是一般意义的组织。作为动词，意指管理的组织职能。组织职能是指为有效实现组织目标，建立组织结构，配备人员，使组织协调运行的一系列活动。在组织目标已经确定的情况下，将实现组织目标所必须进行的各项业务活动加以分类组合，根据管理幅度原理，划分出不同的管理层次和部门，并配备人员，将监督各类活动所必需的职权授予各层次、各部门的管理者，以及规定这些层次和部门之间的相互配合关系。

　　管理的组织职能，主要包括以下工作内容。

　　(1) 组织结构的设计和变革。为了实现组织的目标，组织内部就必然要进行分工与合作。如何合理地设计和调整组织结构，建立分工合理、协作关系明确的组织模式，并使得组织的分工协作体系能够始终适应组织的发展，是组织保证不同时期的组织目标都能够得以实现所要解决的基础问题。

　　(2) 人员的合理配置和使用。建立组织结构的目的是为了使组织成员能协调地开展工作，共同为组织实现目标而奋斗。因此，组织结构的建立是实现目标的一种手段，只有在明确分工协作的基础上，通过人员的合理配置和使用，充分发挥组织中每一个成员的才能，获得专业化的优势，才能最大限度地发挥群体的力量，更好地实现组织目标。因此，人员的合理配置和使用也是一项重要的组织工作内容。

　　(3) 权力的分配和关系的协调。分工以后，为了使人们能履行其职责，就要赋予其完成该项工作所必需的权力；同时，为了保证各部门之间、各项工作之间的协调，就要对各项工作的责任和相互之间的权力关系进行协调。只有这样，才能保证各项工作的顺利进行，最终保证组织目标的实现。因此，组织工作也包括权力的分配和权力关系的协调。

二、组织职能的两类基本特征

　　人们可以从各种不同的角度来认识一个具体的组织。用结构性特征和背景性特征这两类基本特征或基本维度来描述一个组织的做法颇具代表性。结构性特征描述了一个组织的内部特征，这类特征使得我们能够对不同的组织加以衡量和比较；背景性特征是对组织的整体性描述，这类特征是形成和影响结构性特征的组织框架。要理解、认识或评价一个组织，就必须同时从结构性特征和背景性特征这两个方面来加以考察。这些特征彼此之间存在着紧密的交互作用，人们可以通过调节这些特征以实现组织的目标。

(一)结构性特征

结构性特征包括正规化、专门化、标准化、职权层级、复杂性、集权化、专业化和人员构成这八个方面。

(1) 正规化。正规化反映了一个组织中的规章、制度、程序等正式的书面文件的多寡程度。这些书面文件规定了组织的各种行为和活动。一个组织正规化程度的高低可以从其所拥有的正式文件的数目判断出来。

(2) 专门化。专门化反映了一个组织专业化分工的程度。专门化程度越高，员工的工作内容便越窄。

(3) 标准化。标准化指的是相似的活动以统一的方式实施的程度。

(4) 职权层级。职权层级描述了人们之间的报告指挥关系以及每一管理者的控制幅度。这一层级的形状与控制幅度之间存在着反向变化的关系。控制幅度越大，职权层级就越扁平；反之则会越高。

(5) 复杂性。复杂性反映了组织中存在的活动或子系统的多少。复杂性可以从横向、纵向和区域三个方面来加以考察。纵向复杂性反映了组织构造中的层次数目；横向复杂性指的是组织的水平方向上职位或部门的数目；区域复杂性反映了组织在地理区域上的分布情况。

(6) 集权化。集权化反映了决策权在组织职权层级上的分布情况。当决策权保持在最高层级时，组织就是集权化的；若决策权被授予较低的组织层次，则可以认为该组织是分权化的。

(7) 专业化。专业化反映了组织成员所具有的正式的教育和训练程度。若雇员为了履行组织中的职位必须拥有较长时间的训练，就认为该组织的专业化程度较高。专业化程度一般可以用雇员的平均受教育年限来加以衡量。

(8) 人员构成。人员构成反映了组织中的人员在不同的职能和部门间的配置情况，如管理人员的比例、行政人员的比例、专业人员的比例等。

(二)背景性特征

背景性特征包括组织的规模、组织技术、环境、目标与战略以及文化这五个方面。

(1) 规模。规模是以组织中的人数来反映的组织的大小程度。这一指标既可以用来衡量一个组织，也可以用来衡量组织的一个构成部分，如一个分厂或一个事业部等。之所以用人数来衡量一个组织的规模，主要是从组织是一个社会系统这一角度来考虑的。尽管其他一些指标如销售额、资产等在一定程度上也能反映出规模，但却看不出作为一个社会系统的主要构成要素的人的情况。

(2) 技术。组织技术指的是组织的生产子系统的性质，它包括了组织将输入转化为输出所采取的措施和手段。

(3) 环境。环境包括了组织的边界之外的所有要素。行业、政府、客户、供应商等是环境中的一些最主要的要素。对一个组织影响最大的环境要素常常是其他的组织。

(4) 目标和战略。组织的目标和战略规定了一个组织区别于其他组织的宗旨和竞争的手段。目标反映了一个组织追求要到达的终点。战略则是为了实现组织的目标以及因应环境变化而就资源分配和所需活动而拟定的行动计划。组织的目标和战略规定了组织的活动范围以及与雇员、顾客和供应商之间的关系。

(5) 组织文化。组织的文化是雇员共同拥有的基本价值观、信念、观点和信条等的集合。这些东西影响着人们的伦理行为，影响着组织对雇员的态度、组织效率以及顾客服务，它是使组织中的成员结合为一体的黏合剂。

这里所讨论的关于组织的13个特征彼此之间存在着紧密的关联。例如，在稳定的环境下采用常规的技术经营的大型组织通常会表现出较高的正规化、专门化和集权化特征。有了这些特征指标，我们便能够对一个组织进行相当详尽和深入的分析。对于组织进行的任何变革都必然地会从这些特征指标中反映出来。

第二节 组织结构的设计

一、组织结构的含义

组织结构是组织内的全体成员为实现组织目标，在管理工作中进行分工协作，通过职务、职责、职权及相互关系构成的结构体系。组织结构的本质是成员间的分工协作关系。组织结构的内涵是人们的职、责、权关系，因此，组织结构又可称为权责结构。

组织结构具体包括以下内容。

(一)职能结构

职能结构即完成组织目标所需的各项业务工作及其比例和关系。如一个企业有生产、技术、销售、人事及财务等不同的业务职能，各项工作任务都为实现企业的总体目标服务，但各部分的权责关系却不同。

(二)层次结构

层次结构即各管理层次的构成，又称为组织的纵向结构。例如，公司机构的纵向层次大致可分为董事会—总经理—各职能部门，而各部门下边又设基层部门，基层部门下边又设立班组，这样就形成了一个自上而下的纵向的组织结构层次。

(三)部门结构

部门结构即各管理或业务部门的构成，又称组织的横向结构，如企业设置生产部、技术部、营销部、财务部和人事部等职能部门。

(四)职权结构

职权结构即各层次、各部门在权力和责任方面的分工及相互关系，如董事会负责决策，经理负责执行与指挥，各层次、部门之间的协作关系，监督与被监督关系等。

二、组织结构设计的含义和基本内容

组织结构设计是指对一个组织的结构进行规划、构建、创新和变革，以便从组织上确保组织目标的有效实现。组织设计是对组织活动和组织结构的设计过程，是一种把任务、责任、权力和利益进行有效组合和协调的活动。其目的是协调组织中人与事、人与人的关系，最大限度地发挥人的积极性，提高工作绩效，更好地实现组织目标。

组织设计的基本内容，包括职务设计(通过编制职务说明书的形式来实现)、部门设计、层次设计、责权分配和整合协调(把组织的纵向结构和横向结构整合起来，形成有效的整合协调机制)。

三、组织结构设计的原则

(一)专业化分工原则

专业化分工是组织设计的基本原则。亚当·斯密提出的分工理论告诉我们，分工可以提高效率。分工是指将整体功能划分为若干类别的功能单位，分别由相应的人专门从事一项或少数几项功能，使得个人专项技能得以强化和组织整体绩效得以提高。分工原则表明，一个人不必什么技能都去掌握，而只需掌握一项或少数几项技能并使之达到相当熟练的程度，这样在一定分工的基础上加强合作，就可以极大地提高企业经营绩效。根据现代管理科学奠基者之一——美国学者泰勒的观点，专业化分工的原则不仅适用于生产劳动领域，而且适用于管理劳动领域。管理劳动的专业化分工，不仅有助于提高管理者的管理效率，而且有助于对需要履行不同职能的专职管理人员的培养。管理，一方面是分工的产物，分工使得管理成为一项专门的职业；另一方面又是分工的必要条件，光有分工没有有效的管理，各项功能就不可能得以有效地融合为功能统一体，就产生不了 1+1>2 的效果。

(二)统一指挥原则

统一指挥是指每个下属应当而且只能向一个上级主管直接负责，没有人应该向两个或者更多的上级汇报工作，否则，这样的下属人员就可能面对来自多个主管的冲突要求或优先处理要求，使下属人员无所适从，引起管理的混乱和效率的低下。指挥统一原则，其一是一个下属只能接受一个上级的指挥，其二是一个下属只能向一个上级汇报工作。统一指挥原则对于保证组织目标的实现和绩效的提高有很大的作用。只有在组织设计的过程中关注这条原则，才有可能保证有效地统一和协调各方面的力量、各部门的活动。

(三)管理幅度原则

管理幅度就是指一个上级管理者能够直接有效地管理下属的人数。由于任何管理者的时间和精力都是有限的，他的管理能力也因知识、经验、个性及年龄等不同而不同。不同的管理者有不同的管理幅度，因此，在组织结构的设计上，尤其是在组织纵向管理层次的划分时，不存在一成不变的、对于任何组织和任何管理者都普遍适用的模式。应根据不同管理者的具体情况，结合工作的性质以及被管理者的素质来确定适用于本组织和特定管理者的管理幅度，既做到能够保证统一指挥，又要便于组织内信息的沟通。

(四)权责对等原则

权责对等原则表现为职权和职责必须相等。职责与职权必须协调一致，要履行一定的职责，就应该有相应的职权。只有职责，没有职权，或权限太小，则其职责承担者的积极性、主动性必然会受到束缚，实际上也不可能承担起应有的责任；相反，只有职权而无任何责任，或者责任程度小于职权，将会导致滥用权力和"瞎指挥"，产生官僚主义等。

(五)柔性经济原则

所谓组织的柔性，是指组织的各个部门、每个人员都可以根据组织内外环境的变化而进行灵活调整和变动。组织的结构应当保持一定的柔性以减小组织变革所造成的冲击和震荡。组织的经济，是指组织的管理层次与幅度、人员结构以及部门工作流程必须设计合理，以达到管理的高效率。组织的柔性与经济是相辅相成的，一个柔性的组织必须符合经济的原则，而一个经济的组织又必须使组织保持柔性。只有这样，才能保证组织机构既精简又高效，避免形式主义和官僚主义作风的滋长和蔓延。

四、组织结构设计的成果

组织结构设计的成果表现为组织结构图、职位说明书和组织手册。

(1) 组织结构图。组织结构图又称组织树，它用图形的方式表示组织内的职权关系和主要职能。组织结构图的垂直形态，显示权力和责任的关联体系，其水平形态则显示分工与部门化的分组现象。

(2) 职位说明书。包括工作的名称、主要的职能、职责、执行此责任的职权和此职位与组织其他职位的关系，以及与外界人员的关系。例如，某医院主管人员的职位说明如下。

① 职位名称：医院院长。

② 主要任务：院长在上级卫生局和卫生局局长监督下处理本院所有医疗业务和医院发展事务，为本医院内部执行任务的首长。

③ 工作关系：对上关系——直属卫生局，向卫生局长负责；对下关系——统率医院医疗、财务及其所属人员。院长也是医院的决策人，有的还有任用人员的职权。

(3) 组织手册。通常是职位说明书与组织结构图的综合，它表示直线部门的职权与职责，每一职位的主要职能及其职权、职责，以及主要职位之间的相互关系。

第三节　管理幅度和管理层次

一、管理幅度

(一)管理幅度的概念

当生产力十分低下、社会分工极其简单的时候，基本的生产劳动就是个体的，管理和生产统一在一个人的身上。随着生产力的发展，人们的活动也复杂起来，劳动的方式逐渐由个体向群体发展，一项工作往往需要由几个人一起做，并有分工协作，这就出现了管理者和被管理者。一开始，管理者与被管理者的关系比较简单，管理者领导较多的人。但随着生产力的发展、科技的进步以及经济的增长，组织规模越来越大，管理者与被管理者的关系也越来越复杂，管理者要花费大量的时间和精力来处理这些错综复杂的关系，而管理者的能力、精力和时间又都是有限度的。因此，管理者要想有效地管理下属，就必须考虑究竟能直接管理多少下属的问题，即管理幅度问题。

管理幅度又称为管理跨度或管理宽度，是指一位管理者能够有效地监督、指挥直接下属的人数。例如，经理能够直接有效领导几名副经理，车间主任能够领导多少班组长。管理幅度是划分组织纵向管理层次的理论基础。一般来说，管理层次与管理幅度成反比例关系，管理幅度大管理层次少，管理幅度小则管理层次多。

那么管理幅度多大为好呢？对于这个问题长期以来有许多学者和企业家进行了大量研究工作。哈罗德·孔茨、海因茨·韦里克在《管理学》中说："管理学的学者已经发现，对高层管理人员来说，通常是4～8人，而对较低层的管理人员，则为8～15人。例如，英国著名的顾问林德尔·厄韦克发现，对所有的上级管理人员来说，理想的下属是 4 人，而在组织的最低层次，下属人员的责任是要完成任务而不是管理他人，这时人数可以是 8～12

人。另有人认为,一位管理人员可以管理多到15～30个下属。在由美国的管理协会对100家大公司的调查中,向总裁汇报工作的人数从1人到24人不等,只有26位总裁拥有6人或不到6人的下属,中间数字为9人。在被调查的41家小公司中,25位总裁有7个以上的下属,最常见的人数是8人。""很明显看出管理有方的各公司之间的管理跨度也有很大的差别。"由此可见,在现代管理实践中,很难给管理幅度确定一个固定的数值而使之普遍化。

法国管理顾问格兰丘纳斯(V.A.Graicunas)在1933年首次发表的一篇论文中,分析了上下级之间可能存在的关系,并提出一个用来计算在任何管理幅度下,可能存在的人际关系的数学公式,该公式为

$$N = n(2^{n-1} + n - 1)$$

式中,N为管理者需要协调的人际关系数;n为管理幅度。

例如,假定一个管理者M,有两个下属A和B。一种直接的单一关系可能发生于M与A之间和M与B之间;但是也有这样的时候,M和A谈话而B在场,或者和B谈话而A在场,这样可能就会有两种直接的组合关系。此外,交叉关系可能存在于A和B之间,表现为A找B和B找A,这三类关系加到一起,就存在了六种可能的上下级关系。当下属增加到3人时,管理者需要协调的人际关系数则增加到18,以此类推,越来越大。当下属人数达到100人时,上面公式中的N便成为一个非常大的数字,如表6-1所示。

从表6-1中可以看出,当n呈算术级数增加时,上级需要协调的人际关系数会呈几何级数增加。这说明管理较多下属的复杂性,因此管理者在增加下属人数前一定要三思而后行。

任何管理者所管理的下属人数必定有个数量限制,因为任何人的知识、经验、能力和精力等都是有限度的,管理幅度不能够无限度增加,也不可能有一个被普遍接受的、有效的管理幅度标准。确定管理幅度最有效的办法是随机制宜,即依据影响管理幅度的因素而定。

表6-1 N 随 n 的变化

n	N	n	N
1	1	5	100
2	6	6	222
3	18	7	490
4	44	8	1080

(二)影响管理幅度的因素

1. 工作能力

管理者的综合能力、理解能力、表达能力强,可以迅速地把握问题的关键,对下属的请示提出适当的指导建议,并使下属明确地理解,从而可以减少应对下属请示所花费的时

间。同样，如果下属具备所需要的能力，受过良好的系统的培训，则可以在很多问题上根据自己符合组织要求的主见去解决，从而可以减少向上级请示、占用上级时间的频率。这样，管理的幅度便可以适当宽些。

2. 工作内容和性质

(1) 管理者所处的管理层次。管理者的工作在于决策和用人。处在管理系统中不同层次的管理者，决策和用人的比重各不相同。决策的工作量越大，管理者用于指导、协调下属的时间就越少。而越接近组织高层，管理者的决策职能越重要，所以高层管理者的管理幅度较中层和基层管理者小。

(2) 下属工作的相似性。下属从事的工作内容和性质相近，管理者对每个人工作的指导和建议也大体相同。在这种情况下，同一管理者对较多下属的指挥和监督是不会有什么困难的。

(3) 计划的完善程度。下属如果单纯地执行计划，且计划本身制定得详尽周到，下属对计划的目的和要求明确，那么管理者对下属指导所需的时间就不多，管理幅度就可以大一些；相反，如果下属不仅要执行计划，而且要对计划进一步了解，或计划本身不完善，那么管理者对下属指导、解释的工作量就会相应增加，管理幅度就应该小一些。

(4) 非管理事务多少。管理者作为组织不同层次的代表，往往必须用相当一部分时间去处理一些非管理事务。这种因素对管理幅度也会产生一定的影响。

3. 工作条件

(1) 助手的配备情况。如果与下属有关的所有问题都要管理者亲自处理，那么必然要花费他大量的时间，他能直接领导的下属人数也会受到限制。如果管理者配备了必要的助手，由助手和下属进行一般的联络，并直接处理一些次要问题，则可以大大减少管理者的工作量，就可增加其管理幅度。

(2) 信息手段的配备情况。掌握信息是进行管理的前提，利用先进的技术去收集、处理和了解下属的工作情况，不仅可以及时地提出忠告和建议，而且可使下属更多地了解与自己工作有关的信息，从而能更自如、自主地处理分内的事务。这显然有利于扩大管理者的管理幅度。

(3) 工作地点的相近性。不同下属的工作岗位在地理上分散会增加下属与管理人员以及下属之间的沟通困难，从而会影响管理者下属的人数。

4. 工作环境

组织环境稳定与否会影响组织活动的内容和政策的调整频度与管理幅度。环境变化越快，变化程度越大，组织中遇到的新问题越多，下属向上级的请示就越有必要、越经常。由于管理者必须花更多的时间去关注环境的变化，考虑应变的措施，因而管理者用于指导下属工作的时间和精力就越少，所以环境越不稳定，各层管理者的管理幅度越受到限制。

上面列举的并非是影响管理幅度的全部因素。但对有限的这几个因素的分析已足以表明，必须根据影响管理幅度的因素来确定适当的管理幅度。

二、管理层次

管理层次是指管理系统划分的等级数。管理层次与管理幅度有关，当一个组织的最高管理者直接管理的人员数量超过了管理幅度，就必须增加一个管理层次，这样，可以通过委派工作给下一级管理者而减轻上层管理者的负担。如此下去，就形成了有层次的结构。但是，上层管理者在减轻部分工作负担的同时，也增加了他监督下一层次管理者和协调下一层次管理者之间关系的工作量，而且监督和协调也需要时间和精力。因此，增加管理层次节约出来的时间，一定要大于用于监督、协调工作的时间，这是衡量增加一个管理层次是否合理的重要标准。

管理层次与管理幅度成反比例关系，即管理幅度大，管理层次少；管理幅度小，管理层次多。这样，按照组织层次与管理幅度的反比关系就形成了两种结构：扁平式组织结构和锥形式组织结构。所谓扁平结构，就是管理层次少而管理幅度大的结构；而锥形式结构的情况则相反。

扁平式组织结构的优点是：由于管理的层次比较少，信息的沟通和传递速度比较快，信息失真度比较低；同时，上级管理者对下属的控制也不会太呆板，这有利于发挥下属人员的积极性和创造性。其缺点是：过大的管理幅度增加了管理者对下属的监督和协调的难度，同时，下属也缺少了更多的提升机会。

锥形式组织结构的优点是：由于管理的层次比较多，管理幅度比较小，每一管理层次的管理者都能对下属进行及时的指导和控制；另外，层次之间的关系也比较紧密，这有利于工作任务的衔接，同时也为下属提供了更多的提升机会。其缺点是：过多的管理层次往往会影响信息的传递速度，信息失真度可能会比较大，这又会增加高层管理者与基层之间的沟通和协调成本，增加管理工作的复杂性。

第四节　部　门　划　分

组织的横向结构，是当组织的任务分解成具体的、可执行的各类工作以后，将这些工作进行科学组合，就形成了部门，亦即部门划分。部门是指组织中管理者为完成规定的任务有权管辖的一个特殊的领域。部门化是指将工作和人员组合成可以管理的单位，来完成某种特定的任务。划分部门的目的是为了明确职权和责任归属，以求分工合理，职责分明，有利于各部门根据不同的工作性质采取不同的政策，加强每个部门内部的沟通与交流。正如法约尔所指出的，它是"为了用同样多的努力生产出更多、更好的产品的一种分工"。

一、划分部门的原则

(一)部门力求维持最少

建立组织机构的目的不是供人欣赏，而是为了有效地实现组织目标。因此，部门的划分要避免追求组织结构中的各级平衡，避免形成以连续性和对等性为特征的刻板结构，组织结构要求精简，部门必须力求最少。

(二)组织结构应具有弹性

组织中的部门应随业务的需要而增减，其增设、合并或撤销应随组织目标任务的变化而定。通过设立临时工作部门或工作组来解决临时出现的问题也是一种弹性结构。

(三)确保组织目标的实现

组织结构是由管理层次、部门结合而成的。组织结构要求精简，部门必须力求最少，但这是以有效地实现组织目标为前提的。因此，不能为精简而精简。企业的主要职能是生产、营销及财务管理等，此类职能必须由相应的部门来完成，且各部门的工作量应平衡，避免忙闲不均。

(四)检查部门与业务部门分设

考核、检查部门的人员不应隶属于被检查的部门，以避免检查人员"偏心"，这样才能真正发挥检查部门的作用。

二、划分部门的方法

(一)人数部门化

人数部门化是完全按人数的多少来划分部门，这是一种非常古老的划分方法。这种划分部门的方法是抽出一定数量的人在管理者的指挥下去执行一定的任务。

(二)时间部门化

时间部门化适用于组织的基层，这是在正常的工作日不能满足工作需要时所采用的一种划分部门的方法。例如，企业按早、中、晚三班编制进行生产。

(三)职能部门化

职能部门化是以组织的主要经营职能为基础设立部门，凡属同一性质的工作都置于同一部门，由该部门负责该项职能的执行。如企业中设置的生产、营销、财务和人力资源等部门就是按职能划分的。职能部门化有利于提高管理的专业化程度，有利于提高管理人员的技术水平和管理水平。但是，由于各部门长期只从事某种专业管理，易导致所谓的"隧道视野"现象，也不利于高级管理人才的培养。

(四) 工艺部门化

工艺部门化是以工作程序为基础组合各项活动，从而划分部门的一种方法。例如，在机械制造企业，通常按照毛坯、机械加工、装配的工艺顺序分别设立部门。这种划分方式，在生产工艺复杂、要求严格的情况下是必要的，有利于加强专业工艺管理，提高工艺水平。

(五) 产品部门化

产品部门化是按产品划分部门，就是把某种产品或产品系列的设计、制造、销售等管理工作划归一个部门负责。这种划分在多品种生产经营的大中型企业是十分必要的，它有利于充分利用管理者的专业知识和技能，有利于组织专业化生产和经营，有利于扩大销售和改善售后服务工作。国外大中型企业中的产品事业部，就是典型的按产品划分的部门。

(六) 区域部门化

区域部门化是根据地理因素设立部门，把不同地区的经营业务和职责划归不同部门全权负责。对于一个地域分布较广或经营业务涉及区域较广的组织来说，按地区划分部门是必要的。因为不同地区的政治经济形势、文化科学技术水平、用户对产品的要求及购买习惯等都有很大的差别。按地区划分部门，有利于各部门因地制宜地制定政策、进行决策，提高管理的适应性和有效性，有利于培养独当一面的管理人才。我国管理组织中的地区性分公司、办事处，国外企业组织中的地区事业部等，都是按地区划分的部门。

(七) 顾客部门化

顾客部门化是以被服务的顾客为基础来划分部门，这种划分主要适用于销售部门。不同的顾客对产品及其服务的要求往往有比较明显的差别，为了更好地为顾客服务，促进商品销售，对顾客面较广的企业，可以按顾客的不同类型分别设立不同的销售部门，如商店内设儿童用品部、妇女用品部、机关团体服务部等。

一个组织究竟采用何种方法划分部门，应视具体情况而定，而且这些划分方法往往是结合采用的。如职能或参谋机构一般都按职能划分，生产部门可按工艺或产品划分，销售部门则可根据实际需要按地区或客户划分。

第五节 组织结构的类型

一、直线制组织结构

直线制组织结构是最早、最简单的一种组织结构形式。它是由最高管理者到基层工作人员自上而下形成垂直的领导隶属关系,没有职能机构,如同直线,故称直线制组织结构。

直线制组织结构的优点是:①机构简单,沟通迅速;②权力集中,指挥统一;③垂直联系,责任明确。其缺点是没有职能机构,管理者负担过重,而且难以满足多种能力要求。因此,直线制组织结构只适用于小型组织,但它的垂直领导的特点为现代组织的组织结构形式奠定了基础。直线制组织结构形式如图 6-1 所示。

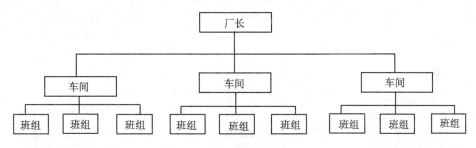

图 6-1 直线制组织结构

二、职能制组织结构

职能制组织结构是指设立若干职能机构或人员,各职能机构或人员在自己的业务范围内都有权向下级下达命令和指示,即各级负责人除了要服从上级直接领导的指挥以外,还要受上级各职能机构或人员的领导。职能制组织结构形式如图 6-2 所示。

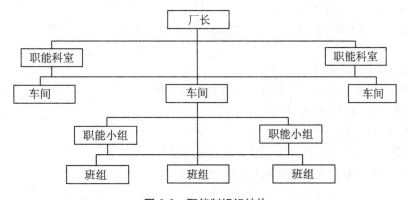

图 6-2 职能制组织结构

职能制组织结构的优点是管理分工较细，利于工作深入，便于充分发挥职能机构的专业管理功能。但这种组织形式的缺点是容易出现多头领导，政出多门，破坏了统一指挥原则。事实上，职能制组织结构也只是表明了一种强调职能管理专业化的意图，无法在现实中真正实行。

三、直线职能制组织结构

直线职能制组织结构又称直线参谋职能制组织结构或生产区域制组织结构，它吸取了直线制和职能制的长处，也避免了它们的短处。它是把直线指挥的统一化思想和职能分工的专业化思想结合起来，在组织中设置纵向的直线指挥系统的基础上，再设置横向的职能管理系统而建立的复合模式。这种组织形式以直线指挥系统为主体，同时发挥职能部门的参谋作用。职能部门对下级部门无权直接指挥，只起业务指导作用，其在直线人员授权下可行使职能权。直线职能制组织结构是各类组织中最常用的一种。直线职能制组织结构形式如图6-3所示。

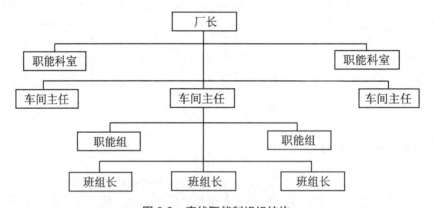

图6-3 直线职能制组织结构

直线职能制组织结构的优点：
① 它把直线制和职能制的优点结合起来了，既能保持集中领导、统一指挥，又能发挥职能部门各种专家的作用；
② 职责分明，工作效率较高；
③ 工作秩序井井有条，整个组织有较高的稳定性。

直线职能制组织结构的缺点：
① 下级缺乏必要的自主权；
② 各职能部门之间联系不紧，易于脱节或难以协调；
③ 直线人员与参谋人员的关系有时难以协调。

四、事业部制组织结构

事业部制也叫联邦分权化，它是一种分权制的组织形式，是指在公司总部下增设一层独立经营的"事业部"，实行公司统一政策，事业部独立经营的一种体制。

事业部制组织结构首创于 20 世纪 20 年代的美国通用汽车公司。事业部不是按职能而是按组织所经营的事业项目划分的，可按产品、地区、业务范围划分事业部，这些事业部是具有经营自主权的专业化生产经营单位。事业部是分权化组织单位，它分割了一定的直线指挥权限，每个事业部都有自己的生产、销售、研究、人事及财务等部门，有进行采购、生产、销售的自主权。每一个事业部是一个利润责任中心，有自己独立的市场，在总公司领导下，实行独立经营，独立核算，自负盈亏。公司总部则掌握人事决策、财务控制等大政方针和长期计划的安排。事业部制组织结构形式主要适用于规模大、有不同市场面的多产品(服务)或者所处地理位置分散的现代大企业。事业部制组织结构形式如图 6-4 所示。

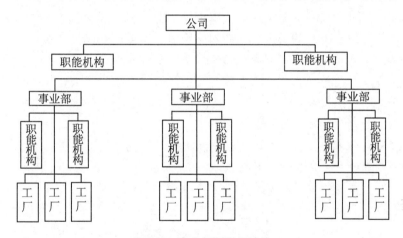

图 6-4　事业部制组织结构

事业部制组织结构形式的优点：

① 对产品的生产和销售实行统一管理，自主经营，独立核算，有利于发挥各事业部的积极性、主动性，特别是能更好地适应市场；

② 有利于最高层管理者摆脱日常事务，集中精力去考虑宏观战略；

③ 有利于锻炼和培养综合管理人员。

事业部制组织结构形式的缺点：

① 存在着分权所带来的一些不足，如本位主义、指挥不灵，企业整体性差；

② 职能机构重复设置，管理人员增多等；

③ 要求管理者必须具备很高的管理素质，否则会造成事业部管理的困难。

【案例6-1】海尔集团组织结构的变革

20世纪80年代,海尔同其他企业一样,实行的是"工厂制"。随着企业做大做强,业务不断发展,其组织结构经历了从直线职能型结构到矩阵型结构再到市场链结构的三次大变迁。

第一阶段是"直线职能型"组织管理。直线职能型结构就像一个金字塔,下面是最普通的员工,最上面是厂长、总经理,它的好处就是比较容易控制终端。直线职能在企业小的时候,"一竿子到底",反应非常快,但企业大了这样就不行了,最大的弱点就是对市场反应太慢。

第二阶段是进入产品多元化战略阶段以后,实行"矩阵型"管理、事业部的管理。横坐标是职能部门,如财务、计划、供应等,纵坐标是项目,如洗衣机、空调等项目。以项目为中心,很多项目可同时展开。对职能部门来讲,横、纵坐标相互的连接点就是要抓的工作。这种组织形式在企业发展多元化的阶段可以比较迅速地动员所有的力量来推进新项目。

海尔1996年开始实行事业部制。这是在组织领导方式上由集权向分权制转化的一种改革,最初首创于20世纪20年代美国通用公司和杜邦公司。事业部制高度分权,对市场销售具有有效的刺激。但是,这种个体户式的拼杀,会造成各专业部之间的盲目竞争,不利于集团内部重点使用力量,去支持有发展前途的产业。因此,海尔对分权大小有自己的考虑。对"夕阳型"的产品尽可能分权划小经营单位,让其随行就市;对"朝阳型"的产业,则要集中人力、财力,做大规模,确保竞争力。

经过第二阶段的调整,海尔集团的组织结构可以描述为:海尔的集团总部是决策的发源地,管辖一些职能中心,下边是事业部。事业部是一个利润中心,是市场竞争的主体。

第三阶段是"市场链"管理模式。1999年8月,为适应国际化发展,海尔对企业内部组织机构进行了重大调整,成立了物流、商流、资金流三个推进本部以及海外推进本部。

物流与商流是把原来各事业部的职能部门剥离出来。物流使海尔实现在全球范围内采购零部件和原材料,为全球生产线配送物资,为销售中心配送成品,降低了成本,提高了产品的竞争力;商流通过整合资源降低费用,提高效益;资金流保证资金流转顺畅。海尔本部物流、商流、资金流的建立,使整个企业管理与国际接轨。三流推动,是海尔创业以来组织结构调整幅度最大的一次,这种模式已列入欧盟高等学院的管理案例。

在企业的运作方式上,海尔集团采取"联合舰队"的运行机制。集团总部作为"旗舰",以"计划经济"的方式协调下属企业。下属企业在集团内部是事业本部,对外则是独立法人,独立进入市场经营,发展"市场经济",但在企业文化、人事调配、项目投资、财务预决算、技术开发、质量认证及管理、市场网络及服务等方面须听从集团的统一协调。用海尔人人都熟悉的话说,各公司可以"各自为战",但不能"各自为政"。张瑞敏说:"集团所要求的,你必须执行,有问题我来负责、我来订正。你可以提出建议,但绝不许阳奉阴违"。

在论述海尔组织结构的变迁时，海尔的领导人强调了"有序的非平衡结构"。整个组织结构的变化源自组织创新的观点，就是企业要建立一个有序的非平衡结构。一个企业如果是有序的平衡结构，这个企业就是稳定的，是没有活力的。但如果一个企业是无序的非平衡结构，肯定就是混乱的。在建立一个新的平衡时就要打破原来的平衡，在非平衡时再建立一个平衡。

(资料来源：杨孝伟，赵应文.管理学——原理、方法与案例.武汉：武汉大学出版社，2004)

五、矩阵制组织结构

矩阵制组织结构，又称规划—目标结构，它由纵横两套管理系统叠加在一起组成一个矩阵，其中纵向系统是按照职能划分的指挥系统，横向系统一般是按产品、工程项目或服务组成的管理系统。

这种形式的组织结构最初出现在 20 世纪 50 年代末，是在组织结构上既有按职能划分的垂直领导系统，又有按项目划分的横向领导系统的结构。为了完成某一项目，从各职能部门中抽调有关专业人员组成项目组，配备项目经理来领导他们的工作，这些被抽调来的人员，在行政关系上仍旧归属于原所在的职能部门，但在工作过程中同时要接受项目经理的指挥，因此他实际上拥有两个上级。项目组任务完成以后，便宣告解散，其成员回到原所在部门。有了新的任务，再抽调人员组成新的项目组。矩阵制组织结构形式主要适用于变动性大的组织或临时性工作项目。矩阵制组织结构如图 6-5 所示。

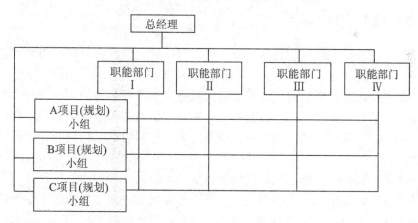

图 6-5　矩阵制组织结构

矩阵制组织结构的主要优点：

① 使企业组织结构形成一种纵横结合的联系，加强了各职能部门之间的配合，有利于发挥专业人员的综合优势；

② 具有较强的组织灵活性，既可以根据需要快速组建，完成任务后又可以撤销。

矩阵制组织结构的缺点是：

① 由于组织成员必须接受双重领导，破坏了统一指挥原则，下属会感到无所适从；

② 工作出现差错时，不易分清领导责任。

> **【案例6-2】摩托罗拉公司的矩阵制组织结构**
>
> 　　摩托罗拉公司不仅重视研发投资，在新产品的研发速度上也超越同行许多。英特尔公司花费二至三年的研究项目，摩托罗拉通常只要一年半即可完成。这种成效主要得益于公司采用的矩阵制组织结构。从组织整体来看，摩托罗拉采用了多国矩阵制组织形式，即将地区部门化与产品部门化相结合。具体地说，它包括四个地区类的业务组织，分别为欧洲与中东地区、日本地区、亚太地区、美洲地区；四个产品类的业务组织，分别为半导体、通信器材、一般系统技术、政府系统技术。两者交叉的结果，构成矩阵制组织结构。这种模式同时被用于研发课题的推动中，并产生了极好的效果。以半导体事业群为例，有一个著名的"G9"组织，它由四个地区的高级主管、事业群所属的四个高级主管以及一个专门负责研究开发的高级主管共同组成，是一个跨地区、跨产品、跨研发业务的"九人特别小组"。该小组直属一位副总裁指挥，其任务是定期召开会议，研究追踪各类产品的生产、销售及研发情况。
>
> 　　　　　　　　　　　　　　　　　（资料来源：赵丽芬. 管理学概论. 上海：立信会计出版社, 2001）

六、动态网络型组织结构

　　动态网络型结构是一种以项目为中心，通过与其他组织建立研发、生产制造、营销等业务合同网，有效发挥核心业务专长的协作型组织形式。动态网络型组织结构是组织基于日新月异的信息技术，为了应对更为激烈的市场竞争而发展起来的一种临时性组织。它以市场的组合方式替代传统的纵向层级组织，实现了组织内在核心优势与市场外部资源优势的动态有机结合，进而更具敏捷性和快速应变能力。这种组织结构可视为组织结构扁平化趋势的一个极端例子。

　　动态网络型结构的优点是：组织结构具有更大的灵活性和柔性，以项目为中心的合作可以更好地结合市场需求来整合各项资源，而且容易操作，网络中的各个价值链部分也随时可以根据市场需求的变动情况增加、调整或撤并；另外，这种组织结构简单、精练，由于组织中的大多数活动都实现了外包，而这些活动更多地靠电子商务来协调处理，组织结构可以进一步扁平化，效率也更高了。

　　动态网络型结构的缺点是可控性太差。这种组织的有效运作是通过与独立的供应商广泛而密切的合作来实现的，由于存在着道德风险和逆向选择性，一旦组织所依存的外部资源出现问题,如质量问题、提价问题、及时交货问题等,组织将陷于非常被动的境地。另外,外部合作组织都是临时的,如果网络中的某一合作单位因故退出且不可替代,组织将面临解体的危险。网络组织还要求建立较高的组织文化以保持组织的凝聚力,然而,由于项目是临时的,员工随时都有被解雇的可能,因而员工对组织的忠诚度也比较低。动态网络型组织结构如图6-6所示。

以上介绍的是几种典型的组织结构形式,需要指出的是这些类型基本上是对实际存在的组织结构形式在一定程度上的理论抽象,仅仅是一个基本框架,现实组织要丰富得多。此外,多数组织的组织结构并不是单纯的一种类型,而是多种类型的综合体。随着社会生产力的发展和人们对管理客观规律认识的逐步深化,组织结构的类型也将得到进一步的完善和发展。

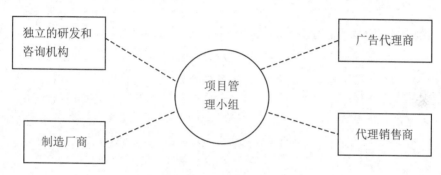

图 6-6　动态网络型组织结构

案 例 分 析

奥迪康公司的面条式组织

奥迪康公司是创立于1904年的一家丹麦的高级助听器制造商,20世纪70年代末在世界市场上高居榜首。该公司一向采取的是高度职能化的组织结构,奉行高价位、高质量的市场战略。70年代末,随着新一代助听器产品的问世,奥迪康的市场份额急剧下跌,1987年,奥迪康的市场份额从15%跌至7%,陷入了岌岌可危的境地。

奥迪康的新任首席执行官拉斯·柯林上任后迅速采取了削减成本的措施:削减了管理费用,砍掉了不盈利的产品线,裁掉了10%~15%的雇员。这些举措取得了成效,公司恢复了盈利,财务状况实现了好转。但是,公司并没有发生实质性的改变,长期竞争地位并没有得到显著的改善。拉斯·柯林对于奥迪康的市场定位进行了重新思考,提出"奥迪康要努力成为世界上最优秀的听力诊所和助听器零售商的首选伙伴"。拉斯·柯林坚信,获得持久竞争优势的最佳策略便是创造一种能够充分释放个人能力的工作环境,并设计一个精通变革管理的公司。1990年元旦,柯林在一份备忘录中描述了他所梦想的能够在未来实现持久竞争优势的组织,这是一个充满创造力、创新精神和灵活性的组织。拉斯·柯林还亲自拟就了奥迪康公司所崇尚的价值观,其核心便是"以人为本"。

为了构造这种新型组织模式,拉斯·柯林要求所有奥迪康雇员思考"不可想象之事"。抛开所有关于工作和工作场所的思维定式,激励经理们彻底从头开始,忘掉所有的文件,无视所有的职位,穿越所有的墙壁。他坚信,如果期望人们同时在若干项目上与他人共同工作,那么每个人就必须能够自由地流动。墙壁是阻碍人们共同工作的障碍,必须被拆掉。拉斯·柯林要求每位雇员审视自己的职位。每位雇员应能从事若干项任务,有些是最擅长的,有些是有利于学习新技能的。奥迪康的未来依托于两个概念:对话与行动。奥迪康的所有事情的设计都必须支持这两个理念,以在创造性、速度和生产率方面实现突破性的成就。

利用1991年公司搬迁的时机,奥迪康实现了其剧烈的变革,形成了所谓的"面条式组织"。在新组织中,奥迪康废止了以往的职位说明和正式岗位。为了让人们在几种不同的职位上施展才干并得到更充分的发挥,所有雇员将拥有一个职位的组合,都是多面手。每位雇员至少要有三项职位,一项主要职位符合专业或能够充分发挥自己的特别能力,同时还要承担其他领域的两项职位。这一理念使组织的资源得到了扩展,工程师在做市场营销,营销人员对开发项目进行管理,而财务人员则帮助实施产品开发。如此形成的组织没有等级,没有层次,没有固定的部门,因而得名为"面条式组织"。

奥迪康公司所创造的面条式组织不同于一般意义上的矩阵式组织。面条式组织的结构是由项目决定的,其中的员工具有多方面的技能。在矩阵式组织中,一位芯片设计师专事芯片设计,也许会同时进行三个项目。但在奥迪康,他除了为某个项目设计芯片以外,可能还同时从事其他项目的市场营销或财务工作。新组织也可以称之为"混沌式组织",没有等级概念,混沌、多变,没有组织结构图。奥迪康不仅废除了组织结构图,也拆除了围墙,其雇员不再拥有传统的办公室。它要构造一种绝对透明的工作环境。每人有一张办公桌和一台电脑,但办公桌在5分钟之内就可以被移走。项目团队集中在一起,决策可以即刻进行而无须召集会议。营销人员很清楚隔壁在做什么广告。公司有意识地在工作地设置了咖啡吧台,以激发人们展开讨论,用螺旋扶梯取代了电梯,因为这有利于人们相遇和交谈。无纸办公有利于将正规化的沟通转变为对话与行动。公司建立了一个支持非正式沟通的电子信息技术系统,以实现灵活性和知识共享这两个目标。灵活性有利于办公桌随时移动。同时从事多个项目则要求团队成员无须找出所有文档就能迅速获取信息。他们设计了一个查询和存档系统,以方便地查阅所有的文件、报告、备忘录、信件等。每个雇员都配备了这个新的电子档案库和E-mail系统,还有用于文字处理和表计算的软件。在这样一种制度下,人们的互动方式与过去相比有了显著的区别,他们以不同的方式来解决问题。公司中的每一个人都是潜在的合作者。人们技能水平上的差异正在逐步消失。

与公司战略方向相关的决策由一个管理委员会负责处理,这一委员会由若干"职能"

主管组成。管理委员会的一个分委员会负责处理项目建议，某个项目的"所有者"，也是该委员会的成员，要负责选定项目负责人。项目负责人则负责利用能够获得的人员以及必要的资源来组建项目团队。在招募团队成员的过程中，唯一可用的管理手段就是说服和谈判。

在面条式组织中，团队成员在项目之间不停奔忙，他们几乎总是同时在参与两个或更多的项目。公司有一套计算机程序对人员承担任务的情况进行实时监控，项目负责人可以很快浏览名单并找到可用的人员。很容易了解每个人在项目中的表现，如谁做了很多承诺却从不兑现，谁对团队的成功做了实质性的且关键的贡献。这种信息会对某个人的未来需求产生影响。对项目负责人也有类似的绩效考评，好的声誉能够吸引有才能的团队成员。

在面条式组织中，产品的开发和制造发生了巨大的改变。奥迪康在产品开发中与竞争对手结成了战略联盟，大大淡化了组织的有形边界。公司的活力达到了空前的水平。项目成为资源流动和确定方向的驱动力。过去是运用权力来推动事情的进展，现在则是通过谈判。在新问题和新机遇面前做出反应的能力较以前大大加强。市场营销和研发之间的联系得到了强化。奥迪康内部以及与客户之间的许多障碍的降低和取消，大大改善了整个过程。在过去，人们的重要性取决于职位，而现在则取决于贡献。

这种模式的缺点之一在于，一个项目管理型的组织常常会忽略专业技术的发展，在知识上的宝贵收获可能会被遗失或得不到共享。另一个缺点在于，由于废除了"仕途"，没法再用给予职务或头衔的方式来奖励。因此，如何找到一种适当的方式进行奖励，这是需要思考和解决的问题。奥迪康的产品开发所要求的计划系统也很复杂。由于团队成员同时在几个项目上工作，一个项目的滞后或资源变动不可避免地会对其他项目产生影响。

奥迪康变革的效果是显著的。在1991年危机以前，奥迪康的年利润水平一般约为1800万丹麦克朗。采用新结构后，奥迪康的利润水平两年内增长了4倍。在市场平稳的情况下，营业额比上年增长了13%，而1993年的增长则高达23%。变革为奥迪康公司此后十多年的快速发展奠定了坚实的基础。2003年，奥迪康公司从6200多家备选公司中脱颖而出，荣获"欧洲最佳公司"的殊荣，这意味着，奥迪康已跻身诺基亚、宝马、SAP、GUCCI等世界顶尖公司的行列。

【问题】
1. 奥迪康公司采取了哪些变革举措？其意图何在？
2. 面条式组织的特征是什么？

(资料来源：杨文士，焦舒斌，张雁，等. 管理学. 3版. 北京：中国人民大学出版社，2009)

阅读资料

苹果谋局新舵手

　　1976年，苹果电脑公司由史蒂夫·乔布斯(Steve Jobs)和斯蒂夫·沃兹尼亚克(Steve Wozniak)创立。在当年开发并销售 Apple I 电脑。1977年，发售最早的个人电脑 Apple II。1984年，推出革命性的 Macintosh 电脑。1997年，斯蒂夫·乔布斯回到苹果。1998年，推出第一代的 iMac。2001年，推出第一代 iPod 数位音乐随身听。2002年，推出第二代 iPod 随身听，使用了称为"Touch Wheel"的触摸式感应操纵方式。2003年，推出第一台64位元个人电脑 Apple PowerMac G5。2003年，推出第三代 iPod 音乐随身听，可同时支援 Mac 和 Windows，并取消 Firewire 连接埠的设计。2004年，史蒂夫·乔布斯被诊断出胰脏癌，苹果股价遭受重挫。2004年，推出第四代 iPod 数位随身听，沿用了原本在 iPod mini 上的"Click Wheel"操纵设计。此后还推出搭载彩色显示器的 iPod Video。2004年，推出迷你版 iPod mini 数位音乐随身听，其金属外壳与其他机种歧异性极大。2005年，史蒂夫·乔布斯宣布下一年度将采用英特尔处理器。2005年，推出第五代 iPod 随身听。2005年，推出第二代 iPod mini 迷你数位音乐随身听与 iPod Shuffle，其无显示器设计引起部分使用者不满。2005年9月，推出 iPod nano 超薄数位音乐随身听，采用彩色显示器。2006年，史蒂夫·乔布斯发表了第一部使用英特尔处理器的桌上型电脑和笔记型电脑，分别为 iMac 和 MacBook Pro。2006年，推出第六代 iPod 数位音乐随身听，称为"iPod Classic"。2006年，推出第二代 iPod nano 数位音乐随身听，采用和 iPod mini 相同的铝壳设计。2006年，推出第二代 iPod Shuffle 数位音乐随身听，其外型变为类似一个夹子，体积更加缩小。2005年，推出第三代 iPod nano 超薄数位音乐随身听，外型由细长转为宽扁。2007年，史蒂夫·乔布斯发表了 iPhone 与 iPod Touch。2008年，史蒂夫·乔布斯发表了 MacBook Air，这是现今最薄的笔记本电脑。

　　最近苹果公司又成为焦点。不过这一次却不是因为轰动性的新品发布，而是因为乔布斯的病情。乔布斯在2009年1月5日发表的公开信中说，他现在正在受到荷尔蒙失调症的折磨，该病症一直在"掠夺"他身体健康所需的营养元素。他表示正在接受治疗，而且将继续履行苹果公司 CEO 的职责。与此同时，关于谁将填补乔布斯离任之后的空缺一事，仍是萦绕在公司股东、分析师和用户心中的一个谜团。尽管公司坚称已有接班人计划，但是并未透露任何细节。观察家们开始考虑这样的问题：苹果公司一旦失去了乔布斯将会怎样？公司是否能继续推出令人叫绝的产品？

　　沃顿商学院的教授认为，对于多数公司而言，接班人计划是至关重要的，苹果公司亦不例外。但是，为苹果公司 CEO 乔布斯物色接班人一事将会颇费周章，这是由于他在很大程度上代表了苹果公司，沃顿商学院的教授迈克尔·尤西姆说："在公司领导人之中，像乔

第六章　组织设计

布斯这样对苹果公司有着如此影响的人物可谓是凤毛麟角。"苹果公司的乔布斯接班人计划仍然是一个谜团，但是沃顿商学院的专家们对此提出了一些建议，借以帮助指引公司的接班人计划程序。

内部晋升：并不是只有一个乔布斯

根据沃顿商学院教授的说法，苹果公司内部不乏可以接任乔布斯的卓越领导人，但是公司的主要利益关系人，比如投资者、客户及合作伙伴等，却对他们所知甚少。因此，接班人计划首先要证明苹果公司并不是只有一个乔布斯。

沃顿商学院管理学教授尤西姆和彼得·卡普利认为，苹果公司将乔布斯以外的高管推到幕前，此举是考验接班人的一次良机。为什么？苹果公司之所以神秘莫测，部分是由围绕着它的消息和产生的争议而形成的。通过让诸如库克(首席运营官)和席勒(主管全球产品营销的资深副总裁)这样的高层领导进入公众的视线，苹果公司就能为其他管理者提供锻炼机会，让他们来介绍产品，同时也能让投资者和客户去熟悉他们。"对于任何公司而言，从内部培养人才都是非常重要的。内部晋升也很重要。"卡普利指出。董事会"须大力关注他们的领导团队的能力和潜力，始终都要关注"。沃顿商学院管理学教授劳伦斯·贺比尼亚克同样鼓励苹果公司应让乔布斯以外的高管们在公众面前亮相。"苹果公司想让全世界知道，公司不会因为少了乔布斯而就此没落。"

尤西姆建议董事会应当负责确保公司拥有正确领导人以及正确的领导班子，特别是当没有迹象表明首席执行官会在三四年内离任的情况下。而且许多调查研究表明，从公司内部选拔的接班人会比较得力。与此有关的一个挑战在于，要确定公司究竟有没有能够适应新形势的人才。"如果公司做出了内聘决定，那么CEO和董事会就应当考虑最拔尖的竞争人选，并对所有人选的具体情况加以分析。"尤西姆说道。如果公司培养内部人才有方，那么就应当拥有一批卓越的领导人，可以在各种情形下为公司掌舵引航，这样就能比较容易地实现接班人计划。尤西姆指出，有些公司将试行作为考量内部人选的一种办法。例如，他们会聘请第三方来对直接向CEO汇报工作的高管进行访谈。更多情况下，像葛兰素史克这样的公司往往会挑选内部人选，然后要求他们各自负责一项CEO层级的项目并呈交给董事会。"这种方法能让公司更好地确定各个高管在同样情况下的表现。这种方法也可能会比较棘手，因为这些高管平常都在一起工作。"

苹果公司接下来的问题就是乔布斯是否会在新CEO上任后，仍然担任公司的非执行董事长。此种安排在技术型公司中有许多，比如英特尔、微软、戴尔公司，当日常管理工作被移交至新任领导手中之后，这些公司的CEO们就都成为了公司的董事长。比如说迈克尔·戴尔或微软公司的比尔·盖茨。与此同时，公司还必须准备新任CEO人选确定之后的"善后"工作，这是不可避免的。那些在竞选高位时失利的高管不可能继续在公司待下去。例如，当杰夫·伊梅尔特从杰克·韦尔奇的手中接过通用电气的管理权柄之后，其他竞选韦尔奇位置的高管都各自挂印离去。

重在透明：要向客户和投资人披露信息

总的来说，公司在规划接班人期间需要向客户和投资人提供一些透明度。沃顿商学院的教授一致认为，苹果公司有必要披露更多有关接班人计划的信息，但是究竟应当披露多少细节则是可以商榷的。华尔街显然对苹果公司在乔布斯离任之后的前途表示担忧。任何有关乔布斯健康状况的传言都会牵动股价走向。在苹果公司宣布乔布斯不在Macworld大会发表主题演讲之后，美国投资机构Oppenheimer分析师亚尔·雷纳降低了苹果公司的评级，因为该公司未能披露乔布斯的健康细节及接班人计划。

总而言之，接班人计划不失为上策，因为它可以最大限度地减少不确定性，但是公司披露多少信息须取决于企业文化。贺比尼亚克说道，"如果公司过于透明，假如他(她)不是最终人选，每位潜在的CEO都将会离职，而公司业绩则会因此受损。"同时，苹果公司也不会因为失去乔布斯而倒闭，卡普利说道："如果投资者想到整个公司的命运仅仅维系在一些重要人物身上，那他们就会担心。事实上，这种情况几乎永远不会发生。将企业的成功归于个人是一种偏见，而这种偏见非常普遍。"有不少研究报告谈到了当CEO意外身故之后的情况。所有研究表明，公司的股价实际会上涨而不是崩盘。现如今的领导人并没有重要到那种程度。领导人的离去并不会使公司倒闭，只是需要时间来找人填补这个空缺。沃顿商学院信息技术部资深主任肯代尔·怀特豪斯认为，苹果公司如果需要一份披露计划，只要看看老对手微软公司就行了。

2000年1月，盖茨揭开微软公司权力移交的序幕。他任命公司总裁史蒂夫·鲍尔默来担任公司CEO。盖茨表示卸任后将一门心思投入公司的长期战略，但是仍然保留董事长职务并增加了一个新的头衔：首席软件架构师。当时，盖茨表示让鲍尔默担当CEO是微软公司的一次"绝好的转型"。在过去八年里，微软公司陆续让其他高管逐一亮相。2006年6月，微软公司宣布盖茨将停止他在公司的全职工作，转而致力发展比尔与盖茨·梅林达基金会。对微软公司而言，最为重大的变革就是任命当时的首席技术官雷·奥兹担当首席软件架构师并与盖茨共事。2008年6月27日是盖茨在高管职位的最后一天。之后，他继续担任公司董事长并为微软公司的"重点开发项目"提供咨询。"长期以来，微软公司一直是盖茨的天下。但是他为自己的卸任做出了长期的、分阶段的计划。可以看出，整个交接过程和方式能让公司、客户及股东都感到满意。"怀特豪斯说道。

后乔布斯时代要保持企业文化

名声显赫的公司领袖创造了让公司获得成功的企业文化，而"后乔布斯时代"的苹果公司是否会保留这些企业特色仍不得而知。传统言论称乔布斯的影响遍及苹果公司的各个部门，从市场营销到产品设计等。沃顿商学院管理学教授戴维·许说道："乔布斯领导苹果公司十年之久，这家公司很可能已经被永久地烙上了乔布斯的个人印记。""未经乔布斯的批准，公司里谁都不能获得晋升。最终，乔布斯得到了他想要的管理模式。"

戴维·许认为，让企业文化超越个人是所有成功企业的秘诀所在。"应当让企业文化在

第六章　组织设计

组织内部根深蒂固，从而形成一种竞争优势。"尤西姆同意这种说法。"对于良好的企业文化，我们不能夸大其在支持和推动公司发展方面所起到的重要作用。"有些公司在其创始人离去之后，依然秉承了其深厚强大的企业文化，比如沃尔玛、玫琳凯及西南航空公司等。尤西姆指出："纵然企业领导人已经离去，但是深厚的企业文化仍将会得到发扬光大。在沃尔玛，创始人萨姆·沃尔顿的照片仍在激励人们去思考公司的创业价值。"苹果公司的问题非常明了：在乔布斯离开公司之后，人们才会知道他对公司的影响有多么的彻底和深刻。尤西姆认为企业文化的培养不是一朝一夕的事。"企业文化是公司高深莫测的方面之一。你可以试着去完全效仿诸如西南航空这样的公司，但是竞争对手仍然无法摸透这些公司的成功奥秘。"

(资料来源：陈西川，杜贺亮，孙东坡.管理学经典案例.北京：知识产权出版社，2010)

本 章 小 结

　　组织职能是指为有效实现组织目标，建立组织结构，配备人员，使组织协调运行的一系列活动。组织职能包括组织结构的设计和变革、人员的合理配置和使用、权力的分配和关系的协调。组织职能具有结构性特征和背景性特征两类基本特征。

　　组织结构是组织内的全体成员为实现组织目标，在管理工作中进行分工协作，通过职务、职责、职权及相互关系构成的结构体系。组织结构的本质是成员间的分工协作关系。组织结构的内涵是人们的职、责、权关系，因此，组织结构又可称为权责结构。组织结构的具体内容包括：职能结构、层次结构、部门结构和职权结构。

　　组织结构设计是指对一个组织的结构进行规划、构建、创新和变革，以便从组织上确保组织目标的有效实现。组织设计应遵循专业化分工原则、统一指挥原则、管理幅度原则、权责对等原则和柔性经济原则。组织结构设计的成果，表现为组织结构图、职位说明书和组织手册。

　　通过科学分工，设计工作职务和岗位，将职务和岗位适当组合，建立组织结构，包括纵向的管理层次和横向的部门划分。管理幅度又称为管理跨度和管理宽度，是指一位管理者能够有效地监督、指挥直接下属的人数。影响管理幅度的主要因素有：工作能力、工作内容和性质、工作条件及工作环境等。管理幅度是设计组织纵向管理层次的理论基础，管理层次是管理系统划分的等级数。管理层次和管理幅度成反比例关系，即管理幅度大，管理层次少；管理幅度小，管理层次多。按照管理层次与管理幅度的反比例关系就形成了两种结构：扁平式组织结构和锥形式组织结构。扁平式组织结构是管理层次少而管理幅度大的结构；锥形式组织结构是管理层次多而管理幅度小的结构。

　　部门是指组织中管理者为完成规定的任务有权管辖的一个特殊的领域。部门化是指将工作和人员组合成可以管理的单位，来完成某种特定的任务。划分部门的目的是为了明确职权和责任归属，以求分工合理，职责分明，有利于各部门根据不同的工作性质采取不同的政策，加强每个部门内部的沟通与交流。划分部门的原则有：部门力求维持最少、组织结构应具有弹性、确保组织目标的实现、检查部门与业务部门分设。划分部门的方法有：人数部门化、时间部门化、职能部门化、工艺部门化、产品部门化、区域部门化和顾客部门化。

经过长期的理论研究与实践探索，已经产生了多种组织结构形式，不同类型的组织结构形式适合于不同类型与规模的组织。组织结构的类型主要有：直线制组织结构、职能制组织结构、直线职能制组织结构、事业部制组织结构、矩阵制组织结构和动态网络型组织结构等。

自 测 题

一、单项选择题

1. 作为动词的组织指的是（　　）。
   A. 群体　　　B. 职能　　　C. 结构　　　D. 体系
2. 组织职能的两类基本特征是（　　）和背景性特征。
   A. 制度性特征　　　　　　B. 心理性特征
   C. 结构性特征　　　　　　D. 风格性特征
3. 按照管理幅度的大小及管理层次的多少可形成两种结构：扁平式组织结构和（　　）。
   A. 矩阵制组织结构　　　　B. 事业部制组织结构
   C. 直线职能制组织结构　　D. 锥形式组织结构
4. 最早使用的一种组织结构形式是（　　）。
   A. 职能制组织结构　　　　B. 直线制组织结构
   C. 扁平式组织结构　　　　D. 事业部制组织结构

二、多项选择题

1. 组织结构的具体内容有（　　）。
   A. 职能结构　　　　B. 层次结构　　　　C. 部门结构
   D. 职权结构　　　　E. 技术结构
2. 组织设计的原则有（　　）。
   A. 专业化分工原则　　B. 统一指挥原则　　C. 管理幅度原则
   D. 权责对等原则　　　E. 柔性经济原则
3. 管理幅度设计的影响因素有（　　）。
   A. 工作能力　　　　B. 工作内容和性质　　C. 工作条件

D. 工作环境　　　　　　　E. 工作质量
4. 组织设计工作的最终成果有( )。
　　　A. 组织计划　　　　　B. 专业分工　　　　　C. 组织结构图
　　　D. 职位说明书　　　　E. 组织手册
5. 下面因素中在工作内容和性质方面影响管理幅度的是( )。
　　　A. 管理者所处的管理层次　　B. 下属工作的相似性　　C. 计划的完善程度
　　　D. 非管理事务多少　　　　　E. 工作地点的相近性

三、判断题

1. 较大的管理幅度意味着较多的管理层次。　　　　　　　　　　　　　　( )
2. 锥形组织结构是管理层次少管理幅度大的结构。　　　　　　　　　　　( )
3. 直线制组织结构没有职能部门。　　　　　　　　　　　　　　　　　　( )
4. 事业部制组织结构首创于20世纪20年代的美国通用汽车公司。　　　　( )
5. 权责对等原则表现为职权和职责必须相等。　　　　　　　　　　　　　( )

四、简答题

1. 组织职能包括哪些内容?
2. 组织工作过程由哪些步骤组成?
3. 组织结构包括哪些内容?
4. 组织设计的基本内容和成果是什么?
5. 说明管理幅度和管理层次的关系。
6. 简要说明部门划分的原则。
7. 直线制组织结构及其优、缺点是什么?
8. 职能制组织结构的特点是什么?
9. 直线职能制组织结构的特点是什么?
10. 简述事业部制组织结构及其优、缺点。
11. 简述矩阵制组织结构及其优、缺点。

五、论述题

1. 试述组织结构设计原则。
2. 你认为什么样的管理幅度是合适的?制定管理幅度应考虑哪些因素?

第七章　权力的配置

【学习要点及目标】

通过本章的学习，明确授权的含义、必要性及其过程；理解职权的矛盾及其解决途径；掌握职权的来源和类型、集权与分权的相对性与影响因素以及授权的原则及艺术。

【关键概念】

职权　职责　直线职权　参谋职权　职能职权　集权　分权　授权

【引导案例】

授权的障碍

A 公司的李老板从某大企业挖来了精明强干的刘先生担任公司的总经理，并将公司的大小事务均交由刘先生全权处理。由于得到了授权，刘先生便结合公司的特点和实际情况，对公司的经营模式和管理体制进行了大胆的变革，将公司原先的品牌经营模式转变为 OEM（贴牌生产）服务模式，并提出了颇具创新意识的 OEM 改进方式，变被动的 OEM 服务为主动的 OEM 服务，得到众多客户的认同与支持。然而，当刘先生意欲更深入地推动企业的变革时，他发现，其实自己手中的权力十分有限，虽然李老板总是客客气气地对其进行鼓励，但刘先生的内心里却非常困惑。久而久之，刘先生的变革锐气便渐渐地消失了。

（资料来源：陈西川，杜贺亮，孙东坡. 管理学经典案例. 北京：知识产权出版社，2010）

从以上案例中分析李老板在授权上的主要障碍是什么？这种障碍产生的原因可能是什么？结合本章有关内容的学习，分析研究这些问题。

第一节　职　　权

一、职权的来源

如果把组织看成具有特定功能的一台机器，各个部门就是组成机器的各种零部件，组织结构就是这台机器的构造。要使一台机器能够运转起来，只是把各种零部件组合在一起还不够，还必须供之以动力。一个组织也是如此，除了要对各个部门进行安排之外，同样也必须具有动力才能使组织运转起来。这意味着要将职权在组织中进行合理而有效的配置。

第七章　权力的配置

管理者必须拥有职权才能发挥其职责。职权是指组织内部授予的指导下属活动及其行为的决定权。这些决定一旦下达，下属必须服从。职权来源于职位的权力，也就是职位所产生的权力。职权是一种制度化了的权力，它是建立在法律的基础上(如国家立法、公司章程、协议、制度及合同等)的，是一种合理、合法的权力，并且具有一定的职责和义务。

职权与组织层级化设计中的职位密切相关，跟个人特质无关。每个职位配备合适的人员，每个人员具有与职位相称的职务，负有一定的责任和义务，并有组织授予完成工作、履行职责的权力。例如，公司的总经理，由于公司是通过法定程序成立的，具有法人资格，受法律的保护，公司按照公司的章程，设置了总经理的职位，规定了总经理的权力和职责范围，因而有了职权，公司总经理的职权就是来源于其职位，是合理、合法的。

传统观念认为职权来源于组织的顶层，职权的发展是由上而下，然后贯穿整个组织的。而巴纳德认为，职权的发展是由下至上的，否则下属有权否定这种职权。

二、指挥链

正如人类依靠遍布全身的神经系统来控制身体的运动一样，组织主要依靠职权来操纵其各个组成部分。职权从组织的大脑——最高管理层出发，途经各个管理层次，一直贯穿到组织的基层而形成一条条自上而下的权力线。这种权力线通常被称为"指挥链"。它形如金字塔，组织的最高主管高居塔顶，之后每经过一个层次便发生一次职权的分裂，如此进行而将指挥链延伸至组织的最底层，形成了一个遍布于整个组织的职权网络。正是这个职权网络，才使得组织具有了高度的行为能力。

一般认为，健全的指挥链存在着两个基本要求。一是统一指挥原则，要求组织中的每一个成员必须同一个上司，而且只能同一个上司建立起一种明确的报告关系。换个角度来说，就是组织中的每个成员都只能接受一个上司的指挥。如果两个或两个以上的上级同时对一个下级、一个部门或一项工作行使权力，组织中就不可避免地会出现混乱的局面。另一个要求是连续分级原则，主张从组织的最底层职位到组织的最高顶点之间的每一条职权线都应当是明确而不间断的。组织由最高职位至每一个下属职位的职权线越是清晰，决策责任也就越明确，组织中的沟通也就会越有效。这一原则说明，在组织中每一项决策最终都必须有人为之负责。

三、职权的类型

组织内的职权有三种类型：直线职权、参谋职权和职能职权。

(一)直线职权

直线职权是指管理者直接指导下属工作的职权。这种职权由组织的顶端开始，延伸向下至最底层形成所谓的指挥链。在指挥链上，拥有直线职权的管理者有权领导和指挥其下属工作。很显然，每一管理层的管理者都应具有这种职权，只不过每一管理层次的功能不同，其职权的大小及范围各有不同而已。例如，厂长对车间主任拥有直线职权，即车间主任受厂长的指挥和控制，反过来说，车间主任要按"直线"向厂长汇报工作情况，对厂长负责；车间主任对班组长拥有直线职权，即班组长受车间主任的指挥和控制，反过来说，班组长要按"直线"向车间主任汇报工作，对车间主任负责。这样，从组织的上层到下层的管理者之间，便形成一条权力线，这条权力线被称为指挥链或指挥系统。在这条权力线上，职权的指向由上而下，通过指挥链的信息传递，由上而下或由下而上地进行，所以指挥链既是权力线，又是信息通道。

(二) 参谋职权

当组织规模逐渐增大且日渐复杂时，直线主管发现他们在时间、技术知识、精力、能力和资源等各个方面都不足以圆满完成任务，这时必须创造出参谋职权，以支持和弥补直线主管在能力方面的缺陷和障碍。所谓参谋职权是指管理者拥有某种特定的建议权或审核权，评价直线职权的活动情况，进而提出建议或提供服务。

参谋职权是参谋人员和参谋部门所拥有的辅助性职权，包括提供咨询、建议等。在组织权力关系中，直线权力是主导的，参谋职权是从属的，因为在组织职务结构中，直线人员是管理者，参谋人员是从属于管理者的，他们是管理者的助手和参谋。另外，纵向职权关系是单轨道的，不是双轨道的。也就是说，上级管理者有指挥下一级管理者的权力，而上级参谋人员却无权命令下级管理者。

参谋的种类有个人与专业之分。前者即参谋人员或个人参谋。参谋人员是直线人员的咨询人，他协助直线人员执行职责。例如，经理助理，是经理个人的助理，是个人参谋，他没有专门的职权可行使，他的权力是经理授予他完成某些工作的权力，没有决策权和下命令的权力；在审计、法律等方面提供专业性建议或服务的参谋人员等。专业参谋，常为一个单独的组织或部门，就是一般所说的"智囊团"或顾问班子。专业参谋部门的出现，是时代发展的产物，它聚合了一些专家，运用集体智慧，协助直线主管进行工作。

直线与参谋是两类不同的职权关系。直线关系本质上是指挥和命令的关系，直线人员所拥有的是一种决策和行动的权力；而参谋关系则是一种服务和协助的关系，授予参谋人员的只是思考、筹划和建议的权力。区别直线与参谋是按职权关系而不是由部门活动来表示的。例如，人们可以把主要为最高层管理者提出建议的公共关系部看作参谋部门，可是在这个部门内仍然有直线关系，公共关系部主任对于其下属来说则具有直线职权。与此相反，负责生产的副总裁，领导的生产部门是直线部门，其工作主要不是向总裁提出建议。然而，如果这位副总裁就整个公司的生产政策向总裁提出建议，这种关系就成为参谋关系了。

区分直线与参谋的另一个标准是分析不同管理部门和管理人员在组织目标实现中的作

用。人们把那些对组织目标的实现负有直接责任的部门称为直线机构，而把那些协助直线人员工作而设置的，辅助于组织基本目标实现的部门称为参谋机构。根据这个标准，制造业企业中致力于生产或销售产品和劳务的部门就是直线机构，而人事、会计等部门则被列为参谋机构。

(三)职能职权

职能职权是指参谋人员或某部门的管理者所拥有的原属直线主管的那部分权力。在纯粹参谋的情形下，参谋人员所具有的仅仅是辅助性职权，并无指挥权。但是，有时由于知识和能力等种种原因，上级管理者将直线组织中的某些专门职能和权力授予参谋人员和部门，由参谋人员来直接领导和组织下级部门去完成某些工作和处理某些事情，这样就发生了部分直线职权的转移问题。转移到参谋人员和部门的直线职权称为职能职权。

职能职权大部分是由职能或参谋部门的负责人来行使的，这些部门一般都是由一些职能管理专家所组成。例如，一个公司的总经理统揽全局管理公司的职权，他为了节约时间，加速信息的传递，就可能授权财务部门直接向生产经营部门的负责人传达关于财务方面的信息和建议，也可能授予人事、采购、公共关系等部门一定的职权，让其直接向直线组织发布指示等。由此可看出，职能职权是组织职权的一个特例，可以认为它是介于直线职权和参谋职权之间的一种职权。

使用职能职权是必要的，这样可以使工作做得更好或提高工作效率。使用职能职权时应注意：第一，职能职权要与参谋人员或职能部门的专业工作相一致；第二，使用职能职权应限于具体工作方面，不能危及管理者正常的管理工作；第三，要加强协调工作，不要因此而形成责任不清和工作上的混乱。

需要指出的是，一个人获取权力的同时就必须负担起责任，这种责任就叫作职责。职责与职权是有区别的。职权是一种权力，其合法性来自组织中的职位，职权需要围绕工作而展开。另外，职权预示着下属必须完成被指派的任务，而职责则预示着下属所完成的任务必须符合上级所规定的标准。因此，权责必须一致，权责必须分明。有职权而无职责必然会导致职权的滥用，而有职责无职权也必然会导致执行者无所适从。

四、职权的矛盾

(一)职权矛盾的原因

参谋职权的设立可以协助直线人员解决复杂的管理问题，但是由于参谋职权的特点和它不易为人们所理解，因而在实际运用时受到了某些限制，常常带来直线人员与参谋人员之间的矛盾。究其原因有以下几个方面。

1. 参谋职权侵犯了直线职权

参谋人员必须牢记自己是以参谋的身份进行活动的，自己的任务是提供咨询、建议或者服务，而不是指挥，决策必须由他们的直线上司做出，并通过指挥链来发布指令。如果参谋人员忘记了自己的职责，发号施令，他们就侵犯了直线职权。直线人员为了维护自己的权威，必然会与参谋人员发生矛盾。

2. 参谋人员与直线人员肩负的责任不同

直线人员必须对他做出的决策负责任，假如直线人员采纳了参谋人员的建议，而结果却不好，他推卸不了自己的责任。正因为如此，他不会轻率地采纳参谋人员的意见。相反，参谋人员对自己提出的建议实施的后果不负任何具体责任。参谋人员总希望自己的建议能被采纳，当直线人员不采纳时，就会产生矛盾。

3. 参谋人员的工作不能令人满意

直线人员需要参谋人员的目的是协助自己解决一些复杂的问题，减轻自己的工作负担。如果参谋人员工作的结果反而增加了直线人员的烦恼和负担，两者之间就必然会产生矛盾，参谋人员的存在就毫无意义。参谋人员的任务是协助上级解决问题，不是给上级制造问题，也不是提出问题。应当避免向上级提出不成熟的、草率的、不切实际的建议，因为直线人员需要的是协助而不是烦恼。

4. 由交叉职能形成的多头指挥

由职能职权而形成的多头指挥往往是不可避免的。最高主管应当明了交叉职权所带来的弊端，审慎地明确这些职权，否则，就会产生矛盾。

【案例 7-1】护士长的辞职报告

10 月的某一天，产科护士长黛安娜给医院院长戴维斯博士打来电话，要求立即做出一次新的人事安排。从黛安娜的急切声音中，院长感觉到一定发生了什么事，因此要她立即到办公室来。5 分钟后，黛安娜递给院长一封辞职信。"戴维斯博士，我再也干不下去了。"她开始申述，"我在产科当护士长已经 4 个月了，我简直干不下去了。我有两三个上司，每个人都有不同的要求，都要优先处理，要知道，我只是一个凡人。我已经尽了最大努力适应这种工作，但看起来不可能。"戴维斯劝黛安娜不要激动，坐下来慢慢说。

"昨天早上 7:45，我来到办公室就发现桌上留了张纸条，是杰克逊(医院的主任护士)给我的。她告诉我，她上午 10 点钟需要一份床位利用情况报告，供她下午向董事会作汇报时用。我知道，这样一份报告至少要花一个半小时才能写出来。30 分钟以后，乔伊斯(黛安娜的直接主管，基层护士监督员)走进来问我为什么我的两位护士不在班上。我告诉她雷诺兹医生(外科医生)从我这要走了她们两位，说是急诊外科手术正缺人手，需要借用一下。我告诉她,我也反对过,但雷诺兹说来不及了,只能这么办。你猜,乔伊斯说什么?她叫我立即让这些护士回到产科部。她还说,一个小时以后她会回来检查,看我是否把事情办好了!我跟你说,戴维斯博士,如果这样的事只是偶然发生,我还可以忍受,但它每天都要发生好几次,我怎么能忍受得了呢?"戴维斯认真地听着,陷入了沉思:难怪黛安娜要辞职,多头指挥让谁也受不了。

(资料来源:崔卫国,刘学虎. 管理学故事会. 北京:中华工商联合出版社,2005)

(二)解决职权矛盾的途径

直线与参谋之间的矛盾并不一定很严重,完全解决这种矛盾也是不可能的,但是设法把它降到最低程度,积极地协调直线与参谋之间的关系仍是十分必要的。改善直线与参谋之间的关系有以下途径。

1. 了解和明确职权关系

解决直线与参谋之间的矛盾,首先要了解和明确直线与参谋是职权关系。直线关系才有做出决策、发布命令的权力,参谋关系只有提案、说明、解释、劝告、建议、服务的权力,而没有行使指挥命令的权力。由于大多数管理者都具有直线与参谋两重身份,无论是上级还是下级都必须时刻明确自己是以直线人员的身份还是以参谋人员的身份进行活动,如果是以参谋人员的身份进行活动,自己的任务就是提建议而不是指挥。

2. 鼓励直线人员听取参谋人员的意见

应当鼓励直线人员同参谋人员商量问题。有些组织采用强制参谋制度,就是直线人员在做出决策之前必须先听取参谋人员的意见,但不要求直线人员一定接受这些建议。这对直线人员也是有利的,因为在制订计划或做出决策之前能够听取参谋人员的意见,制订出的计划就比较容易获得上级的批准。

3. 及时向参谋人员提供有关信息

凡是涉及参谋人员职责范围内的信息,均应通知参谋人员。如果直线人员不把影响参谋人员工作的有关决定通知他们或者不肯为参谋人员获得解决某一问题所必需的信息提供方便,参谋人员就无法提供好的建议。

4. 采用完全参谋制度

所谓完全参谋制度,就是把解决某一问题的全部工作,从调查研究掌握事实开始,一直到制定解决方案,都交由参谋人员完成。直线人员的工作则是等方案呈送上来后进行审批。采用这个办法,参谋人员需要付出大量的时间和精力,但却节省了直线人员的时间和精力,使他能够考虑更重要的问题。

第二节　集权与分权

一、集权与分权的相对性

集权和分权是组织层级化设计中的两种相反的职权分配方式。

集权是指职权在组织层级系统中较高层次上一定程度的集中。组织管理的实践告诉我们，组织目标的一致性必然要求组织行动的统一性，所以，组织实行一定程度的集权是十分必要的。

分权是指职权在组织层级系统中较低层次上一定程度的分散。一个组织内部要实行专业化分工，就必须分权，否则组织便无法运转。

集权和分权是两个相对的概念。绝对的集权意味着组织中的全部权力集中在最高管理者手中，组织活动的所有决策均由该主管做出，主管直接面对所有的命令执行者，意味着没有下层管理者，这在现代社会经济组织中几乎是不可能的，也是做不到的。而绝对的分权则意味着将全部权力分散到下级各个管理层次和部门，则意味着没有最高管理者，这时，最高管理者的职位就是多余的，整个组织也就不复存在。因此，将集权和分权有效地结合起来是组织存在的基本条件，也是组织既保持目标统一性又具有柔性的基本要求。

二、集权与分权的程度

判断一个组织集权或分权的程度，常常根据各管理层次拥有决策权的情况来确定。一般可以从以下三个方面衡量某个组织的集权与分权情况。

(一)决策的数目

基层决策数目越多，其分权程度越高；反之，上层做出的决策数目越多，其集权程度就越高。

(二)决策的重要性及影响面

如较低一级管理层次做出的决策事关重大、影响面广，就可认为分权程度较高；相反，如较低一级层次做出的决策无关紧要，则集权程度较高。

(三)决策审批手续的简繁

较低一级管理层次在做出决策后的审批手续越简化，分权的程度就越高，在根本不需要审批决策的情况下，分权程度最大。在做出决策后还必须呈报上级领导做出审批的情况下，分权的程度就低一些。

三、影响集权与分权程度的因素

(一)决策的重要性

这是影响集权与分权程度的重要因素。一般来说，从经济标准、组织信誉、员工士气及相对竞争地位等方面来衡量，代价越高的决策，如巨额的采购项目、基本建设投资等，决策的正确与否责任重大，不适合授权给下级决策者，一般以集权为好。

(二)组织规模的大小

组织规模越大，管理的层级和部门数量就会增多，需要做出决策的数目就越多，如果集权程度高，协调起来也就越困难，信息的传递速度和准确性就会降低。要解决这些问题，加快决策速度、减少失误，使高层决策者能够集中精力处理重大问题，就需要向组织下层分散权力。

(三)政策的统一性

高层主管若希望在整个组织中采用统一的政策，以便于比较各部门的绩效、保证步调一致，则集权程度较高；否则就会允许各单位根据客观情况制定各自的政策，则分权程度较高。

(四)员工的数量和基本素质

如果员工的数量和基本素质能够保证组织任务的完成，组织可以较多地分权；组织如果缺乏足够的受过良好训练的管理人员，其基本素质不能符合分权式管理的基本要求，则组织可以较多地集权。

(五)组织的可控性

组织中各个部门的工作性质大多不同，有些关键的职能部门，如财务会计等部门往往需要相对地集权，而有些业务部门，如研发、市场营销等部门，或者是区域性部门却需要相对地分权。组织需要考虑的是围绕任务目标的实现，如何对分散的各类活动进行有效的控制。

(六)组织所处的成长阶段

在组织成长的初始阶段，为了有效地管理和控制组织的运行，组织往往采取集权的管理方式；随着组织的成长，管理的复杂性逐渐增强，分权的程度就越高。

四、集权与分权的均衡

集权的优点是可以加强统一指挥、统一协调和直接控制；缺点是会使高层管理人员负担过重，经常陷于日常事务之中，无暇考虑大政方针，并且事事请示汇报限制了各级人员的积极性，不利于管理人员的培养，难以适应迅速变化着的环境。分权的优点是可以减轻高层管理人员的负担，增强各级管理人员的责任心、积极性和自主性，增强组织的应变能力；缺点是可能会造成各自为政、各行其是的现象，增加各部门之间协调的复杂性，并且受到规模经济性、有无合格的管理人员等的限制。不管是集权还是分权，都只是管理的一种手段，目的是为了更有效地实现组织的目标。要达到这一目的，最重要的是要在集权和分权之间恰当地权衡得失，取得良好的均衡，做到"放得开又管得住"，组织"活而不失控"。

【案例7-2】美国通用汽车公司的组织管理体制

艾尔弗雷德·斯隆(Alfred P.Sloan)为我们提供了正确处理集权与分权关系的典范。在任美国通用汽车公司董事长、总经理时，斯隆提出了"政策制定与行政管理相分离"、"分散经营和协调控制相结合"的组织管理体制。这种体制的总体精神是：集中保证整个公司的巩固和成功所必需的重大政策和规划的决策权，在此前提下，实行最大限度的职权分散化。这一体制的主要内容如下：

(1) 确立两级职责。公司经营的方针、政策由公司集中决策和控制，方针、政策的执行和运用则分散到各个部门。公司的各个经营部门是公司的基层执行部门，是利润中心，具有较强的独立性；整个公司的生产经营活动，实际上是靠各经营部门的分工协作，在分散的情况下完成的。

(2) 加强协调支援。各经营部门分散的经营活动，又是在公司总管理处、总裁、部门主管及各职能部门的协调控制和支援帮助下进行的。正是由于这些协调和相互支援，使各分散的经营部门能按整个公司的总目标，积极地去完成任务。

(3) 维护整体控制。始终把那些维护整个公司的成功与发展所必需的重大政策和方针的决策权保持在公司的最高领导层。经营和协调均要在公司董事会及其各个委员会所制定的方针、政策指导下统一进行，任何偏离大方向的行为，都将及时地予以纠正。

这一体制的实施，给通用汽车公司带来了很多好处，具体如下：

(1) 各经营部门根据专业化协作的原则分工并分散经营，有利于组织大批量集中生产，能更好地利用各种资源以提高工作效率，并且增加了各部门工作的积极性和灵活性。

(2) 由于各部门分散的经营活动是在高层管理部门所制定的政策和制度下进行的，保证了各部门分散努力的步调一致，维护了大方向的一致性。

(3) 公司总管理处出面对各经营部门进行协调控制和支援帮助，可使分散经营的各部门

第七章 权力的配置

的分散努力在相互支援下发挥出最大效力。

(4) 由于各经营部门拥有了必需的权力，就可以及时地评价各级人员的贡献，有利于人才的培养；而领导部门则摆脱了日常行政管理事务的纠缠，使之真正成为一个强有力的决策机构，能集中精力来考虑大政方针。

(资料来源：邢以群. 管理学. 2版. 杭州：浙江大学出版社，2005)

由以上案例可见，斯隆设计的分权程度巧妙地在分权与集权之间取得了均衡。这是处理好集权与分权关系的核心。

第三节　授　　权

一、授权及其必要性

(一)授权的含义

在组织层级化设计方面，当今组织都注意到了纵向权力高度集中会导致的组织僵化和臃肿，单纯地依靠高层主管进行决策可能很难动态地适应环境的变化。随着信息时代的到来，组织越来越意识到，把权力分解下去可以更好地使组织成员自由、圆满、高效地完成各项工作，向下授权因而也成为组织发展的一个重要趋势。

所谓授权就是指上级委授给下属一定的权力，使下属在一定的监督之下，有相当的自主权和行动权。授权者对于被授权者有指挥权和监督权，被授权者对授权者负有报告及完成任务的责任。

授权有它特定的含义，应注意区别以下问题。

(1) 授权不同于代理职务。代理职务是在某一时期，依法或受命代替某人执行其任务，代理期间相当于该职，是平级关系，而不是上级授权给他。

(2) 授权不同于助理或秘书职务。助理或秘书只帮助主管工作，而不承担责任，授权的主管依然应负全责。在授权中，被授权者应当承担相应的责任。

(3) 授权不同于分工。分工是在一个集体内，由各个成员按其分工各负其责，彼此之间无隶属关系；而授权则是授权者和被授权者有上、下级之间的监督和报告的关系。

(4) 授权不同于分权。授权主要是指权力的授予和责任的建立，它仅指上、下级之间短期的权责授予关系；而分权则是授权的延伸，是在组织中有系统地授权，这种权力根据组织的规定可以较长时期地留在中、下级管理者手中。

(二)授权的必要性

1. 有利于管理者从繁杂的日常事务中解脱出来,集中精力处理重大问题

一个管理者如果事无巨细,一概亲自过问、亲自处理,必然使自己陷入众多的日常事务之中,耗费过多的时间和精力。通过授权,可以使管理者既能从日常事务之中解脱出来,集中时间和精力处理好重大问题,又能控制全局。

2. 有利于调动下属的积极性

在管理过程中,调动下属的积极性除了物资利益手段之外,另一重要的手段就是给下属授予权力,使其发挥管理才干。下属由此会觉得自己得到上级的信任,产生感情满足;下属通过努力,取得成果,还会产生自我实现感。因此,通过授权调动下属的积极性,是一种重要的管理方法。

3. 有利于培养下级管理人员

管理水平的提高需要实践,而管理实践必须有权。通过授权,使下属有职有权,独立处理问题,经过自身的努力就会逐步提高管理水平。授权是有意识培养下级管理人员常用的方法。

4. 有利于发挥下属的专长,以弥补授权者才能之不足

随着组织的发展和环境的日趋复杂,管理者面对的问题越来越多、越来越复杂,而每一个人不可能样样精通。通过授权,可把一些自己不会或不精的工作委托给有相应专长的下属去做,从而弥补授权者自身的不足。

(三)有效授权的要素

1. 信息共享

组织中的信息是一种共享资源。组织如果能够使员工充分地获取必要的信息资料,就会大大提高员工的积极性和工作的主动性。

2. 提高授权对象的知识与技能

组织必须对员工进行及时、有效的培训,以帮助他们获取必需的知识和技能。这种培训能够有效地帮助员工进行自主的决策,提高他们参与组织活动的能力,并为组织的团队合作和组织目标的实现打下扎实的基础。

3. 充分放权

组织若要充分发挥团队的作用,就必须真正地放权给团队中的各个专家和基层人员,

使每个成员都能根据工作过程的实际情况进行适当的安排，这样，各种类型的权力才能够得到充分的发挥。

4. 奖励绩效

组织应该制定合理的绩效评估和奖励系统，对组织成员的绩效贡献给予奖励。这种奖励系统应该既包括工资和利润提成，也包括一定的股权比例，如职工持股计划(Esops)等。

二、授权的原则

(一)正确选择被授权者

由于授权者对授予下级的职权负有最终的责任，因此慎重选择被授权者是十分重要的。要做到因事设人、视能授权。即根据所要分派的任务，依据才能大小和知识水平的高低来选择被授权者。授权前，必须仔细分析工作任务的难易程度，以使职权授予最适当的人选，避免出现不胜任或不愿受权等情况。

(二)适度原则

授予的职权是上级职权的一部分，而不是全部，对下属来讲，这是其完成任务所必需的。授权的程度要根据实际情况、工作任务来决定，既要防止授权不足，又要防止授权过度，授权过度等于放弃权力。对于涉及有关组织全局的问题，如决定组织的目标、发展方向、人员的任命和升迁、财政预算以及重大政策等问题，不可轻易授权，更不可将不属于自己权力范围内的事授予下属。

(三)权责明确原则

它包括两层含义：一是权责一致原则。在授权的同时，必须向被授权者明确所授任务的目标、责任及权力范围，权责必须一致，否则被授权者要么可能会滥用职权，要么会无法顺利开展工作并承担起相应的责任。二是职责共担，领导者虽然将权力授予了下级，但仍必须承担实现目标的责任。这种职责对于领导者而言，并不随授权而推给下级。

(四)级差授权原则

只能对直接下属授权，不可越级授权。越级授权可能会造成中间层次在工作上的混乱和被动，伤害他们的负责精神，并导致管理机构的失衡，进而破坏管理的秩序，造成中层管理者的被动以及部门之间的矛盾。

(五)有效监控原则

授权是为了更有效地实现组织目标，所以在授权之后，领导者必须有必要的监督控制手段，使所授之权不失控，确保组织目标的实现。如果管理者授权后，仍不断地检查工作，是授权不足的表现。有效的管理者在实施授权以前，应先建立一套健全的控制制度，制定可行的工作标准和报告制度，以便能在不同情况下迅速采取补救措施。

三、授权的过程

(一)下达任务

授权的目的在于完成任务、实现目标，所以，授权过程始于下达任务。所谓任务，是指授权者安排受权者去做的工作，它可能是要求受权者写一个报告或计划，也可能是要求其担任某一职务承担一系列职责。要下达明确的任务和所要实现的目标，以及相应要求和完成时限。

(二)授予权力

在明确了任务之后，就授予其相应的权力，即授予受权者相应地开展工作或指挥他人行动的权力，如有权调阅所需的情报资料、有权调配有关人员等。要做到权责对等，并使尽责与一定的利益挂钩。授权要特别注意明确权力界限和职责，还要注意在授权的同时给予下级充分的信任，全力支持，放手使用。

(三)监控与考核

在授权过程中，即下级运用权力推进工作的过程中，要以适当的方式与手段进行必要的监督与控制，以保证权力的正确运用与组织目标的实现。在工作任务完成后，要对授权效果、工作绩效进行考核与评价。

四、授权的艺术

在组织管理活动中，大多数授权的失败并不是由于对授权的本质和原则不了解，而是没有把授权的原则巧妙地运用到实践中去，即没有掌握有效授权的艺术。管理者有效授权应掌握以下授权艺术。

(一)接纳意见

管理者授权下属执行任务，下属的决策也许与管理者的想法不一致，但懂得授权的管理者不仅不会加以干涉，反而会接纳下属的意见。事实上，处理问题的方法往往不止一种，而管理者所采用的方法也不一定就是最好的方法。善于接纳下属的意见，并鼓励下属按自己的方法去完成任务，是管理者应掌握的授权艺术。

(二)肯于放手

授予下属权力,并将任务和目标交代清楚后,就不应再加干预。属于下属职权和工作范围之内的事,由下属自己决定。

(三)允许犯错

金无足赤,人无完人。授权后,管理者紧盯着下属,害怕他们犯错误,就不可能做到真正授权。下属犯了错误,应该耐心指出,查找原因,并从中吸取经验和教训,帮助下属提高认识与处理问题的能力,这样才能达到授权的真正目的。

(四)用人不疑

授权本身就意味着上下级之间的相互信任关系。管理者一旦把权力授予下属,就应该充分信任他们,在授权范围内,对下属的工作不干预、不插手、不包办代替。否则,频频地过问下属的工作,这种做法除了使管理者自己无法专心考虑重要问题之外,还会严重地影响下属的自尊心和工作的积极性。

案 例 分 析

拓威印刷包装公司

51岁的谢思德是拓威印刷包装公司的总裁,这家公司地处华南沿海,属于印刷、包装行业,正处于蓬勃发展之中。谢思德在这一行如鱼得水,但当将公司带入一项最为大胆的扩张项目时,他对未来表现出了些许忧虑。"使我担忧的是,"他说,"公司的成长可能会超出我的控制能力。我过去会确切地了解每一部门正在发生什么事情。而近来,我发现我似乎对一些事情失去了控制。咨询顾问们几年来一直告诉我应当改变自己做事的方式,也许他们的确是对的。"

1. 公司背景

1980年,谢思德的父亲谢金利买下了一家生产商务单据及标签的小企业,创办了拓威公司。接下来的20年中,通过内部发展及谨慎地兼并类似的小企业,公司不断壮大。谢金利将自己的两个儿子谢思健和谢思德带入了企业,老大谢思健于1990年就任公司总裁,1995年成为了董事长。老二谢思德最初在公司做销售,以后又升迁为主管生产的副总,1995年担任了总裁。当谢金利于1998年辞世时,公司的所有权平分给了兄弟俩。到2000年,拓威公司的总收入超过了1.5亿元。公司的产品包括发泡塑料包装、活页封皮、标签及商用单据等。公司在华南各地拥有7个包装工厂、10个商务单据工厂以及7个标签工厂。最近几年,拓威公司的增长率略高于同行业的5%~7%,其税后销售利润及平均资产回报均高于同行业的2%~3%和4%~7%。拓威公司新进入的领域是硬塑容器行业。谢思德已获得了台湾技术的使用权，在一些瓶、罐的生产线中使用这一技术，要比目前华南各地所使用的技术灵活性更大、成本更低。他预测这一新的生产线在三年起步阶段即能为拓威增加4000万元以上的收入。

2. 行业特点

拓威所在的市场竞争非常激烈。几家大的竞争者占到了总销售额的70%，另外的30%则由许多家小公司分享。大多数产品都是根据顾客要求的规格定做的。营利性取决于生产效率、当地价格以及顾客与产品组合决策。原材料通常占直接产品成本的60%以上。同一地区的生产商在价格、交货期、质量及服务等方面经常旗鼓相当。某一厂商服务特别优良的信誉以及供应商与顾客之间的个人关系常常是打破竞争均势的重要因素。大厂商在争夺大客户上占有优势，因为它们经营的范围使它们能够在全国范围内满足顾客的需求。

拓威公司的业务主要集中在华南地区。这里的竞争环境异常激烈，供应商必须绞尽脑汁，具备高度的技术能力以及产品选择范围。人们面对的挑战是：必须以更快速的反应时间及更低的成本来制造更加复杂的产品。拓威的市场领域中，需求一般比较乐观。这种需求通常跟宏观经济的走势同步，最近几年甚至有所超前。原有的竞争者通过扩张其生产能力来做出反应，同时也吸引来了新的进入者。竞争在持续地激化，人们担心，如果发生经济衰退，行业的产能将会出现严重过剩。

3. 拓威的策略

(1) 目标。拓威的目标是成为一个大型的、成功的、不断发展的家族企业。谢金利有两个儿子为公司工作。谢家被认为是处事谨慎的成功商人。他们沿用一条保守的成长战略缔造了拓威。通常，不管是涉及兼并还是内部扩张，拓威总是在将手头项目完成之后才会进入一个新的项目。但拓威最近的塑料容器扩展项目则颇为激进，多少有悖于其传统的行事风格。

(2) 竞争策略。拓威努力在价格及特色服务方面领先于人。公司力图确保顾客能够及时得到他们需要的产品。为做到这一点，拓威向顾客提供设计及排字服务，并拥有大型的直销机构及送货车队。谢思德在经营上厉行节约、励精图治，每一分钱都用在必要的地方，如用于设备的现代化及维修保养方面。在拓威的工厂几乎没有什么虚饰，停车场仍是素面朝天，办公室也十分简朴。推销员们共用非常简朴的办公室以保持费用最低，这样也"迫使"他们多待在外面。处事迅捷及成本控制成为整个公司的惯行。最近，拓威除了低成本这一重点外，正在加强对质量的特别关注。

4. 拓威的组织

二十多年来，拓威的管理方式基本上没有发生变化。企业的成长增加了企业的复杂性，但这并没有使其基本的管理结构发生显著的变化。

(1) 管理结构。

拓威具有一个职能型管理结构。高级主管主要是四个人，包括谢思健、谢思德、销售

第七章 权力的配置

及市场营销副总裁丁利松、生产部副总裁卜吉道。这些高级主管们经常超越其严格的职能职责范围去处理特定的事务，通常情况下，都是一些日常性的活动。高层的合作通过一个管理委员会进行。委员会包括6个成员，即谢家兄弟、丁利松、卜吉道、田大为和毕杰。他们每周开一次会，主要专注于战略而不讨论日常事务，议事日程由谢思健制定。尽管最终决定权在谢思德兄弟，但委员会的其他成员仍然能够积极地发表意见和建议。谢思健和谢思德在管理层中的作用极为不同。长兄谢思健兴趣广泛，对公司的参与仅限于战略性问题。谢思德却截然不同，他参与公司的所有事务，从管理委员会到日常的决策及各种事务。

(2) 管理体系。拓威的运作较为复杂，在严格的送货日期及成本控制的压力之下工作。以下描述了订货程序，从中显示了操作中一些问题的性质以及公司处理的方式。

① 订货过程。1992年，拓威安装了一套在线电子数据交换(EDI)系统。不管是送来、打电话或邮寄来的订单，都在订货部被输入终端。到1995年，已有三个独立的系统在使用中，反映了主要产品生产线(包装、标签和商务单据)对不同的信息的需要。每一个客户都建立一个EDI文件。进入订单以后，系统制定一个送货单并送往发货部。库存的物品立即发货，定做产品的发货日期由作为生产与推销员或顾客间的联系点的订货部代表来确定。

拓威的每个推销员(总数为100多人)在订货部都有一个相应的代表。订货部的人员充当了销售和生产之间的重要的联系纽带，协助维持这两个部之间的良好关系。这是一个卓越的成就，因为工作过程非常复杂。当接到一个新的产品订单，它将经过一些或所有的部门：订货部、制图部、美术部、排字部、制表部、工厂以及送货部。在这些部门间没有固定的方式，因为执行每个订单都需要重复的步骤。例如，制图部的人，理论上说，对一个订单的处理需要几十次。公司的每一个部门都有其自身的上司。订货部和美术部向销售副总裁汇报，而制图部、排字部以及制表部向生产副总裁汇报。预算权不必和这一系列相同，例如，制图部的预算由销售副总裁制定，而其经理向生产副总裁汇报。

拓威结构的复杂性同时也表现在销售机构上。它分成两个独立的实体，但实际上作为一个销售力量来运作。包装部门的销售人员按地理位置来安排，而标签及单据的销售人员根据生产线来安排。销售人员都倾向于成为多面手，向各自的客户销售所有的产品。

② 控制。预算和标准是拓威的生活方式。例如，在生产部，标准化的对象包括废品、生产力、安全及成本。标准的制定由包括操作者在内的每一个人讨论决定。在拓威，达到标准既是公司的目标又是个人的目标。根据其考评体系，达到标准也意味着相应的奖励。从大范围来说，拓威的计划及会计体系以18个独立的利润中心为基础，代表单个产品、产品区域或工厂/产品的结合。需要制定月度报告以确定每种产品在各个利润中心的分布。但是，利润中心没有安排特定的经理，而是由谢思德和卜吉道来浏览所有的月度报告。他们做得非常仔细，能够很快发现问题。

拓威的控制工作进行得更为深入。谢思德和卜吉道会亲自浏览每月的账目，他们要检查公司的每一笔交易以及利润中心的分配。他们检查的活动下至个别订单、客户及买卖。例如，就有关稍稍偏离标准的成本或一桩买卖交易而质疑一位工厂经理，对于谢思德或卜吉道来说是很普通的事。谢思德将检查账目解释为一种政策："通过反复核查可以确保成本由合适的利润中心负责，而且能够防患于未然。前几天我发现有一张3000元的支票签给了我们的一个竞争对手，我当然要问一下这是为什么。"卜吉道对以下事实颇为自豪："我们提的问题比任何其他公司都多，而且也比其他公司发现了更多的问题。这是我们成功的原因。"尽管这样说，但他也承认，在两个月当中他无法看完的分类账有几百页之多。时间是个问题。

5. 员工

拓威一贯努力通过内部升职、工作安全以及利润共享来关怀员工。拓威鼓励职员通过各个等级向上升迁。另外，正如卜吉道所说："我们没有解雇过员工，如果一项工作被取消的话，则可以进行人员变动。"公司的工资高于行业平均水平，一项退休金计划目前正在考虑中。每6个月，所有职员，包括管理层都会拿到一份基于公司利润的奖金，这一体系高度依赖于谢思德兄弟的可信性，因为真正的利润数据是不公开的。1993年，拓威实施了一项经理助理计划。"我们必须扩大我们的管理班子，"丁利松说，"而我们近来设立经理助理是向这个方向迈出的第一步。"1995年，公司雇用了两个年轻人，并使他们在很短的时间内担任了各种(直到董事)职位。拓威的企业精神就是管理者提出问题、挑剔、长时间工作以及参与任何事务。只有通过各个级别向上升职，一个人才能得到经验和地位。独创精神是对全体员工的要求，拥有了这个特点的人经常会获得提升。

6. 主要经理的看法

以下是与拓威公司的高层经理之间的一些谈话。

(1) 卜吉道。卜吉道从1989年起一直担任生产部副总裁。他工作极其勤奋，事必躬亲，位高权重。"我很清楚我的职权，当然，我喜欢权力。当谢思德外出时，我更能真正享用它。当然我非常尊重谢思德，我认为他是拓威的最大财富，但他也是我们的最大障碍。""我不喜欢琐碎的事！但这是企业精神。事情必须得到解决，而我正是做这件事的人。我所喜欢做的事是解决难题，培养人才。"卜吉道继续侃侃而谈，他手下提起来的许多人现在已担任了各级经理职务。"我的工作时间经常是从早上8点到晚上8点，周末时间较短。通常每周工作70个小时，过去10年一直是这样。我肯定是处于极限了，现在正试图通过委任一些人来减少工作时间。我过于被束缚在办公室，因而开始厌倦这种工作。""我承认，在培养管理人员方面我们做得很少，但我们正处于历史上的交叉点，现在是必须采取行动的时候。"

(2) 丁利松。丁利松是销售及市场营销部副总裁，并名义上负责17个利润中心(总共18个)的盈利与亏损。他每周工作60小时，大多数时间都花在会议上。当他于1983年开始在拓威工作时，工作时间是每周80～90小时。"我喜欢自己做的事，所以并不介意长时间工作。我从工作和组织的多样化中得到了很大的乐趣。公司的成功也是个激励。许多人工作努力，不计报酬。用句老掉牙的话说，在拓威，我们看到我们的努力结出了硕果。""我刚30出头时，担任商务单据部的总经理。但许多年过去了，我从一个多面手发展成更为专业化。我们都是这样。20年以前，我们可以做任何事，现在做不到了。日常事务减少了，因为必须减少。同时，我们加大了管理班子的规模。近来经理助理的职位就是根据这一思路而建立的。""管理就是通过他人来完成工作。我们引入了更多人来完成更多的工作。但我们不习惯放手。在这 20 年中，我遇到许多情况，这使我能够比别人更好地把握形势。因此我亲自参与许多事使其运行良好。"

(3) 毕杰。毕杰，财务副总裁，负责所有的会计工作，包括应付款、成本、工资以及信用。"我来到这里的时间比较短，我想我可能还是个新成员，必须做些调整以适应这些人，但这并不难。""我的职权主要是管理。财务这个词可能有点用词不当。我刚来的时候，应付款的情况一团糟。于是我花了一半的时间去整理。去年，我的一半时间花在佛山。现在仍然每周在那里待一天。谢思德认为这样外出时间太多，但有许多事情需要处理。我们买下这个厂，工作运作得不好。卜吉道已经负责了另一个项目，所以这个要由我来处理。"

(4) 田大为。田大为是销售部经理，负责监督包装品(拓威的核心产品线之一，占公司年销售额的一半)的销售。他 80%的时间都在办公室度过，有 7 个销售经理直接向他汇报。"拓威是一个很强的制造公司，由四个人统治着，这就是谢思健、谢恩德、丁利松和卜吉道。我认为公司的主要长处就是这四个人的统治，但同时，这又是我们的主要弱点。""拓威必须得到扩展。外面的机会太多了。我希望将我的销售人员人数翻一番。同时我相信，10 年内我们将实行事业部制以及总经理负责制。但现在许多人的机会都太少，信任度也较低。"

(5) 罗学勤。1997 年，拓威雇用了新的所谓的经理助理。27 岁的罗学勤是最早被雇用的两名助理之一。"我们之所以被雇用，好像是谢思健和谢思德正在寻找合适的人选，希望使其在 10 年内进入拓威的管理高层。他们不想保持现状，他们正努力培养人才以担当他们的职责。亲眼看到这些人的工作是多么艰苦，使我怀疑那样的终点是否会让我高兴。"

7. 拓威将向何处去

谢思德非常清楚拓威内部的压力和相反意见。他办公室中的挂图总结了他的位置。一张上写有"公司成功要素"如下：

(1) 低成本生产；
(2) 保持客户关系；
(3) 广泛的服务。

然而，底部有一行黑体小字"各层次安排称职的人选"。第二张标题是"正确的思考"，列出了一大张谢思德个人关注的问题的清单，包括他个人、他哥哥、他的家庭以及企业的问题。这些纸挂在墙上已经 1 年多了，他承认它们的重要性。他和其他人已对所有的问题给予了相当多的思考。管理使人疲倦，他们会发现自己没有合适的接班人。人可以限制发展。经济转型会严重影响新产品和现有产品的表现。谢思德和拓威公司都面临着一个有趣的将来。谢思德说："以前有一些聪明人告诉我，要改变企业的结构。我原则上同意这一点。我们必须解放我们的时间，但事情并不那么简单。我们的工厂和销售组成使这一普通的管理理念变得很困难。我们寻找合适人选的时间很紧张，总经理的来源实在是很少。"他在讲这番话时，对于自己的精力和能力的自信是显而易见的。

【问题】

1. 试分析拓威公司的职权配置状况。
2. 该公司的发展面临着哪些主要的挑战？可能的对策有哪些？

(资料来源：杨文士，焦舒斌，张雁，等. 管理学. 3版. 北京：中国人民大学出版社，2009)

阅 读 资 料

集权与分权应看六个因素

在制度与成本之间，一般表达是制度决定成本，即不同的制度产生不同的成本。反过来，即根据成本的高低来选择制度，从若干可供选择的制度中，选取一组成本最低的制度。

企业决策是集中还是分散，在企业决策中是一个人说了算，还是大家说了算，这是企业制度中的一项重要内容。在这方面，我们可以做出多种制度安排：可以一个人说了算，可以大家说了算，可以在两者之间进行多种组合。比如一般决策一个人说了算，重大战略决策大家说了算；与职工利益无关或关系不紧密的问题一个人说了算，与职工利益关系紧密的问题大家说了算等。

1. 权力安排与决策成本

在上述多种制度组合中，一个企业选择什么样的制度，最终取决于成本比较。决策权的集中与分散，将从三个方面影响企业成本。

(1) 信息方面。权力越集中，权力背后的信息越少，盲目决策就会越多，由此造成的损失就会越多；权力越分散，权力背后的信息就越多，决策的失误就越少。

(2) 效率方面。权力越集中，决策效率越高。在所有的决策制度中，如股东会决策、董事会决策、职代会决策、党委决策等，都不如一个人说了算的效率高。

(3) 利益方面。在私人企业，权力越集中，越有利于避免以权谋私；在公有制企业，权力适当分散，相互制衡，更有利于避免以权谋私。

2. 信息分布与权力安排

从知识和信息方面看，权力资源与信息资源的高度统一，是科学决策的基础。在任何一个企业，信息资源都是相对分散的。企业规模越大，产业越是多元化，信息资源就越分散。比如，某种产品在上海市场是否该降价，只有上海分公司的经理最有发言权，按照权力跟着信息走的原则，应该将此项权力交给上海分公司的经理，而不应该由总公司的总裁说了算。因为总公司在北京，让总公司的总裁决策在上海市场是否降价，很可能是盲目决策。又如，在多元化集团，如果所有产业的投资决策都由集团公司总裁决定，可能是盲目

第七章 权力的配置

决策,因为集团公司总裁并没有相关产业的经验和信息。而子公司的领导由于长期从事这一产业的工作,具有信息和经验方面的优势,将决策权,包括投资决策权下放给子公司或子公司的领导,有利于权力和信息的充分结合,有利于提高决策的科学性。

可见,如果仅仅从信息优势,从权力与信息相结合的方面看,越是分权,盲目决策就越少,决策的损失就越少,决策成本就越低;相反,越是集权,决策成本就越高。

3. 权力安排与决策效率

集权的好处是有利于提高决策效率;分权的弊端是,一件事情反复研究,大家七嘴八舌,久拖不决,贻误商机。

在三九集团与正大集团合作中有这样的故事:香港正大集团的老板想在内地投资,走了一大圈,大家都是研究研究,没有下文;而与三九接触后,因为一个人说了算,很快达成意向。

裕兴科技是一家香港上市公司,该公司停牌已经两年,至今尚未复牌。其原因是公司董事会在没有经过股东大会讨论的情况下,收购了平安保险5100万股的股权。按香港的规定,上市公司的重大投资和收购,必须经过股东大会讨论通过,否则属于违规。对裕兴来说,虽然该交易给公司带来了很好的收益,但因董事会违规,照样要受到处罚。从该项交易的实际情况看,如果经过股东大会讨论,则需要一个过程。该交易是个极好的商机,如果经过上述过程,可能早已被别人买走。但按照上市规则,即使丢失该商机,也要经过股东大会讨论。

从制度层面看,上市公司的重大投资和收购决策,如果不经过股东大会决议,董事会,甚至大股东可能因个人目的,将上市公司的巨额资金用于不正当交易,或者可能因决策失误,将上市公司的巨额资金用于错误投资,造成公司和广大股民的巨大损失。因此,上市公司的重大投资和收购决策,需要经过股东大会讨论通过,这是必要的。民主决策或大家说了算的一项重大成本,就可能丧失许多重要商机。由此造成的损失,与其说是分权体制的成本,不如说是上市公司这种企业制度的成本。

4. 权力集中与代理成本

在私有企业,集权的好处是:有利于减少以权谋私。权力越是分散,给他人以权谋私的机会就越多。包括三株、德隆这样的民营企业,由于企业规模较大,管理链条较长,委托—代理关系较多,给人以权谋私的机会也多。结果,职业经理人利用权力谋取私利的现象大量出现,公司成本由此大幅上升,这个成本就是分权的成本。

同一个话题如果放在国有企业,情况可能相反,即越是集权,越有可能导致腐败。因为在国有企业,最高决策者本人也是代理人,他的个人目标与企业投资者的目标并不一致,权力越是集中,越是缺少内部制衡机制,以权谋私的现象可能就越多,集权的成本也就越高。

5. 决定集权与分权的六个因素

以上分析说明，集权好还是分权好，企业决策应该一个人说了算，还是大家说了算，不能一概而论，应该做以下区分。

一看所有制。如果仅仅从所有制看，私有化程度越高的企业，越应该集权。在这样的企业，只有老板不会贪污和受贿，其他任何人都有可能贪污和受贿。相反，公有化程度越高的企业，越应该分权。通过分权，对权力加以适当制衡，有利于减少以权谋私。

二看企业规模。如果仅仅从企业规模看，规模越大的企业，越要分权；规模越小的企业，越是可以集权。正因为这样，个体户的决策效率最高。

三看产业结构。越是多元化的企业，越应当分权；越是专业化的企业，越有条件集权。三九如果仅仅造药，甚至仅仅造三九胃泰或其他胃药，让赵新先一个人说了算，绝对不会出现那么多盲目决策。或者说，重大战略决策让赵新先一个人说了算，而不是让大家七嘴八舌，其决策可能更加正确。

四看企业管理制度和人员的结构。企业的管理制度越严密，各级决策人员的利益与企业整体利益相关度越高，分权的成本就越低，而由分权所获得的信息优势就越大。比如，西安海星集团是荣海的私人企业，而许多二级公司的领导人或者是荣海的亲戚，或者是老同学，权力下放，这些人一般不会因个人利益而损害公司利益，荣海就可以大量放权。如果海星的中高层管理者都是从市场上招聘的职业经理人，而海星的管理制度又不是很健全，只要放权，大家都有机会以权谋私，在这种情况下，荣海就应该尽可能地集权。

五看主要决策者的水平。以三九为例，那么多二级公司、三级公司，而这些公司主要决策者的水平、能力差别很大。正确的安排是，能力强的充分放权，让其一个人说了算；能力弱的，上面加强审批，或者身边派个"政委"。因此，在决策权的分配上，应该实行一厂一策，而不应千篇一律。

六看决策内容。仅仅是战略决策，如果也让全体职工参与，或者让全体股东参与，搞民主集中制，所形成的不一定是正确决策，因为一般股东和一般职工既不了解产业，也不了解市场，这种决策应该是专家参与、领导拍板；而事关全体职工利益，事关关联交易等决策事项，则应该充分听取职工或股东意见，避免少数人以权谋私，损害职工或广大中小股东利益。

(资料来源：钟朋荣. 集权与分权应看六个因素. 企业管理，2006)

本 章 小 结

职权是指组织内部授予的指导下属活动及其行为的决定权。职权是来源于职位的权力，是一种合理、合法的权力。职权可分为直线职权、参谋职权和职能职权。直线职权是直线

第七章 权力的配置

人员所拥有的包括发布命令及执行决策等的权力，也就是通常所说的指挥权。参谋职权就是参谋人员和参谋部门所拥有的辅助性职权，包括提供咨询、建议等。职能职权是指参谋人员或某部门的管理者所拥有的原属直线主管的那部分权力。职能职权是介于直线职权和参谋职权之间的一种职权。直线与参谋是两类不同的职权关系，区别直线与参谋是按职权关系而不是由部门活动来表示的。

职权矛盾产生的原因主要是：参谋职权侵犯了直线职权；参谋人员与直线人员肩负的责任不同；参谋人员的工作不能令人满意；由交叉职能形成的多头指挥。解决职权矛盾的途径：了解和明确职权关系；鼓励直线人员听取参谋人员的意见；及时向参谋人员提供有关信息；采用完全参谋制度。

集权和分权是组织层级化设计中的两种相反的职权分配方式。集权是指职权在组织层级系统中较高层次上一定程度的集中。分权是指职权在组织层级系统中较低层次上一定程度的分散。集权和分权是两个相对的概念，不存在绝对的集权和绝对的分权。集权与分权的程度，通过决策的数目、决策的重要性及影响面、决策审批手续的简繁三个方面来衡量。影响集权与分权程度的因素主要有：决策的重要性、组织规模的大小、政策的统一性、员工的数量和基本素质、组织的可控性和组织所处的成长阶段。为了实现组织的目标，最重要的是在集权与分权之间取得良好的均衡，做到"放得开又管得住"，组织"活而不乱"。

授权就是指上级委授给下属一定的权力，使下属在一定的监督之下，有相当的自主权和行动权。授权的原则是：正确选择被授权者、适度原则、权责明确原则、级差授权原则和有效监控原则。授权的过程包括下达任务、授予权力、监控与考核三个步骤。授权的艺术，主要有接纳意见、肯于放手、允许犯错和用人不疑。

自 测 题

一、单项选择题

1. 同职权共存的是(   )。
    A. 群体   B. 职能   C. 结构   D. 职责
2. 转移到参谋人员和部门的直线职权称为(   )。
    A. 直线职权   B. 参谋职权   C. 职能职权   D. 指挥权
3. 上级委授给下属一定的权力，使下属在一定的监督之下，有相当的自主权和行动权，称为(   )。
    A. 代理   B. 分工   C. 授权   D. 分权
4. 解决直线与参谋之间的矛盾，首先要(   )。
    A. 了解和明确直线与参谋是职权关系   B. 鼓励直线人员听取参谋人员的意见
    C. 及时向参谋人员提供有关信息   D. 采用完全参谋制度

5. 只能对直接下属授权,不可越级授权,这是授权的( )原则。
   A. 正确选择被授权者　　　B. 适度
   C. 权责明确　　　　　　　D. 级差授权

二、多项选择题

1. 组织内的职权有三种类型包括( )。
   A. 直线职权　　　B. 参谋职权　　　C. 职能职权
   D. 授权　　　　　E. 非正式权力
2. 授权的过程包括( )。
   A. 下达任务　　　B. 授予权力　　　C. 监控与考核
   D. 分析环境　　　E. 计划的实施与反馈
3. 从( )方面衡量一个组织集权或分权的程度。
   A. 决策的数目　　　　　　B. 决策的重要性及影响面
   C. 决策的审批手续的简繁　D. 决策的实施
   E. 决策程序
4. 职权矛盾的原因是( )。
   A. 参谋职权侵犯了直线职权
   B. 参谋人员与直线人员肩负的责任不同
   C. 参谋人员的工作不能令人满意
   D. 由交叉职能形成的多头指挥
   E. 形成了多头领导

三、判断题

1. 绝对的分权能充分调动下属的积极性。( )
2. 职权是一种权力,其合法性来自于组织中的职位。( )
3. 较低一级层次做出的决策无关紧要,则集权程度较低。( )
4. 较低一级管理层次做出的决策事关重大、影响面广,就可认为分权程度较高。
   ( )
5. 在组织成长的初始阶段,为了有效地管理和控制组织的运行,组织往往采取集权的管理方式。( )

四、简答题

1. 什么是直线职权?
2. 什么是参谋职权?
3. 什么是职能职权?
4. 简述影响集权与分权的因素。

5. 简述授权的原则。

五、论述题

1. 谈谈你对直线职权、参谋职权和职能职权的理解。
2. 试述职权矛盾产生的原因及其解决途径。
3. 试述管理者有效授权应掌握哪些授权的艺术。

第八章 人员配备

【学习要点及目标】

通过本章的学习，明确人员配备的基本程序和原则；了解管理人员考评的目的及其培训的重要性；掌握选聘管理人员的基本途径和方法、管理人员培训的基本过程及方法以及常用的考评方法及程序；学会运用相关理论分析和解决企业实际问题。

【关键概念】

人员配备　人员选聘　人员培训　绩效考评

【引导案例】

> **麦当劳不用天才**
>
> 吃过麦当劳快餐的人都知道，在任何一个麦当劳店，你所得到的汉堡都是一样的，这是由于麦当劳实行的是连锁标准化管理。麦当劳的人员管理也同样有一套标准化管理模式，包括如何面试，如何挖掘一个人的潜力等。
>
> 麦当劳不用天才，因为天才是留不住的。麦当劳请的是最适合的人才，是愿意给你一个承诺、努力去工作的人。在麦当劳里取得成功的人，都有一个共同的特点：从零开始，脚踏实地。炸薯条、做汉堡包，是在麦当劳走向成功的必经之路。这对那些取得了各式文凭、踌躇满志想要大展宏图的年轻人来说，是难以接受的。但是，他们必须懂得，脚踏实地从头做起才是在这一行业中成功的必要条件。
>
> 与其他公司不同，人才的多样化是麦当劳的一大特点。麦当劳的员工不是只来自一个方面，而是从不同渠道请人。麦当劳的人才组合是家庭式的，去麦当劳可以看到有年纪大的人，也有年纪轻的人——年纪大的可以把经验告诉年纪轻的人，同时又可被年轻人的活力所带动。因此，麦当劳请的人不一定都是大学生，而是什么人都有。
>
> （资料来源：人力资源开发管理网，http://www.hrdm.net/）

组织设计为组织的运行提供了基本框架，为确保组织的顺利运转，还需要为组织配置合适的人员并对其进行有效的管理。人员配备主要涉及的问题是人，因此，它在整个管理过程中占有极为重要的地位。人员配备是组织设计的逻辑延续，也是企业获得"优质资源"的第一步。合适的人员配备不仅可以提高组织的效率，同样也可以促进员工发展，提高组织的凝聚力，为组织的顺利发展打下坚实的基础。麦当劳的案例说明企业在人员配置时应广开才源，量才录用，做到人尽其才、职得其人，这样才能持久、高效地发挥人力资源的作用。

第八章　人员配备

第一节　人员配备概述

一、人员配备的含义

人员配备是根据组织结构中所规定的职务的数量和要求，对所需人员进行恰当而有效的选择、考评和培训，因此它包含了"选人、评人、育人"三个方面的内容。其目的是为了配备合适的人员去充实组织中的各项职务，以保证组织活动的正常进行，进而实现组织的既定目标。

人员配备是对组织中全体人员的配备，既包括对主管人员的配备，也包括对非主管人员的配备，二者所采用的基本方法和遵循的基本原理是相似的。有关非管理人员的配备内容，在一些人力资源管理的书籍中已有广泛的涉及，因此，在本章将着重论述有关管理人员配备的内容、原理和方法。

二、人员配备的重要性

人是组织中最重要的资源，是构成组织的要素之一，组织活动的进行，组织目标的实现，无一不是由人所决定的。由此可见人员配备的重要性。

(一)人员配备是组织有效活动的保证

对于一个组织来说，组织目标为组织活动提供了明确的方向，组织结构又为组织活动提供了实现目标的条件。但是，再好的组织结构，如果人员的安排不合理，这个组织结构也不能发挥正常功能。人员配备不适当会导致组织结构不能成为实现组织目标的保证，甚至还会干扰组织的有效活动，阻碍组织目标的实现。因此，人员配备工作的好坏，将直接影响到组织活动的成效。管理人员在组织活动中居于主导地位，是实现组织目标的关键人物，因此，管理人员的配备无疑具有更大的重要性。

(二)人员配备是做好领导以及控制工作的关键

人员配备职能不是孤立的，从管理是一个系统的观点来看，它以计划工作和组织工作为前提，是计划工作与组织工作的人员落实，又为指导与领导工作以及控制工作奠定了一定的基础。一个组织中，如果人员配备不适当，或人员配备工作不完善，如配备的管理人员的德才与职务的要求不符，或对管理人员的考评或培训工作不重视等，那么，这样配备出来的管理人员是无法发挥出色的领导才能的，也不可能创造出一种良好的环境，从而使其中成员的积极性、主动性得到充分的发挥。同样道理，下属工作人员配备得不合理，势必会给控制工作带来更大的麻烦,使控制的范围加大,难度也会更深,从而加重上层管理的监督和纠正偏差的工作。因此,就管理系统而言,人员配备也是一项关系其他职能能否高质量实施的重要职能。

(三)人员配备是组织发展的准备

组织发展应根据组织内外环境的变化而做出相应的变化。一个组织只有不断地创新和发展,才能适应内外环境的变化而立于不败之地。组织发展的能动因素是人,其中管理者又是起着决定性作用的。因此,人员配备作为专门从事充实组织结构中的各种职位的工作,同组织发展的关系极为密切,它是一项动态的职能,不仅要进行目前所需的各种人员的配备,而且还要着眼于组织未来发展的需要,使组织能够灵活地适应未来复杂多变的环境。

三、人员配备的工作程序

人员配备主要是根据组织设计的结果进行的,一般包括制订人员配备计划、确定人员来源、甄选人员、培训、考评等工作,其程序如表 8-1 所示。

表 8-1　人员配备的工作程序

程　序	具体步骤	说　明
制订人员配备计划	人员的数量 (需要多少人)	①确定人员需要量的依据是组织设计的结果 ②对于现有的组织,人员配备则不仅要考虑组织结构的要求,还要分析组织现有人力资源的情况
	人员的质量 (需要什么样的人)	
选聘人员	招聘:从组织内部和外部吸引、物色足够的候选人	①选聘人员的依据是组织设计确定的对人员的职位需求标准 ②要依据相应的职位要求对人员进行素质评价和选择
	甄选:使用科学、有效的测试、评估和选聘方法	
人员的培训	对人员进行岗前培训	通过培训不断提高人员的素质,并为将来从事其他更重要的工作做好准备,培训的目的既是为了组织发展的需要,也是为了实现员工个人的充分发展
	对现职人员的培训	
人员的考评		①了解人员的工作情况 ②为人员改进工作提供指导,为培训、奖惩和人事晋升提供客观依据

四、人员配备的原则

(一)经济效益原则

人员配备要以保证组织目标的实现为前提。它既不是盲目地扩大员工队伍，也不是单纯为了解决就业问题，而是为了保证组织效益的提高。因此人员配备计划的制订要以组织需要为依据，保证组织中人员配置的效率性。

(二)量才使用原则

量才使用就是根据每个人的能力大小而安排合适的职务和岗位。只有根据人的特点来安排工作，才能使人的潜能得到最充分的发挥，使人的工作热情得到最大限度的激发。如果能力与职务、岗位不相符，不仅会影响组织效率，也会造成人力资源计划的失效。

(三)用人所长原则

所谓用人所长，是指在用人时应注重发挥人的长处，而不是责备求全。由于人的知识、能力、个性发展是不平衡的，组织中的工作任务要求又具有多样性，因此，应该选择最适合空缺职位要求的候选人。有效的管理就是要能够用人之长，避其所短。

(四)动态平衡原则

组织随着环境的发展而不断变革和发展，对组织成员的要求也在不断变化。因此，人与事的配合需要进行不断的协调平衡。所谓动态平衡，就是要实现人与职、人与事的动态平衡，做到人职、人事匹配。

第二节 管理人员的选聘

人员配备计划中指出组织中需要具备哪些素质的人，而要获得符合相应岗位素质要求的人，就必须对组织内外的候选人进行选聘，选聘工作包括招聘和甄选两个步骤。招聘是指组织按照一定的程序和方法招募具备岗位上岗素质要求的求职者，以担任相应岗位工作的一系列活动。甄选是指依据既定的用人标准和岗位要求，对应聘者进行评价和选择，从而获得合格的上岗人员的活动。通过招聘与甄选，组织为相应的岗位配备合适人员。

管理人员的选聘是人员配备职能中最关键的一个步骤，因为这一工作的好坏，不仅直接影响到人员配备的其他方面，而且对整个管理过程的进行，乃至整个组织的活动，也都有着极其重要和深远的影响。管理人员的质量是任何一个组织不断取得成功的最重要的决定因素，组织能否选拔和招聘到合适的管理人员是组织的一项重要工作。

一、选聘标准

管理人员的选聘是落实人员配备计划的重要步骤，必须依据一定的标准慎重决策，因为，员工一旦被聘用，即使能力和业绩平平，组织也很难迅速将其予以解聘，尤其是管理者的素质对组织的发展至关重要。通常，不同管理层次的具体管理业务工作是不同的，但其本质特征则是一样的，即组织和协调他人的工作。因此，对不同管理人员基本的素质要求可归纳为以下几点。

(一)管理的愿望

强烈的管理愿望是有效开展工作的基本前提。对一些管理者来说，担任管理工作，意味着在组织中将取得较高的地位、名誉以及与之相对应的报酬，这将产生很强的激励效用。同时，管理也意味着可以利用制度赋予的权力来组织劳动，通过自己的知识和技能以及与他人的合作来实现组织的目标，并使员工获得心理上的满足感。毋庸讳言，管理意味着对种种权力的运用。管理能力低下、自信心不足或对权力不感兴趣的人，自然很难有效地使用权力，这就难以达到理想而积极的工作效果。

(二)管理技能

管理人员具备的管理技能是指完成管理活动的能力，包括技术技能、人际关系技能和概念技能三类。

(三)良好的品德

良好的品德是每个组织成员都应具备的基本素质。对于管理者来说，担任管理职务意味着拥有一定的职权，而组织对权力的运用不可能随时进行严密、细致、有效的监督，所以权力能否正确运用在很大程度上只能取决于管理者的自觉、自律行为。因此，管理者必须是值得信赖的，并且要具有正直而高尚的道德品质。

(四)勇于创新的精神

对于一个现代组织来说，管理的任务绝不仅仅是执行上级的命令，很多任务的完成需要从事没有做过的事，而这一切都没有现成的程序或规律可循。因此，需要冒很大的风险进行创新工作，而且通常是希望取得的成功越大，需要冒的风险也越多。要使组织更具创新活力，管理者就必须努力创造敢于冒风险、鼓励创新的良好氛围。

二、选聘方式

一般来说，组织选聘的方式有外部招聘和内部招聘两种，具体使用哪种方式应根据当地劳动力市场、所配置职位的类型或层级以及组织的规模等因素来确定。

(一) 外部招聘方式

外部招聘就是根据组织制定的标准和程序从组织外部选拔符合空缺职位要求的人员。外部招聘的途径多种多样，有广告招聘、员工推荐、人才交流会、就业机构(如猎头公司)、网上招聘等方式。

通常来说，外部招聘具有以下优势。

(1) 被聘者没有太多顾虑，可以放手工作。组织内部成员往往只知外聘管理者目前的工作能力和实绩，而对其历史，特别是职业生涯中的负面信息知之甚少。因此，如果他的确有工作能力，那么就可能会迅速地打开局面。

(2) 有利于平息组织和内部竞争者之间的紧张关系。组织中某些管理职位的空缺可能会引发若干内部竞争者的较量，如果员工发现能力相差无几的同事得到提升而自己落选时，就可能会产生不满情绪，从而影响组织任务的完成，而从外部招聘则有利于缓和内部的紧张关系。

(3) 来自外部的候选人可以为组织带来新的管理方法与经验。他们没有太多的条框程序束缚，工作起来可以放开手脚，从而给组织带来更多的创新机会。此外，由于他们新近加入组织，没有与上级或下属历史上的个人恩怨关系，从而在工作中可以很少顾忌复杂的人情网络。

外部招聘也有许多局限性，主要表现在以下方面。

(1) 外聘人员对组织缺乏深入了解。外聘人员一般不熟悉组织内部复杂的情况，同时也缺乏一定的人事基础，很难一下进入工作角色，因此，外聘人员需要相当一段时期的磨合才能与组织现有的文化相适应，也才能真正开展有效的工作。

(2) 组织对外聘人员缺乏深入的了解。在选用时虽然可以借鉴一定的测试和评估方法，但外聘人员的实际工作能力与选用时的表现可能存在很大差距，因此组织可能会聘用到一些不符合要求的员工。这种错误的选聘可能会给组织造成一定的危害。

(3) 外部招聘对内部员工的积极性造成打击。大多数员工都希望在组织中能有不断升迁和发展的机会，都希望能够担任越来越重要的工作，如果组织过于注重从外部招聘管理者，就会挫伤他们的工作积极性，影响他们的士气。

(二) 内部招聘

内部招聘是指组织内部成员的能力和素质得到充分确认之后，被委以职位更高或不同岗位的职务，以填补组织中由于发展或其他原因而空缺了的管理职务。内部招聘的主要优点有以下几方面。

(1) 由于对组织中的人员有比较充实和可靠的资料供分析比较，应聘人的长处和弱点都看得比较清楚。因此，一般来说，人选比较准确。

(2) 内部成员对组织的历史、现状、目标以及现存的问题比较了解，能较快地胜任工作。

(3) 组织成员感到有提升的可能，可激励组织成员的上进心；工作有变换的机会，可提高员工的兴趣和士气，使其有一个良好的工作情绪。

(4) 可使组织对其成员的培训投资获得回收，获得比当初投资更多的培训投资效益。

尽管内部招聘有许多优点，但它也存在一些不可忽视的缺点。

(1) 当组织对未来所需管理人员的供需缺口比较大，即组织存在较多的管理空缺职位，而组织内部的管理人才储备或者是在量上不能满足需要，或者是在质上不符合职务要求时，如果仍然坚持从内部提升，就会使组织既失去得到一流人才的机会，又会使不称职的人占据管理职位，这对组织活动的正常进行以及组织的发展是极为不利的。

(2) 容易造成"近亲繁殖"。由于组织成员习惯了组织内的一些既定的做法，不易带来新的观念，而不断创新则是组织生存与发展不可缺少的因素。

(3) 因为提升的人员数量毕竟有限，若有些人条件大体相当，但有的被提升，而有的仍在原来的岗位，这样，没有被提升的人的积极性将会受到一定程度的挫伤。

在实际工作中，究竟采用哪一种方式选聘管理人员对组织更适合，要通过对组织的内外环境变化以及人事变动的具体情况进行分析而定，通常采用内部安排与外部招聘相结合的方式配备管理人员。

三、选聘程序

为了保证管理人员选聘工作的有效性和可行性，应当按照一定的程序并通过竞争来组织选聘工作，具体的工作步骤包括制订选聘计划、初选、考核与面试、背景调查、体检、录用以及招聘效果的评估和反馈等。

(一)制订选聘计划

当组织中出现需要填补的工作职位时，要以人员配备计划所设计出的职务数量和类型为依据制订选聘计划。其中，职务类型提出了需要什么样的人，职务数量则告诉我们每种类型的职务需要多少人。制订选聘计划要考虑下述几个因素：

① 组织现有的规模、机构和岗位。管理人员的配备首先是为了指导和协调组织活动的展开，因此首先需要参照组织结构系统图，根据管理职位的数量和种类，来确定组织每年平均需要的管理人员数量。

② 管理人员的流动率。不管组织做出何种努力，在存在劳动力市场且市场机制发挥作用的环境中，总会出现组织内部管理人员外流的现象。此外，由于自然力的作用，组织中现有的管理队伍会因病老残退而减少。确定未来的管理人员需要量，要有计划对这些自然或非自然的管理人员减员进行补充。

③ 组织发展的需要。随着组织规模的不断扩大，活动内容的日益复杂，管理工作量将

会不断扩大,从而对管理人员的需要也会不断增加。同时组织结构也会随着组织的发展而作相应的调整。因此,计划组织未来的管理人员队伍,还需预测和评估组织发展与业务扩充的要求。综合考虑上述几种因素,便可大致确定未来若干年内组织需要的管理人员数量,从而为管理人员的选聘和培养提供依据。

组织在确定职位的类型、数量、上岗时间等内容后,同时要成立相应的选聘工作委员会或工作小组。一些组织的招聘工作是委托专门的人才招聘机构提供有偿服务的,组织只需将所需要的人才数量、专业、性别、年龄等告知招聘机构,该机构即可办理全部有关事宜。但有些组织的人才招聘是自己进行的,这就需要形成一个得力的工作班子——选聘小组或选聘委员会。选聘小组既可以是组织中现有的人力资源管理部门,也可以是由各方面代表组成的专门或临时性机构。

选聘工作机构要以相应的方式,通过适当的媒介,公布待聘职务的数量、性质以及对候选人的要求等信息,向组织内外公开"招标",鼓励符合条件的候选人应聘。一般而言,大规模招聘多岗位管理人员时可通过招聘广告和大型的人才交流会招聘;招聘管理人员不多且岗位要求不高时,可通过参加一般的人才交流会招聘;招聘高级人才时,可通过网上招聘或通过猎头公司推荐。

(二)初选

选聘小组需要对每一位应聘者进行初步筛选以便确定应聘者的基本信息是否符合要求。内部候选人的初选可以根据以往的人事考评记录来进行,对外部应聘者则需要通过申请表进行分析。在具体操作时,根据不同职位描述中要求的工作经历、文化程度、知识结构、能力水平及思想品质等方面要求,形成相应的评分表,并根据评分标准计算出每一位申请者的总分数,以此作为评价应聘者符合岗位要求的程度。在初选时,要尽可能多地了解每个申请人的工作经历及其他情况,观察他们的兴趣、观点、见解和独创性等,及时排除那些明显不符合基本要求的应聘者。

(三)对初选合格者进行知识与能力的考核

在初选的基础上,需要对余下的应聘者进行细致的甄选测试。测试的方式可借助各种技术手段,或者通过面对面接触方式评价应聘者的智力水平、知识面、能力结构、个性特征及兴趣爱好等。常用的测试方式有以下几种。

1. 笔试

笔试是管理人员选聘的一种最基本的方法,是让应聘者在试卷上回答事先拟好的试题,然后由考官根据应聘者解答题目的正确程度评定成绩的一种测试方法。这种方法可以有效地测量应聘者的基本知识、专业知识、管理知识及综合分析和文字表达等方面的能力。其优点是花费时间少,效率高,一次评价人数多,对应聘者的知识、技术、能力的考查的准确度较高，成绩评定比较客观。但笔试也存在一定的局限性，诸如不能全面地考查应聘者的工作态度、品德修养、组织管理能力、口头表达能力和操作能力等。所以，还必须结合其他测评方式进行测试，才能全面考查应聘者的素质和能力。通常，在组织管理人员选拔活动中，笔试合格者才能取得下一轮测试的资格。

2. 心理测试

心理测试是招聘测试中的一个重要方面。许多组织在招聘中，往往运用心理测试这一手段。所谓心理测试，就是指通过一系列的科学方法来测量被测试者的智力水平和个性方面差异的一种科学方法。目前国外流行的对管理人员的心理测试主要有：卡特尔16项人格因素测验(16PF)、加州人格问卷(CPI)、主题统觉测验(TAT)等。心理测试是心理学研究的一种方法，心理测试以前，要先做好预备工作，心理测试选择的内容、测试的实施和计分，以及测试结果的解释都是有严格的顺序的。一般来说，测试者要受过严格的使用心理测量方法的训练。

3. 情景模拟

情景模拟是指根据被测试者可能担任的职务，编制一套与该职务实际情况相似的测试项目，将被测试者安排在模拟的、逼真的工作环境中，要求被测试者处理可能出现的各种问题，用多种方法来测评其心理素质、潜在能力的一系列方法。最常见的情景模拟方法有公文处理测试、无领导小组讨论、案例分析、个人演讲、角色扮演以及管理游戏等。

(1) 公文处理测试。其做法是假定被测试者将接替某个管理人员的工作，然后将预先准备好的一袋公文交给被测试者处理，要求其在规定时间内处理完毕，并要求被测试者向评价人员说明为什么这样处理。公文中有日常琐事，也有重要事项，有来自组织中上级和下级，也有组织外部的各种典型文件。通过对这些文件的处理，主要考查被测试者是否能轻重缓急，有条不紊地处理公文，是否能恰当地授权下属。这个测验可以反映出被测试者的组织、分析、判断、计划及决策能力。

(2) 无领导的小组讨论。被测试者组成小组讨论一个实际业务问题，目的是测验被测试者的领导能力、处理人际关系能力、想象能力以及对资料的利用能力等。讨论采取自由开放式，不指定谁是领导，由他们自己去讨论如何才能完成这个任务。对于评价人员来说，重要的是观察每个被测试者的领导能力、说服能力、独到见解，以及能否倾听别人意见、尊重别人等。

(3) 案例分析。案例分析是先让被测试者阅读一些关于组织中的某些问题的材料，然后要求其向高层管理部门提交一个分析报告，以考查其综合分析能力和判断决策能力的一种测评形式。

(4) 个人演讲。个人演讲可分为即兴演讲和有准备的演讲，通过让演讲者就一定的题目发表演讲来评价其沟通技能、思维敏捷性、系统性、条理性、创造性、说服能力以及自信心等的一种测评形式。

(5) 角色扮演。角色扮演主要是用来测评人际关系处理能力的情景模拟活动。在这种活动中，面试者设置了一系列尖锐的人际关系矛盾与人际冲突，要求被测试者分别扮演不同的角色，去处理各种问题和矛盾，从而测试其素质和潜能。

(6) 管理游戏。在这种活动中，各小组成员被分配一定的任务，必须合作才能较好地完成任务，如购买、供应、装配或搬运。有时引进一些竞争因素，如三四个小组同时进行销售或市场推广，以分出优劣。通过这种活动可考查管理人员的综合管理能力，如人力资源配置能力、决策能力等。

【案例8-1】实力之外定成败

某公司招聘一名维修部主管，在经过几轮残酷的淘汰考核之后，应聘人数从几十人减少到最后两人，他们分别是小张和小李。最后一轮考核总经理亲自出场，给了他们每人一部残旧不堪的坏机器，然后叫他们修理。

小张把机器拆开，仔细地检查内部的每个零件，不一会儿，他皱起了眉头。总经理看了笑着问："可以修好吗？"小张犹豫片刻，自信地说："只要功夫深，铁杵磨成针，我一定能修好，请放心。"总经理又看了看小李这边，他也把机器拆了个"粉碎"，仔细地检查，过了一会儿，也皱起了眉头。总经理又问："可以修好吗？"小李笑了笑："对不起，这部机器实在是修不好，很抱歉。"

最后应聘结果让人大跌眼镜，被录用的竟然是小李。小张不解地望着总经理，想寻找答案。总经理笑了笑："原因很简单，因为这两部机器是无法修好的，无论你下的功夫有多深，针是无论如何也磨不成铁棒的。"企业招的是维修部主管，机器维修成就是成，不成就不成，不能凭个人意志走弯路。

(资料来源：周正. "小故事里的大智慧". 企业管理, 2009)

4. 面试

在招聘管理人员的过程中，面试是一种必不可少的测试手段。这是一类要求被测试者用口头语言来回答面试者的提问，以便了解被测试者心理素质和潜在能力的测评方法。面试的基础是面对面进行口头信息沟通，所以面试者的经验对面试效果影响较大。面试的方式主要有：结构化面试、非结构化面试和混合面试三种。

(1) 结构化面试。结构化面试是依照预先确定的内容、程序、分值结构进行的面试形式。对同类应聘者按照职位要求拟定问题，面试时按照同样的问题提问，这样有准备的系统提问方式能够较全面地了解应试者的素质情况，提高面试的效率，但谈话过程过于程序化，不太灵活。

(2) 非结构化面试。非结构化面试是指无确定的提问程序和内容，在面试过程中可以随机发问的面试形式。常常是面试者提出某一问题，然后根据每个应试者不同的回答进行相应的提问，据此了解应聘者的一些特定的情况，但缺乏全面性，对面试者的经验要求较高。

(3) 混合面试。混合面试是一种将结构化面试和非结构化面试结合起来的面试形式。这种方法能够取二者之长，避二者之短。

> 【案例 8-2】微软独特的选才方式
>
> 微软在选拔人才时，除了考虑人才的专业背景外，还着重考虑其心理能力和情感因素，其中包括：应变能力、适应能力、再学习能力、竞争能力和承受压力的能力。而创意能力是其中一项重要的考核指标。在微软，一个优秀的人才不仅要有过硬的专业技能，还必须能承受巨大的工作压力，勇于接受新的知识，不断创新。微软的招聘人员一般都经过专业训练，以保证他们选人的客观性。微软有一套专门的面试试题，如你认为自己在过去的工作中最令人骄傲的一件事或是你曾经犯过的最大错误是什么等。
>
> 假如有一个工商管理专业的学生想进入微软的生产部门担任管理人员，主考官会请他设计一幅广告，设计的主导思想是要设法使比尔·盖茨一见之下，立刻找管理人力资源的副总裁训话："怎么搞的，竟让这样的人才留在微软门外？"微软这么做，是要考查应聘人员的创意能力和方法，这也从侧面说明了微软选人高度的艺术性。
>
> (资料来源: http://she.xicn.net)

在以上考核方法中，由于笔试和心理测试时应聘者面对的是同样的题目，相对而言评价较为客观，可作为初次筛选的标准。通过第一轮测试的应聘者可进入面试或情景模拟。面试是主要的评价方法之一，为了提高面试的有效性，一般来说，基层管理人员可由人力资源部人员进行面试；专业技术管理人员的面试需由相应部门经理参与；高层管理人员应考虑由招聘小组进行集体面试。最后，根据测试因素重要程度的不同评出每个候选人知识、智力和能力的综合得分，并根据工作的实际与聘用者情况决定试用与否。

(四) 背景调查

背景调查就是对应聘者与工作有关的一些背景信息进行查证，以确定其任职资格。通过背景调查，一方面可以发现应聘者过去是否有不良记录；另一方面也可以对应聘者的诚实性进行考察。背景调查的主要内容有：学历学位调查、工作经历核查和不良记录审查等。在进行背景调查时要注意从各个不同的信息渠道验证信息，不要听信一个被调查者或者一条渠道的信息，必要时可以委托专业的调查机构进行调查。

(五) 体检

体检的目的是确定应聘人员的一般健康状况，检查其是否有工作职务所不允许的疾病或生理缺陷，以减少员工因生病所增加的费用支出，以及由于员工存在生理缺陷或体能不支给今后工作带来的负面影响。

第八章 人员配备

(六)人员录用

根据体检结果最终确定录用人员名单,并与录用人员签订聘用合同。在聘用合同中一般应规定一个试用期,以便在试用期内对录用者是否符合录用条件和能否胜任岗位做出实际鉴定,同时也有利于组织对录用者进行文化理念与工作方法上的指导,使其尽快熟悉工作。试用期满,若录用者在试用期中的表现不符合录用条件,聘用单位仍可解除聘用合同,辞退录用者。对于合格者,则予以转正,正式上岗。

(七)评估和反馈招聘效果

最后要对整个招聘工作的程序进行全面的检查和评估,招聘评估主要从招聘各岗位人员到位情况、应聘人员满足岗位的需求情况、招聘单位成本控制情况等方面进行评价。并且要对录用的管理人员进行追踪分析,通过对他们的评价检查招聘工作的成效,总结招聘过程中的成功与过失,及时反馈到招聘部门,以便改进和修正。

【案例8-3】丰田公司全面招聘体系

丰田公司全面招聘体系的目的就是招聘最优秀的、有责任感的员工,为此公司做出了极大的努力。丰田公司全面招聘体系大体上可以分成6大阶段,前5个阶段的招聘工作要持续5~6天。

第1阶段,丰田公司通常会委托专业的职业招聘机构,进行初步的筛选。应聘人员一般会观看丰田公司的工作环境和工作内容的录像资料,同时了解丰田公司的全面招聘体系,随后填写工作申请表。一个小时的录像可以使应聘人员对丰田公司的具体工作情况有一个概括了解,初步感受工作岗位的要求,同时也是应聘人员自我评估和选择的过程,许多应聘人员知难而退。专业招聘机构也会根据应聘人员的工作申请表和具体的能力和经验作初步筛选。

第2阶段,评估员工的技术知识和工作潜能。通常会要求员工进行基本能力和职业态度心理测试,评估员工解决问题的能力、学习能力和潜能以及职业兴趣爱好。如果是技术岗位工作的应聘人员,则需要进行6个小时的现场实际机器和工具操作测试。通过第1~2阶段的应聘者其有关资料将转入丰田公司。

第3阶段,丰田公司接手有关的招聘工作。本阶段主要是评价员工的人际关系能力和决策能力。应聘人员在公司的评估中心参加一个4小时的小组讨论,讨论的过程由丰田公司的招聘专家即时观察评估,比较典型的小组讨论可能是应聘人员组成一个小组,讨论未来几年汽车的主要特征是什么。实地问题的解决可以考察应聘者的洞察力、灵活性和创造力。同样在第3阶段应聘者需要参加5个小时的实际汽车生产线的模拟操作。在模拟过程中,应聘人员需要组成项目小组,负担起计划和管理的职能,比如如何生产一种零配件,人员分工、材料采购、资金运用、计划管理及生产过程等一系列生产考虑因素的有效运用。

第 4 阶段，应聘人员需要参加一个 1 小时的集体面试，分别向丰田的招聘专家谈论自己取得过的成就，这样可以使丰田的招聘专家更加全面地了解应聘人员的兴趣和爱好，他们以什么为荣，什么样的事业才能使应聘员工兴奋，更好地做出工作岗位安排和职业生涯计划。在此阶段也可以进一步了解员工的小组互动能力。

通过以上 4 个阶段，员工基本上被丰田公司录用，但是员工需还要参加第 5 阶段——一项 25 小时的全面身体检查，以了解员工的身体一般状况和特别的情况，如酗酒、药物滥用的问题。

最后在第 6 阶段，新员工需要接受 6 个月的工作表现和发展潜能评估，新员工会接受监控、观察、督导等方面严密的关注和培训。

(资料来源：http://www.taxchina.cn)

第三节　管理人员的培训

管理人员是组织活动的主导力量，管理人员管理水平的高低，直接决定着组织活动的成败。因而对管理人员的培训工作是一项至关重要且应当持续的工作，组织应将其作为关系组织命运和前途的战略性工作来对待，建立起有效的培训机构和培训制度，针对各级各类管理人员的不同要求，采用各种方法进行培训，切实做好培训工作。通过培训，提高组织中各级管理人员的素质、管理知识水平和管理能力，以适应管理工作的需要，适应新的挑战和要求，从而保证组织目标的实现。

一、培训目的

(一)交流信息，有效决策

管理人员培训的一个基本任务，就是向其传递政策变化、技术发展、经营环境、绩效水平及市场状况等方面的信息。作为管理人员必须掌握与本组织相关的各种信息，以便知己知彼，更有效地做出各项决策。

(二)转变观念，提高素质

每个组织都有自己的文化、价值观念、基本行为准则。管理人员只有了解并接受了这些文化，才能在其中有效地工作。因此，要对管理人员，特别是对新聘的管理人员进行培训，使他们逐步了解组织文化，接受组织的价值观念，按照组织中普遍的行动准则来从事管理工作，与组织需要和岗位要求相适应。

(三)更新知识，掌握新技能

随着科学技术进步速度的加快，人们原先拥有的知识与技能在不断老化。为了防止组织中管理人员工作技能的衰退，组织必须对其进行不断的培训，使他们掌握与工作有关的最新知识和技能。

(四)全面发展能力，提高竞争力

通过培训，一方面使管理人员具有担任现职工作所需的学识技能；另一方面希望管理人员事先储备将来担任更重要职务所需的学识技能，以便一旦高级职务出现空缺即可以升补，避免延误时间与业务。随着管理人员知识技能的增加，组织也能为其提供良好的发展机会，从而达到吸引、激励和留住关键人才的目的。最后，通过培训组织内部可逐步形成良好的学习氛围，管理人员能够主动接受组织内部的各种变革，使组织能迅速而又创造性地适应外界变化，从而具有持续竞争力。

二、培训原则

(一)培训工作必须与组织目标相结合

每一个组织都应清楚地认识到，培训管理人员的目的是为了提高管理人员的素质和能力，以更好地适应现职务或新职务的要求，保证组织目标的实现。因此，组织目标是组织一切活动紧紧围绕的中心，培训工作也不例外。如果培训工作与组织目标之间没有多大关系或根本相脱节，那么，这样的培训工作不仅与培训本身的目的相悖，而且还有碍于组织目标的实现。

(二)高层管理者必须积极支持和参与培训

组织的各级管理者都应充分认识到培训的重要性，身体力行，积极支持和参与人员的培训工作，尤其是高层管理者，这方面更要起表率的作用。作为高层管理者，应当为下级人员制订详细的培训计划，并保证这一计划在组织各层次、各部门中的贯彻执行；应当为人员的培训创造各种有利条件，为他们参加培训提供物质上、经济上和时间上的保证；应当积极鼓励下级管理者参加培训，并为他们设置有利的环境，使受训者在培训中能运用新学到的知识，增长才干，获得经验。

(三)对受训者的要求

培训计划定得再好，培训准备做得再好，培训者选得再好，如果受训者是被迫而不是自愿的，那么其效果是可想而知的。"你能把一个人带进教室，但是你不能强迫一个人去思考"，这就是其中的道理所在。因此，作为上级管理者，应该启发、诱导下级自愿学习，激发他们的学习愿望，使他们积极参与培训。培训工作只有受训者的管理愿望和学习愿望结合起来，才能达到预期的目的。但对那些不愿或不适合从事管理工作的人，组织也不必强人所难。

(四)对培训者的要求

培训工作既然有受训者，就得有培训者，培训者的来源无非是组织内部和外部两种。一般地，在对下级管理者进行培训时，主要是依靠组织内各级管理者作为培训者。由于上级管理者和下级管理者同处于一个组织中，因而他们能结合组织的具体问题进行培训，便于下级管理者理解和接受。同时，他们的经验对下级也有直接的指导作用，便于下级管理者的借鉴和运用。因此，从某种意义上说，组织内的各级管理者是最好的培训者。但是，在涉及理论方面的培训时，一般多向组织外部聘请一些专家学者作为培训者。

(五)培训的具体内容必须与受训者的需求相吻合

培训的具体内容除了要考虑受训者所在的不同层次的要求外，更重要的是要考虑受训者各人的不同情况，根据他们的不同需求来决定具体的培训内容。对较低层次的管理者来说，虽然应该培养他们处理业务活动的能力，但由于他们长期工作在组织业务活动的第一线，因而所欠缺的可能是管理的基本知识和综合管理能力。即使是在同一层次的管理者，由于他们各自的背景、经历和专业的不同，各自的性格、爱好和能力不同，他们对培训的需求也不会相同。例如从科技人员提拔为管理者的人，需要学习的是管理的基本理论和方法；原来性格内向、不大喜好交往的人，那么就需要很好地补上人际交往这门课。总之，培训工作要从受训者的需求出发，根据组织特点，缺什么补什么，因人制宜。

(六)培训的方法必须有效

要使培训收到满意的效果，还必须根据具体情况，对各级管理者因时、因地、因人而异地采用各种不同期限、不同要求、不同方式的培训方法。没有哪一种方法能适应所有的要求。所以，培训方法的选择应以如何才能有效地满足个人的需要，以及实现组织管理者的培养目标为基础。

(七)理论与实践必须相结合

一个管理人员如果只知道管理人员应该做些什么工作，而不知道如何去做，那么就永远成不了一名管理者。管理学理论与实践相结合是十分重要的。在培训时，必须注重学以致用，必须把理论上的培训与实践中的锻炼有机地结合起来，只有这样，才能有效地达到培训目的，培养出既有一定的理论水平，又有一定的实践经验，其素质和能力都比较高的合格的管理人员。

第八章 人员配备

三、培训内容

以管理人员作为培训对象，根据其培训特点的不同，可以分为两大类。

(1) 任职的管理人员。

(2) 刚刚选拔出来准备任职的管理人员。这一类又可细分为两个小类：一是准备立即提升的，二是还须进一步锻炼提高之后才能提升的。

对于第一类任现职的管理人员来说，培训的对象不仅包括中下层的管理人员，也应包括上层的管理人员。而且，上层管理人员还应该先受训。这首先是由他所在的重要的岗位所决定的。其次是因为在整个培训过程中，他负有培训下级管理人员不可推卸的责任。上层管理人员必须率先学习和运用管理的一些新观点、新方法和新技术，必须理论联系实际，现身说法，这样才有可能培训好下级员工。对于第二类新选聘出来的，并且将被马上提升的人来说，他们即将担负责任更重大、风险和机会也更多的陌生职位。所以，其培训的重点应是尽快地了解和熟悉新的环境，以使他们能够迅速地胜任新的本职工作。而对于那些也是新选聘出来的，但目前还不具备提升条件的管理人员，他们的培训重点则是分别根据各自的弱点和不足，通过各种方式尽快地补课，以达到拟提升职务对管理人员的要求。

无论是哪种类型的培训对象，其培训的具体内容一般都包括技术技能、人际关系技能和解决问题技能培训。

(一)技术技能

技术技能既包括一些最基本的技能，如阅读、写作和进行数学计算的能力，也包括与特定职务相关的能力。随着科技的发展，对职务的要求更加复杂化，相应地，对管理人员技术技能的要求也不断提高。如办公室自动化技术的使用，要求管理人员能够使用文字处理软件和电子邮件系统，从而有效地开展日常工作。同时，科技的发展也要求管理人员必须具备一定的与本行业、本专业领域相关的技术知识，从而有效地进行技术指导和经营决策。广义上来说，技术技能包括管理技能和作业技术技能。

【案例8-4】海尔的技能培训

海尔在进行技能培训时重点是通过案例、到现场进行的"即时培训"模式来进行。具体说，是抓住实际工作中随时出现的案例(最优事迹或最劣事迹)，当日利用班后的时间立即(不再是原来的停下来集中式的培训)在现场进行案例剖析，针对案例中反映出的问题或模式，来统一人员的动作、观念、技能，然后利用现场看板的形式在区域内进行培训学习，并通过提炼在集团内部的报纸《海尔人》上进行公开发表、讨论，形成共识。员工能从案例中学到分析问题、解决问题的思路及观念，提高员工的技能，这种培训方式已在集团内全面实施。

> 对于管理人员则以日常工作中发生的鲜活案例进行剖析培训，且将培训的管理考核单变为培训单，利用每月8日的例会、每日的日清会、专业例会等各种形式进行培训。
>
> (资料来源：中国人力资源开发网)

(二)人际关系技能

管理工作的核心是人，从这个角度讲，管理人员的工作绩效在很大程度上取决于他与上下级有效相处的能力，特别是与下属相处的能力。对这方面技能的培训，旨在使管理人员学会如何做个好听众，如何更清晰地沟通自己的思想，以及如何减少摩擦冲突等，以便更好地传达组织的目标与任务，取得下属员工的理解和支持。在强调团队精神的今天，对管理人员来说，培养良好的人际关系技能尤为重要。

(三)解决问题技能

对于管理人员来说，在日常工作中经常需要解决一系列的问题，其中有许多问题是非常规的、富于变化的，这些问题的处理和解决没有固定的模式可循。作为组织的管理人员，必须具备较强的逻辑推理和确定问题的能力，能够对因果关系做出评价，从而制定解决问题的可行方案，最终选定最佳的解决方法。通过对管理人员的培训，可以改进和提高这些技能。

四、培训方法

组织对于管理人员的培训计划，要以对管理人员的需求分析为依据。对任现职的管理人员来说，需要考虑的是目前职务对管理人员的要求，他的实际工作成绩与要求达到的成绩之间的差距，就是个人的培训需要。对新选拔出来的管理人员来说，下一个职务的要求与他们现有的才能之间的差距，就是其个人的培训需要。这两方面的个人培训需要，构成了组织培训计划的主体。此外，组织还要根据对未来组织内外环境变化的预测，来确定对未来管理人员的要求，这些要求作为未来组织发展的需要。在现在也应纳入培训计划，因此，这部分内容也是组织培训计划的重要组成部分，培训计划的确定如图8-1所示。接下来，就是对管理人员的正式培训，培训的方式有两种：一种是在职培训；另一种是脱产培训，可以在组织内部或外部进行。最后考核评审培训的结果。

(一)理论培训

这是提高管理人员管理水平和理论水平的一种主要方法。理论培训的具体形式大多采用短训班、专题讨论会等，主要是学习一些管理的基本原理以及在某一方面的一些新进展、新研究成果，或就一些问题在理论上加以探讨等。理论培训有助于提高受训者的理论水平，有助于他们了解某些管理理论的最新发展动态，有助于在实践中及时运用一些最新的管理理论和方法。为了能够尽可能地理论联系实际，提高受训者解决实际问题的能力，德国的一些培训中心的做法，值得我们借鉴。他们在对管理人员进行培训时，实行一种称为"篮子计划"的方法。即在学员学习理论的基础上，把一些组织中经常遇到并需要及时处理的问题，编为若干有针对性的具体问题，放在一个篮子里，由学员自抽自答，进行讨论，互相启发和补充，以提高其对某一个问题的认识和处理能力。

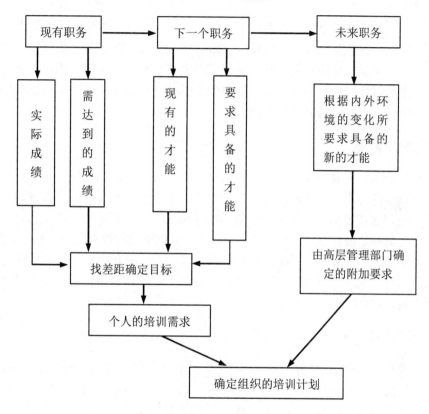

图 8-1 确定管理人员培训计划的过程

(二)职务轮换

职务轮换是指让受训者在不同部门的不同管理位置或非管理位置上轮流工作，以使其全面了解整个组织的不同的工作内容，得到各种不同的经验，为今后在较高层次上任职打好基础。职务轮换包括非管理工作的轮换、管理职位间的轮换等。

(三)提升

1. 有计划的提升

这种方法有助于培养那些有发展前途的、将来拟提拔到更高一级职位上的管理人员。

它是按照计划好的途径，使管理人员经过层层锻炼，从低层逐步提拔到高层。这种有计划的提升，不仅上级管理人员知道，而且受训者本人也知道，因此不仅有利于上级领导对下级进行有目的的培养和观察，也有利于受训者积极地学习和掌握各种必备知识，为将来的工作打下较为扎实的基础。

2. 临时提升

临时提升是指当某个管理人员因某些原因，例如度假、生病或因长期出差而出现职务空缺时，组织便指定某个有培养前途的下级管理人员代理其职务。临时提升既是一种培养的方法，同时对组织来说也是一种方便。代理者在代理期间做出决策和承担全部职责时所取得的经验是很宝贵的。与此相反，如果他们是挂名，不作决策，不真正进行管理，那么在此期间能得到的锻炼就是很有限的。

(四)设立副职

副职的设立，是要让受训者同有经验的管理人员一道密切工作，后者对于受训人员的发展给予特别的注意。这种副职常常以助理等头衔出现。有些副职是暂时的，一旦完成培训任务，副职就被撤销，有些副职则是长期性的。无论是长期的，还是临时的，副职对于培训管理人员都是很有益的。这种方法可以使配有副职的管理人员很好地起到教员的作用，通过委派受训者一些任务，并给予具体的帮助和指导，来培养他们的工作能力。而对受训者来说，这种方法又可以为他们提供实践机会，并观摩和学习现职管理人员分析问题、解决问题的能力和技巧。

(五)研讨会

研讨会是指各有关人员在一起对某些问题进行讨论或决策。通过举行研讨会，组织中的一些上层管理人员与受训者一道讨论各种重大问题，可以为他们提供一个机会，观察和学习上级管理人员在处理各类事务时所遵循的原则和具体如何解决各类问题，取得领导工作的经验。同时，也可以通过参加讨论，通过参与组织一些大政方针的讨论，了解和学习利用集体智慧来解决各种问题的方法。

(六)辅导

辅导对于负责培训的上级管理人员来说，是一种常规的培训方法，这也就是我们通常所说的"传、帮、带"。辅导要着重注意培养受训者的自信心和独立工作的能力，培养他们在处理人、财、物、时间及信息等方面的管理技巧。需要注意的是，上级管理人员对辅导对象，既不能老是不放心，总是扶着、挽着，也不能撒手不管、听其自然，而应时时处处关心他们、提醒他们，帮助他们认识和克服自己的不足之处，发挥他们的特长，使之形成自己的一套管理和领导风格。

第八章 人员配备

除了以上介绍的六种方法之外,还有许多具体的方法,例如参观考察、案例研究、深造培训等。

最后,在培训结束后应进行培训效果评价,分析经验及不足,以提高以后的培训水平。通常可从以下三个方面对培训效果进行分析评价。

(1) 受训者对培训的反映。因为受训人员作为培训的参与者,在培训中或培训后会形成一些感想及意见,这些反映可作为评价效果的依据。

(2) 受训者的学习成果。即通过受训者在知识水平、技能水平的提高程度来评价。

(3) 受训者工作行为的变化。了解受训者在工作岗位上的工作态度、操作技能、行为规范和问题解决等方面所发生的变化。

总之,各类组织在具体的培训工作中,要因地制宜,根据自己组织的特点以及所培训人员的特点来选择合适的方法,使培训工作真正取得预期的成效。

第四节 管理人员的考评

考评也称作绩效考核,是指考核主体按照一定的方法和程序,对组织中的考核对象在一定时期内表现出来的工作绩效或能力素质所做的评价。管理人员的考评,即对管理人员工作绩效的考核和评价。通过绩效考评,组织可以了解管理人员在计划、组织、人员配备、领导及控制等方面的工作情况,对出现的问题能够及时采取相应措施,帮助和指导管理人员,使他们的活动沿着正确的方向进行,保证组织既定目标的实现。

一、考评目的

在实际工作中,人们常常把绩效考核仅仅作为奖惩或人事安排的依据,并把考核结果用于工资、奖金、晋升、调动(轮换)、培训工作。事实上,绩效考核是组织管理中的一项重要工作,具有重要的意义和作用。进行绩效考核的目的和作用主要表现在以下几个方面。

(一)保证组织目标的实现

通过绩效考核,可分解并落实实现目标必须开展的各项工作,及时了解各项工作的进展情况,从而明确责任,促进组织内部之间的沟通,及时发现工作中存在的问题,以便理顺工作关系,适时采取纠偏措施,确保计划和目标的最终实现。这应该是绩效考核的首要目的。

(二)促进管理人员成长

对管理者而言,绩效考核也提供了管理者与下属一起检查工作行为的机会,通过考核,提高了管理者的沟通能力并能够借此激励下属把工作做得更好。对于下属人员而言，通过绩效考核，可及时了解自身的工作情况，发现并改进不足，从而能够在工作中不断成长与进步。通过绩效结果的反馈，可使其清楚自己的进步和贡献，从而享受到工作的乐趣。所以，绩效考核也是促进管理人员成长和使其乐于工作的重要手段。

(三)为人事晋升和公平奖惩提供客观的依据

通过科学的绩效考核，可对管理人员的工作绩效、胜任工作岗位的程度做出客观的评价，从而有助于给予员工公平的报酬和奖惩；为人事调整提供客观的依据，从而有助于保持人事配备的动态平衡和管理人员队伍的优化；通过绩效考核，可以了解管理者在工作中存在的不足，从而为培训工作的开展提供依据。

二、考评内容

对管理人员考评的内容大致可以分为德、能、勤、绩四个方面。根据不同的需要，考评时有不同的侧重。

(1) "德"主要指管理人员的工作作风和职业道德，包括思想作风、职业道德等方面。

(2) "能"主要指管理人员从事本工作的能力。包括学识水平、工作能力和身体能力三个方面。学识水平包括文化水平、专业知识水平、学历及工作经历等；工作能力包括领导能力、决策能力、计划能力、组织能力、监督能力、预见能力、创造能力、表达能力和谈判能力等；身体能力主要是指年龄和健康状况两个因素。

(3) "勤"是指管理人员的工作态度，即处理本职工作的方式，包括积极性、纪律性、责任感和出勤率四个方面。

(4) "绩"即工作成绩，包括管理人员在本职岗位上取得的成绩和岗位之外取得的成绩，包括管理人员是否按时、按质、按量完成本职工作和规定的任务，在工作中有无突出成绩等。

我们要注意管理人员的工作岗位有不同层次，各层次岗位具有不同的职能特点，因而对于不同层次的管理人员考评内容的侧重点应有不同。

(一)高层管理者的考核要素

管理者的功能归根结底就是决策和用人，从而及时有效地实现目标。因此，高层次管理者的能力考核应注重决策能力、授权能力、人事管理能力等要素，相应的考核应注意高度的事业心、献身精神、战略目光、创新精神、民主意识和自我约束等要素，而对智力结构则应突出专、博结合的知识和通才能力。

(二)中层管理者的考核要素

中层管理者是上层与基层的中间环节，起着承上启下的作用。他们要组织工作人员实现最高层次提出的组织的目标，因而要求中层管理者具有高度的责任感，良好的以身作则和协作精神，具有一定的组织能力，沟通和表达、说服能力；具有相当的现代科学知识和综合分析能力。

(三)基层管理者的考核要素

这是实现组织目标的具体执行层和操作层，包括各行各业的一般工作人员和班组骨干。要求他们具有吃苦耐劳、牺牲个人的精神；具有高效的办事能力、机敏的反应能力；具有相应的科学文化知识。

三、考评方式

考评管理人员的方式可以分为自我考评、上级考评、同事考评、下级考评及360度考评法。下面分别说明各种考评方式的特点。

(一)自我考评

自我考评就是管理人员根据组织的要求定期对自己工作的各个方面进行评价。这种方式有利于管理人员自觉地培养和提高自己的政治素质、业务水平和管理能力，增强工作的责任感，其评价结果还可用来作为上级对下级评价时的参考，从而减少被考评者对考评的不信任感。一般而言，自我总结是自我考评方式经常采用的一种形式。

(二)上级考评

这是对管理者的考评中最常见的一种方式。一方面，由于他是被考评者的直接上级，与考评者的直接联系较多，因而能够从对被考评者的直接经常性的接触和观察中了解其各方面的状况；另一方面，作为上级来讲，一般比较理解考评的目的，熟悉考评的标准，而且责任心也比较强，这两方面结合起来，就使得上级考评一般能够对被考评者做出比较客观和公正的评价。

(三)同事考评

同事考评是指与被考评者一起工作的同事对其进行考评。由于工作关系，同事之间是互相最了解的人，因此，同事考评的结果也较为客观和可信。这种方式常用的形式是小组评议。

(四)下级考评

下级考评是从另一个角度对管理者进行评价。即他们更熟悉被考评者的领导方式、领导作风等方面，因而在这些方面的评价也是比较客观和准确的。我们常说的"民意测验"就是这种考评方式的一种具体形式。

以上四种考评方式各有优点，但也各有其不足之处。例如，自我考评很易受个性的强烈影响，此外被考评者由于担心上级考评不能客观地评价自己，因而会过多地谈论自己的成绩，而较少涉及自己的不足；上级考评有时也不免带有主观成分；同事考评受人际关系的影响比较大，容易出现考评结果居中的现象；下级考评则是下级可能由于怕被上级报复，而不愿讲真话。以上各种方式的缺陷，足以使考评工作的质量受到很大的影响。

(五)360度考评法

360度考评法也称为多源评价方式，即从不同的角度进行考评，通过征询被考核人的上级、同级、下级和服务的客户等各方面的意见来对其工作进行评价，使被考核人能够根据评价结果的反馈，了解自己的长处和短处，从而达到提高员工素质的目的。这种方式避免了只采取单一考核主体可能引起的以偏概全，从而使考评工作真正做到公正、客观、全面、准确。其优点是克服了单一评价的局限，可以获得全面的评价；缺点是参与主体过多，评价时间较长。因此，该考核方式主要适用于管理者的素质评价和能力开发。

【案例8-5】GE的360度考核制度

在GE公司，360度考核法并不普遍地使用，一般是在考核领导和员工为了自我发展、自我提高时使用，做考核评价的是上级、下级、同事、客户，由被考核者自己在这些人中各选择几个人来做评价，对于考核的结果由外面的专业机构来分析，这样可以保证结果的客观性与科学性(外面的机构是专门做这种分析的，同时他们完全不知道被评者是谁，可以保证更客观、更科学)。在这种考核中，不用担心员工在选择考核者即评价他的人时只选择与他关系好的人，而导致考核结果的不客观、不真实，因为这种考核是为了发现员工自己的不足，找到提高完善自己的方式，员工为了自己的前途发展不会去找一片赞扬声。

(资料来源：人力资源开发管理网)

四、考评方法

如何进行有效的考核，国内外组织在实践中逐步形成了多种考核方法。下面概述一下对管理人员绩效评估的几种主要方法。

(一)书面描述法

书面描述法是最简单的绩效评估方法,即由考评者写一份记叙性材料,描述一个员工的所长、所短、过去的绩效和潜能等,然后提出予以改进和提高的建议。书面描述不需要采取某种复杂的格式,也不需要经过多少培训就能完成。但是,评价的结果可能不仅取决于管理人员实际的绩效水平,还与评估者的写作技巧有很大关系。

(二)关键事件法

关键事件法是通过对工作绩效特征的分析,提炼出最能代表绩效的若干关键指标,以此作为基础进行绩效考核的模式。评估者应将注意力集中在区分有效和无效的工作行为方面,在工作中记下一些细小但能说明员工所做的是特别有效果或无效果的事件。关键事件法的优点是,只记录具体行为,而不笼统地评价一个人的个性特质。通过记下系列关键事件,可以提供丰富的具体例子,给员工指明组织中期望的或不期望的行为。其缺点是关键指标的选取和定量受到组织原有管理基础的很大制约,若组织的管理基础薄弱,就很难量化关键指标,从而影响关键绩效指标考核的运用。

关键事件法也可以开发一个与管理人员绩效相联系的关键行为的清单来进行绩效考核。这种考核方法对每一工作要给出 20 或 30 个关键项目。考核者只简单地检查管理人员在某一项目上是否表现出众,出色的人员将得到很多检查记号,这表明他们在考核期表现很好,表现一般的人员将只得到很少的检查记号。但这种方法必须为组织内每一不同岗位制定一个考核清单,很费时间而且费用也很高。

(三)评分表法

评分表法也称为图表尺度法,是一种最常用的绩效评估方法。图表上列出一系列绩效因素,如工作的德、能、勤、绩方面指标,然后将一定的分数分配给各项考绩因素,使每一项考绩因素都有一个评价尺度,然后根据被考绩者的实际表现在各因素上评分,最后汇总得出的总分,就是被考绩者的考绩结果。目前,评分表法运用得较普遍,是因为这种方法虽然不能提供详细的信息,但其设计和执行的总时间耗费较少,而且便于做定量分析和比较。

(四)行为定位评分法

行为定位评分法是近年来日益受到重视的一种绩效评估方法。这种方法综合了关键事件法和评分表法的主要要素,考评者按某一序数值尺度对各项指标打分,不过,评分项目是某人从事某项职务的具体行为事例,而不是一般的个人特质描述。

行为定位评分法侧重于具体而可衡量的工作行为,此方法将职务的关键要素分解为若干绩效因素,然后为每一绩效因素确定有效果或无效果行为的一些具体示例。例如,一位经理对其属下的基层人员的指导行为，可以用 5 分制尺度中的 0 分(几乎从不)或者 4 分(几乎总是)做出评价。

(五)多人比较法

多人比较法是将一个管理人员的工作绩效与一个或多个其他人作比较。这是一种相对的而不是绝对的衡量方法。该类方法最常用的三种形式是：强制分布法、个体排序法和配对比较法。

1. 强制分布法

强制分布法就是按事物的"两头小、中间大"的正态分布规律，先确定好各等级在被评价员工总数中所占的比例，然后按照每个员工绩效的优劣程度，强制列入其中的一定等级。假定某管理者有 70 名下属，绩效表现分五个等级：优秀(10%)、良好(20%)、一般(40%)、较差(20%)、很差(10%)。强制分布法可以克服不分优劣的平均主义的考评，也可避免对管理人员业绩考评过程中过严或过松的现象。但是，在一个优秀的组织中，由于强制分布法的要求可能会将表现良好的员工评定为业绩较差的员工，容易挫伤员工的积极性。

2. 个体排序法

个体排序法是依据某一考评内容，如工作质量、工作态度或者依据管理人员的总体绩效，将被考评者从最好到最差依次进行排序。在实际操作中，可以进行简单排序或交替排序。简单排序是依据某一标准由最好到最差依次对被考评者进行排序；交替排序则是先将最好的和最差的列出，再挑出次好的和次差的，依次类推，直至排完。

3. 配对比较法

在配对比较法下每个员工都一一与比较组中的其他每个员工配对进行比较，评出其中的"优者"和"劣者"。如在 5 个人中将甲与乙相比、甲与丙相比、甲与丁相比，依次类推，根据配比的结果，排列出他们的绩效名次，而不是把 5 个下级笼统地排队。这种方法的缺点是，下级人数多于 5 人后，手续就比较麻烦，因为配比的次数是按 $n(n-1)/2$(其中 $n=$ 人数)的公式增长的。5 个下级的配比需要 10 次；10 个下级就要配比 45 次；如有 50 个下级就要配比 1225 次。而且只能评比出下级人员的名次，不能反映出他们之间的差距有多大，也不能反映出他们的工作能力和品质特点。

(六)目标管理法

目标管理法是当前比较流行的一种管理人员考评方法，该方法不仅在计划工作中可以采用，同时也是绩效评估的一种手段。目标管理法的实施程序有以下几个方面。

(1) 监督者和下属联合制定考核期内要实现的目标，目标必须是明确的、可达成的、可

第八章 人员配备

衡量的、有时间限制的，并为实现特定的目标制定员工所需达到的绩效水平。

(2) 在考核期内，监督者和下属根据业务或环境变化修改或调整目标。

(3) 监督者和下属共同确定是否达到了目标，讨论失败的原因。

(4) 监督者和下属共同制定下一考核期的目标。

目标管理方法的好处是，目标是在考核期开始前事先确定的，并且在考核期开始前给下属以指导，因此它在确定下属努力的方向和绩效实现程度方面是开发性的。由于目标管理重结果更甚于手段，因此使用这一评估方法可使执行者得到更大的自主权，以便选择其达成目标的最好路径。但同时目标管理法的弊端就是容易造成一些执行者只关注于短期利益，而忽视了组织的长远发展，不择手段地达成目标，另外在考核中监督者和其下属都得花时间并做出很大的努力。

总之，考评的具体方法很多，既有定性的，也有定量的。在实际的考评工作中，只有多种方法相结合，定性与定量相结合，一般才能取得比较满意的效果。每一种绩效考核方法都反映了一种具体的管理思想和原理，都具有一定的科学性和合理性，同时，每种考核方法又都有自己的局限性与适用条件范围，管理者需要根据本组织的特点形成不同的绩效考核方案。

五、考评程序

科学的考核要求遵循一定的程序，针对不同的考核对象，确定合适的考核内容。一般来说，一种绩效考核程序应相对稳定和统一，组织不应随意变动考核程序。考评时应选择适当的考核者，依据客观的考核标准进行公正的考核，反映考核结果并根据考核结果采取相应的行动，以有效地发挥考核的作用。通常来说，绩效考评可以分为以下四个步骤。

(一)考核准备阶段

1. 组建考核机构

考核机构常称之为考核委员会或考核领导小组，由组织的领导成员、人力资源部门和其他相关部门负责人组成。考核机构主要负责组织落实考核各项工作，如确定考核原则、审议考核方案、仲裁考核争议等。具体的考核方案的拟定、考核表的编制、考核面谈的进行、考核结果的处理一般由组织中的考核日常管理部门如人力资源部负责。

2. 制定考核方案

在不同的管理层级和工作岗位上，每一个员工所具备的能力和做出的贡献是不同的，而一种绩效评价制度不可能适用于所有的评估目标。例如，有些组织想要确定中层员工的潜能，而另一些组织想对管理人员的工资进行调整，显然，两者的侧重点不同，选用的评估方式也不同。所以，在考评不同层次管理人员时，首先要有针对性地选择并确定特定的绩效评估目标，然后根据不同岗位的工作性质，设计和选择合理的考评方案。考核方案一般应规定考核对象范围，明确列入考核的管理人员层次和类别；确定考核表的基本形式、基本内容和考核期限；规定考核的方法、实施程序和时间安排；明确考核者和被考核者的职责，考核结果的运用；规定反馈和申诉程序、纷争解决方式等。

3. 编制考核表

为了实施考核，在进行考核前需要根据考核方案编制相应的考核表。考核表根据所采取的考核方法的不同和考核对象类别的不同而有不同的形式，但无论采用何种形式的考核表，都必须注意科学设计考核表的栏目并尽可能标准化，格式简便易行，便于考核者填写或计算机处理。表格中的用语应准确、简洁，以免产生歧义。

4. 确定考评者

考评者是指在考核中对被考核人实施评价的人员。根据考核方法的不同和考核对象的不同，考评者的选取也各不相同。剑桥大学教授们发现有 60%的测定采用了管理者对下级工作情况评估的方法，评判数据以管理者(上级)的评定为主，还包括员工本人的评定、同事的评定以及下属人员的评定等。

5. 培训动员

思想动员和考核培训也是考核准备阶段必不可少的一项工作。要在考核实施前由公司领导或考核机构负责人向组织成员说明考核的目的、意义和必要性，讲解考核方案的有关内容，如考核的方法、程序、时间安排等，以提高组织成员对考核工作的认可程度，消除思想顾虑，明确要求，使全体参与人员认真积极地参加考核活动。

(二)考核实施阶段

1. 收集业绩资料

在确定了特定的绩效评估目标和考评责任者之后，就应当通过绩效评价系统对员工特定的目标评估内容进行正确的考评。绩效考核的业绩资料主要有三种来源：客观数据、人力资源管理资料和考评结果。

(1) 客观数据。许多组织都用客观的生产与销售数据作为管理人员工作成效的指标。

(2) 人力资源管理资料。绩效考核的另一种资料来源是人力资源管理数据和资料。采用比较多的有缺勤率、离职率、事故率和迟到情况等。

(3) 考评结果。可由被考评者先进行自我评估，然后由考评者根据被考评者的评估结果再进行评估。此考评结果是绩效考核中运用最广泛的资料。

2. 综合考评业绩

在综合各考评业绩的基础上，得出考评结论，并对考评结论的主要内容进行分析，特

第八章 人员配备

别是要检查考评中有无不符合事实以及不负责任的评价，检验考评结论的有效程度。

(三)考核结果处理阶段

在获得考评结果后，为了促进工作和指导被考评者改进工作，同时检验考评者是否客观公正，考核机构应向被考评者反馈考核结果。反馈可以采用面谈的方式，也可采用书面的形式。被考评者若对考评结果不服或有异议，可在规定的期限内向考核机构申诉，由考核机构进行调查核实并提出处理意见。管理人员在绩效反馈时也应注意沟通技巧，组织可以通过一些相关的培训提高其沟通绩效结果的能力。

(四)运用考核结果

当被考评者对结果无异议或考核机构对申诉意见做出最终裁决后，就要按考核方案中的规定，将考核结果与被考评者的报酬、岗位调整、奖惩、培训等挂钩，并将考核结果存入组织人事档案信息系统，以作为日后人事处理的依据之一。

案 例 分 析

元老集体辞职事件

做了几年公务员，朱其看准了近年来能源紧张的机会，一咬牙离开了很多人羡慕的稳定岗位，带着20多个技术人员，下海开了一家节能产品公司。刚开始自然比较困难，尤其是研发阶段，只有投入没有产出，朱其常和研发人员一起加班，一起吃快餐，为了这个新生的企业，大家一起吃苦奋斗。转眼，企业创办已经3年了，随着好几款新型节能产品研发成功，原本积累的人脉资源又轻松解决了销售问题，企业的经营规模迅速发展，目前已成为一家年销售额超过8000万元的高科技企业，员工也从原来的20多名发展到现在的100多名。

正当朱其踌躇满志筹划下一步发展的时候，碰到了一个让他没有一点思想准备的问题：跟随他一起创业的几位技术骨干突然同时提出辞职。应该说，企业有今天，这几位技术骨干有很大的功劳，当企业迎头而上的时候，他们却突然选择离开，这让一向自认为和员工关系不错的朱其无法理解。高科技公司最重要的就是技术人员，可以说，技术员工是核心，人员稳定是保障。朱其一下子不知所措。

朱其极力挽留，分头找他们沟通。结果朱其了解到，这几位骨干要走，是因为他们觉得公司发展和他们个人的发展相悖。公司刚成立的时候，大家都是公司能赚多少就拿多少报酬，一起吃苦煎熬；随着公司发展，基本仍是朱其给多少，大家拿多少。实际上，朱其开的工资也并不算少，但因为没有一个考核标准，也无章可循，公司发展了，自然就有人觉得自己的付出与收入不符，总觉得自己吃亏。经过朱其的努力，几个人决定留下来，但另外几个仍然执意要离开。朱其非常惊讶、非常意外，最后不得不无奈地接受这个事实，他陷入了痛苦的沉思之中。他认为自己对这些技术骨干一直很不错：公司为他们提供了舒适的工作环境，允许他们灵活安排作息时间，公司管理环境相对宽松……他不明白为何他们还是心存不满。朱其根本没想到，在私下场合，相当一部分员工对公司的用人制度十分不满。特别是公司关键项目的核心设计人员，他们夜以继日地工作，为公司的发展立下了汗马功劳，得到的报酬却跟普通员工差距不大，这些员工认为他们没有分享到公司快速发展的成果，他们的付出和得到的回报不成正比。

同时，由于公司还在发展阶段，朱其总是更多地考虑把利润用于项目的再投资，想方设法缩减人力成本，很大程度上忽略了对人才的激励和鼓舞。甚至，朱其有时候无故拖欠员工工资，还振振有词地告诉员工"先替公司省省成本"。工资的发放经常根据朱其的喜好，奖金数额更是没有依据，结果不管奖励还是惩罚，都会让部分员工不满。许多员工要求开展技术培训，也迟迟没有回音。一些年轻的技术核心人员坦言："在公司里，我看不到自己的发展空间，物质薪酬很一般就不提了，我们这样的技术人员，最希望能有提高技术能力的培训机会……"朱其却认为，企业发展才3年，还有很多事要做，当初大家都能勒紧裤带坚持过来，现在更应该为公司的发展尽一份力。

(资料来源：http://www.hrdm.net)

【问题】

1. 分析元老集体辞职的原因。
2. 请根据问题提出相应的解决方案。

阅读资料

希望集团：用人设岗效益为先

希望集团，中国最具实力的民营企业之一。一次，集团总裁刘永行到韩国一家面粉企业参观，感触很深。因为，韩国企业66个员工能够完成的工作，在中国，即使希望集团这样效率较高的企业也需要350~400人。而这家韩国企业曾经在中国办厂，只相当韩国国内五分之一生产能力的工厂，在中国雇用的人数达到155人，效率与韩国企业相比有10倍的差距。原因何在，韩国人很含蓄地讲：中国人做事不到位。听完此话，刘永行先生几个晚上睡不好。他认为，希望集团，管理已是卓有成效的，但是员工的想法就是能够把自己的事情做得差不多就够了。而韩国企业里，员工手脚不停，无论是工人还是管理人员，手头的工作做完了，就一定安排有别的事情做；另外他们是一专多能，比如说一个厂长，如果他觉得他的岗位比较空闲，他就会做一些其他事，以节省人力。根据以上情况，笔者认为，

第八章 人员配备

短时间内人意识上的提高是很难的,特别是整体意识的提高,是一个漫长的过程。因此,希望集团应当从制度建设上着手,向管理要效益,具体的实施方案如下。

1. "一长制":一个企业、一个部门只设"一长"

在一个企业、一个部门只设"一长",如厂长、部长,或者副厂长、副部长。一个工厂中有厂长,则没有副厂长;有副厂长,则没有厂长,只能有"一长",即只能由一个人负责,要么是正职,要么是副职,没有国有企业"一正几副"的做法。

所谓正职和副职之分,并非职责、权力大小有别,只是工资待遇之别。当然,设立副职的另一层意思是,现任领导的才能离正职的要求尚有一定差距,要做正职,则需继续努力,无疑这对在位的副职领导是一种激励。另外,对于新任命的正职领导也可以产生压力,不称职的,则连副职都可能不保。

优点有以下几个方面。

(1) 这种方式明确了领导职责,避免了"研究研究、讨论讨论"等扯皮推诿现象,提高了领导者的责任心。

(2) 减少职位的设置,也就减少了工资、费用的开支,节约了管理成本。

(3) 精简了管理关系,提高了办事效率。

缺点是:对于规模大的企业、部门,管理的幅度较大,较少的职位设置反而不利于企业的管理。

2. "一个萝卜几个坑"

在人员配备方面,要根据工作分析,做到因事设职、因岗设人,一个人能干完的事决不安排两个人去做,可以"一个萝卜几个坑"或"一人多岗"。

国有企业中,往往是"一个萝卜一个坑"或"一人一岗",甚至是"几人一岗",或者是为了安插人员而因人设职、因人设岗,增加了一些对企业经济建设毫无意义的岗位,以致机构臃肿,人浮于事,工作效率低。

优点有以下几个方面。

(1) 精简了机构,提高了工作效率。

(2) 精减了人员,简化了人际关系。

(3) 可降低工资、费用开支,节约成本。

缺点是:员工的工作量较大,可能会引发抵触情绪。

3. 避免新的裙带关系

在企业中,夫妻、父子、母女、亲戚等原则上不可在同一单位工作,避免国有企业"几代同厂"的裙带关系。同时,企业还应当注意避免一种新的裙带关系的发展,这种裙带关系由校友、老乡、同学等人组成,企业人事部门在用人时要比较慎重,合理分流,避免形成帮派。在国有企业,裙带关系严重是众所周知的,裙带关系的弊病和对企业的危害性大家也很清楚。同时,若企业效益不佳,全家人失业,将导致家庭经济危机,隐患很大。

优点有以下几个方面。

(1) 克服了国有企业中普遍存在的裙带关系的所有弊病。

(2) 有利于企业令行禁止，避免扯皮、内耗。

(3) 避免出现因企业不景气而导致的家庭经济危机。

缺点是：违反了"举贤不避亲"的原则，会出现人才流失的现象。

4. 年任命制

对中层以上干部，每年年初任命一次，新的一年按新任命的职务开展工作，工资待遇也随之变化。对于国营企业来说，大多是"铁交椅"，职务只能升，不能降，即使工作出现失误，也不过是换换单位和岗位，级别不变。当然，如果犯了重大过错，又当别论。

优点有以下几个方面。

(1) 通过对1年工作的考核，不搞排资论辈，缩短时间让真正有能力的人尽快上到领导位置，有利于企业的发展。

(2) 加强竞争性，给现任领导一种危机感、使命感和紧迫感，促使领导干部不断改进工作方法，提高管理水平。

(3) 倡导一种干部能上能下的风气。

缺点是：考核期限太短，不能全面考核，只能小范围调整。

5. 人力资源共享，避免机构、人员重复配置

对大型企业集团，可以将干部、工人的人事调动、招聘、档案管理等对外的职能尽量集中于集团总部的人力资源管理部，将劳动工资、人才使用等职能分解到各下属企业。对于国营企业，虽也是尽可能地共享资源，但在机构设置和职能划分方面却不太灵活，往往是"麻雀虽小，五脏俱全"，不论规模大小，每个企业的机构设置都是齐全的，集团机构和人员重复设置得太多。

优点有以下几个方面。

(1) 避免集团内机构和人员重复配置，提高工作效率。

(2) 由集团统一对外，可节约对外公关费用，资源共享。

(3) 以整个集团的形象对外，影响力和办事力度大。

缺点是：下属企业在用人方面的灵活性、独立性相对减少。

6. "季节工"：旺季前大批招工，旺季后即行解散

由于有的企业产品有季节性，存在淡季、旺季，在旺季前往往要准备大量的存货，或者在旺季期间要进行大批量的生产，这就要求有大批的工人投入生产；而在淡季时，生产量少，就要求工人越少越好，以减轻企业负担。这就产生了一个"季节工"的做法，来满足上述要求。即在旺季前大批招聘工人，完成旺季生产任务后即行解散。从表面看，这种做法似乎没有人情味，但从企业经营的角度来看，为降低成本，却是必要的，而且这种做法在广东也是很普遍的。

第八章 人员配备

优点有以下几个方面。

(1) 可以节约费用，降低生产成本。

(2) 在保证产品销售的前提下，减少了企业养闲人的包袱。

缺点有以下几个方面。

(1) 每次员工更换，都存在一个短期技术培训的问题。

(2) 不利于培养员工爱厂如家的主人翁精神。

7. 人员合理流动

用良好的福利待遇和工作环境来留住少数管理、技术骨干。而对没有一技之长的普通员工而言，如果不努力工作，则时时都有被淘汰的可能。要保持一定比例的人员流动，"今天工作不努力，明天努力找工作"，时刻提醒员工要有紧迫感、危机感。

优点有以下几个方面。

(1) 避免员工产生惰性，将企业作为养老院。

(2) 培养员工的危机感、使命感、紧迫感。

(3) 激励员工努力再学习，不断提高自身素质，适应新形势的需要。

缺点是：流动人员的确定性较难把握。

(资料来源：闫跃忠．中国人力资源开发网．http://www.chinahrd.net/)

本 章 小 结

本章主要介绍了管理人员配备的过程和方法。人员配备是组织设计的逻辑延续，是通过人员配备计划、选聘、培训及考评等职能，为组织选配合适的人员实现组织目标的过程。其中，人员配备计划是依据组织设计的结果确定管理人员需要量的过程，需要量包括质量和数量两个方面。管理人员选聘是为相应管理岗位配备合适人员的过程，选聘渠道包括内部招聘、外部招聘两种，其中外部招聘渠道有广告招聘、员工推荐、人才交流会、就业机构及网上招聘等方式。管理人员选聘过程包括制订选聘计划、初选、考核与面试、背景调查、体检、录用及招聘效果评估和反馈。管理人员培训是不断提高组织中管理者的素质并使之适应现在和未来工作的过程，管理人员的培训内容分为：技术技能培训、人际关系技能培训和解决问题技能培训。培训的方法包括在职培训和脱产培训两种形式。对管理人员进行定期的绩效考评有助于做出客观公正的人事决策，更好地实现组织的发展目标，也是促进管理者成长的重要手段。具体的绩效评估方法有书面描述法、关键事件法、评分表法、行为定位评分法、多人比较法和目标管理法等。

自 测 题

一、单项选择题

1. 依照预先确定的内容、程序、分值结构进行的面试形式为（　　）。
   A. 混合式面试　　　　　　　B. 压力面试
   C. 结构化面试　　　　　　　D. 非结构化面试
2. （　　）的一些培训中心对基层管理人员进行培训时实行一种称为"篮子计划"的方法。
   A. 美国　　　B. 德国　　　C. 法国　　　D. 加拿大
3. 从不同的角度进行考评，通过征询被考核人的上级、同级、下级和服务的客户等各方面的意见来对他的工作进行评价是（　　）。
   A. 同级考评　　　　　　　　B. 360度考评法
   C. 下级考评　　　　　　　　D. 同事考评
4. （　　）综合了关键事件法和评分表法的主要要素，考评者按某一序数值尺度对各项指标打分。
   A. 书面描述法　　　　　　　B. 目标管理法
   C. 行为定位评分法　　　　　D. 多人比较法
5. 管理人员根据组织的要求定期对自己工作的各个方面进行评价，这种考评方式为（　　）。
   A. 自我考评　　　　　　　　B. 上级考评
   C. 同事考评　　　　　　　　D. 下级考评

二、多项选择题

1. 人员配备应包括的内容有（　　）。
   A. 选人　　　　B. 用人　　　　C. 留人
   D. 育人　　　　E. 评人
2. 内部提升的优点有（　　）。
   A. 候选人能较快胜任工作　　B. 激励组织内成员的进取心
   C. 可给组织带来新的思想和方法　　D. 可使训练投资得到回报
   E. 避免"近亲繁殖"
3. 我们可以将管理人员培训的技能内容划分为（　　）。
   A. 基础知识　　　　B. 技术　　　　C. 人际关系
   D. 解决问题　　　　E. 运算能力

第八章 人员配备

4. 在培训结束后通常可从( )方面对培训效果进行分析评价。
   A. 受训者对培训的反映   B. 受训者的学习成果
   C. 受训者工作行为的变化   D. 培训者的反馈
   E. 高层的评价
5. 多人比较的绩效评估方法最常用的形式是( )。
   A. 强制分布法   B. 个体排序法   C. 配对比较法
   D. 图表法   E. 行为定位评分法

三、判断题

1. 外部招聘有利于平息组织和内部竞争者之间的紧张关系。 ( )
2. 在涉及理论方面的培训时,应多从组织外部聘请一些专家学者作为培训者。
   ( )
3. 高层次管理者的能力考核应注重对办事能力、机敏的反应能力及科学文化知识的考核。 ( )
4. "民意测验"是上级考评方式的一种具体形式。 ( )
5. 使用关键事件法时,评估者应将注意集中在区分有效的和无效的工作行为方面。
   ( )
6. 在目标管理法的考核期内,监督者和下属不可以根据业务或环境变化修改或调整目标。 ( )
7. 360度考评法的优点是克服了单一评价的局限,可以获得全面的评价。 ( )

四、简答题

1. 分析内部招聘的优缺点。
2. 请说明管理人员选聘的过程。
3. 管理人员的培训方法有哪些?
4. 请说明管理人员绩效考评的程序。
5. 考评管理人员的方式有哪些?

五、论述题

1. 请说明人员配备的程序及其重要意义。
2. 论述选聘管理人员时其应具备的基本素质。

第四篇　领　导　职　能

第九章　领　　导

【学习要点及目标】

通过本章的学习，理解领导职能的含义及其作用；明确领导者影响力的含义；掌握领导者影响力的类型、提高领导者影响力的途径和三类领导理论。

【关键概念】

领导　领导理论　领导者影响力　无差别圈　成熟度

【引导案例】

乔布斯的魅力领导力

乔布斯是当之无愧的魅力型领导，他巨大的个人魅力让苹果的员工甚至消费者，对他建立了极高的崇拜和忠诚。乔布斯的魅力领导力主要表现为以下五个方面。

(1) 坚毅、刚强。乔布斯几经坎坷，跌宕起伏，依然屹立不倒，傲视群雄，他用行动诠释了海明威的名言"一个人可以被毁灭，但不能被打倒"。短短十年内，他就将苹果从自家车库里的小作坊，发展为雇员超过四千名、价值超过二十亿美元的大公司。然而，却在事业最巅峰时被自己创立的公司扫地出门。后来，又在一年中失去 2.5 亿美元！遭遇几近毁灭性打击的他，12 年后卷土重来，重新主宰了苹果公司，并将其带上前所未有的高度和辉煌。是什么使他能如此刚强？是钢铁般的意志，是绝不轻言失败的坚韧。他从未陷入自我怀疑、自暴自弃的泥潭，而是把挫折视为生活的一部分，看成人生必修的功课。他对困境和打击毫不畏惧，从跌倒处爬起来，昂首再出发。

(2) 自信、执着，忠于自己的直觉，挚爱自己的事业。乔布斯在很小的时候就表现出有主见和自信的处事原则。他拒绝去读高中，还强迫父母搬了家。他说服父母让他去一个收费高得让家里难以承担的大学读书，然后却辍学了。在生意场上，他常常自信地为产品的设计提出一些"古怪"的想法。他认为，要勇敢地追随自己的心灵和直觉，只有心灵和直觉才知道自己的真实想法。要全心全意地去找寻梦想，如果一时还没能找到，不要停下来，不要放弃。他告诫人们，不要被教条所限，不要活在他人的观念里。他对自己所做的事情

第九章 领导

无比钟爱,并因相信其伟大而怡然自得。他如是说:"成就一番伟业的唯一途径,就是热爱自己的事业。"

(3) 强势、果敢。1997年9月,乔布斯重返苹果并任首席执行官,他对深陷发展困境、危在旦夕的公司进行了大刀阔斧的改组。一上任他就迅速砍掉了没有特色的业务,将公司的产品数量从350种砍到只剩下10种。这样的举动在今天看来十分明智,当初作决定时却阻力重重且令人提心吊胆。乔布斯正色道:不必保证每个决定都是正确的,只要大多数的决定正确即可。在控制成本方面,乔布斯的强势和坚决也令人折服。2009年,苹果研发共投入11亿美元,仅占全年总收入的2.3%,只有微软的1/8,但1美元的投入却能带来8美元的回报。作为一家以创新著称的高科技公司,能以这样的成本获得如此的投资回报,不能不令人称奇。然而,奇迹背后的支撑力量,是众所周知的"乔氏"逻辑:"创新和资金无关,关键是研发管理和创新机制",以及他本人在推行这一逻辑时不容动摇的坚定态度。

(4) 理念牵引,愿景驱动,以人为本。活力四射的乔布斯是一位鼓动人心的激励大师。"活着就是为了改变世界","领袖和跟风者的区别就在于创新",是他始终秉持的理念;用计算机作工具,协助填补科技与艺术、理性与感性之间的鸿沟,是他梦寐以求的愿景。多年来,通过潜移默化和耳濡目染,特别是他的身体力行和一以贯之,这种追求也成为苹果人骨髓和血液里共同生长的基因,不仅体现在公司的架构上,还体现在用人甚至财务运作上。此外,乔布斯非常重视选人、用人和团队建设。乔布斯认为,一个出色人才能顶50个平庸员工,因此,他将四分之一的时间用来招募一流人才,并为发掘和吸引人才不遗余力。在苹果公司受到微软、IBM公司的强烈冲击后,他更加注重员工间的合作,大力提倡减少内耗,致力于消除沟通障碍,这使得苹果的团队凝聚力大大增强,整体效率也大为提高。

(5) 语言魅力和沟通才华。说乔布斯是世界上最具沟通能力、最擅长演讲的顶尖高手并不为过。他对语言的驱遣游刃有余,对场面的驾驭、情绪的调动和人心的掳获均得心应手。他的演讲才情奔逸,极富亲和力、感染力和思想张力,极具传播力的语句信手拈来,脱口而出,让与会者如沐春风。他在斯坦福大学的那场演讲,酣畅淋漓,堪称经典。实际上,每当有重大产品发布时,乔布斯都会亲自上阵,与世界分享苹果的新创造,让世人感受苹果的惊艳与震撼。

(资料来源:徐飞. 乔布斯的魅力领导力(节选). 管理学家,2011-08)

从上述案例可以看出苹果的巨大成功得益于乔布斯高超的领导艺术和非凡的人格魅力。在任何组织中都需要行之有效的管理,而领导作为管理的重要职能之一,在其中又发挥着不可替代的作用,领导能力、领导水平的高低直接决定着组织的生存与发展。因此,在管理学的学习中,对领导者和领导理论进行研究,对于提高管理者的管理能力具有十分重要的意义。

第一节　领导职能的概念

领导是管理的一项重要职能，是贯穿于管理活动始终的一门艺术。领导水平的高低直接决定着组织的生存与发展。因此，对领导职能进行研究，对于培养管理者的领导能力具有十分重要的意义。

一、领导职能的含义

从字面上看，"领导"有两种词性含义。一种是名词属性的"领导"，即"领导者"的简称；二是动词属性的"领导"，即"领导"是"领导者"所从事的活动。领导职能研究的是后者。关于领导活动的内容和性质，管理学者有着不同的解释。

美国学者斯托格狄(Ralph M.Stogdill)1950年提出，领导是对组织内群体或个人施加影响的活动过程。美国管理学者泰瑞(George R.Terry)1960年提出，领导是影响人们自动为达到群体目标而努力的一种行为。美国学者罗伯特(Johnnie L.Roberts)等认为，领导是在某种条件下，经由意见交流的过程所实行出来的一种为了达到某种目标的影响力。美国管理学者戴维斯(Keith Davis)则解释为，领导是一种说服他人热心于一定目标的能力。南京大学周三多教授等认为，所谓领导，就是指挥、带领、引导和鼓励部下为实现目标而努力的过程。中国人民大学杨文士教授等认为，领导工作就是对组织内每个成员(个体)和全体成员(群体)的行为进行引导和施加影响的活动过程。

从领导是管理的一项职能这一研究角度出发，我们认为，孔茨(Harold Koontz)、奥唐奈(Cyril O.Donnan)和韦里奇(Heinz Weihrich)给领导下的定义更具代表性。他们认为，领导是一种影响力，是对人们施加影响的艺术或过程，从而使人们情愿地、热心地为实现组织或群体的目标而努力。在这个定义中有三个要点：首先，它揭示了领导的本质，即影响力。正是靠着影响力，领导者在组织或群体中实施领导行为；靠着影响力，领导者把组织或群体中的人吸引到他的周围来；靠着影响力，领导者获取组织或群体成员的信任；也正是靠着影响力，组织或群体中的成员心甘情愿地追随领导者。因此，拥有影响力的人才称得上是一位真正的领导者。其次，这个定义明确指出了领导是一个过程，是对人们施加影响的过程；同时又提出，领导不只是一种过程，亦是一种艺术。领导者面临千变万化的组织或群体的内外环境，特别是面对着各种各样的人，他们的身份不同，有着各种不同的教育、文化和经历背景，他们进入组织或群体的目的和需要各不相同，而且人们的需要、目的等都处在动态的变化之中。因此，对人的领导与其说是一种过程，不如说是一种艺术。越是高层次的领导行为，因其面对因素的复杂性和不确定性，所以艺术的成分就越多。最后，这个定义指出了领导的目的。领导是一项目的性非常强的行为，它的目的在于使人们情愿地、热心地为实现组织或群体的目标而努力。使人们情愿地而非无奈地，热情地而非勉强地为组织或群体的目标而努力，这体现了领导工作的水平，也是领导者追求的目标。

二、领导职能的作用

从上述领导职能的含义中不难看出，领导的本质是一种影响力，是被领导者的追随和服从，其作用主要表现为以下四个方面。

(一)指挥作用

马克思曾指出："一切规模较大的直接社会劳动或共同劳动，都或多或少地需要指挥，以协调个人的活动，并执行生产总体的运动——不同于这一总体的独立器官的运动——所产生的各种一般职能。一个单独的提琴手是自己指挥自己，一个乐队就需要一个乐队指挥。"① 可见，在人们的集体活动中，需要有头脑清晰、胸怀全局，能高瞻远瞩、运筹帷幄的领导者，帮助人们认清所处的环境和形势，指明活动的目标和达到目标的途径。

(二)协调作用

随着社会分工的不断细化，对协调的要求也越来越高。科学合理的组织结构、严格的规章制度、有效的控制手段是保证组织有效运转的基础。但是，要想使组织运转高效率、和谐一致，还有赖于组织人员的协调、配合。组织内员工的工作效率既取决于规章制度的约束，还有赖于个人的思想、情绪、态度。领导职能的协调作用就是通过创造、设计和保持良好的工作环境氛围，使下级心情舒畅、精神愉快，以饱满的热情，全身心地投入工作之中，努力与人合作，愉快地去完成工作任务，实现组织目标。一般而言，在许多人协同工作的集体活动中，即使有了明确的目标，但因组织中每个成员的岗位背景、理解能力、工作态度、进取精神、工作作风及气质性格等的不同，加上外部各种因素的干扰，人们在思想认识上发生各种分歧，行动上出现偏离目标的现象是不可避免的。因此就需要组织的领导者来及时协调组织内外成员之间的关系和活动，使组织内部能形成合力，外部形成张力，以便更好地实现组织目标。

(三)激励作用

个体行为是由需要和动机决定的。领导者要把职工的积极性、创造性完全激发出来，必须设置能满足其需要、激发其动机的组织目标。一般情况下，个体目标与组织目标是不完全一致的，领导者的责任就是将组织目标的实现与满足个人需要统一起来，创造一种组织环境使员工加强对组织目标的认同感，从而提高员工接受和执行目标的自觉程度。作为

---

① 马克思恩格斯全集. 第 23 卷. 北京：人民出版社，1972，第 367 页

组织的领导者,要根据每个员工的具体情况,采用适当的激励方式,使员工始终保持旺盛的工作热情,最大限度地调动他们的工作积极性,努力实现组织目标。这就需要领导者了解被领导者的需要结构层次,不断有计划地确定不同时期的激励目标,不断发掘和激励员工积极进取的动力。

(四)凝聚作用

组织是由人组成的,下属的士气、工作热情、团队精神需要领导去引导、去凝聚,通过领导方式、管理方法和领导艺术,调动下级的工作情绪,使其保持持续的热情和高昂的士气。特别是当遇到困难和挫折,员工的士气低落时,领导职能的凝聚作用更显重要。领导要引导下级正确地、全面地认识形势,树立克服困难的信心和勇气,增强自信心,勇敢地面对困难,找出解决矛盾和问题的方法,团结一致共渡难关,为最终实现组织的目标做出贡献。领导职能的凝聚作用应通过领导者个人的高尚品质、非凡的能力和领袖魅力,引起下属的崇敬、尊敬、信任、爱戴和忠诚,从而赢得下级的信赖和支持,达到同心同德、众志成城的目的。

【案例9-1】战略型领导的"五长"角色

在企业中真正对企业生死存亡产生重大影响的往往是身居高位的少数几位领导者。将注意力聚焦在他们身上,往往能够从中解读出企业发展的基本脉络。对于这一类领导者,约翰·阿代尔在其著作中用"战略型领导者"指代。他们的共同特征是关注企业全局的、整体的状况而不是某一局部。那么,这些战略型领导者在企业发展之中究竟扮演了怎样的角色呢?本文拟用船长、道长、家长、师长和队长这五个身份化的词汇,来形容和介绍他们所起到的作用。

1. 船长

如果将企业比作一艘在大海中航行的舟船,那么战略领导者无疑就是这艘船上最重要的船长。在我们的印象中,船长最主要的职责是为整艘船引领方向。相应地,企业的战略型领导者也承担着类似船长的职责,即确立企业发展的方向,确定企业将往何处而去,这也是德鲁克提出的一个基本问题。

2. 道长

老子曾说,道常无为而无不为。在现代企业中,企业文化大抵就扮演着"道"的类似角色。我们很难在企业文化与企业的发展之间找出必然的直接联系,然而企业文化却又真实地影响到企业里的方方面面。这里将企业的战略领导者比作"道长",自然不是要求领导者去修道悟禅,而是突出他们在企业文化建设中的作用。企业的战略领导者大多位于组织最高层,他们的一言一行都会被企业内外部的各类人群置于放大镜下观察。对于企业内部员工来说,战略领导者的所言所行,比起企业所进行的文化系统建设、视觉设计、文化活动等,更能够对企业文化的建设产生根本性的影响。

3. 家长

在中国企业中，企业领导者与员工下属之间的关系往往不仅仅限于工作关系。中国人普遍受到长达两千多年的家长式思维影响，于是居上位者往往乐于为家长，而居下位者也希望有一位仁慈的家长存在。台湾学者郑伯等倾力研究中国企业的领导近三十年，得出的最重要概念也是强调家长式领导。事实上，以厂为家、爱厂爱家等类似的口号在中国企业中曾经一度普遍存在。在今天的市场格局下，我们强调战略领导者要起到家长职责，倒不是要倡导施行"人治"的复辟，而是更多地提醒战略领导者要注意关怀员工、关心员工的情感需求。

4. 师长

师者，所以传道授业解惑也。提及师长，我们不免联想到学习活动。企业里的战略领导者扮演师长的角色，就是要成为企业学习活动的发起者和辅导者。随着人类社会逐渐由工业社会走向知识社会和信息社会，知识本身已经成为企业中重要的竞争性资源。能否快速有效地获取到最新的知识，也已经成为衡量企业发展活力的指标之一。要想达成这一目标，仅仅依靠个别领导者或是组织中的少数人是难以实现的。尤其是，广大普通员工直接面对消费者和市场，他们在很多知识的获取上占据着得天独厚的地缘优势。因而，对于战略性领导者来说，重要的不是自身掌握知识的宽度与广度，而是尽最大可能地培养起为数众多的、具有较强学习能力的员工队伍，充分调动起集体的智慧。由此，员工个体学习的成果也可以转化为组织的知识积累。在这一过程中，战略型领导者应当承担起师长的职责，创造机会和条件帮助员工发展自我、超越自我。

5. 队长

在追求梦想、实现愿景的道路上，只有美好的目标往往是不够的。在未来的目标与当前的现状之间，需要明确通往未来的道路。而这也是战略型领导者的重要作用之一，笔者将其描绘为队长的职责。如果领导者只是告诉下属"我们将要去向何方"，而不能够大致地告诉人们"我们准备如何前往"，那这个未来的目标再怎样美好，也会给员工带来虚幻遥远的感觉。毕竟，在追求挑战性目标的道路上，总是充满了艰难险阻。如若没有一个大致清晰的行动路径，难免会使人感到迷惘，也难以在困难面前保持乐观和信心。因此，作为队长的领导者需要向下属传递出关于如何到达未来的方式方法。在此之外，作为队长的战略型领导者也需要一些实际的行动来表明对于未来目标的强烈追求。

上述五种角色，同时也反映了战略型领导者在企业中从事的五类主要活动，可以用"引路、布道、施爱、树人、行事"这十个字加以概括。

(资料来源：罗文豪. 战略型领导的"五长"角色(节选). 企业管理，2012-07)

第二节 领导者的影响力

领导者对被领导者的影响，是一种高层次、多类型的支配力量。其影响的力度、深度和广度，取决于领导者影响力的大小。因此，研究领导者影响力的大小，对于提高领导者素养、水平至关重要。

一、领导者影响力的含义

所谓影响力，是指一个人在与他人交往的过程中，影响和改变他人心理与行为的能力。领导者的影响力，就是领导者在实施领导的过程中，有效地影响和改变被领导者的心理与行为，使其具有实现领导目标要求的能力。影响力人人都有，但一般人的影响力与领导者影响力的作用是有差别的，领导者的影响力在管理中有着举足轻重的作用。

二、领导者影响力的类型

一个领导者要发挥领导的功能及作用关键在于领导影响力。从影响性质来看，可将其分为权力性影响力和非权力性影响力。

(一)权力性影响力

权力性影响力，是指领导者运用手中的权力，有效地影响和改变他人的心理和行为，使其更符合领导目标的能力。权力性影响力是由社会赋予个人的地位、职位、权力等构成的。只有领导者才具有这种影响力，它的特点是影响力具有强迫性、不可抗拒性，并以外部压力的形式表现出来，被影响者表现为服从、被动，这种影响力的激励作用是有限的。构成权力影响力的要素有以下几个方面的内容。

(1) 职位因素。领导者在组织中担任的职务与地位不同，其产生的影响力也不同。领导者的职位越高，权力越大，产生的影响力就越大，别人对他的敬畏感也就越甚。职位是领导者行使权力的基础，职位因素产生的影响力与领导者本身的素质没有关系，它是社会组织赋予领导者的力量。

(2) 传统因素。传统因素是指人们用一种由历史沿袭而来的传统观念去对待领导者。通常情况下，人们认为领导者不同于普通人，他们有权、有才干。这种观念逐步形成某种形式的社会规范，约束被领导者产生服从意识。社会发展到今天，有些传统观念仍然严重地影响着人们的思想意识，制约着人们的行为。在人类几千年的社会生活中，多数人总是在少数人的统治下劳动着、生活着。这样逐渐形成了一种传统观念，凡掌权者都不同于普通人，掌权者与有才干者是必然联系在一起的，掌权者必然比普通人高明。因而，被领导者便产生服从感,从而使领导者的言行增加了某些影响力。随着人类文明程度的提高和社会的向前发展,这种传统影响力的作用将日趋缩小。这种影响力是领导职务本身给予的,一旦正式担任了领导,就会自然地获得这种领导者的力量,从而领导者的言行便具有了影响力。传统因素使人产生服从感,包括领导者对上级的服从感及领导者要求下属对自己的服从感。

(3) 资历因素。领导者的资格与经历也是造就影响力的重要因素。资历是一种历史的产物,是资格和经历的结合体。这种因素的影响力有一个特性,即存在于领导者实现领导行为之前。例如,某单位将要来一位新的领导者,下属如果知道这位新来的领导者是一位著名的企业家,那么他在未来之前就会在被领导者心灵上占有重要的位置,产生一种敬重感;反之,如果来的是一位年轻而无名的领导者,下属会自然而然地产生"此人很嫩,恐怕不行"或"嘴上没毛,办事不牢"的想法,不会对这位新任领导产生敬重感。资历是历史的产物,它反映一个人过去的生活阅历与经验,一位资历较深的领导者会使被领导者产生敬重感。

以上影响力都不是领导者实际行为造就的,而是外界赋予的,它们所产生的影响往往具有表面性、暂时性,它们的核心是职位权力。

(二) 非权力性影响力

非权力性影响力是与领导者以职位和权力为依托的权力性影响力相对而言的。非权力性影响力,亦称非强制性影响力或人格影响力,它与领导者的权力无必然联系,是由领导者本人的内在素养和行为方式所决定的。其产生的基础要比权力性影响力广泛得多。这种影响力表面上并没有合法权力那种明显的约束力,但实际上它不仅确实具有权力的性质,而且常常能发挥权力性影响力所不能发挥的巨大约束作用,它的直接效果是下属对领导者的信任与佩服、顺从和依赖。这种影响力没有正式规范,没有上级授予形式,是基于人的素质产生的影响力。

(1) 品格因素。品格即领导者的道德、品质、人格和作风等综合特征,它反映在领导者的一切言行之中。领导者优良的道德、高尚的人格对于每个被领导者的影响力起着至关重要的作用,它不仅让下属产生一种敬佩感,而且能促使下级去模仿和学习。我们常说的"榜样的力量是无穷的"就是这个道理。一个有优秀品格的领导者,其思想修养好,就有说服力,其言行一致,行为高尚,就有号召力、动员力,就会使人产生敬爱感,这种敬爱感是领导者影响力的倍增器。优秀的品格会给被领导者带来巨大的影响力,它是一个人本质的表现。品格因素是非权力影响力中最重要的因素。无论职位多高,能力、知识多优秀,领导者倘若品格出现问题,那他就不具有任何影响力。

(2) 能力因素。能力主要指人的工作能力和聪明才智。这是衡量人的素养的重要因素。在大多数情况下,领导者的才能与影响力成正比关系,越有才能,影响力就越大;缺乏才能,影响力自然会减小。可以这样说,领导者的才能为领导目标的实现提供了必要的条件。

领导者的才干、能力能给组织带来成功的希望，能使人们产生敬佩感。领导者有与职位相称的能力，对正确决策、提高工作效率、顺利完成目标有着重要的作用。这里的能力不单反映领导者能否胜任自己的工作，而且反映工作的结果是否成功，它是通过实践来表现的。领导能力在领导者的非权力影响力的形成中起着巨大的催化作用，这种作用一旦到位，在下属中就会产生一种心理磁力，吸引他们自觉地接受领导者的号召和指挥。

(3) 知识因素。知识是一种最宝贵的财富。在科学知识日新月异的今天，知识因素对产生领导者影响力的作用越来越重要。知识是人类实践经验的概括和总结，知识本身就是一种力量，是科学赋予的力量。知识水平的高低，主要表现在对客观世界认识的广度和深度上。知识水平高与知识水平低的领导者相比，知识水平高的领导者会对下级产生更大的影响力。具有广博知识的领导者容易取得人们的信任，使领导者产生影响力，使人们产生信赖感。现代组织中要求领导者树立在行政工作及生产指挥中的真正权威，为此领导者必须提高其业务知识能力，勤于学习，善于学习。领导者的知识面要广，除了专业知识外，其他各种各样的知识也要学习和掌握。

(4) 感情因素。感情是人们对客观事物(或人)的反映。领导者在实现领导行为的过程中，会同下属产生一定的感情关系，或亲密，或疏远等。领导者与下属建立了好的感情关系，下属就会产生亲切感，相互之间的影响力也就大了。感情因素在非权力影响力中起着很大的作用，领导者要使决策变为职工的自觉行动，如果没有感情影响力，仍然不能最大限度地发挥领导者的作用。因此，领导者要十分注意与被领导者的感情关系。

上述非权力影响力都是领导者自身的素质与行为造就的，它与权力无直接关系，这种影响力对别人产生的心理影响是自然的，较权力性影响力更长远。

从以上两方面影响力可以看出，权力性影响力与非权力性影响力有着完全不同的权力基础和作用方式，因而影响方向和效果也迥然相异。权力性影响力表现为领导与服从的关系，被领导者仅在无差别圈内被动地受影响。所谓无差别圈，即被领导者忍受和服从命令的界限和范围。在无差别圈内，下级可以不问原因和价值而服从上级的指令。超越这一界限，指令就会失去效力。被动的服从方式和无差别圈的存在使权力性影响力的效果受到极大限制。非权力影响力表现为领导者与被领导者的双向沟通过程。被领导者以主动自愿的态度接受影响，并自觉内化于个人的思想和行为之中，这就突破了无差别圈的限制，大大扩展了影响的深度和广度。因此，在领导的影响力构成中，具有决定意义的是非权力影响力，非权力影响力的加强可以弥补权力影响力的欠缺和不足，在特定场合甚至可以代替权力影响力。因此，明智的企业领导者应特别注意发挥非权力影响力的作用，通过非权力影响力与权力影响力的合理结合与相互补充，提高领导的有效性。

三、如何提高领导者的影响力

对一个领导者来说，提高自身的影响力应从如下几个方面着手。

第九章 领导

(一)正确认识权力,公正使用权力

作为领导者,要树立正确的权力观。领导者首先要明白自己肩负的重任,明白自己既对完成组织任务负有责任,又对组织内部员工的利益及发展负有责任。领导者肩负的责任要求领导者树立正确的权力观,正确对待权力。

(1) 正确认识权力的来源。领导权力通常就是指影响他人的能力,在组织中就是指排除各种障碍完成任务,达到目标的能力。根据法兰西(John French)和雷温(Bertram Raven)等人的研究,领导权力有五种来源。一是法定性权力,它是由个人在组织中的职位决定的,个人由于被任命担任某一职位,因而获得了相应的法定权力和权威地位。二是奖赏性权力,它是指个人控制着对方所重视的资源而对其施加影响的能力。例如上级在其职权范围内可以决定或影响下级的薪水、晋升、提拔、奖金、表扬等,从而有效地影响他人的态度和行为。奖赏性权力是否有效,关键在于领导者要确切了解对方的真实需要。三是惩罚性权力,它是指通过强制性的处罚或剥夺而影响他人的能力。例如批评、降职、降薪、撤职、开除等,这实际上是利用人们对惩罚和失去既得利益的恐慌心理而影响和改变他的态度和行为。应当注意,惩罚权虽然十分必要,见效也很快,但毕竟是一种消极性的权力,更不是万能的,因此务必慎用。四是感召性权力,它是指由于领导者拥有吸引别人的个性、品德、作风等而引起人们的认同、赞赏、钦佩、羡慕而自愿地追随和服从他。例如无私工作、刚正不阿、主持公道、清正廉洁等模范行为,都会引来大批追随者,形成巨大的模范权力。五是专长性权力,它是指因为人在某一领域所特有的专长而影响他人的能力。

组织中的各级领导者只有正确地理解领导权力的来源,精心地营造和运用这些权力,才能成为真正有效的领导者。

(2) 正确对待权力的作用。权力是用来为实现组织的目标而存在的,不是为了实现领导者个人的利益而存在的。因此,领导者应当利用权力为实现组织的目标而工作,为组织成员的利益而努力,而不是以权谋私,或培养自己的私人小圈子。领导要破除对职位权力的迷信。不要以为自己有了职位,有了权力,就一定会有威信。靠行政权力导致的服从往往是表面的,甚至是虚假的,一旦失去权力,往往是"树倒猢狲散",甚至于"墙倒众人推"。

(3) 正确使用权力。权力的正确使用是任何一个领导者都必须面对的问题。作为领导者,要有高度的责任感和良好的敬业精神,要全身心地投入工作,在工作需要的正确的时间与正确的地点正确地使用权力。在使用权力前要虚心听取下级与各个方面的意见和建议,以便提高权力的使用效率。权力按其属性亦可分为两种:第一种是消极的权力。它是以个人的需要和目标为导向,一般产生消极的后果。消极的权力来源于个人的权力欲。权力欲膨胀的人,会不择手段争权夺利。这种人多的话,组织会陷入无穷无尽的争夺权力的旋涡,影响组织的正常流畅运转。以消极的权力为目标的人一旦掌权,还会为一己私利,肆无忌惮地损害组织和集体的利益。第二种是积极的权力。它是以组织或群体进步为导向的,一般会产生积极的效果,它能在组织中把个人的长处组合起来,创造一种民主的氛围,促使组织飞速发展。一个领导者必须意识到，权力只是管理活动中的一种工具，为实现组织目标服务，而不是为个人利益服务的私人财富。领导者追求权力的动机和使用权力的目的是否正确，衡量的标准就在于他追求和使用的是积极的还是消极的权力。

(二)加强品德修养，端正领导作风

在领导者的非权力影响力形成的过程中，品格是第一位的因素。一个领导者只有具备了优秀的品格才能为下属所敬仰，为下级所尊敬。这就要求领导者严格要求自己，时时处处带头示范，以身作则。一些领导干部在实践中体会到：要当好一个领导者，就应做到"要群众做到的自己先做到，要群众不做的自己绝不做"。这可以说是领导者树立非权力影响力的座右铭。作为领导要为人正派，办事公道，具有献身精神。

(三)拓宽知识领域，提高管理能力

在现代社会中，管理者必须具备丰富的知识和高超的能力，否则就完不成管理任务。从领导非权力影响力的形成来看，领导者必须具备丰富的知识和卓越的能力，这样才能为下级所佩服和信赖，才会相信其指挥的正确性，自觉地服从其领导。所以，领导者必须努力学习，不断地汲取新知识，增长才干，提高能力。

(四)维护群众利益，密切联系群众

一个人权力再大，能力再强，如果高高在上，脱离群众，也会成为孤家寡人，得不到群众的支持和拥戴，这样就难以带领群众一起奋斗，难以形成强大的非权力影响力，更谈不上提高影响力。因此，领导者必须重视联系群众，主动地与群众、与下级交流感情，想群众所想，急群众所急，和他们打成一片，权为民所用，利为民所谋，情为民所系。只有这样，人们才会诚心诚意地拥护并支持你，上下齐心地实现组织的目标。

第三节 领 导 理 论

为了提高领导的影响力及其有效性，西方一些学者通过长期调查、实验从不同角度进行了研究，提出了许多领导理论。这些理论大致可以分为三类：第一类是领导特性理论，集中研究领导者应有的个性特征；第二类是领导行为理论，集中研究领导者的领导风格和领导行为对领导有效性的影响；第三类是领导权变理论或情境理论，集中研究不同的情况下采用何种领导风格和领导行为效果最佳。

第九章 领导

一、领导特性理论

20世纪二三十年代有关领导的研究主要关注于领导者的特性，也就是那些能够把领导者从非领导者中区分出来的个性特点。这些研究旨在分离出一种或几种领导者具备而非领导者不具备的特性。人们对各种各样的特性进行研究，如体型、外貌、社会阶层、情绪稳定性、说话流畅性和社会交往能力等。各种研究，因为角度不同，得出的结果包罗万象，各有特色，甚至有所矛盾。下面简单介绍几种研究结果。

(一) 六类特质论

美国学者斯托格狄(R.M.Stogdill)通过调查，总结出领导者的特质包括以下几个方面的内容。

(1) 五种体貌特征，如精力、外貌、身高、年龄和体重等。
(2) 两种社会性特征，如社会经济地位、学历等。
(3) 四种智力特征，如果断性、说话流利、知识广博、判断分析能力等。
(4) 十六种个性特征，如适应性、进取心、热心、自信、独立性、外向、机警、支配、有主见、急性、慢性、见解独到、情绪稳定、作风民主、不随波逐流、智慧等。
(5) 六种与工作有关的特征，如责任感、事业心、毅力、首创性、坚持、对人的关心等。
(6) 九种社交特征。如能力、合作、声誉、人际关系、老练程度、正直、诚实、权力的需要、与人共事的技巧等。

斯托格狄确实发现了某些领导者都具备的共同特性，但与其他有关领导特性的研究一样，他的研究成果存在的问题同样是这些共同特性总有许多例外。

(二) 十三种特性论

美国管理学家吉赛利(Edwin E. Ghiselli)研究了十三种特性，以及这些特性在领导才能中体现的价值，他的研究结果如表9-1所示。

表9-1 领导个人特征价值表

重要程度	重要性价值	个人特性
非常重要	100	督察能力(A)
	76	事业心、成就欲(M)
	64	才智(A)
	63	自我实现欲(M)
	62	自信(P)
	61	决断能力(P)

续表

重要程度	重要性价值	个人特性
中等重要	54	对安全保障的需要少(M)
	47	与下属关系亲近(P)
	34	首创精神(A)
	20	不要高额金钱报酬(M)
	10	权力需求高(M)
	5	成熟程度(P)
最不重要	0	性别(男性或女性)(P)

注：括号中的 A 表示能力特征，P 表示个性特征，M 表示激励特征。重要性价值：100=最重要，0=没有作用。

(三)十大条件论

这是美国普林斯顿大学教授鲍莫尔(W.J.Baumol)提出的，他认为企业领导人应具有下列十大条件。

(1) 合作精神。愿意与他人共事，能赢得别人的合作，对人不用压服，而用说服和感服。

(2) 决策才能。能根据客观实际情况而不凭主观想象做出决策，具有高瞻远瞩的能力。

(3) 组织能力。善于发现下级才智，善于组织人力、物力和财力。

(4) 精于授权。能把握方向，抓住大事，而把小事分散给下级去处理。

(5) 善于应变。能随机应变，不墨守成规。

(6) 勇于负责。对国家、职工、消费者以及整个社会，都有高度的责任心。

(7) 敢于创新。对新事物、新环境、新技术、新观念，都有敏锐的感受力。

(8) 敢担风险。有雄心，对企业发展不利的风险敢于承担，能开创新局面。

(9) 尊重他人。能听取别人的意见，并能汲取合理的意见，不狂妄自大，能器重下级。

(10) 品德高尚。品德为社会和企业内的人们所敬仰。

然而，在现实中并非所有成功的领导者都具备上述特性理论所描述的品质，而且许多非领导者可能具备上述的大部分甚至全部品质。因此，领导特性理论无法指出哪些素质是领导者必需的，而且也无法对各种品质的相对重要程度做出评价。

各种领导特性理论所显示的结果相当不一致，这是因为领导特性理论忽略了被领导者和环境的作用。事实上，一个领导者能否发挥作用，会随被领导者的不同而不同，也会随环境的改变而改变。把领导活动割裂在被领导者因素和环境因素之外，仅从领导者自身一个方面进行研究，就会产生相互重叠，甚至相互矛盾的情况，而且趋向提出更纷繁复杂的特性，无法形成一致认同的稳定特性。

领导者特性理论虽然存在缺陷，但在实践中它仍然具有一定的指导意义。现代领导学

第九章 领导

证明，领导才能是一种成就，是能够通过努力达到的，而不是与生俱来的。每一位渴望成为领导者的有志者和每一位希望提高自身领导水平的领导者，都可以结合自己的下属情况与环境态势，在上述的各种领导者特性理论中找到最有认同感的那几条，把它们作为目标，引导自身素质的不断完善。虽然改变自身的身体、智力、个性和社会等特性非常困难，但是你迈出一步，就会离理想的领导境界近一步。

【案例9-2】稻盛和夫论领导人的资质

企业的经营哲学和管理系统能不能正确运用，可以说完全取决于企业的领导人。那么，站在企业活动最前线努力奋斗的领导人应该具有怎样的理想状态呢？当我思考理想的领导人应有的状态时，在我头脑里立刻浮现出来的形象就是美国西部开拓时期的蓬马车队的车队长。当年，蓬马车队从北美大陆东部出发，以人迹未至的西部大地为目的地，不少车队在中途便遭遇了挫折和失败，只有发挥了卓越领导力的队长才能率领车队到达目的地。那么蓬马车队队长发挥出来的领导人的优秀资质是什么呢？我认为可以归纳为以下五点。

第一，具备使命感。要率领团队前进，开始只是强烈的愿望也无妨，但我认为，同时大义名分也会成为必不可少的要素。如果没有"我们是为着如此崇高的目的而工作"这样的大义名分，也就是没有"使命"的话，要把众多人的力量凝聚起来，将他们具备的力量最大限度地发挥出来，是根本不可能的。例如在京瓷就有全体员工共有的经营理念："在追求全体员工物资和精神两方面幸福的同时，为人类社会的进步发展做出贡献。"

在创办企业之初，企业领导人哪怕只有强烈的愿望也无妨，但是为了企业进一步的发展，我希望你们也提出你们团队能够共同拥有的、符合大义名分的、崇高的企业目的，并将它作为企业的"使命"。让自己"具备使命感"，并让这种使命感为整个团队所共有，这就是领导人首先必须具备的最基本的要件或者说资质。

第二，明确地描述目标并实现目标。在设定目标时，首先领导人要找出一个在全体成员都能接受范围内的最高的具体数字，把它作为目标。然后把这个目标分解，让团队全体成员都把他当成自己的目标，大家共同拥有这个目标。目标必须非常具体，目标必须成为每一位员工的工作指针。另外不仅要设定整个一年的年度目标，而且要设定月度目标，这样自然就能看清每一天的目标。如果每个人都能认清每个月以及每一天的目标，并能切实完成这些目标，那么整个团队的年度目标也就能够达成。

还有一点，为了实现已经设定的高目标，领导人必须具备坚强的意志。在企业经营中，预料之外的课题和障碍会接踵而来，这时候如果缺乏坚强的意志就会以些许的环境变化为借口，很随意地放弃应该达成的目标。我曾经将下面这句话作为京瓷的经营口号："以渗透到潜意识的、强烈而持久的愿望和热情，去实现自己设定的目标。"我认为这个口号表明，团队的领导人不管遭遇何种障碍，都要以坚定的意志朝着达成目标的方向奋勇前进，绝不妥协，决不停顿。

第三，领导人必须不断地挑战新事物。在经济环境急剧变动，技术革新飞速发展的今天，如果领导人缺乏独创性，缺乏挑战精神，不能把创造和挑战的精神贯穿到集团中去，那么集团的进步发展是难以指望的。正如韦尔奇所说，只有变革，只有不断地、反复地进行创造性活动，企业才能持续成长发展；相反只想维持现状，只是墨守成规，就会陷入官僚主义和形式主义的泥潭，企业就会衰弱。

作为领导人，我按照"乐观构想、悲观计划、乐观实行"的程序，在创造性的领域内推进工作。在构想阶段，能力要用将来进行时，总之要乐观；在制订计划时要彻底地冷静，就是采取悲观态度；而在实行阶段，又要乐观，相信事情一定能成功，否则就不会产生挑战的勇气。必须有这样一个程序，而统率这一过程的就是企业的领导人。

第四，领导人必须获得集团所有人的信任和尊敬。优秀的领导人首先必须"公正"。领导人所处的地位是要对左右集团命运的重大问题做出判断。这种情况下，对领导人来说最重要的就是公正。而妨碍公正的因素，就是个人利益优先的利己心或者叫私心。只要夹杂哪怕些许的私心，判断就会暧昧，决断就会走向错误的方向。领导人以公正的姿态做出了正确的判断，为了将这种判断付诸实行，就必须具备"勇气"。因为即使是正确判断也未必能让所有人全都赞同，因这种判断而蒙受损害的人会唱反调。即使在这种情况下，领导人也必须果断地遵循正确的判断，将正确的事情以正确的方式坚决地贯彻下去，像这样不畏惧任何困难，堂堂正正地将自己认为正确的事情贯彻到底，要做到这一点就必须具备真正的勇气。还有领导人必须"谦虚"。特别是有能力、有业绩的优秀的领导人，我更希望他们将谦虚这项资质学到手。人往往一旦获得成功就会过分相信自己，认为成功是因为自己能力强，因而傲慢起来，以致忘记了应该感谢周围的人，放松了努力。傲慢的领导人可能取得一时的成功，但他的成功绝不可能长期持续。还有一条，领导人应该始终保持"乐观开朗"的态度。充满梦想和希望，保持乐观向上的态度，在团队内营造开朗的气氛，这也是领导人的一项重要工作。

第五，抱有关爱之心。我认为领导人必须发挥出强有力的领导作用，而在他的心底又必须抱有亲切的关爱之心。换种说法，可以用基督的爱和佛陀的慈悲来作比喻。领导人必须持有一颗对别人充满关爱的善良之心，祈愿部下及其家族都能过上幸福的生活，祈愿交易商、客户、地区、社会、自己周围所有的人们生活幸福。抱着这种深沉的爱去工作，去做事业，就能得到周围人们的协助，甚至获得天助，事业一定能顺利进展。我坚信一颗亲切的关爱之心，是领导人应该具备的最根本的资质。

斗胆用一句话讲，真正的领导人应该是"以爱为根基的反映民意的独裁者"。我认为，将蓬马车队安全带到西部的队长，就是这种充满关爱之心，在尊重大家意见的同时，能按照具体情况，果断决策，发挥出卓越领导能力的人。而且，只有这样的领导人，才是在混沌纷乱的时代开辟生路、带领团队成长发展的真正的领导人。

(资料来源：稻盛和夫. 领导人的资质(有删减). 商业评论，2012-07)

二、领导行为理论

领导特性理论表明仅仅依靠特性并不能充分解释有效的领导，完全基于特性的解释忽视了领导者与下属的相互关系以及情境因素。具备恰当的特性只能使个体更有可能成为有效的领导人。因此，从20世纪40年代至60年代中叶，有关领导理论的研究集中在探讨领导者偏好的行为风格上。研究者想知道，有效的领导者在"做"上，也就是说在行为方面有哪些独特之处。这里着重介绍几种比较有代表性的理论。

(一)勒温的三种极端的领导风格

心理学家勒温(P.Lewin)根据领导者如何运用职权，把领导者在领导过程中表现出来的极端的工作作风分为以下三种类型。

(1) 专制作风或独裁作风。具有这种作风的领导者独断专行，从不考虑别人的意见，所有决策都由自己做出；主要依靠行政命令、纪律约束让下属服从；很少参加群体的社会活动，与下级保持相当的心理距离；事先安排一切工作程序与方法，下属只能照办。

(2) 民主作风。具有这种作风的领导者鼓励下属参与决策，组织的决策是在领导者的激励与协调下经由集体讨论确定的，是领导者与下属共同智慧的结晶；在分配工作时尽量照顾到员工的能力、兴趣和爱好；下属有相当大的工作自由、较多的工作选择权，有自由发挥、自主创新的空间，而不是由领导者安排好一切；在领导工作中主要用个人权力与威信来使下属服从，而不是依靠职位权力与强迫命令；领导者积极参加群体活动，与下属无心理上的距离。

(3) 放任作风。这种领导者把权力完全给予组织成员或群体，自己对于工作尽量不参与，也不主动干涉，毫无规章制度。工作进行几乎全部依赖组织成员自负其责。

勒温根据实证研究指出，放任自流的领导作风效率最低，只能达到社交目标，而完不成工作目标。专制作风的领导虽然通过严格管理达到了工作目标，但组织成员没有责任感，情绪消极、士气低落。民主作风的领导工作效率最高，不但完成工作目标，而且组织成员关系融洽，工作积极主动、有创造性。

(二)领导行为四分图理论

美国俄亥俄州立大学的学者们从1945年开始了领导行为的研究,取得了一系列的成果。一开始，研究人员列出了1000多个描述领导行为的因素，通过逐步提炼、概括，最终将领导行为的内容归纳为"以工作为中心"与"以人为中心"两个方面。"以工作为中心"就是领导者通过设计组织机构，明确职责权力、相互关系和沟通办法，确定工作目标与要求，制定工作程序、工作方法与制度来引导和控制下属的行为表现。"以人为中心"就是关心和强调下属个人的需要，尊重下属意见，给下属以较多的工作主动权，注意建立同事之间、上下级之间的相互信任的气氛。

根据他们的研究,"以工作为中心"与"以人为中心"不是一个连续带的两个端点,不是互相对立的关系,不是注重了一方面就必然忽视另一方面。他们按照这两类内容设计了调查问卷,结果发现,两种领导行为在一个领导者身上可能一致,也可能不一致,它们并不是相互矛盾、相互排斥的。领导者可以是单一的工作型或关怀型,也可以是两者的任意组合,而不同的组合代表了不同的领导行为。具体组合方式可用领导行为四分图来表示,如图 9-1 所示。

图 9-1　领导行为四分图

(1) 低关心人,低工作行为。这种行为对工作与人均缺乏相应的关心,是一种不负责的领导行为。

(2) 低关心人,高工作行为。这种行为重视工作而不重视对人的关心,属于强制领导的行为。

(3) 高关心人,低工作行为。这种行为重视对人的关心而忽视工作任务,可以认为是一种亲情领导行为。

(4) 高关心人,高工作行为。这种行为既关心员工,重视工作任务,在重视工作任务的基础上又维持和谐的人际关系,应当是种理想的领导行为模式。然而,由于领导精力与其他方面的限制,做到这种模式比较困难。一般情况下,作为一名领导者,应当在工作任务与关心员工之间寻找平衡,达到一种比较理想的境界。

(三)管理方格理论

在上述领导行为四分图理论的基础上,美国学者布莱克(Robert R. Blake)和穆顿(Jane S. Mouton)于 1964 年提出了"管理方格"理论,如图 9-2 所示。图中横坐标与纵坐标分别表示领导者对生产和对人的关心程度,各分为 9 个等级,从而生成 81 个方格。每个方格就表示"关心生产"和"关心人"这两个基本因素以不同程度相结合而形成的一种领导类型。

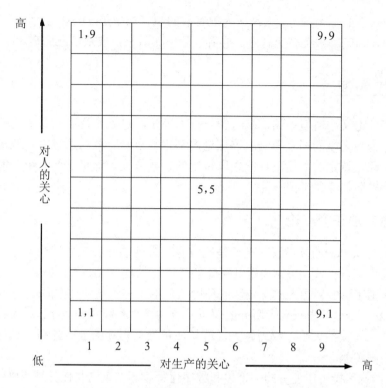

图 9-2　管理方格

如图 9-2 所示，布莱克和穆顿在管理方格中列出了五种典型的领导行为。

(1,1)型为贫乏型管理。领导者只以最低限度的努力来完成必须做的工作和维持人际关系，对员工和生产都不关心，这是一种不称职的领导。

(9,1)型为任务型管理。领导者只关心生产，不关心人，只重视任务效果，而不重视下属的发展和士气。长期下去，这种领导行为会导致员工情绪低落，难以实现组织的目标。

(1,9)型为俱乐部型管理。领导者只注重支持和关怀下属而不关心任务和效率。这种领导行为营造了和谐的人际关系，但对组织任务的完成会有影响，特别是人际关系一旦受到损害时情况更是如此。

(5,5)型为中间型管理。领导者对人和生产都有适度的关心，既能按正常的效率完成生产任务，又能保持一定的士气。这种领导行为类似于中国传统文化中的"中庸之道"，追求平衡但不追求卓越，从长远看，可能使组织落后于时代。

(9,9)型为团队型管理。领导者对生产和人都极为关心，他们把组织的需要和员工的个人利益完美地结合起来，组织内部关系和谐，士气旺盛，大家齐心协力地完成生产任务，是最理想的领导方式。

上述五种典型的领导类型，都仅仅是理论上的描述，也是极端的情况。在实际生活中，很难见到纯而又纯的范例。一般人都认为最有效的领导类型是 9.9 型,这是就一般情况而言的。在实践中,到底哪种类型更有效,要看实际工作效果,要依情况而定。

三、领导权变理论

领导权变理论又称情境理论,是对领导行为理论的进一步发展,它关注的是领导者和被领导者的行为与环境的相互影响。该理论的基本观点是有效的领导方式取决于权变因素或情境因素,即在特定的情境下,应采取特定的领导方式。这里主要介绍菲德勒的权变理论、领导生命周期理论和路径—目标理论。

(一)菲德勒的权变理论

菲德勒(F.E.Fiedler)的领导权变理论是比较有代表性的一种权变理论。他认为,任何形态的领导方式均可能有效,关键要看其所处的环境与领导方式是否适应。

菲德勒提出了影响领导方式有效性的环境因素主要有以下三个方面。

(1) 职位权力。这是指领导者所处的职位具有的权力和权威的大小,或者说领导的法定权、奖赏权、惩罚权的大小。权力越大,群体成员遵从指挥的程度越高,领导的环境也就越好;反之,则越差。

(2) 任务结构。指工作任务的规范化和程序化程度。如果这些任务越明确、规范,而且下属责任心越强,则领导环境越好;反之,则越差。

(3) 上下级关系。指领导者受到下级爱戴、尊敬和信任以及下级情愿追随领导者的程度。下级对上级越尊重,并且乐于追随,上下级关系越好,领导环境也越好;反之,则越差。

菲德勒研究了两种领导风格,即关系导向和任务导向。他以一种被称为"最难共事者"(Least Preferred Co-worker,LPC)的问卷来反映和测试领导者的领导风格。一个领导者如对其最难共事的同事仍能给予好的评价,即被认为对人宽容、体谅,提倡人与人之间关系友好,是关系导向型的领导。如果对其最难共事的同事评价很低,则被认为是惯于命令和控制,不是关心人而更多的是关心任务的任务导向型领导。

菲德勒对 1200 个团体进行了抽样调查,将三种情境因素组合成 8 种情况,其中 1、2、3 类情境对领导者非常有利;4、5、6 类情境在一定程度上对领导者有利;7、8 类情境对领导者十分不利。他得出了以下结论:领导情境决定了领导的方式。在对领导者非常有利和十分不利两种情境下,采用"任务导向型"的领导方式效果较好;对处于中间状态的情境,则采用"关系导向型"的领导方式比较有效,如图 9-3 所示。

菲德勒模式指出,要提高领导的有效性,要么改变领导方式,要么改变领导者所处的环境。在环境因素最好或最坏的条件下,应选择以关心工作任务为中心的领导人;反之,应选择以关心人为中心的领导人。

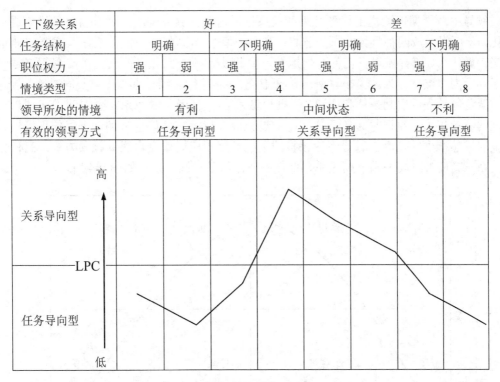

图9-3 菲德勒模式

> 【案例9-3】绵羊和燕子
>
> 《莱辛寓言》有这样一个故事,一只燕子为了筑巢,飞到羊身上去啄羊毛。羊愤怒地跳来跳去。燕子抱怨说:"你允许牧人把你的毛通通剪光,可连一小撮毛都拒绝给我,这是为什么?"羊回答道:"这是因为你不像牧人那样懂得用好的方法来取我的毛。"实际生活中,管理者也许无须付出多少成本,只要改变一下领导方式,就可以提高员工士气,缓解员工心理压力,实现组织目的。

(二)领导生命周期理论

领导生命周期理论是由美国管理学者保罗·赫塞(Paul Hersey)和肯尼斯·布兰查德(Kenneth Blanchard)提出的。这一理论把下属的成熟度作为关键的情境因素,认为依据下属的成熟度水平选择正确的领导方式,决定着领导者的成功。

赫塞和布兰查德把成熟度定义为:个体对自己的直接行为负责任的能力和意愿。它包括工作成熟度和心理成熟度两个方面。工作成熟度是下属完成任务时具有的相关技能和技术知识水平。心理成熟度是下属的自信心和自尊心。高成熟度的下属既有能力又有信心完成好某项工作。

领导生命周期理论提出任务行为和关系行为这两种领导维度，并且将每种维度进行了细化，从而组合成四种具体的领导方式：①命令型领导(高任务—低关系)。即领导者告诉下属应该做什么、怎样做以及在何时何地做。②说服型领导(高任务—高关系)。领导者同时提供指导行为与支持行为。③参与型领导(低任务—高关系)。领导者与下属共同决策，领导者的主要角色是提供便利条件和沟通。④授权型领导(低任务—低关系)。领导者给下属以自行处理问题的权力，自己只起监督作用，通过充分授权、高度信任来调动下级的积极性。随着下属成熟程度的提高，领导者应该按照下列顺序相应地改变自己的领导方式：高任务、低关系→高任务、高关系→高关系、低任务→低任务、低关系，如图9-4所示。

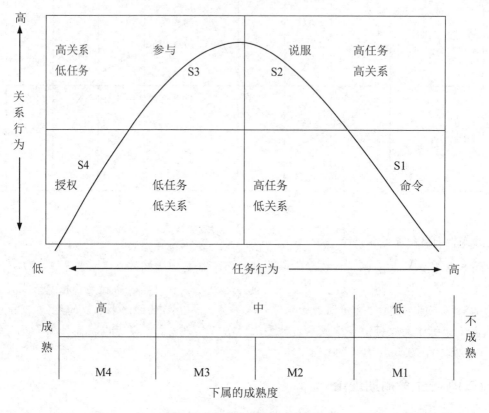

图9-4 领导生命周期示意图

图9-4中，S代表四种领导方式，分别是授权型、参与型、说服型和命令型，它们依赖于下属的成熟度M，M1表示低成熟度，M4代表高成熟度。

赫塞和布兰查德把领导方式和员工的行为关系通过成熟度联系起来，形成一种周期性的领导方式。当下属的成熟度水平不断提高时，领导者不但可以减少对活动的控制，而且还可以不断减少关系行为。如命令型领导方式 S1，是对低成熟度的下属而言的，表示下属需要得到明确而具体的指导。S2方式表示领导者需要高任务—高关系行为。高任务行为能够弥补下属能力的欠缺，高关系行为则试图使下属在心理上领悟领导者的意图。S3 表示可以运用支持与参与风格有效激励下属。S4 是对高成熟度的下属而言的，表示下属既有意愿又有能力完成任务。

领导生命周期理论可类比于家长对子女在不同的成长期所采取的不同方式：当人处在学龄前时，一切都需父母照顾与安排，此时父母的行为基本上是一种任务导向的行为，是高任务、低关系(命令型)；当孩子长大进入小学和初中时，父母除安排照顾外，还必须给孩子以信任和尊重，增加关系行为的分量，即采取高任务、高关系(说服型)；当孩子进入高中和大学时，他们逐步要求自立，开始对自己的行为负责了，此时父母已不必对他们过多地安排照顾或者干预，应采取低任务、高关系(参与型)；当孩子成人走向社会，结婚组成新的家庭后，父母即开始采取低任务、低关系的行为(授权型)。

与菲德勒的权变理论相比，领导生命周期理论更直观和容易理解。但它只针对了下属的特征，而没有包括领导行为的其他情景特征。因此，这种领导方式情景理论算不上完善，但它对于深化领导者和下属之间的研究，具有重要的基础作用。

【案例9-4】斯隆与德鲁克

美国通用汽车公司总经理斯隆，在聘请了著名管理专家德鲁克担任公司管理顾问以后，第一天上班就告诉他：“我不知道我们要你研究什么，要你写什么，也不知道该得出什么结果。这些都应该是你的任务。我唯一的要求，只是希望你把认为正确的东西写下来。你不必顾虑我们的反应，也不必怕我们不同意，尤其重要的是，你不必为了使你的建议易于我们接受而想到调和和折中。在我们公司里，人人都会调和和折中，不必劳驾你。”

斯隆对德鲁克采取的领导方式就是授权式。之所以这样，是因为德鲁克是著名的管理专家，他既有能力，也愿意挑重担。而换了别人，斯隆是不会这么放手的。

(资料来源：崔卫国，刘学武. 管理学故事会. 北京：中华工商联合出版社，2005)

(三)路径—目标理论

路径—目标理论是罗伯特·豪斯(Robert House)开发的一种领导权变理论。该理论认为，领导者的工作是帮助下属达到他们的目标。领导者要提供必要的指导和支持，以确保下属各自的目标与群体或组织的总体目标保持一致。"路径—目标"的概念来自这样的理念，即相信有效的领导者能够通过指明道路与途径来帮助下属实现他们的工作目标，并为他们排除通往目标道路上的各种障碍，从而使下属的相关工作能够顺利进行。

该理论认为，如果下属在某种程度上将领导者的行为视为获得当前满足的源泉或是获得未来满足的手段时，则领导者的行为就是可接受的。在以下条件下，领导者的行为具有激励作用：①它使得下属需要的满足取决于有效的工作绩效；②它提供了获得有效业绩所必需的辅助、指导、支持和奖励。

为了检验这些观点，豪斯确定了四种领导行为：①指示型领导者。他们让下属知道对他的期望是什么，以及完成工作的时间安排，并对如何完成任务给予具体指令。②支持型领导者。他们十分友善，表现出对下属各种需要的关怀。③参与型领导者。他们与下属共同磋商，并在决策之前充分考虑他们的建议。④成就取向型领导者。他们设置富有挑战性的任务目标，并期望下属发挥出自己的最佳水平。

与菲德勒的领导权变理论不同的是，豪斯认为领导者是灵活的，同一领导者可以根据不同的情景表现出任何一种领导风格。

路径—目标理论提出了两大类情境(或权变)变量作为影响领导行为与结果之间关系的中间变量：其一是下属可控范围之外的环境(包括任务结构、正式职权系统、工作群体等因素)，其二是下属个人特点中的一部分内容(包括控制点、过去经验、知觉能力等)。控制点是指个体对环境变化影响自身行为的认识程度。根据这种认识程度的大小，控制点分为内向控制点和外向控制点两种。内向控制点是说明个体充分相信自我行为主导未来而不是环境控制未来的观念，外向控制点则是说明个体把自我行为的结果归于环境影响的观念。依此，下属分为内向控制点和外向控制点两种类型。要使下属的产出最大化，环境因素决定了需要什么样的领导行为类型，下属的个人特点决定了个体对于环境和领导者行为如何解释，如图9-5所示。

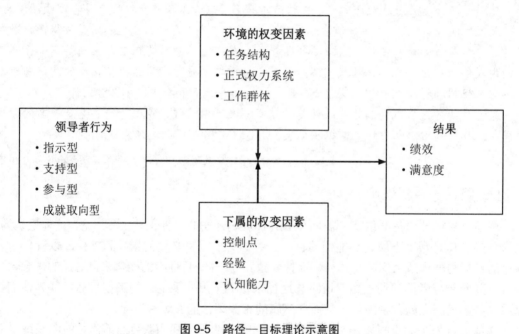

图9-5 路径—目标理论示意图

这一理论指出，当环境内容与领导者行为彼此重复时，或领导者行为与下属特点不一致时，效果均不佳。在路径—目标理论基础上可以引申出以下一些假设。

(1) 与高结构化和设计规范的任务相比，当任务不明或压力过大时，指示型领导会带来更高的满意度。

（2）当下属从事结构化任务时，支持型领导会导致高工作绩效和满意度。

（3）对高智力或经验丰富的下属来说，指示型领导可能被视为累赘。

（4）组织中的正式职权关系越明确、越官僚化，领导者越应展现支持型行为，降低指示型行为。

（5）当工作群体内部存在着实质的冲突时，指示型领导会带来更高的员工满意度。

（6）内控型下属对参与型风格更为满意。

（7）外控型下属对指示型风格更为满意。

（8）当任务结构不明时，成就取向型领导风格将会提高下属的预期水平，使他们相信通过努力可以提高绩效水平。

对这些假设进行检验的研究总体来说得到了令人振奋的结果，尽管不是每一项研究均得到支持性结果，但大多数研究证据支持了该理论背后的逻辑基础。也就是说，当领导者可以弥补员工或工作环境方面的不足时，会对员工的工作绩效和满意度产生积极的影响。但是，如果任务本身已经十分明确或员工已经具备能力和经验处理它们时，若领导者还要花时间进行解释和说明，则下属会把这种指示性行为视为累赘甚至是侵犯。

案例分析

谁的领导方式更有效

高明是一位空调销售公司的总经理。他刚接到有关公司销售状况的最新报告：销售额比去年同期下降了25%，利润下降了10%，而且顾客的投诉上升。更为糟糕的是，公司内部员工纷纷跳槽，甚至还有几名销售分店的经理提出辞呈。他立即召集各主管部门的负责人开会讨论解决该问题。会上，高总说："我认为，公司的销售额之所以下滑都是因为你们领导不得力。公司现在简直成了俱乐部。每次我从卖场走过时，我看到员工们都在各处站着，聊天的、煲电话粥的，无处不有，而对顾客却视而不见。他们关心的是多拿钱少干活。要知道，我们经营公司的目的是为了赚钱，赚不到钱，想多拿钱，门儿都没有。你们必须记住，现在我们迫切需要地是对员工的严密监督和控制。我认为现在有必要安装监听装置，监听他们在电话里谈些什么，并将对话记录下来，交给我处理。当员工没有履行职责时，你们要警告他们一次，如果不听，马上请他们走人……"

部门主管们对高总的指示都表示赞同。唯有销售部经理李燕提出反对意见。她认为问题的关键不在于控制不够，而在于公司没有提供良好的机会让员工真正发挥潜力。她认为每个人都有一种希望展示自己的才干，为公司努力工作并做出贡献的愿望，所以解决问题的方式应该从和员工沟通入手，真正了解他们的需求，使工作安排富有挑战性，促使员工们以从事这一工作而引以自豪。同时在业务上给予指导，花大力气对员工进行专门培训。

然而，高总并没有采纳李燕的意见，而是责令所有的部门主管在下星期的例会上汇报要采取的具体措施。

根据上述材料，回答下列问题。

1. 高总是一位(　　)领导。
   A. 专制型　　　B. 民主型　　　C. 放任型　　　D. 中间型
2. 高总对员工的看法是基于(　　)。
   A. 泰勒制　　　B. 人际关系学说　　C.Y 理论　　　D. 超 Y 理论
3. 李燕对员工的看法属于(　　)假设。
   A. 经济人　　　B. 社会人　　　C. 自我实现人　　D. 复杂人
4. 根据领导生命周期理论，可以判断高总的领导类型基本属于(　　)。
   A. 高关系、低任务　　　　　　B. 低关系、高任务
   C. 高关系、高任务　　　　　　D. 低关系、低任务
5. 根据罗伯特·卡茨(Robert L. Katz, 1974)的三大技能，你认为高总目前最需要加强的是(　　)。
   A. 人际技能　　B. 技术技能　　C. 概念技能　　D. 领导技能
6. 销售部经理李燕在该公司中属于(　　)管理人员。
   A. 基层　　　　B. 中层　　　　C. 高层　　　　D. 操作层
7. 你认为对高总的方案和李燕的方案作怎样的评价最合适(　　)。
   A. 高总的方案和李燕的方案都不会产生效果
   B. 高总的方案和李燕的方案都会奏效
   C. 高总的方案更可行，没有严格的规章制度，工人的工作效率不会有保证
   D. 李燕的方案更可行，再严格的规章制度，如果工人不接受和服从也是无效的
8. 针对该公司已成了"俱乐部"，根据菲德勒的领导权变理论，请结合案例分析说明高总应该采取怎样的领导方式才有效？

(资料来源：http://www.docin.com/p-319478787.html)

阅读资料

九种领导力

新世纪需要我们用一种更平等、均衡，更富有创造力的心态来认识、理解和实践领导力。

作为一名管理者，我曾先后在苹果、SGI、微软和 Google 等四家富有激情和创造力的 IT 企业任职。在我从事领导工作的时候，我很少用那种自上而下的方式，为我所领导的每

第九章 领导

一名员工安排工作。反之,我更习惯于将自己与员工放在一个平等的位置上,把自己视作激励者、协调人或沟通的桥梁,而非传统意义上的领导者、督促者或命令中心。

我认为,今天的经理人仍然需要具备彼得·德鲁克所说的那些有关决策、组织、评价、奖罚等任务的基本技能,但21世纪对经理人提出了更高、更全面的要求。为了从一个传统的"管理者"转变为一名成功的"领导",我们最需要做的不是完成既定的任务,不是设计好团队的组织结构,也不是熟练地发号施令,而是为所有员工营造一种充满激情和创新的环境——领导力不是一种方法或技能,而是一种独特的艺术。

以我自己的经验,领导力这门艺术大致包含了宏观决策(前瞻与规划的艺术)、管理行为(沟通与协调的艺术)和个人品质(真诚与均衡的艺术)这三个范畴的内容,这三个范畴又各自包含了三种最为重要的领导力。

下面,我就结合自己在管理工作中积累的经验,分别谈一谈这九种最为重要的领导力以及它们各自所能发挥的作用。

1. 愿景比管控更重要

在吉姆·柯林斯著名的《基业长青》一书中,作者指出,那些真正能够留名千古的宏伟基业都有一个共同点:有令人振奋并可以帮助员工做重要决定的"愿景"。愿景就是公司对自身长远发展和终极目标的规划和描述。缺乏理想与愿景指引的企业或团队会在风险和挑战面前畏缩不前,它们对自己所从事的事业不可能拥有坚定的、持久的信心,也不可能在复杂的情况下,从大局、从长远出发,果断决策,从容应对。

优秀的领导者会与员工分享企业的愿景,如果可能,还会让员工参与愿景的规划。如果能让员工充分理解管理者对企业长期发展方向的思路,让与自己一同工作的所有人拥有相同的努力目标,那么,这家企业就会拥有无穷的原动力。

我在苹果公司工作的时候,曾向公司领导建议,从不同部门调集多媒体及相关技术的精英,组成一个新的团队,研发一系列极有潜力的多媒体产品。当时,公司的资深副总裁批准了我的请求,并要求我的主管副总裁帮助我抽调人员,组建这个团队。但主管副总裁担心新产品的风险较大,他一方面要求相关人员必须亲自表达意愿才可以加入我的新团队,另一方面又告诫大家我要研发的新产品有不小的风险,希望大家慎重选择。依照他的意思,我们只要做一个问卷调查,看看60多位技术人员中有多少人甘冒风险就可以了。而当时在公司年年裁员的压力下,如果采用他的方法,这个新团队的计划就可能无法实现了。

在这样的情形下,我决定利用愿景来激励这些工程师与科学家。我找来这60多位技术人员开会。在会上,我描述了未来互联网与多媒体相结合后,相关新技术和新应用的巨大发展空间,与他们分享了我关于新产品的规划和设计,以及我为新的产品部门制定的愿景。然后,我鼓励他们分成小组,讨论这个愿景的可行性,以及自己的潜力将会如何因这样的愿景而得到更充分的发挥。最后,我给所有人念了美国诗人罗伯特·弗罗斯特的一首诗《未选择的路》。全诗的最后几句深深打动了大家:

一片树林里分出两条路，

而我选了人迹更少的一条，

从此决定了我一生的道路。

我对他们说："这条路没有人走过，但是我们恰恰应该为了这个理由踏上这条路，创立一个网络多媒体的美好未来。"会后，90%的人都决定愿冒这个风险，离开相对稳定的研究部门，随我加入全新的互动多媒体部门，后来这个部门成了苹果公司的许多著名网络多媒体产品的诞生地。这表明，制定并与员工分享美好的愿景，是领导艺术的重要组成部分，它可以充分激发员工的参与感和积极性，可以让整个团队保持激昂的斗志和坚定的方向。

2. 信念比指标更重要

成功的企业总是能坚持自己的核心价值观。例如，Google公司的核心价值观之一是"永不满足，力求最佳"。Google的创始人之一拉里·佩奇指出："完美的搜索引擎需要做到确解用户之意，切返用户之需"。对于搜索技术，Google不断通过研究、开发和革新来实现长远的发展，并致力于成为这一技术领域的开拓者。尽管已是全球公认的业界领先搜索技术公司，Google仍然矢志不移地坚持"永不满足"的信念，不断实现对自己的超越，奉献给用户越来越好的搜索产品。同时，公司整体的信念或价值观也必须在员工身上体现出来。毕竟，任何一家企业都是由该企业的所有员工组成和推动的。

原通用电气公司董事长杰克·韦尔奇在论述员工评价标准的时候指出，对员工绩效的考察必须与对其价值观的考察结合起来，并着重看该员工的价值观与公司的价值观(尤其是坚持诚信的信念)是否吻合。这其中一共有四种可能。

绩效达标，价值观与公司吻合——很简单，公司将毫不犹豫地为他提供奖励和晋升的机会。

绩效没达标，价值观与公司不吻合——也很简单，马上请他走人。

绩效没达标，但与公司的价值观吻合——再给他一个机会，考虑为他重新分配工作。

绩效达标，但价值观与公司不吻合——这是那种足以杀死一家公司的人。现实证明，很多公司就是因为雇用了这些工作能力出色，但品格很差，或个人信念与公司背道而驰的人，才走向崩溃的。

因此，无论是公司还是个人，坚定的信念、正确的价值观在任何时候都是不可或缺的。

3. 人才比战略更重要

21世纪的主流经济模式是人才密集型和智力密集型的经济。拥有杰出的人才可以改变一家企业、一种产品、一个市场甚至一个产业的面貌。在Google，一位最顶尖的编程高手曾发明过一种先进的方法，该方法可以让一个程序员在几分钟内完成以前需要一个团队做几个月的项目。他还发明了一种神奇的计算机语言，可以让程序员同时在上万台机器上用最短的时间完成极为复杂的计算任务。毫无疑问，这样的人才对公司来说有非常特殊的意义。

第九章　领导

对于21世纪的企业管理者而言，人才甚至比企业战略本身更为重要。因为有了杰出的人才，企业才能在市场上有所作为，管理者才能真正实现一个管理者应有的价值。没有人才的支持，无论怎样宏伟的蓝图，无论怎样引人注目的企业战略，都无法得以真正实施，无法取得最终的成功。因此，企业管理者应当把"以人为本"视作自己最重要的使命之一，不遗余力地发掘、发现人才，将适合企业特点的优秀人才吸引到自己身边。通常，一名经理人如果不能将10%～50%的工作时间投入到招聘人才的工作中，那么，他就无法让自己的团队获得持久的动力，他就不是一名合格的经理人。

好的管理者重视员工的成长，给予人才最大的发展空间，为人才提供足够的培训和学习机会。我开始创立微软中国研究院和Google中国工程研究院时，雇用的人才中有很大一部分都是刚刚走出校门的毕业生。这些毕业生都非常聪明，拥有很好的发展潜力，都是来自中国各名校的顶尖人才。但是，他们普遍缺乏工作经验。于是，我对他们采取的是"指导培养"的原则。在微软中国研究院时，每一位新员工加入后都会经历3个月的培训，我使用自己亲自为他们设计的课程，一节课一节课地为他们讲解各种相关的知识、经验。而在Google中国工程研究院，培训的时间更长，包括各种课程培训和到总部3个月的培训，甚至公司还愿意出学费让员工到斯坦福大学读硕士。当然，公司安排的培训并不是纯粹的课程学习，同时也要求员工很快投入到具体的项目工作中。在员工刚加入的初期，优秀的领导者会尽量分配给新员工一些不是特别紧急的项目，并允许他们在项目中犯错误、积累经验。经过这种实践与学习紧密结合的培训，几乎每一位新员工都得到了长足的进步，很快就适应了实际工作的需要。

4. 团队比个人更重要

团队利益高于个人利益。作为管理者，还应该勇于做出一些有利于公司整体利益的抉择，就算对自己的部门甚至对自己来说是一种损失。

我在苹果公司工作的时候，曾经管理着一个实际效果非常糟糕的项目。该项目的项目经理是我当时的老板的朋友，而这个项目也是老板最为看好的一个项目。我清楚地知道这个项目有多么糟糕，该项目的项目经理也不是一名好经理，但因为我的老板重视该项目，我始终没有勇气来处理这个问题。此外，我也担心，如果解散了这个项目团队，对我自己的工作其实也是一种否定，因为我已经管理这个团队一年多的时间了。终于有一天，我决定在一段时间后离开公司。那时，我觉得公司多年来对我不错，我应该在离开前对公司负责，做一件对公司有益的事情。于是，我决定把这个项目和该项目的项目经理裁掉——大不了，这种做法会让老板不满，但它的确对公司是有好处的。

当我真正裁掉这个项目后，出乎我意料的是，公司内部的绝大多数员工没有表示不满，反而告诉我，他们是多么认可这个决定，他们认为我有勇气，有魄力。公司领导也没有责备我，反而认为我勇于承认并改正错误的做法非常值得赞赏——连老板也觉得这是一个正确的决定。也就是说，当公司利益和部门利益或个人利益发生矛盾的时候，管理者要有勇气做出有利于公司利益的决定，而不能患得患失。如果你的决定是正确的、负责任的，你就一定会得到公司员工和领导者的赞许。此外，管理者应该主动扮演"团队合作协调者"的角色，不能只顾突出自己或某个人的才干，而忽视了团队合作。

最后，公司的中层管理者要善于把握自己的角色定位，让自己成为老板和员工之间沟通、协调的桥梁，而不要让自己与老板或员工对立起来。例如，有一些管理者很容易陷入对自身角色的误解，他们要么把自己和"雇主"等同起来，与"雇员"做利益上的对抗，要么把自己视作普通员工，与老板对立。这两种极端的做法都是不可取的。其实，中层管理者既代表公司利益，也代表员工利益。

5. 授权比命令更重要

管理者需要给员工更多的空间，只有这样才能更加充分地调动员工的积极性，最大程度释放他们的潜力。21世纪是一个平坦的世纪，人人都拥有足够的信息，人人都拥有决策和选择的权利。将选择权、行动权、决策权部分甚至全部地下放给员工，这样的管理方式将逐渐成为21世纪企业管理的主流。在21世纪，放权的管理会越来越接近于员工的期望，是最为聪明的管理方式。因为当企业聚集了一批足够聪明的人才之后，如果只是把这些聪明人当作齿轮来使用，让他们事事听领导指挥，那只会造成如下几个问题：

员工的工作满足感降低。

员工认为自己不受重视，工作的乐趣和意义不明显。

员工很难在工作中不断成长。

员工个人的才智和潜能没有得到充分利用。

为了给员工更多的空间，更好地发掘个人的潜力，许多成功的企业都推出了相应的举措。例如，Google公司允许工程师在20%的时间里从事自己喜欢的项目或技术工作，这一制度一经实施，就收到了意想不到的出色效果。因为有了20%可以自由支配的时间，许多拥有出色创意，但没有时间付诸实施的工程师可以花费自己20%的时间，或者说服两三个同事一起在这20%的时间内完成某个出色创意的产品原型，然后发布给公司内部的同事使用。如果这个产品创意确实吸引人，它就有可能成为Google推向世界的下一个"震撼级"的产品或服务。事实上，像GMail和Google News等Google引以为豪的许多产品，都是最先由工程师在20%的时间内创造出来的。因为有了"20%的时间"这样的管理模式，我们发现：20%的时间内完成的产品的成功率很高，因为员工更加投入。这个管理模式让员工意识到公司对他们的信任和放权，营造出了非常好的管理氛围。在员工调查中，员工对公司的满意度总是高于我曾经工作过的其他公司。

很多管理者追求自己对权力的掌控，他们习惯于指挥部下，并总是将部下的努力换来的成绩大部分归功于自己。这种"大权在握"、"命令为主"的管理方式很容易造成：管理者身上的压力过大，员工凡事都要请示领导，等待管理者的命令。

团队过分依赖于管理者，团队的成功也大多取决于管理者个人能否事无巨细地处理好所有问题。整个团队对于外部变化的应对能力和应对效率大幅降低,因为所有决策和命令都需要由管理者做出,员工在感知到变化时只会习惯性地汇报给领导。

因此,"授权"比"命令"更重要,也更有效。为了做好授权,可以预先设定好工作的目标和框架,但不要做过于细致的限制,以免影响员工的发挥。在我以前的公司,有一位技术很出色的副总裁,他在授权方面做得就很不好。例如,他设定了目标后,总是担心下属会因为经验不足而犯错误,于是他总会越过自己属下的经理,直接去找工程师,然后一步一步地告诉工程师该怎么做。甚至有一次,一位工程师在洗手间遇到这位副总裁,竟然被副总裁在洗手间里念叨了20多分钟。后来,副总裁属下的经理实在受不了了,向总裁如实反映了情况。经过多次警告却仍然没有改进之后,这位副总裁被解职了。从这个例子中我们可以知道,领导的工作是设定目标,而不是事无巨细地控制、管理、指挥和命令。

授权非常重要,但是授权不仅仅代表分摊所有的职责,然后由领导做协调的工作。授权更应当是:

组织一个互信的团队。

制定团队的目标,并且大家都同意把团队的目标作为最重要的目标。

整个团队彼此互相帮助、监督,大家有话直说,看到问题直接提出。

6. 平等比权威更重要

在企业管理的过程中,尽管分工不同,但管理者和员工应该处于平等的地位,只有这样才能营造出积极向上、同心协力的工作氛围。平等的第一个要求是重视和鼓励员工的参与,与员工共同制定团队的工作目标。这里所说的共同制定目标是指,在制定目标的过程中,让员工尽量多地参与进来,允许他们提出不同的意见和建议,但最终仍然由管理者做出选择和决定。这种鼓励员工参与的做法可以让员工对公司的事务更加支持和投入,对管理者也更加信任。虽然不代表每一位员工的意见都会被采纳,但当他们亲身参与到决策过程中,当他们的想法被聆听和讨论了,即使意见最终没有被采纳,他们也会有强烈的参与感和认同感,会因为被尊重而拥有更多的责任心。

多年前,我接管一个部门时,为了提高效率,我在一个星期内定下了团队的工作目标,并召开会议宣布了我的所有决定。但没想到,会议进行得很不顺利,有的员工一片茫然,有的人没精打采,有的人则对我的计划百般挑剔。我一下子明白过来:自己选择目标时过于武断和草率了。于是我对他们说:"很显然,我对未来太天真了。现在,让我们重新来一起制定出大多数人认可的团队目标。"我当场把我的计划撕掉,然后宣布成立三个员工小组,分别解决部门面临的三大问题。一个月后,这三个小组各自呈上他们的报告,然后我和三个组长一起定下最后的目标。这次,全体员工欣然地接受了新的目标。有趣的是,新的目标与旧的目标之间,除了存在措辞方面的差异外,几乎一模一样。我的助理向我抱怨说:"我们浪费了一个月的时间,又回到了原地。"但我对他说:"不是的,此前我是靠直觉选择了目标,没有调查数据的支持,无法令员工信服;现在,经过一个月的工作,大家都有了信心。更重要的是,旧的目标因为没有经过员工参与,即使实施起来,他们也很难全身心投入。"

平等的第二个要求是管理者要真心地聆听员工的意见。作为管理者，不要认为自己高人一等，事事都认为自己是对的。应该平等地听取员工的想法和意见。在复杂情况面前，管理者要在综合、权衡的基础上果断地做出正确的决定。不善于聆听的领导无法获得员工的支持和信任。

我在苹果公司工作时，公司一度面临经营上的困难，需要调整方向。当时，董事会新请来了一位以有战略眼光著称的首席执行官(CEO)。这位CEO刚来公司时，就告诉所有员工："不必担心，这家公司的境况比我以前从鬼门关里救回的那些公司好多了。给我一百天，我会告诉你们公司的出路在哪里。"但是，这一百天里，他只和自己带来的核心团队一起设计公司的"战略计划"，从不倾听广大员工的心声。一百天后，他果然推出了新的战略计划，但是，公司员工对该计划既不理解也不支持，他自己的声望也开始走下坡路——因为员工觉得他虽然能干，但是很自大，不在乎员工的想法，所以员工们并不真正信服他，也没有动力去执行他提出的战略计划。

半年后，公司业绩继续下滑，这位CEO召开了一次全体员工大会。他不但不从自身找原因，反而在台上指着所有员工说："你们让我很失望，大家没有努力执行我的计划，今后，我绝不允许你们再犯类似的错误。"结果，这次大会后，他失去了大多数员工的支持，不久就被董事会解雇了。后来，有人这样评价他："他以为他可以用智慧和经验改变公司的一切，他做了战略决定后就直接开始执行，却没有花时间寻求所有员工的支持。其实，他的战略方案不无道理，但他做事的方法是完全错误的——他不是一位懂得倾听、懂得理解的好领导。"

平等也意味着管理者和员工在平等的环境里顺畅地沟通。我在2000年被调回微软总部出任全球副总裁，管理一个拥有600多名员工的部门。当时，作为一个从未在总部从事过领导工作的人，我更需要倾听和理解员工的心声。为了达到这样的目标，我选择了独特的沟通方法——"午餐会"沟通法。

我每周选出十名员工，与他们共进午餐。在进餐时，我详细了解每一个人的姓名、履历、工作情况以及他们对部门工作的建议。为了让每位员工都能畅所欲言，我尽量避免与一个小组或一间办公室里的两个员工同时进餐。另外，我会要求每个人说出他在工作中遇到的一件最让他兴奋的事情和一件最让他苦恼的事情。进餐时，我一般会先跟对方谈一谈自己最兴奋和最苦恼的事，鼓励对方发言。然后，我还会引导大家探讨一下所有部门员工近来普遍感到苦恼或普遍比较关心的事情是什么，一起寻找最好的解决方案。午餐会后，我一般会立即发一封电子邮件给大家，总结一下"我听到了什么"，"哪些是我现在就可以解决的问题"，"何时可以看到成效"等。使用这样的方法，在不长的时间里，我就认识并了解了部门中的每一位员工。最重要的是，我可以在充分听取员工意见的基础上，尽量从员工的角度出发，合理地安排工作——只有这样才能使公司上下一心，才能更加顺利地开展工作。

第九章 领导

7. 均衡比魄力更重要

很多人错误地认为，做领导就必须高调，有魄力，像一个精力充沛、一呼百应的将军一样。其实，这样的领导也许很适于一个19世纪的工厂，但他不是一个21世纪的好领导。

著名企业管理学家吉姆·柯林斯在《从优秀到卓越》一书中指出，最好的领导不是那种最有魄力的领导，而是那种具备了很好的情商，能够在不同的个性层面达到理想的均衡状态的"多元化"管理者。柯林斯指出，优秀的公司和优秀的领导者很多，许多公司都可以在各自的行业里取得不俗的业绩。但如果以卓越的标准来衡量公司和个人的成绩，那么，能够持续健康增长的企业和能够不断取得事业成功的领导者都非常少。一位企业的领导者在成功的基础上，要想进一步提高自己，使自己的企业持续增长，使自己的个人能力从优秀向卓越迈进，就必须努力培养自己在"谦虚"、"执着"和"勇气"这三个方面的品质。

均衡的、多元化的管理者善于用理智的、全方位的思维分析复杂的情景，并针对不同类型的团队，或团队的不同发展阶段灵活选择管理方式。例如，当员工表现不佳或企业碰到重大危机感时，管理者可以更多地亲身参与管理，更多地使用命令的方式；当企业改变方向或员工因不理解方向而士气不高时，管理者可以多与员工分享企业的愿景；当员工对工作能得心应手时或发现部门协调有问题时，管理者可以更多地强调和鼓励团队合作；当员工懂得较多而没有危机时，管理者可以更多地让员工以民主讨论或投票方式来做出选择；当员工能力很高又是专家，且员工积极自主时，可以尽量授权给员工；当员工有动力但是能力和经验不足时，管理者应当尽量考虑员工的长期发展，安排有启发性的工作，慷慨地做员工的"教练"。

8. 理智比激情更重要

管理者应善于理解自己，能够在工作中自觉地、理智地进行自省、自控和自律。

管理者应该对自己的能力有充分的认识和理解，清醒地知道自己的长处和不足，明白哪些事情是自己擅长的，哪些事情是自己办不到的。只有充分地自省，才能在各种复杂情况面前做出正确的判断，才能在与同事或下属合作时，得到他人充分的信任。

在发生危机或面临挫折的时候，管理者要能够充分自控，并在理智、冷静的基础上做出审慎的选择。这里所说的自控包括：在高压的环境中，能够控制自己的反应，并且让自己和自己的团队镇定下来，冷静处理问题。理解自己的位置和影响力，懂得自己随时都在被他人(上级、下属、其他部门乃至客户)关注。利用各种机会，通过自己的一言一行影响团队。管理者在沟通时，必须明白，你的一举一动都在被他人关注。有一次，有一个员工向我抱怨说："为什么你不喜欢我的部门？"我回答说："没有啊，你为什么这么说？"他说："昨天开会，你表扬所有的部门，为什么提到我的部门时声音最小？"也就是说，领导的一言一行都会潜移默化地影响甚至改变员工。如果领导努力工作，员工也会努力工作。如果领导在乎产品，员工也会在乎产品。

作为企业的管理者，如果不能及时自控，事情的结果就可能变得令人难堪。我在苹果公司工作的时候，曾经开过一次会。当时，有一位员工因为自己的妻子和朋友被裁员，对公司的政策非常不满，就把怒气都发在我的身上。他当面说出了一连串很难听的话。当时，我的第一个感觉是气愤，因为他这种侮辱谩骂的做法非常恶劣。但我随即想到："人难免会在亲人受到伤害时失去理智，难免会在被灾难惊吓时失去风度。"接着我又想到，虽然他的表现异常粗鲁，但是，一定有不少员工持有同样的想法，只是不敢表达出来罢了。最后我想到，作为这个部门的总监，我代表的是公司的利益，不能因为一时的愤怒而影响了正常工作的进展。于是，我冷静地说："现在这个时候，对你、对我、对公司来说都是非常困难的时期。我理解你的心情。等你冷静下来，如果有什么建议，请你告诉我你认为最合适的做法是什么样的，我们可以仔细聊一聊。"后来，那个员工私下向我道歉，并感谢我没有在整个团队面前让他难堪。一段时间后，这位员工举家搬到了欧洲，他和他的妻子都找到了合适的工作。他每年都会寄贺卡给我，也常常表示希望能到我领导的部门工作。

除了自省和自控，管理者也应当时刻保持自律，无论在什么时候，都要以身作则，不能有特权阶级的作风。例如，Google聘请的CEO施密特刚刚加入公司时，Google所有员工都没有自己独立的办公室，但员工们还是觉得有必要给他一个相对安静的办公场所，就给他安排了一个比较小的独立办公室。有一天，一个工程师来到施密特的办公室说："别人都是共享办公室，我那边太挤了，所以我想坐到你这儿来。"施密特很惊讶，问他："你有没有问你的老板？"那位员工去问了老板后回来说："老板也觉得我该坐在这儿。"于是，他们就共享一个办公室，直到公司后来购买了更大的一栋楼。即便是在新的大楼，施密特还特别要求"我的办公室应该尽量小"，以避免被误解"特权阶级"的出现。

9. 真诚比体面更重要

真诚是所有卓越的管理者共同的品质。管理者应当学会以诚待人，尊重员工，让员工知道你理解并且感谢他们的工作。一些领导为了"面子"，处处维护自己所谓的"权威"，不愿将自己真实的一面暴露给员工。殊不知，这种遮遮掩掩的领导是很难得到员工的真正信任和支持的。真诚意味着管理者善于使用同理心，从他人的角度出发考虑问题。例如，管理者应该多给员工回馈，在人前多感谢，在私下(有建设性地)批评，并多和员工沟通。这并不是说在人前就不可以批评。如果是对事，还是应该坦诚地在人前讨论；但如果是对人，那就不要当众伤了他的自尊。

对管理者来说，体现同理心的最重要一点就是要体谅和重视员工的想法，要让员工们觉得你是一个非常在乎他们的领导。我在工作中不会盲目地褒奖下属，不会动不动就给员工一些"非常好"、"不错"、"棒极了"等泛泛的评价，但是我会在员工确实做出了成绩的时候及时并具体地指出他对公司的贡献，并将他的业绩公之于众。这种激励员工的方式能够真正赢得员工的信任和支持，能够对企业的凝聚力产生巨大的影响。

真诚意味着管理者需要对员工充分信任，不要对员工指手画脚，也不要任意干涉员工的行为方式。既要坦诚地面对自己，也要坦诚地面对他人，努力赢得同事或下属的信任。信任是一切合作、沟通的基础。如果一个团队缺乏合作，或者欠缺效率，那么，最重要的原因很可能就是团队成员之间缺乏信任。

有一次,我发现我的团队彼此不够坦诚,我把他们带到了郊区,开了两天的会议。我首先解释了信任和坦诚的重要,然后我希望每个人轮流谈谈自己对团队最大的贡献和自己最大的不足,以及自己想从哪些地方弥补不足。为了打开僵局,我自己先坦率地讲出了自己的贡献与不足,而且暴露了我自认为最大的缺点。然后,我要求我的团队对我提出他们的看法和补充。大家看到我很真诚,也就开诚布公地做了非常好的讨论。会后,不但大家都更愿意敞开心扉,也都愿意信任他人,我们为团队互信建立起了非常好的基础。

在互相信任的基础上,团队也需要有建设性的冲突。中国人传统上喜欢避免冲突,息事宁人。但是,一个好的团队必须坦诚地面对各种问题。如果大家都能够对事不对人,那么,公开的辩论会更有效率。只有把所有的信息放到桌面上,一个团队才能够更快、更有效地做出最好的决定。一个领导在带领团队的过程中,应该鼓励每一个人开放地听取并接纳别人的正确意见,鼓励建设性的冲突和辩论,引导团队达成共识。当共识无法达成的时候,则引导团队做一个智慧的选择,而不是为了安抚大家而做简单的折中。从本质上说,信任就是相信别人的出发点是好的。在充满信任的环境里,我们不必隐藏真面目,可以敞开自己的心扉,坦然承认自己的缺点和失败,或者声明自己需要帮助。一个领导者需要创立一个充满信任的环境,不但自己坦诚面对员工,也鼓励员工坦诚地面对其他人。

真诚意味着管理者和员工之间可以在平等的环境中,直截了当地沟通。21世纪的步伐非常快,如果犯了错还不知道,结果会非常严重。在企业内部沟通的过程中,如果什么事都要打太极拳、猜测别人的想法,不直接沟通的话,那么,整个公司就会丧失效率,并最终走向失败。在直接沟通这方面,管理者不但要以身作则,而且必须反复向员工灌输直接沟通的优越性,用实际行动鼓励员工直截了当地表达自己的观点。我在Google提出,希望员工可以向我提出真实的意见,就算我不同意也没有关系。有一次,我在公司的博客上提出一个观点,但是有一位员工认为这个观点是有问题的。他在一个会议上当着很多人的面说出了他的担心。我不但接受了他的意见,而且多次在不同场合表扬、感谢他。

领导对员工的直接反馈也一样重要。发生问题时,管理者要及时地给员工以清晰的反馈信息。对自己的员工,管理者应直接说出自己的想法,而不要通过第三者传话。当与下属沟通不顺畅时,应当多改进自己的沟通方式,使用不同的方法,在信任的基础上与下属交流。

(资料来源:李开复.九种领导力.企业管理,2009-06-07,文章有删减)

本 章 小 结

领导的本质是一种影响力,是被领导者的追随和服从,其作用主要表现为以下四个方面:指挥、协调、激励和凝聚。领导者的影响力就是领导者在实施领导的过程中,有效地影响和改变被领导者的心理与行为，使其具有实现领导目标要求的能力。从影响的性质来看，可将其分为权力性影响力和非权力性影响力。作为领导者，应该从正确认识权力，公正使用权力；加强品德修养，端正领导作风；拓宽知识领域，提高管理能力以及维护群众利益，密切联系群众等方面努力提高自身的影响力。为了提高领导的影响力及其有效性，西方一些学者通过长期调查、实验从不同角度进行了研究，提出了许多领导理论。这些理论大致可以分为三类：第一类是领导特性理论，集中研究领导者应有的个性特征；第二类是领导行为理论，集中研究领导者的领导风格和领导行为对领导有效性的影响；第三类是领导权变理论或情境理论，集中研究不同的情况下采用何种领导风格和领导行为效果最佳。学习和掌握领导理论，对于提高管理者的领导水平具有十分重要的意义。

自 测 题

一、单项选择题

1. 领导者和非领导者的差异在于领导者具有一些可被确认的基本特性，持这种观点的理论被称为(　　)。
   A. 路径—目标理论　　　　　　　B. 管理方格理论
   C. 领导特性理论　　　　　　　　D. 归因理论
2. 根据管理方格理论，对生产高度关心而对人很少关心的管理是属于(　　)的领导风格。
   A. 任务型　　　B. 俱乐部型　　　C. 团队型　　　D. 贫乏型
3. 领导生命周期理论表明，随着下属成熟程度的提高，领导者应该相应地改变自己的领导方式。对于高成熟度的下属，应采取(　　)的领导风格。
   A. 高任务、高关系　　　　　　　B. 低任务、低关系
   C. 高任务、低关系　　　　　　　D. 低任务、高关系
4. (　　)认为并不存在具有普遍适用性的领导特性和领导行为，有效的领导方式取决于权变因素或情境因素，即在特定的情境下，应采取特定的领导方式。
   A. 领导权变理论　　　　　　　　B. 路径——目标理论
   C. 领导生命周期理论　　　　　　D. 管理方格理论
5. 菲德勒将领导风格分为关系导向型和任务导向型。如果你是一位领导，(　　)，那么你的领导风格是关系导向型的。
   A. 你对人际关系和工作任务都很重视　B. 你对最难共事的同事看法比较消极
   C. 你主要感兴趣的是工作任务　　　　D. 你把最难共事的同事描述得比较积极
6. 在路径—目标理论中，对下属十分友善，表现出对下属各种需要的关怀的是(　　)。
   A. 指示型　　　B. 支持型　　　C. 参与型　　　D. 成就取向型

第九章 领导

二、多项选择题

1. 为了提高领导的影响力及其有效性,西方学者提出了许多领导理论。这些理论大致可以分为(　　)。
   A. 领导特性理论　　　　B. 领导行为理论　　　　C. 领导天才理论
   D. 领导权变理论　　　　E. 领导过程理论

2. 领导职能的作用主要表现为(　　)。
   A. 指挥　　　　　　　　B. 协调　　　　　　　　C. 激励
   D. 凝聚　　　　　　　　E. 奖惩

3. 领导者的影响力按其影响性质划分,可将其分为(　　)。
   A. 专业影响力　　　　　B. 权力性影响力　　　　C. 非权力性影响力
   D. 道德影响力　　　　　E. 情感影响力

4. 菲德勒提出的影响领导方式有效性的环境因素主要有(　　)。
   A. 市场形势　　　　　　B. 任务结构　　　　　　C. 上下级关系
   D. 职位权力　　　　　　E. 政府政策

5. 根据法兰西(John French)和雷温(Bertram Raven)等人的研究,领导权力的来源主要包括(　　)。
   A. 法定性权力　　　　　B. 奖赏性权力　　　　　C. 惩罚性权力
   D. 感召性权力　　　　　E. 专长性权力

6. 心理学家勒温(P.Lewin)根据领导者如何运用职权,把领导者在领导过程中表现出来的极端的工作作风分为(　　)三种类型。
   A. 专制作风　　　　　　B. 严谨作风　　　　　　C. 民主作风
   D. 不良作风　　　　　　E. 放任作风

三、判断题

1. 领导的本质是一种影响力,是被领导者的追随和服从。　　　　　　　　(　　)
2. 勒温根据实证研究指出,民主作风的领导工作效率最低。　　　　　　　(　　)
3. 路径—目标理论是一种领导的行为理论。　　　　　　　　　　　　　　(　　)

四、简答题

1. 简述领导的权力性影响力和非权力性影响力之间的关系。
2. 简述领导者影响力的类型。
3. 简述管理方格中的五种典型的领导方式。

五、论述题

1. 试述如何提高领导者的影响力。
2. 比较菲德勒的权变理论和赫塞·布兰查德的领导生命周期理论。

第十章 沟　　通

【学习要点及目标】

通过本章的学习，使学生了解沟通的过程、五种沟通网络优劣势比较；理解沟通的含义和重要性；明确有效沟通的障碍因素；掌握沟通的基本要素、正式沟通、非正式沟通、有效沟通的"7C"准则及其消除沟通障碍的方法。

【关键概念】

沟通　正式沟通　非正式沟通　下行沟通　上行沟通　平行沟通　斜向沟通　沟通网络

【引导案例】

沃尔玛公司的内部沟通

企业的成功源于沟通。美国沃尔玛公司总裁萨姆·沃尔顿曾说过："如果你必须将沃尔玛管理体制浓缩成一种思想，那可能就是沟通。因为它是我们成功的真正关键之一。"沟通就是为了达成共识，而实现沟通的前提就是让所有员工一起面对现实。

沃尔玛决心要做的，就是通过信息共享、责任分担实现良好的沟通交流。沃尔玛公司总部设在美国阿肯色州本顿维尔市，公司的行政管理人员每周花费大部分时间飞往各地的商店，通报公司的所有业务情况，让所有员工共同掌握沃尔玛公司的业务指标。在任何一个沃尔玛商店里，都定时公布该店的利润、进货、销售和减价的情况，并且不只是向经理及其助理们公布，也向每个员工、计时工和兼职雇员公布各种信息，鼓励他们争取更好的成绩。沃尔玛公司的股东大会是全美最大的股东大会，每次大会公司都尽可能让更多的商店经理和员工参加，让他们看到公司的全貌，做到心中有数。萨姆·沃尔顿在每次股东大会结束后，都和妻子邀请所有出席会议的员工约2500人到自己的家里举办野餐会，在野餐会上与众多员工聊天，大家一起畅所欲言，讨论公司的现在和未来。为保持整个组织信息渠道的通畅，他们还与各工作团队成员全面收集员工的想法和意见，通常还带领所有人参加"沃尔玛公司联欢会"等。萨姆·沃尔顿认为让员工们了解公司业务的进展情况，与员工共享信息，是让员工最大限度地干好其本职工作的重要途径，是与员工沟通和联络感情的核心。而沃尔玛也正是借用共享信息和分担责任，适应了员工的沟通与交流需求，达到了自己的目的，使员工产生责任感和参与感，意识到自己的工作在公司的重要性，感觉自己得到了公司的尊重和信任，从而积极主动地努力争取更好的成绩。

(资料来源：http://biz.ppsj.com.cn/2010-11-4/2979714359.html)

第十章 沟通

从上述案例中可以看到，沟通在组织管理工作中占有非常重要的地位，沟通方式、沟通技巧对于领导工作具有特别重要的意义。但不是所有的沟通都是有效的，要提高沟通的效果，必须研究沟通的理论与实践。

第一节 沟通概述

在现代管理中，有效的沟通是领导与激励的重要手段之一。任何一个组织的运行都离不开组织成员的分工与合作，组织成员的分工合作以及行为协调均有赖于相互之间的信息交流。所以，对于管理者来说，有效沟通不容忽视。这是因为管理者所做的每件事中都包含着沟通，管理者没有信息就不可能做出决策，而信息只能通过沟通获得，一旦做出了决策，还需要进行沟通，否则，将不会有人知道一项决策已经做出。任何绝妙的想法、富有创意的建议、最优秀的计划，或者最有效的职务再设计方案，不经过沟通都无法得到实施。因此，管理者需要掌握有效的沟通技巧。

一、沟通的含义

沟通是指借助一定的手段把可理解的信息、思想和情感在两个或两个以上的个人或群体中传递或交换的过程，目的是通过相互间的理解与认同来使个人或群体间的认知以及行为相互适应。

对于这一概念可以从以下几方面去理解。

(1) 沟通主要是通过语言进行的。

(2) 沟通不仅是信息的交流，而且包括情感、思想、态度和观点等的交流。

(3) 在沟通过程中，心理因素有着重要的意义。在信息发出者和接收者之间，需彼此了解对方进行信息交流的目的和动机，而信息交流的结果是会改变人的行为的。

(4) 在信息沟通过程中，会出现特殊的沟通障碍。这种障碍不仅是由于信息传递的失真或错误产生的，而且还会因为人们所特有的心理障碍所产生。例如，由于人的知识、经历、职业和世界观等的不同，对同一信息可能有不同的看法和不同的理解等。因此，在研究沟通的过程时，需要了解和研究沟通障碍的规律性。

二、沟通过程和要素

从表面上看，沟通就是传递信息的过程。但实际上管理学意义上的沟通是一个复杂的过程。这种复杂过程可以用图10-1简要反映出来。

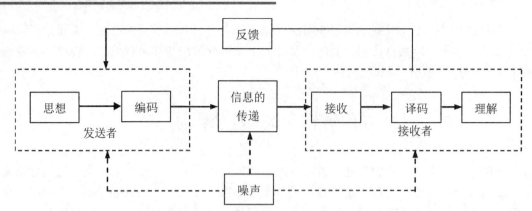

图 10-1 沟通过程

上述沟通过程中，至少存在着一个发送者和一个接收者，即信息发出方和信息接收方。信息在两者之间的传递是通过下述几个环节来进行的。

(1) 信息的发出。沟通过程是从信息的发出开始的。发送者具有某种意思或想法，但需纳入一定的形式之中才能予以传送，这称为编码。编码最常用的是口头语言和书面语言，除此之外还借助于脸部表情、声调、手势等表现出来的肢体语言和动作语言等。

(2) 信息的传递。这是指通过一条连接信息发送者与接收者双方的渠道或路径而将信息发送出去。传送方式可以是一席谈话、一次演讲、一封信函、一份报纸及一个电视节目等，不同的沟通渠道适用于传递不同的信息。"噪声"在信息传递中会经常出现。所谓噪声，是指对信息的传递、接收或反馈造成干扰的各种因素，如沟通渠道选择不当、沟通渠道超载以及沟通手段本身出现问题等，都可能导致信息传递中断、失真或无法传送至接收者。有效的沟通离不开可靠的信息传递渠道。

(3) 信息的接收。从沟通渠道或路径传来的信息，需要经过接收者接收并接受之后，才能达成共同的理解。信息的收受实际上包括了接收、译码和理解三个小步骤。所谓译码，是指信息接收方对接收到的信息所做出的解释。信息接收者先接到传递而来的"共同语言"或"信号"，然后按照相应的办法将此还原为自己的语言即是译码，这样就可以理解信息了。

(4) 信息的反馈。为了核实、检查沟通是否达到预期的效果，信息沟通过程还需要有反馈的环节。只有通过反馈，信息发送者才能最终了解和判断信息传递是否有效。但并不是所有的信息沟通都会伴随着信息的反馈，我们将不出现反馈的信息沟通称为单向沟通，而将出现反馈的信息沟通称为双向沟通。

从沟通过程中可以看出，沟通必须具备四个基本要素：发送者、接收者、传递渠道和所传递的信息内容。

(1) 信息发送者。组织中的任何部门或个人都有可能成为信息的发送者。在组织沟通过程中，信息既可由发布命令、制订计划、颁布规章的部门或个人发送，也可由提供情况、反映意见的部门或个人发送。

第十章 沟通

(2) 信息接收者。一般地说,在组织沟通中,上级是主要的信息发送者,下级和一般管理人员是主要的信息接收者。但随着经济环境的变化和组织形式的变革,上级越来越成为重要的信息接收者。上级必须从经验决策过渡到科学决策,而要进行科学决策,事先就必须进行系统的调查研究,了解组织运营状况和更多的社会经济信息。

(3) 信息传递渠道。信息传递的渠道有许多,如书面的备忘录、计算机、电话、电报、电视、互联网等。选择什么样的信息传递渠道,要看沟通的双方是否方便、沟通双方所处环境拥有的条件等。各种信息沟通渠道各有利弊,信息的传递效率也不尽相同。选择适当的传递渠道对实施有效的信息沟通是极为重要的。

(4) 所传递的信息内容。包括观点、情感、情报和消息等。

> 【案例 10-1】秀才买柴
>
> 有一个秀才去买柴,他对卖柴的人说:"荷薪者过来!"卖柴的人听不懂"荷薪者"(担柴的人)三个字,但是听得懂"过来"两个字,于是把柴担到秀才前面。秀才问他:"其价如何?"卖柴的人听不太懂这句话,但是听得懂"价"这个字,于是就告诉秀才价钱。秀才接着说:"外实而内虚,烟多而焰少,请损之。(你的木材外表是干的,里头却是湿的,燃烧起来,会浓烟多而火焰小,请减些价钱吧。)"卖柴的人因为听不懂秀才的话,于是担着柴就走了。
>
> 管理者平时最好用简单的语言、易懂的言词来传达讯息,而且对于说话的对象、时机要有所掌握,有时过分的修饰反而达不到想要完成的目的。
>
> (资料来源:http://www.stpxw.com/zsgx/200703/zsgx_121.html)

三、沟通的重要性

沟通是一个组织得以生存、发展的必要条件。哈罗德·孔茨教授曾指出:组织需要信息沟通来设置并传播一个企业的目标;制订实现目标的计划;以最有效果和效率的方式来组织人力资源及其他资源;选拔、培养、评价组织中心成员;领导、指导和激励人们,并营造一个人人想要做出贡献的环境;控制目标的实现。

一般来说,沟通在管理中具有以下几方面的重要意义。

(一)沟通是正确决策的前提与基础

组织目标能否实现,不仅取决于组织内部的日常管理,更重要的是决定于组织重大方针的决策。而决策需要以大量的信息为基础。信息是决策的前提,及时、完整、准确的信息更是科学决策所必不可少的。如企业管理中问题的提出、各种解决方案的比较都需要组织内外大量的信息,沟通可提供充分而确定的材料,"知己知彼,百战不殆"说的就是这个道理。民主管理最本质的规定是职工的意见能够得到充分、及时的反馈,并为管理者所重视，对正确的、有价值的意见予以采纳。沟通会加强职工参与管理的作用，自然也会对科学、合理决策产生积极的影响。

(二)沟通是明确任务行动一致的工具

当领导机构做出某一决策或制定出某一政策时，由于组织内部成员或部门之间所处的位置不同、利益不同、掌握的信息不同，因而对决策或政策的态度一般是不一样的。为了使组织成员及部门明确今后的任务并且行动一致，就必须进行充分而有效的沟通，以交换意见、统一思想、明确任务并一致行动，以最有效的方式完成组织任务。

(三)沟通是改善人际关系、鼓舞士气，建立良好的工作环境的基本手段

一个组织内部人际关系如何，通常与组织的沟通水平、态度与方式有关。组织成员之间互相交换信息、建立融洽的人际关系、形成实现组织目标的良好气氛，都与沟通的效果密切相关。而良好的人际关系的建立对于实现组织目标是至关重要的。人无论在什么组织内工作，都希望人际关系良好，可以从其中获得一种归属感。这种归属感是人的感情的需要之一。如果一个组织内人际关系良好，大家都能和睦相处，上下级之间相互信任、相互尊重，那么这个组织就容易做到上下一条心，团结成一个整体，职工的士气也就高昂。理解也是改善人际关系的重要方面。在组织内部，一切决策都需要下级真正接受、主动行动才能得到切实的贯彻落实。这就需要良好的上下级沟通，使职工能够理解上级决策，支持上级决策，实施上级决策。如果做不到这一点，上下级对立，职工违心地接受上级的指令，也只能消极地去执行，不可能有积极性和创造性。

(四)沟通是加强组织与外部联系，创造良好发展环境的重要途径

组织同外部的沟通是组织沟通的重要内容，通过这种沟通，组织可以从外界环境中获得生存和发展所必需的信息。以企业为例，在市场经济中，作为市场主体的企业，要想求得生存和发展，就必须摸清市场变化的规律，掌握市场动态，生产出适销对路的产品；还必须让市场了解本企业的产品，激发起用户购买本企业产品的兴趣和积极性。这些都需要靠企业与市场的信息交流来实现。

第二节 组 织 沟 通

在一个组织中，既存在着人与人之间的沟通，也存在着部门与部门之间的沟通。作为管理者来说，除了注重人际沟通外，还必须关心部门与部门之间的沟通问题。良好的组织沟通是疏通组织内外部渠道、协调组织内各部分之间关系的重要条件。组织内部沟通的方

式和类型多种多样。按照沟通的渠道或途径不同可分为正式沟通与非正式沟通。正式沟通和非正式沟通又包括许多具体的类型和方式。

一、正式沟通

正式沟通是按照正式的组织系统与层次进行的沟通。其优点是：沟通效果好，比较严肃，约束力强，易于保密，可以使信息沟通保持权威性。重要的消息和文件的传达、组织的决策等，一般都采取这种方式。其缺点在于：因为依靠组织系统层层传递，所以比较刻板，沟通速度慢，此外也存在着信息失真或扭曲的可能。

正式沟通是组织管理中的沟通主渠道，大量的沟通工作有赖于正式沟通渠道。由于正式沟通通常带有强制性，比较规范，约束力强，沟通效果好，因此，在组织管理中一般的信息都要通过正式沟通渠道下达及反馈。组织正式的沟通网络应当规范化和制度化，要根据组织的发展不断地加以完善。

(一)正式沟通的形式

按照信息的流向，正式沟通可分为下行沟通、上行沟通、平行沟通和斜向沟通四种形式。

下行沟通即自上而下的沟通，是上级向下级传递信息的过程。这种沟通涉及目标、计划、纲领、政策、程序和规章制度等内容，以文件、通知、批示及指示等形式出现，这种沟通具有权威性和指令性。

上行沟通即自下而上的沟通，是下属向上级传递信息的过程。包括下属向上级提交工作报告，向上级反映情况、问题、要求和建议以及向上级请示等。有些组织还通过意见箱、热线电话、座谈会及领导者"接待日"等形式来鼓励上行沟通。这种沟通具有民主性和主动性，它依赖于良好的组织文化和便利的沟通渠道的建立。

平行沟通也称作横向沟通，是指组织内同层次、不同部门之间的沟通。它往往带有协商性和双向性，有助于同级部门或同级领导之间的沟通了解，对于加强组织内部的协调与合作、联络感情、增进理解是十分必要的。

斜向沟通是发生在同时跨工作部门和跨组织层次的员工之间的沟通。从效率和速度角度来看，斜向沟通是有益的。电子邮件的普及使用更促进了斜向沟通。现在许多组织中，一个员工可通过电子邮件与任何其他的员工进行沟通，不论他们的工作部门和组织层次是否相同。斜向沟通的目的主要是为了加快信息的传递，所以它主要用于相互之间的情况通报、协商和支持，带有明显的协商性和主动性。为了克服其对等级链的冲击，斜向沟通往往伴随着上行沟通或下行沟通。然而，与横向沟通一样，要是员工不通报他们的管理者，斜向沟通也有可能出现问题，而下行沟通和上行沟通更有利于统一领导、统一指挥。

(二)正式沟通网络

由上述组织正式沟通的四种形式可组合成组织信息传递的多种模式，这些模式被称为组织信息沟通网络，它表明了在一个组织中信息是怎样传递和交流的。根据研究者的观察和实验，以五个组织成员参与的沟通来看，可能存在的沟通网络有六十多种，但主要有五种典型的形式，即链式、环式、Y式、轮式和网式，如图10-2所示。

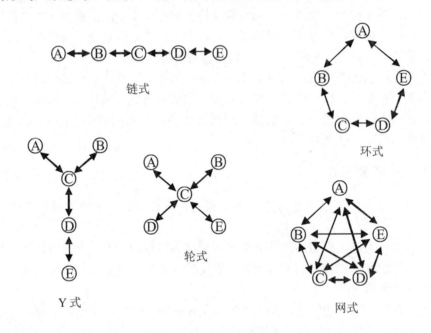

图 10-2　五种沟通网络

(1) 链式沟通。在一个组织系统中，它相当于一个纵向沟通网络，代表一个五级层次的直线系统。在这个网络中，信息可自上而下或自下而上进行逐级传递，但经过层层筛选后，容易失真，各个信息传递者所接收的信息差异较大，平均满意程度有较大差距。如果某一组织系统过于庞大，需要实行分权管理，链式沟通网络是一种行之有效的方法。

(2) 环式沟通。此形态可以看成是链式的一个封闭结构。表示五个人之间可以依次联络和沟通。其中，每个人都可同时与两侧的人沟通信息。在这种网络中，组织的集中化程度较低，组织中成员具有比较一致的满意度，组织士气高昂。如果在组织中需要创造出一种高昂的士气来实现组织目标，环式沟通是一种合适的选择。

(3) Y式沟通。也是一种纵向沟通网络，其中只有一个成员处于中心位置，成为沟通的中介人。在组织中，这一网络大体相当于组织中由领导、智囊团，再到下级主管人员或一般成员之间的纵向关系。这种网络集中化程度高，解决问题速度快，但容易导致信息曲解或失真。除中心人员(C)外，组织成员的平均满意程度较低。此网络适用于领导者工作任

第十章 沟通

务十分繁重，需要有人选择信息，提供决策依据而又要对组织实行有效控制的情况。

(4) 轮式沟通。属于控制型网络，其中只有一个成员是各种信息的汇集点与传递中心。在组织中，大体相当于一个主管领导直接管理几个部门的权威控制系统。此种网络集中化程度高，解决问题的速度快；但沟通渠道少，组织成员的满意程度低，士气低落。在组织接受紧急任务，要求进行严密控制，以及争时间、抢速度的情况下，可以采取这种网络。

(5) 网式沟通。这是一个开放式的网络系统，其中每个成员之间都能相互联系、彼此了解。由于沟通渠道多，组织成员士气高昂，合作气氛浓厚。这种网络对于解决复杂问题、增强组织合作精神、提高士气均有很大作用。但是，由于这种网络沟通渠道太多，易造成混乱，且又费时，影响工作效率。

上述各种沟通网络都各有其优、缺点和适用条件，如表 10-1 所示。作为领导者，应根据组织的特点和需要选用适当的形式，并扬长避短，进行有效的沟通，不断提高组织的管理水平。

表 10-1 五种沟通网络的比较

评价标准 \ 沟通网络	链式	轮式	Y式	环式	网式
集中性	适中	高	较高	低	很低
速度	适中	① 快(简单任务) ② 慢(复杂任务)	快	慢	快
正确性	高	① 高(简单任务) ② 低(复杂任务)	较高	低	适中
领导能力	适中	很高	高	低	很低
全体成员满意	适中	低	较低	高	很高
示例	命令链锁	主管对四个部属	领导任务繁重	工作任务小组	非正式沟通(秘密消息)

(资料来源：杨文士，焦叔斌. 管理学原理. 2 版. 北京：中国人民大学出版社，2004)

【案例 10-2】万科的十二条沟通渠道

国内的房地产行业领跑者万科一直致力于建设"阳光照亮的体制"，在建立高效的内部沟通机制方面，万科企业的 12 条沟通渠道为内部上下级之间的有效沟通扫清了障碍。

(1) 经理人员对员工实行"门户开放"政策：欢迎员工提出想法和疑问，经理人员也要主动关注下属的想法和情绪。

(2) 吹风会：高层管理人员要面向基层，关注一线，让员工了解公司的发展方向及动态，现场解答员工的问题。

(3) 员工关系专员：设员工关系专员岗，接受和处理员工的想法、意见及建议，并为员工身份保密。

(4) 我与总经理有个约会：若员工想与公司高层管理者面谈，可向员工关系专员申请并在正常工作日 36 小时内给予答复。

(5) 职工委员会：员工可以将意见和想法反映给职工委员会。

(6) 工作面谈：新员工转正、调薪或岗位变动、工作评估、职业发展规划以及辞职等情况，上司都应和员工面谈。

(7) 工作讨论和会议：提倡团队工作，团队必须拥有共同的工作目标和价值观。

(8) 发 E-mail 给任何人：如果员工认为面对面的交流不适合，可以给任何人发送电子邮件，迅速反映问题或工作中的疑惑。

(9) 网上论坛：员工有任何想法和意见，或想与其他同事交流，都可以在内部网论坛直接发表。

(10) 员工申诉通道：当员工认为个人利益受到侵犯时，可通过申诉通道进行投诉和检举揭发。

(11) 员工满意度调查：公司将会进行定期不记名意见调查，向员工征询对公司业务、管理等方面的意见。

(12) 公司信息发布渠道：网站、周刊、公告板、业务简报等都是公司的信息发布渠道，员工能够方便快捷地了解业界动态、公司动态及重要事件、通知。

(资料来源：商业评论网，2011-7-18)

二、非正式沟通

非正式沟通是指以非正式组织系统或个人为渠道的信息传递活动。非正式沟通的主要功能是传播员工所关心的和与他们有关的信息，它取决于员工的社会和个人兴趣、利益，与正式组织的要求无关。由于非正式沟通不受规定程序或渠道的种种限制，因此这种沟通途径非常繁多且无定式。在美国，这种途径常被称为"葡萄藤"（Grapevine），用以形容它枝繁叶茂，随处延伸。

(一)非正式沟通的特点

与正式沟通相比，非正式沟通有以下特点。

(1) 信息传递速度快。由于非正式沟通传递的信息都是与员工的利益相关或是他们比较感兴趣的，再加上没有正式沟通那种机械的程序，信息传播速度就大大加快了。

(2) 信息量大、覆盖面广。非正式沟通所传递的信息几乎是无所不包，组织中各个层次的人都可以由此获得自己需要的或感兴趣的信息，而且容易及时了解到正式沟通难以提供的"内幕新闻"。

(3) 沟通效率较高。非正式沟通一般是有选择地针对个人的兴趣传播信息，正式沟通则常常将信息传递给那些不需要这些信息的人。

(4) 可以满足员工的部分需要。由于非正式沟通是出于员工的愿望和需要自愿进行的，因而，员工由正式沟通不能获得满足的需要常常可以由此而得到满足，这些需要包括员工的安全需要、社交需要和尊重需要等。

(5) 有一定的片面性。非正式沟通传递的信息常常被夸大、曲解，容易失真，难以控制；可能会导致小集团、小圈子，影响组织的凝聚力和人心稳定，因而需要慎重对待。

(二)非正式沟通在管理中的意义

非正式沟通的产生，可以说是人们天生的需求，是客观存在的。通过这种沟通途径来交换或传递信息，常常可以满足个人的某些需求。非正式沟通在组织上扮演着重要的角色，管理人员应该正确对待非正式组织沟通。

(1) 必须承认它是一种重要的沟通方式。非正式沟通的产生和蔓延，主要是由于人们不能及时和准确地得到他们所关心的消息。因此，管理者愈故作神秘、封锁消息，背后流传的谣言就会愈加猖獗。管理者只有正本清源，尽可能使组织内沟通系统较为开放或公开，则各种不实的谣言才会自然消失。

(2) 可以充分利用非正式沟通为组织服务。管理人员应注意获取非正式沟通的信息并对其进行分析，从而为己所用或及时采取对策。管理人员还可以将自己不便从正式渠道传递的信息，利用非正式渠道进行传递。

第三节 有 效 沟 通

在沟通过程中，由于存在着外界干扰以及其他种种因素即"噪声"的影响，信息往往会失真，使得信息的传递不能发挥正常的作用，因此组织的沟通存在有效沟通的问题。所谓有效沟通，简单地说，就是传递和交流信息的可靠性和准确性高，它表明了组织对内外噪声的抵抗能力。有效沟通的主要特征是及时、充分和不失真，这也是沟通过程中要实现的目标。

一、有效沟通的障碍

无论是组织正式的或非正式的沟通，要达到预期的目标，克服沟通中存在的障碍就显得尤为重要。一般来说，影响有效沟通的障碍包括下列因素。

(一)个人因素

个人因素主要包括两大类：一类是情感因素，另一类是能力因素。从情感因素来讲，个人的性格、气质、态度、情绪、认知、价值观及理念等的差别,使信息在沟通过程中容易受到个人主观心理因素的制约,导致对信息意义的不准确理解。研究表明,人们往往听或看他们感情上能够接纳的东西,或他们想听或想看的东西,甚至只愿意接受中听的,拒绝不中听的。情感因素往往会影响沟通过程的客观性,会造成人们拒绝或片面地接受与他们的期望不一致的信息。例如,主管人员和下级之间相互不信任会影响沟通的顺利进行。这主要是由于主管人员考虑不周,伤害了员工的自尊心,或决策错误所造成的。又如,下级人员的畏惧感也会造成障碍,这主要是由主管人员管理严格、咄咄逼人以及下级人员本身的素质所决定的。

从能力因素来讲,一个人的智力情况、经验积累、知识水平、思维能力、记忆能力、表达能力、理解能力和沟通技巧等都会对沟通的效果产生影响。例如信息发送者可能用了不恰当的符号来表达自己的思想意思,或者在将思想意思转化为信息符号时出现了技术上的错误,或者使用了矛盾的口头语言和形体语言导致别人误解等,这些都会造成信息传递困难,或译码困难或理解困难,从而造成沟通障碍。

【案例 10-3】 赵大请客——中国人说话的艺术

赵大、钱二、孙三、李四、周五是好朋友。某日,赵大请客,别人都来了,唯独周五没到。

赵大说:"该来的不来!"

钱二说:"那我是不该来的啦?"生气地走了。

赵大说:"唉,不该走的倒走了!"

孙三说:"那我是该走的啦?"生气地走了。

赵大说:"哎,我说的不是你!"

李四说:"你原来说的是我呀!"生气地走了。

(资料来源:http://wenku.baidu.com/view/ccba58d3195f312b3169a5a9.html,2012-3-14)

(二)人际因素

人际因素主要包括沟通双方的相互信任、信息来源的可靠度和发送者与接收者之间的相似程度。

沟通是发送者与接收者之间"给"与"收"的过程。信息传递不是单方,而是双方或多方的事情,因此,沟通双方的诚意和相互信任至关重要。上下级间的猜疑只会增加抵触情绪,减少坦率交谈的机会,也就不可能进行有效的沟通。

信息来源的可靠性由四个因素所决定:诚实、能力、热情、客观。有时,信息来源可能并不同时具有这四个因素,但只要信息接收者认为发送者具有即可。可以说信息来源的可靠性实际上是由接收者主观决定的。就个人来说,员工对上级是否满意很大程度上取决于他对上级可靠性的评价。就组织而言,可靠性较大的工作单位或部门比较能公开、准确

第十章 沟通

和经常地进行沟通，他们的工作成就也相应地较为出色。

沟通的准确性与沟通双方间的相似性有着直接的关系。沟通双方特征的相似性影响了沟通的难易程度和坦率性。沟通一方如果认为对方与自己很接近，那么他将比较容易接受对方的意见，并且达成共识。相反，如果沟通一方视对方为异己，那么信息的传递将很难进行下去。另外，信息的发送者和接收者如果空间距离太远、接触机会少，也会造成沟通障碍。

(三)结构因素

结构因素主要包括地位差别、信息传递链和空间约束三个方面。

研究表明，地位的高低对沟通的方向和频率有很大的影响。地位悬殊越大，信息越趋向于从地位高的流向地位低的。事实清楚地表明，地位差别是沟通中的一个重要障碍。

组织规模的大小往往影响信息传递的速度和质量。一般来说，组织规模越大，中间层次越多，信息传递链越长，到达目的地的时间也越长，信息失真程度就越大。

组织中的工作常常要求员工只能在某一特定地点进行操作。这种空间约束的影响通常在员工单独于某位置工作或在数台机器之间往返运动时尤为突出。空间约束不利于员工之间的交流，限制了他们的沟通。一般来说，两人之间的距离越短，他们交往的频率也越高。

(四)技术因素

技术因素主要包括语言、非语言暗示、媒介的有效性和信息过量。

大多数沟通的准确性依赖于沟通者赋予字和词的含义。由于语言只是个符号系统，本身没有任何意思，它仅仅是我们描述和表达个人观点的符号或标签。每个人表述的内容常常是由他独特的经历、个人需要、社会背景等决定的。因此，语言和文字极少对发送者和接收者双方都具有相同的含义，更不用说许许多多的不同的接收者。语言的不准确性不仅表现为符号多样，它还能激发各种各样的感情，这些感情可能又会更进一步歪曲信息的含义。同样的字词对不同的组织来说，会导致完全不同的感情和不同的含义。

沟通过程中的障碍还可能由于媒介选择与信息信号选择不匹配而导致无法有效传递；或信息传递渠道过于差、负荷过于重等导致传递信息的速度下降以致丧失迅速决策的时机；或因为传递的技术有问题导致信息传递失误等。沟通过程中如果出现了这些障碍，那么信息沟通就会有问题，有时甚至会出现"差之毫厘，失之千里"的重大问题，这将给组织带来巨大的损失。

我们生活在一个信息爆炸的年代，组织管理者面临着"信息过量"的问题。例如，管理人员只能利用他们所获得信息的 1/100～1/1000 进行决策。信息过量不仅使管理人员没有时间去处理，而且也使他们难以向同事提供有效的、必要的信息，沟通也随之变得困难重重。

(五)文化因素

不同的国家和地区，种族不同、历史发展状况不同、社会制度不同、意识形态不同、价值取向不同，也会造成沟通障碍。文化背景相近，沟通相对容易；文化背景差异较大，沟通相对困难。在经济全球化趋势不断发展的情况下，消除文化因素在沟通中的障碍更加重要。

> **【案例10-4】"闹他"本身的含义**
>
> "闹他"是山西省太原、大同一带常用的方言口语，意为打败对手，战胜对手，给自己加油之意。"闹"字来自古语，古字以"斗"为字旁，本意为搏斗、争斗，属于三晋方言。球迷协会为山西汾酒篮球队助威的口号是"闹他"，因国内CBA联赛山西中宇队主场迎战上海队的转播而闻名。本来是相当响亮的一个口号，既给力，用太原话发音又有爆发感，但口号一出炉便被不少外地媒体看低，认为匪气太重、不文明。
>
> "闹他"算是古语翻新，只是展示了山西球迷必胜的决心，很传统，也很儒雅，十分富有文化底蕴，具有地方文化特色并无贬义。
>
> (资料来源：http://news.sxpmg.com/zhuangao/yuanchuang/201203/82340.html，2012-3-9)

二、有效沟通的"7C"准则

(一)内容

信息的内容(Content)必须对接收者具有意义，必须与接收者原有价值观念具有同质性，必须与接收者所处的环境相关。一般来说，人们只接收那些能给他们带来更大回赠的信息，信息的内容决定了公众的态度。

(二)渠道

沟通者应该利用现实社会生活中已经存在的信息传送渠道，这些渠道(Channels)多是被沟通者日常使用并习惯使用的，要建立新的渠道是很困难的。在信息传播过程中，不同的渠道在不同阶段具有不同的影响。所以，应该有针对性地选用不同渠道，以达到向目标公众传播信息的作用。人们的社会地位及其背景不同，对各种渠道都有自己的评价和认识。

(三)可信性

沟通应该从彼此信任(Credibility)的气氛中开始。这种气氛应该由作为沟通者的组织创造，这反映了他们是否具有真诚地满足被沟通者愿望的要求。被沟通者应该相信沟通传递的信息并相信沟通者在解决他们共同关心的问题方面有足够的能力。

(四) 一致性

沟通计划必须与组织的环境要求相一致(Context)，必须建立在对环境充分调查研究的基础上。当个体与团体相矛盾时，个人要适时地调整自己的目标，与团体大体上达成一致，团体也要尊重个人的个性并尽量挖掘个人的特色为团体服务，只有在整体上保持一致性才能使团队的力量集中起来，并达成目标。

(五) 明确性

信息必须用简明的语言表述，所用词汇对沟通者与被沟通者来说都代表同一含义。信息需要传递的环节愈多，则愈应该简单明确(Clarity)。一个组织对公众传递信息的口径要保持一致。

(六) 持续性与连贯性

沟通是一个没有终点的过程。要达到渗透的目的必须对信息进行重复，但又必须在重复中不断补充新的内容，这一过程应该持续地坚持下去(Continuity and Consistency)。

(七) 被沟通者的接收能力

沟通必须考虑被沟通者的接收能力(Capability of Audience)。当用来沟通的材料对被沟通者能力的要求越低时，沟通信息最容易为被沟通者接收，沟通成功的可能性就愈大。被沟通者的接受能力，主要包括他们接受信息的习惯、阅读能力与知识水平。

【案例10-5】吉利收购沃尔沃

2010年3月28日，中国浙江吉利控股集团有限公司与福特汽车签署最终股权收购协议，获得沃尔沃轿车公司100%的股权及相关资产。本次收购涉及金额18亿美元。收购沃尔沃的谈判艰苦而漫长，其中就有来自沃尔沃工会的阻力。沃尔沃工会负责人卡尔松公开宣称："我们将不惜任何努力阻止吉利将就业岗位移到中国。"但李书福本人的魅力打动了沃尔沃工会。2009年年底前，在福特宣布吉利成为沃尔沃轿车公司首席竞购方之后，李书福同福特汽车公司高管共同飞赴瑞典哥德堡沃尔沃汽车总部同沃尔沃工会代表对话。沃尔沃工会成员当即就给李书福和福特公司高管出了一道难题，问他们能不能用三个词来说明为什么吉利是最合适的竞购沃尔沃的公司。就在福特公司代表陷入尴尬时，英文并不太好的李书福主动请缨："我想说的三个词就是I love you! 我爱你们，我也爱沃尔沃这个品牌，能够运营好沃尔沃品牌以及爱护沃尔沃的员工，保障沃尔沃员工的利益是吉利的责任和义务！"李书福用西式的表达方式瞬间赢得了沃尔沃工会代表的好感，赢得了现场热烈的掌声。

(资料来源：http://www.docin.com/p-551866529.html，2012-12-12)

三、消除沟通障碍的方法

从有效沟通的"7C"准则来看，只要采取适当的行动方式将上述那些影响有效沟通的障碍消除，就能实现管理的有效沟通。因而，无论是对组织中的沟通还是组织间沟通，有效沟通的实现取决于对沟通技能的开发和改进。

(一)克服情感障碍，增强沟通能力

(1) 充分认识沟通的重要性，正确对待沟通。有些管理人员十分重视计划、组织、领导和控制等工作，而对沟通常有疏忽，认为信息的上传下达有了组织系统就可以了，对非正式沟通中的"小道消息"常常采取压制的态度，这表明组织管理层没有从根本上对沟通给予足够的重视。

(2) 培养"听"的艺术，即要积极倾听。信息沟通通常是沟通双方互动的过程。在这一过程中，沟通双方或数方能够认真倾听对方所述问题和意见，就能减少许多由于不够认真聆听导致的误解，从而减少沟通过程中的障碍。一些积极倾听的要点是：要表现出兴趣；全神贯注；该沉默时必须沉默；选择安静的地方；留适当的时间用于辩论；注意非语言暗示；当你没有听清楚时，请以疑问的方式重复一遍；当你发觉遗漏时，直截了当地问等。

(3) 注意语调、措辞、讲话内容和讲话方式。信息沟通中的声音语调、措辞以及讲话内容与讲话方式之间的和谐一致等都会影响信息接收者所做出的反应。一个作风专制的领导命令属下的监督管理员实行参与式管理，这会造成难以克服的信用差距。

(4) 应该开诚布公，表现出善意和真情。领导者要有民主作风，要能兼收并蓄，豁达大度，听取员工的意见，特别是不同意见。有效的沟通是要付出时间、真情、共鸣和全神贯注等代价的，因为沟通者要求对方能够倾听他们的话，要求对方认真地听，还要求能够被对方所理解。在这样的沟通中，注意不能随便打断他们的话，还要避免使他们处于防范心理状态，应给予反馈也要求得到反馈，表明自己是否理解信息也让沟通者知道是否理解了他的意思，只有这样才有可能使沟通有效。

(二)改善人际环境，创造和谐氛围

(1) 创造一个相互信任、有利于沟通的小环境。组织领导者不仅要获得下属的信任，而且要得到上级和同事们的信任。他们必须明白，信任不是人为的或从天上掉下来的，而是诚心诚意争取来的。

(2) 要考虑信息接收者的需要。无论何时，信息都要适用，或在短期内，或在较远的未来，沟通内容对于接收者来说都要有价值。有时短期内会影响员工的不受欢迎的措施，如果从长远来看对他们有利的话，也比较容易被他们所接受。

第十章 沟通

(3) 要注意感情沟通。信息沟通的作用不只是传递信息，它还涉及感情问题。感情在组织内上下级和同事之间的人际关系方面有非常重要的作用。信息沟通在营造激励人们为组织目标而工作的同时，也能为实现人与人之间的感情沟通做出贡献。

(4) 要努力加强自我控制。信息沟通可以起控制的作用。控制并非一定强调自上而下的控制，相反，第四章所述的目标管理哲学更强调员工的自我控制。自我控制要求有明确的信息沟通，并对衡量业绩的标准有所理解。

(三)优化沟通渠道，减少信息失真

要缩短信息传递链，拓宽沟通渠道，保证信息的畅通无阻和完整性。如减少组织机构重叠、层次过多的问题；在利用正式沟通的同时，开辟高层管理人员至基层管理人员的非正式的沟通渠道，以便于信息的传递；建立特别委员会和非管理工作组，定期加强上下级的沟通。同时要加强平行沟通，促进横向交流。

(四)完善沟通技术手段，合理配置沟通工具

在沟通中要精心选择与信息信号相匹配的媒介，改进信息渠道质量，设法解决信息传递渠道质量差、传递负荷过重而导致的速度过缓或信息失真问题。

(五)增进相互了解，消除文化障碍

在进行沟通时，应充分了解对方的文化背景，掌握文化对其价值观的影响，从而更好地理解对方对事物的看法和态度，以消除或降低沟通中的文化障碍。

【案例10-6】现代企业的沟通方法面面观

现代企业都非常注重沟通，既重视外部的沟通，更重视与内部员工的沟通，沟通才有凝聚力。以下是一些知名企业值得借鉴的好做法。

讲故事：波音公司在1994年以前遇到一些困难，总裁康迪上任后，经常邀请高级经理们到自己家中共进晚餐，然后在屋外围着个大火坑讲述有关波音的故事。康迪请这些经理们把不好的故事写下来扔到火里烧掉，以此埋葬波音历史上的"阴暗"面。只保留那些振奋人心的故事，以此鼓舞士气。

聊天：奥田是丰田公司第一位非丰田家族成员的总裁，在长期的职业生涯中，奥田赢得了公司内部许多人士的深深爱戴。他有1/3的时间在丰田城里度过，常常和公司里的1万多名工程师聊天，聊最近的工作，聊生活上的困难。另有1/3的时间用来走访5000名经销商。

鼓励越级报告：在惠普公司，总裁的办公室从来没有门，员工受到顶头上司的不公正待遇或看到公司发生问题时，可以直接提出，还可越级反映。这种企业文化使得人与人之

间相处时，彼此之间都能做到相互尊重，消除了对抗和内讧。

动员员工参与决策： 福特公司每年都要制定一个全年的"员工参与计划"，动员员工参与企业管理。此举引发了职工对企业的"知遇之恩"，员工投入感、合作性不断提高，合理化建议越来越多，生产成本大大减少。

培养自豪感： 美国西思公司创业时，工资并不高，但员工都很自豪。该公司经常购进一些小物品如帽子，给参与某些项目的员工每人发一顶，使他们觉得工作有附加值。当外人问该公司的员工"你在西思公司的工作怎么样？"员工都会自豪地说"工资很低，但经常会发些东西。"

(资料来源：http://wenku.baidu.com/view/acd938232f60ddccda38a08d.html)

案例分析

马陆的困惑

马陆今年34岁，在一家保险公司工作，由于工作出色，不久前，他被公司任命为索赔部经理，那是一个受到高度重视的部门。

走马上任后，马陆了解到在自己谋求索赔部经理这一职位的同时，另外还有两名业务能力很强的同事(吴豪和苏丽)也曾申请过这个职位，他确信公司之所以任命他到这个位置，部分原因也是为了避免在两个有同等能力的员工中做出选择。

马陆在索赔部的第一个月的业绩很不错，他因此而对部门员工的素质及能力感到十分满意。即使是吴豪和苏丽也表现得很合作。于是马陆信心百倍地决定用培训员工及安装新计算机系统的计划来推动部门快速发展。

然而当马陆提出实施这一计划时，苏丽却埋怨说他在还没有完全了解部门运作程序前就这样干，显然有些操之过急。马陆认为苏丽可能还没有完全地接受他得到她想要的职位的事实，当吴豪来找马陆的时候这一点似乎得到了证实。吴豪说，在面对所有即将到来的变革时要关注一下员工的士气，他甚至对马陆暗示说某些人正考虑要提出调任。尽管吴豪没有指名道姓，马陆确信苏丽是问题的根源。

因此，马陆一方面谨慎地推出新计划，另一方面对苏丽的言行保持一定的警觉。在日后的工作中，苏丽隐约地觉察到这位新上任的马经理正在与她疏远，这使她陷入苦恼之中。

【问题】
1. 马陆和苏丽的冲突在哪里？
2. 如果你是马陆，你将如何做？作为一个索赔部门的经理，他需要了解些什么？

(资料来源：http://wenku.baidu.com/view/73947b64ddccda38376bafbe，2010-12-29)

第十章 沟通

阅 读 资 料

力透纸背的"韦尔奇便条"

杰克·韦尔奇,通用电器公司(GE)前首席执行官,被誉为"全球第一 CEO"。自 1981 年接手 GE 以来,在 20 年时间里,他使 GE 的市值达到了 4500 亿美元,增长了 30 多倍,排名从世界第 10 位提升到第 2 位。

韦尔奇是 GE 的灵魂,他以坚韧不拔、百折不挠的毅力,大刀阔斧、革故鼎新的气魄以及狂热的布道精神,创造了独特的 GE 文化。他倡导的精简、速度、自信原则,群策群力、无边界工作方式,改变了员工的思维模式,为 GE 插上了腾飞的翅膀;他所推行的六西格玛标准、全球化和电子商务,几乎重新定义了现代企业,为 GE 装上了信誉、质量、效率之轮。尤其是韦尔奇所创造的别具特色的管理方式——便条式沟通,使 GE 的每一个员工都感受到了韦尔奇人性化管理的魅力。

担任 GE 执行总裁近 20 年的杰克·韦尔奇,每天必做的事情之一就是亲自动笔给各级主管、普通员工乃至员工家属写便条,或征求对公司决策的意见,或询问业务进展,或表示关心、关注。写这些便条的目的是为了鼓励、激发和要求行动。杰克·韦尔奇通过便条表明他对员工的关怀,使员工感到他们之间已从单纯的管理者与下属的关系升华为人与人之间的关系。而杰克·韦尔奇知道,从他手中发出的只言片语都很有影响力,它们比任何长篇大论的演说都更能拉近和员工的距离,而且这也是他对下属们有效地传达重要观念的最佳方式,所以他乐此不疲。一次,一个工作不久的部门主管接到通知:韦尔奇要找他谈话。在 GE 公司,韦尔奇找下属谈话,一般有两种可能:一种是炒鱿鱼,一种是晋升。新来的主管作了精心的准备,在谈话的前一天晚上对太太说:"明天韦尔奇要找我谈话。"他太太说:"这对你太重要了,如果你不能成功,就不要再进家门了。"这位主管是个"妻管严",太太的话给了他很大的压力。第二天见到韦尔奇,部门主管紧张得不知从哪里开口。等了一会儿才跟韦尔奇说实话:"我临来时太太对我讲,今天不能成功,就不让我回家。"韦尔奇很同情地说:"今天我们的谈话到此结束。"然后立即给他的太太写了一张便条:"你的先生今天表现得十分优秀,非常抱歉两周以来给你和你的先生所带来的苦苦煎熬。"太太一看高兴极了,热烈地拥抱了她的先生,因为他受到了韦尔奇的高度赞扬。

久而久之,"韦尔奇便条"便演变、升华为一种"非正式沟通"的氛围,一条"通心路",一种凝聚力、亲和力。员工们则把收到和答复杰克·韦尔奇的便条作为荣耀和情谊,备感幸运、倍加珍视。不仅如此,每个星期,杰克·韦尔奇都会不事先通知地造访某些工厂和办公室;临时安排与下属共进午餐;工作人员还会从传真机上找到杰克·韦尔奇手书的便条,上面是他既遒劲有力又干净利落的字体。这就是韦尔奇特有的沟通方式。

在韦尔奇的 CEO 生涯中,他用于沟通的便条愈万张。在没有 E-mail 的年代,他手写便条并亲自封好后交给基层管理人员或者普通员工；对海外员工，这种沟通则通过传真来实现。许多有韦尔奇亲笔签名的便条，被员工们永久珍藏。当有了 E-mail 之后，几乎每个 GE 员工都曾收到过韦尔奇签名的电子邮件(网上便条)。

GE 全方位、灵活多样、快捷顺畅的沟通方式为组织成功提供了经验：面对面交流、电话交流、便条式交流、网上交流、圆桌会议、全体员工会议、优秀员工座谈会……传统与现代的交流方式共存，集中交流与个别沟通并举；自上而下、自下而上的纵向沟通与部门和部门之间、业务集团和业务集团之间的横向沟通相结合，形成了一个通畅的信息网络。

每个人、每个岗位、每个部门都是这个网络上的一个节点，在网络中，每个节点都能充分地、自由地、相对独立而又彼此配合地发挥着各自的作用，用信息流引导人流、物流、资金流，最终形成一股合力，推动公司的变革和发展，保证企业目标的实现，从而也保证了 GE 人价值的实现。

沟通是 GE 文化和 GE 人本管理中非常重要的一部分，而在所有的沟通中，CEO 的沟通无疑是最重要的沟通，这种沟通是 GE 沟通网络上的"纲"，"纲举"才能"目张"。当 CEO 和员工进行沟通时，他既是企业的最高权威，又是一个知心朋友，还是企业整体利益和员工个人利益的忠实代表者。员工对这种沟通的反应，除了惊喜、崇敬、仰慕之外，还有平等感、信任感，觉得自己在企业受重视，在 CEO 心目中有地位，从而产生自豪感、使命感和奋发向上的激情，把自己的工作态度、工作效率、工作业绩同企业的兴衰存亡联系起来，尽最大的努力为企业创造价值。这就是韦尔奇便条式沟通的魅力所在，也是为什么这种沟通在 GE 的整体沟通中起着灵魂和核心作用的原因所在。

然而，韦尔奇的沟通方式乃至整个 GE 的沟通模式是有条件的，这些条件主要包括：

——领导者要有以人为本的管理思想，尊重员工、相信员工是其应具备的基本素质。

——领导者要突破"领导高明论"的误区，懂得"群众是真正的英雄"。

——领导者要有广阔的胸怀、博大的包容心和恢宏的气度，能够搭建平等交流、对话的平台，虚心听取意见。

——扁平的组织结构，这种扁平化是诞生人性化领袖的基石。

——企业员工的民主意识、参与精神。

所有这些条件，GE 都是具备的。如今 GE 的员工只要一谈起无边界行为、员工大会、民意调查、群策群力等众多的沟通方式，就眉飞色舞、津津乐道。比如"群策群力"会议，GE 几乎每个员工都参加过。每次会议几十人到上百人不等，员工们畅所欲言。GE 要求经理必须当场对每一项意见或建议给予明确答复，若当场不能答复，也必须在约定的时间内予以回答。任何经理都不能对员工提出的意见或建议置之不理。会议上，许多问题会在平等而热烈的争论中得到迅速解决。一位工人参加会议后评价说："25 年来，你们为我的双手支付工资，而实际上，你们还已经拥有我的大脑——而且不用支付工钱。"

1987 年，杰克·韦尔奇向公司员工发表演说时指出："我们已经通过学习明白了'沟通'的本质。它不像这场演讲或录音谈话，它也不是一种报纸。真正的沟通是一种态度、一种

第十章 沟通

环境,是所有流程的相互作用。它需要无数的直接沟通。它需要更多的倾听而不是侃侃而谈。它是一种持续的互动过程,目的在于创造共识。"

对杰克·韦尔奇来说,个人的沟通有时远远超过程序化的沟通所能达到的效果。管理者和员工一段随意的或短暂的对话远比在企业内部刊物上刊登大段文章来得更有价值,管理者应知晓"意外"两字的价值。对一个公司来说,非正式沟通意味着打破发布命令的链条,促进不同层级之间的交流;改革付酬的方法;让员工们觉得他们是在为一个几乎人人都相知甚深的老板工作,而不是一个庞大的公司。

韦尔奇现已不是 GE 的 CEO 了,但由他便条式沟通所推动而形成的具有 GE 特色的沟通方式,已经促使 GE 生成了健全的、灵敏的神经系统。继任总裁杰夫……伊梅尔特继承了韦尔奇的事业,同时也传承了他的沟通理论。伊梅尔特在工作中花 70%的时间进行沟通,把自己的想法及时告诉员工,并聆听员工的想法。目的就是为了使 GE 凝聚成一股力量,不断前进。他认为,特别是当企业面临变革或危机时,最重要的事情就是与员工进行沟通。

(资料来源:丁元浩. 力透纸背的"韦尔奇便条". 中外企业文化,2009-6,略有改动)

本 章 小 结

沟通是一个组织得以生存、发展的必要条件,在管理中具有重要的意义。沟通是指借助一定的手段把可理解的信息、思想和情感在两个或两个以上的个人或群体中传递或交换的过程,目的是通过相互间的理解与认同来使个人或群体间的认知以及行为相互适应。沟通必须具备四个基本要素:发送者、接收者、传递渠道和所传递的信息内容。按照沟通的渠道或途径不同,沟通可分为正式沟通与非正式沟通。正式沟通和非正式沟通又包括许多具体的类型和方式,两者在沟通中各有利弊、相得益彰。在沟通过程中,由于存在着个人因素、人际因素、结构因素、技术因素及文化因素等方面影响,常常使有效沟通出现障碍,因此必须通过克服情感障碍,增强沟通能力;改善人际环境,创造和谐氛围;优化沟通渠道,减少信息失真;完善沟通技术手段,合理配置沟通工具以及增进相互了解,消除文化障碍等方法克服沟通中存在的障碍,以实现有效的沟通。

自 测 题

一、单项选择题

1. 按照沟通的渠道或途径不同,沟通可以分为(   )。
   A. 工具式沟通和感情式沟通　　C. 正式沟通和非正式沟通
   B. 单向沟通和双向沟通　　　　D. 下行沟通、上行沟通和平行沟通

2. （　　）有助于同级部门或同级领导之间的沟通了解。
   A. 下行沟通　　　B. 上行沟通　　　C. 平行沟通　　　D. 斜向沟通
3. 某公司质管部经理在质量管理的总体目标、步骤、措施等方面与公司主要领导人有不同看法。该质管部经理认为，质量管理的重要性在公司上下并未得到充分重视；公司领导则认为，他们是十分重视产品质量问题，只是质管部经理的质量控制方案成本太高且效果不好。最近一段时间，这种矛盾呈现激化现象。一天上午，质管部经理接到公司副总的电话，通知他去北京参加一个为期10天的管理培训班，而质管部经理则认为自己主持的质改推进计划正在紧要关头，一时脱不开身，公司领导应该是知道这个情况的，他们做出这样的安排显然是不支持甚至是阻挠自己的工作。因此，质管部经理不仅拒绝了领导的安排，还发了一通脾气；而公司副总也十分恼火，认为质管部经理太刚愎自用，双方不欢而散。你认为这里出现的沟通失败的最主要原因是（　　）。
   A. 副总发送的信息编码有问题
   B. 信息传递中出现了噪声
   C. 质管部经理对于公司副总的反馈有问题
   D. 质管部经理对于信息的译码出了问题
4. 下述对于信息沟通的认识中，错误的一条是（　　）。
   A. 信息传递过程中所经过的层次越多，信息的失真度就越大
   B. 信息量越多，就越有利于进行有效的沟通
   C. 善于倾听，能够有效改善沟通的效果
   D. 信息的发送者和接收者在地位上的差异也是一种沟通障碍
5. 比较链式与网式两种信息沟通网络的特点，可以得出以下结论（　　）。
   A. 链式网络采取一对一的信息传递方式，传递过程中不易出现失真情况
   B. 网式网络由于采取全面开放的信息传递方式，具有较高的管理效率
   C. 网式网络比链式网络更能激发士气，增强组织的合作精神
   D. 链式网络比网式网络更能激发士气，增强组织的合作精神
6. 吴总经理出差两个星期才回到公司，许多中层干部及办公室人员，马上就围拢过来。大家站在那里，七嘴八舌一下子就开成了一个热烈的自发办公会，有人向吴总汇报近日工作进展情况，另有人向吴总请求下一步工作的指示，还有人向吴总反映公司内外环境中出现的新动态。根据这种情况，你认为下述说法中最适当地反映了该公司的组织与领导特征的是（　　）。
   A. 链式沟通、民主式管理　　　B. 轮式沟通、集权式管理
   C. 环式沟通、民主式管理　　　D. 全通道式沟通、集权式管理
7. 如果发现一个组织中小道消息很多，而正式渠道的消息较少，这意味着该组织（　　）。
   A. 非正式沟通渠道中信息传递很通畅，运作良好

B. 正式沟通渠道中信息传递存在问题，需要调整
C. 其中有部分人特别喜欢在背后乱发议论，传递小道消息
D. 充分运用了非正式沟通渠道的作用，促进了信息的传递

二、多项选择题

1. 信息沟通的基本要素为( )。
   A. 信息发送者　　　　　B. 信息接收者　　　　　C. 信息传递渠道
   D. 传递的信息　　　　　E. 噪声
2. 一般来说，沟通会受到来自( )等障碍的影响。
   A. 个人因素　　　　　　B. 人际因素　　　　　　C. 结构因素
   D. 技术因素　　　　　　E. 文化因素
3. 下面对单向沟通和双向沟通优、缺点的比较正确的是( )。
   A. 双向沟通比单向沟通需要更多的时间
   B. 在双向沟通中，接收者理解信息和发送者意图的准确程度大大提高
   C. 接收者比较满意单向沟通，发送者比较满意双向沟通
   D. 双向沟通的噪声要比单向沟通小得多
   E. 在双向沟通中，发送者和接收者都比较满意自己对信息的理解
4. 下列属于非正式沟通特点的是( )。
   A. 信息传递速度快　　　B. 比较规范、约束力强
   C. 信息量大、覆盖面广　D. 易于保密　　　　　　E. 具有强制性
5. 按照信息流向，正式沟通可以分为( )。
   A. 横向沟通　　　　　　B. 上行沟通　　　　　　C. 下行沟通
   D. 平行沟通　　　　　　E. 斜向沟通

三、判断题

1. 非正式沟通是组织管理中的沟通主渠道。( )
2. 沟通不仅是信息的交流，而且包括情感、思想、态度及观点等的交流。( )
3. 斜向沟通是发生在同时跨工作部门和跨组织层次的员工之间的沟通。从效率和速度角度来看，斜向沟通是有益的。( )
4. 在沟通过程中至少存在着一个发送者和一个接收者。( )
5. 信息传递是双方面的，而不是单方面的事情。( )
6. 有效沟通的实现取决于对沟通技能的开发和改进。( )

四、简答题

1. 什么是沟通？沟通在管理中具有哪些重要意义？
2. 简述沟通的过程。它包含哪几个要素？

3. 简述有效沟通的"7C"准则。
4. 简述何为有效沟通。影响有效沟通的障碍包括哪些因素?
5. 简述如何实现有效沟通。

五、论述题

有人认为"非正式组织的沟通往往会造成不良影响的小道消息,因此应该尽量杜绝",对这种看法你是否同意?请说明理由。

六、沟通技能自我测试

评价标准:

非常不同意/不符合(1分)

不同意/不符合(2分)

比较不同意/不符合(3分)

比较同意/符合(4分)

同意/符合(5分)

非常同意 / 非常符合(6分)

1. 我能根据不同对象的特点提供合适的建议或指导。
2. 当我劝告他人时,更注重帮助他们反思自身存在的问题。
3. 当我给他人提供反馈意见,甚至是逆耳的意见时,能坚持诚实的态度。
4. 当我与他人讨论问题时,始终能就事论事,而非针对个人。
5. 当我批评或指出他人的不足时,能以客观的标准和预先期望为基础。
6. 当我纠正某人的行为后,我们的关系常能得到加强。
7. 在我与他人沟通时,我会激发出对方的自我价值和自尊意识。
8. 即使我并不赞同,我也能对他人观点表现出诚挚的兴趣。
9. 我不会对比我权力小的人表现出高人一等的姿态。
10. 在与自己有不同观点的人讨论时,我将努力找出双方的某些共同点。
11. 我的反馈是明确而直接指向问题的关键,避免泛泛而谈或含糊不清。
12. 我能以平等的方式与对方沟通,避免在交谈中让对方感到被动。
13. 我以"我认为"而不是"他们认为"的方式表示对自己的观点负责。
14. 讨论问题时,我通常更关注自己对问题的理解,而不是直接提建议。
15. 我有意识地与同事和朋友进行定期或不定期的、私人的会谈。

如果你的总分是:

80~90 你具有优秀的沟通技能

70~79 你略高于平均水平,有些地方尚需要提高

70以下 你需要严格地训练你的沟通技能

选择得分最低的6项,作为技能学习提高的重点。

第十一章 激 励

【学习要点及目标】

通过本章的学习，理解激励的含义及其在管理中的作用，明确激励的过程，掌握各种激励理论和常用的激励方式。

【关键概念】

激励　需要层次论　保健因素　激励因素　成就需要论　X理论　Y理论　效价　期望值　公平理论　正强化　负强化

【引导案例】

确定不同的激励层次

柳传志是一个创业的传奇。这个传奇的意义不仅仅在于他领导联想由11个人20万元资金的小公司用14年时间成长为中国最大的计算机公司，更重要的是，他的传奇故事对许多立志创业的青年人来说是一种激励。这个传奇让每一个中关村创业青年都可以怀有这样一个希望——"如果我足够的努力，也可以像柳传志那样的成功"。柳传志不仅以自身成功激励着他人，而且在管理中他对联想团队的激励方法也对我们具有启迪意义。

他说，我们面临的难题是如何调动三个截然不同的群体的积极性：经理班子成员、中层管理人员以及流水线上的员工。我们对每个群体有不同的期望，他们也各自需要不同的激励方式。

我们的经理班子需要有一种主人翁意识。中国的许多国有企业面临一个特殊的难题：它们无法给高级管理人员分配股份。我们采取了一种不同寻常的方式：改革了所有权结构，使联想成为一家合资企业，这样就可以给所有的经理班子成员分配股份。另外，高级经理需要得到承认，所以我们为他们提供对媒体讲话的机会。一直到今天，我们没有一位高级经理跳槽到别的公司。

中层管理人员希望升职，成为高级经理，所以他们往往会最积极地应对挑战，抓住机会展示和磨炼自己的才能。我们给中层管理人员确立了很高的标准，并允许他们自己做出决策并予以执行。如果他们工作出色，就会得到非常好的回报。

流水线上的工人需要稳定感。如果他们工作认真勤勉，就可以得到提前制定的奖金。我们还把小组的工作成绩与公司或部门挂钩，把个人的工作成绩与小组挂钩。例如，我们有时会让小组来决定如何分配全组得到的奖金，公司只提供总的指导方针。

（资料来源：http://31.toocle.com，2009-11-28）

从上述案例中不难看出，人的需要是多方面的。管理者首先要了解下属的需要，用下属正在追求的需要来激励他们，就会取得较好的激励效果。可见，管理者掌握各种激励理论以及激励方式，对于卓有成效地开展工作是十分有益的。

第一节 激励概述

组织是人的集合体，任何组织都是由人创建，由人来管理的。组织内的一切物流、资金流、信息流都是由人来运作的，只有使参与组织活动的人始终保持旺盛的士气、满腔的热情，组织目标才能得以实现。因此管理者需要通过适当的激励方式充分调动下属的工作积极性，释放员工潜在的内驱力，为实现组织和个人目标而努力。

一、激励的含义

"激励"从字面上看是激发和鼓励的意思。在管理学中，可把"激励"定义为通过创设各种条件，对员工的需要给予适当的满足，激发员工的动机，使之产生实现组织目标的特定行为的过程。它含有满足需要、激发动机、引导行为的意义。

为了准确理解激励的概念，需要特别注意以下几点。

(一)激励的目的性

任何激励行为都具有其目的性，这个目的可能是一个结果，也可能是一个过程，但必须是一个现实的、明确的目的。所以从这个意义上讲，虽然一般来说激励是管理者的工作，但任何希望达到某种目的的人都可以将激励作为手段。

(二)激励通过强化人们的需要或动机来引导或改变人们的行为

人的行为来自动机，而动机源于需要，激励活动正是对人的需要或动机施加影响，从而强化、引导或改变人们的行为，因此，从本质上说，激励所产生的行为是人们主动、自觉的行为，而不是被动、强迫的行为。

(三)激励是一个持续循环的过程

激励是一个由多种复杂的内在、外在因素交织起来持续作用和影响的复杂过程，而不是一个互动式的即时过程。

二、激励的过程

心理学研究表明，人的行为具有目的性，而目的源于一定的动机，动机又产生于需要。

由需要引起动机，动机支配行为并指向预定的目标，是人类行为的一般模式。

需要是指人对某种事物的渴求或欲望。当人们缺乏所需事物而引起生理或心理紧张时，就会产生需要，并为满足需要而采取行动。因此，需要是一切行为的最初原动力。在管理中运用激励方法，就是利用需要对行为的原动力作用，通过提供外部诱因，满足员工需要，进而调动员工的积极性行为。

动机是在需要基础上产生的。动机是人们行为产生的直接动因，它引起行为、维持行为并指引行为去满足某种需要。当人们产生了某种需要，一时又不能得到满足时，心理上会产生一种不安和紧张状态，并成为一种内在的驱动力，促使个体采取某种行动。心理学上把这种内在的驱动力称为动机。动机的产生依赖于两个条件：一是个体的生理或心理需要；二是能够满足需要的客观事物，即外部诱因。运用激励手段调动积极性，就是利用动机对行为的这种驱动作用，通过外部诱因激发动机，直接引导员工产生积极行为。

行为是人的主观意识对客观世界做出的可以观察到的反应，泛指人的各种活动，如学习、运动、工作等。行为是有目标的，当目标达到之后，原有的需要和动机也就消失了，这时又会产生新的需要和动机，为满足这种新的需要又会产生新的行为。如此周而复始地进行下去，激励所利用的正是这一过程，如图 11-1 所示。

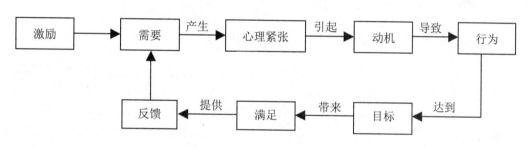

图 11-1　激励的过程

从上面关于需要、动机和行为的分析中可知，需要产生动机，动机决定行为，三者彼此独立，又相互依存。

三、激励的作用

激励的主要作用在于激发调动人的积极性，从而使人们能够富有成效地努力工作，以实现组织目标。众多研究表明，个人工作绩效取决于个人的能力和工作的积极性。如果通过有效管理，使个人能够胜任工作，那么决定工作绩效的关键因素就是工作的积极性。一般来说，个人的能力变化是比较缓慢的，而工作态度、积极性的高低则常常可能在短期内发生变化，从而对工作绩效产生重大的影响。而激励就是要使人保持旺盛的精力和工作热情。具体来说，激励的作用主要表现在如下几个方面。

(一)激励有利于充分发挥员工的潜在能力

心理学家经过实地调查发现，按时计酬的员工一般只发挥了 20%～30%的能力，如果通过激励充分调动其积极性，那么人的潜力就可以发挥到 80%～90%。可见，一个人平常的工作能力水平与激发后可以达到的工作能力水平之间存在着较大差距，而激励是发掘这部分潜力的重要途径。通过科学有效的激励方法可以充分发挥员工的聪明才智，最大限度地调动员工的革新精神和创造力。

(二)激励有利于为组织广泛吸引人才和留住人才

人才队伍建设关系到组织的长远和根本利益，是组织可持续发展的重要保证。有效的激励制度不仅可以充分调动组织内现有的人力资源，使他们扎根企业、贡献企业，而且还有助于吸引组织外的人才流向组织内部。这是因为人们都希望自己的需要得到充分满足，才能得到充分发挥。管理大师德鲁克认为，每一个组织都需要三个方面的绩效：直接的成果、价值的实现和未来的人力发展。缺少任何一方面的绩效，组织必然走向失败。因此，每一位管理者都必须在这三个方面有所贡献。在三方面的贡献中，对"未来的人力发展"的贡献就是来自激励工作。

(三)激励有利于实现组织目标，增强组织的凝聚力

组织是由员工个体、工作群体组成的有机整体。为保证组织的正常协调运转和既定目标的顺利实现，除用严密的组织结构和严格的规章制度加以规范外，还需要用激励方法，满足员工尊重、社交等多方面的需要，鼓舞员工士气，协调人际关系，增强组织的向心力和凝聚力，使员工的努力方向和组织目标趋于一致，从而更好地促进组织的发展和目标的实现。

(四)激励有利于营造良性的竞争环境

科学的激励制度包含一种竞争精神，它的运行能够创造出一种良性的竞争环境，进而形成良性的竞争机制。在具有竞争性的环境中，组织成员就会受到竞争的压力，这种压力将转变为员工努力工作的动力。正如麦格雷戈所说："个人与个人之间的竞争，才是激励的主要来源之一。"在这里，员工的工作动力和积极性成了激励工作的间接结果。

【案例 11-1】鸭子只有一条腿

某王爷手下有个著名的厨师，他的拿手好菜是烤鸭，深受王府里的人喜爱。不过这个王爷从来没有给予过厨师任何鼓励，使得厨师整天闷闷不乐。

有一天，王爷有客从远方来，在家设宴招待贵宾，点了数道菜，其中一道是王爷最喜爱吃的烤鸭。厨师奉命行事，然而，当王爷夹了一条鸭腿给客人时，却找不到另一条鸭腿，

他便问身后的厨师说:"另一条腿到哪里去了?"

厨师说:"禀王爷,我们府里养的鸭子都只有一条腿!"王爷感到诧异,但碍于客人在场,不便问个究竟。

饭后,王爷便跟着厨师到鸭笼去查个究竟。时值夜晚,鸭子正在睡觉。每只鸭子都只露出一条腿。厨师指着鸭子说:"王爷你看,我们府里的鸭子不全都是只有一条腿吗?"王爷听后,便大声拍掌,吵醒鸭子,鸭子当场被惊醒,都站了起来。王爷说:"鸭子不全是两条腿吗?"厨师说:"对!对!不过,只有鼓掌拍手,才会有两条腿呀!"

这个故事给我们的启示是:要使人们始终处于施展才干的最佳状态,唯一有效的方法,就是表扬和奖励,没有比受到上司批评更能扼杀人们积极性的了。在下属情绪低落时,激励奖赏是非常重要的。身为管理者,要经常在公众场所表扬佳绩者或赠送一些礼物给表现特佳者,以资鼓励,激励他们继续奋斗。一点小投资,可换来数倍的业绩,何乐而不为呢?

(资料来源:中华工商时报,2007-3-12)

第二节 激励理论

要懂得如何激励员工,必须先掌握激励理论。1924年开始的霍桑实验,开创了人的行为研究的先河。从此,人的行为研究成为管理学研究的重要内容。人的行为研究的发展也促进了激励理论的发展。从20世纪50年代以来,有代表性的激励理论主要有:需要层次理论、双因素理论、成就需要论、X-Y理论、期望理论、公平理论和强化理论等。这些理论从不同的侧面研究了人的行为动因,但每一种理论都具有其局限性,不可能用一种理论去解释所有行为的激励问题。各种理论相互补充,使激励理论得以完善。组织的管理者要想有效激励员工,必须全面地掌握各种激励理论。

一、需要层次论

这一理论是由美国心理学家亚伯拉罕·马斯洛(Abraham Maslow)提出来的,因而也称为马斯洛需要层次论。

马斯洛认为,每个人其实都有五个层次的需要:生理的需要、安全的需要、社交的需要、尊重的需要和自我实现的需要。

(一)生理的需要

这是人类维持生存所必需的最基本的需要,包括对食物、水、衣着、住所、睡眠的满足等。马斯洛认为,如果这些需要得不到充分的满足,以致使生命都难以维持,那么,其他的需要都不能起到激励人的作用。所以,在经济欠发达的社会,必须首先研究并满足这方面的需要。

(二)安全的需要

这是有关人类免受危险和威胁的需要。人的安全需要是多方面的,除了最基本的身体、生命安全外,还包括职业安全、心理安全、财产安全等,例如要求摆脱失业的威胁;要求在生病及年老时生活有保障;要求工作安全并免除职业病的危害;希望解除严格的监督及不公正的待遇等。也就是说,一方面要求自己现在生活的各个方面均能有所保证;另一方面就是希望未来生活能有所保障。

(三)社交的需要

社交的需要包括友谊、爱情、归属及接纳方面的需要。这主要产生于人的社会性。因为人是有感情的个体,希望与其他人进行交往,在社会生活中受到别人的注意、关心、接纳、支持,在感情上有所归属,属于某一个群体,避免孤独。社交需要比生理和安全需要更加细腻,不同人之间差别较大,它和一个人的性格、经历、教育及信仰等都有关系。

(四)尊重的需要

尊重的需要包括自尊和受人尊重。自尊是指在自己取得成功时有一股自豪感,它是驱使人们奋发向上的推动力。受人尊重是指希望别人尊重自己的人格,对自己的工作、人品、能力等给予承认;希望自己在组织中有较高的地位和威望,能够得到别人的认可等。

(五)自我实现的需要

自我实现的需要包括成长与发展、发挥自身潜能、实现理想的需要。这是一种追求个人能力极限的内趋力,是最高层次的需要。这种需要往往是通过胜任感和成就感来满足的。所谓胜任感,是指希望自己担当的工作与自己的知识能力相适应,工作带有挑战性,负更多的责任,工作能取得好的结果,自己的知识与能力在工作中也能得到成长。成就感则表现为进行创造性的活动并取得成功。具有这种特点的人一般给自己设立相当困难但可以达到的目标,而且往往把工作中取得的成就本身看得比成功后所得到的报酬更为重要。

马斯洛的需要层次论有两个基本论点。一是人是有需要的动物,其需要取决于他已经得到了什么,还缺少什么,只有尚未满足的需要能够影响行为。换言之,已经得到满足的需要不再起激励作用。二是人的需要都有轻重层次,某一层需要得到满足后,另一层需要才出现。

在这两个论点的基础上,马斯洛认为,在特定的时刻,人的一切需要如果都未能得到满足,那么满足最主要的需要就比满足其他需要更迫切。只有前面的需要得到充分的满足后,后面的需要才显示出其激励作用。

马斯洛还将这五种需要划分为高低两级。生理需要和安全需要称为较低级需要,而社交需要、尊重需要与自我实现需要称为较高级需要。高级需要是从内部使人得到满足,低级需要则主要是从外部使人得到满足。马斯洛的需要层次论会自然得到这样的结论,在物质丰富的条件下,几乎所有员工的低级需要都得到了满足。

马斯洛的需要层次论得到了普遍认可,特别是在 20 世纪六七十年代很受一线管理者的欢迎。其主要贡献是对人类的基本需要层次进行了分类,并对各种需要之间的关系作了表述,如图 11-2 所示。这对管理者进行激励是有启发意义的,管理者如果能根据下属各自的需要层次,用下属正在追求的那一层次的主导需要来激励他们,就会取得较好的激励效果。该理论为研究人的行为提供了一个比较科学的理论框架,成为激励理论的基础,对管理实践起到了积极的推动作用。但这一理论又过于机械和简单,它对人的信仰和精神的作用估计不足。该理论中关于人的需要是阶梯状由低向高递进的原理,也不能说明人们复杂的需求和行为过程。因此,这一理论可资借鉴,但不能生搬硬套。

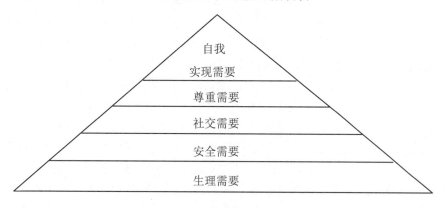

图 11-2 马斯洛的需要层次模型

【案例 11-2】工作本身就是一种报酬

一个硕士研究生毕业后,在北京一家大公司找到了工作。但进去后他发现,周围的 8 个同事中,有 6 名是硕士,2 名博士,作为新来的,他一点优势也没有,整天被呼来唤去,忙于事务性的工作,渐渐感到委屈、乏味。于是,这个硕士心一狠,辞了职,又回大学里攻读博士学位。

取得学位后,博士来到沿海经济区求职,很多用人单位抢着要他。对比之下,一家私营企业老板心最诚,开价最高,博士挺满意,就去了。这个私营企业老板文化程度虽低,但十分尊重人才,对博士总是笑脸相迎,博士很感动,决心要为企业贡献自己的才学。

久而久之,博士发现老板虽尊敬他,却从来不要他做实实在在的工作,倒是常常拉着他去赴商界朋友们的宴席、打高尔夫球、洗芬兰浴什么的。遇到朋友,老板总不忘介绍:这是我聘请来的某某名牌大学的经济学博士……博士花了数月时间,对所在企业全面考察,并呕心沥血搞出了一份厚厚的《企业未来发展规划》，本以为老板会大喜过望，但事实上他对此并无兴趣，依然拉着博士会见自己的商界朋友，逢人就要介绍：这是我聘请来的某某名牌大学的经济学博士。

终于有一天，博士忍无可忍了，向老板递交了辞呈。老板很惊讶——我给你的报酬还不够吗？博士摇摇头，给他讲了一个小故事：英国有位大科学家叫法拉第，被推选进皇家科学院。知情人告诉他，在那里工作是十分劳累的，而报酬却相当少。法拉第毫不在乎地说："工作本身就是一种报酬"。

(资料来源：hi.baidu.com/feiyun73/blog/item/d8fc3734b，2008-2-25)

二、双因素理论

双因素理论是美国心理学家弗雷德里克·赫茨伯格(Frederick Herzberg)于20世纪50年代后期提出的。这一理论的研究重点是组织中个人与工作的关系问题。赫茨伯格试图证明，个人对工作的态度在很大程度上决定着任务的成功与失败。为此，在20世纪50年代后期，赫茨伯格等人在匹兹堡地区的一些企业进行了一次大规模的调查研究。在调查中，用所设计的诸多有关个人与工作关系的问题，要求受访者在具体情境下详细描述他们认为工作中特别满意或特别不满意的方面。最后，通过对调查结果的综合分析，赫茨伯格发现，引起人们不满意的因素往往是一些工作外在的因素，大多同他们的工作条件和环境有关；能给人们带来满意的因素，通常都是工作内在的因素，是由工作本身和工作内容所决定的。

赫茨伯格提出，影响人们行为的因素主要有两类：保健因素和激励因素。保健因素是那些与人们的不满情绪有关的因素，如公司的政策、管理和监督、人际关系及工作条件等。保健因素处理不好，会引发对工作不满情绪的产生；处理得好，可以预防或消除这种不满。但这类因素并不能对员工起激励作用，只能起到保持人的积极性、维持工作现状的作用，它就像卫生保健一样，只能预防疾病，而不能提高健康水平。所以保健因素又可称为"维持因素"。

激励因素是指那些与人们的满意情绪有关的因素，如工作富有成就感、工作成绩得到认可、工作本身有挑战性、负有重大的责任和在职业上能够得到发展等。这类因素的改善，能够激发员工的积极性和热情，使人们产生满意情绪，从而提高生产率。这类因素如果处理不当，其不利效果顶多只是没有满意情绪，而不会导致不满。

表11-1中是一些激励因素和保健因素的实例。

赫茨伯格还指出，与传统看法不同，满意的对立面不是不满意。也就是说，消除了工作中的不满意因素并不一定能让工作令人满意。他提出了二维连续体的存在："满意"的对立面是"没有满意"，"不满意"的对立面是"没有不满意"，如图11-3所示。

表 11-1　激励因素与保健因素

激励因素	保健因素
成就	监督
认可	公司政策
工作本身	与上级的关系
责任	工作条件
晋升	工资
成长	同事关系
	个人生活
	地位
	稳定与保障
	与下属的关系

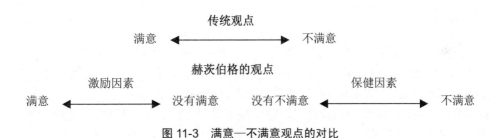

图 11-3　满意—不满意观点的对比

双因素理论对于实际管理工作有一定的指导意义。它为我们认识不同因素对人的作用提供了一个新的视角：提醒我们要注意激励因素的运用。利用激励因素去激发员工的工作热情，创造奋发向上的局面，因为只有激励因素才会增加员工的工作满意感。同时还要注意保健因素，以防止不满情绪的产生。以奖金为例，奖金本来是员工超额劳动的报酬和由于良好的工作成绩而得到的奖励，它属于激励因素。但在我国许多组织中，奖金上的平均主义倾向以及奖金的"工资化"，使它从原来意义上的激励因素变为保健因素，钱多花了却并未收到应有激励的效果。

也有人对双因素理论提出了批评，认为赫茨伯格调查的对象缺乏全面性和代表性，调查分析工作过于简单化等。这些不同的看法指出了双因素理论的不足，但对于其合理成分，我们还是要学习和应用的。

【案例 11-3】对员工的抱怨有合理解释

一家 IT 公司的老板，每年中秋节都会额外给员工发放一笔 1000 元的奖金。但几年下来，老板感到这笔奖金正在丧失它应有的作用，因为员工在领取奖金的时候反应相当平和，每个人都像领取自己的薪水一样自然，并且在随后的工作中也没有人会为这 1000 元表现得特别努力。既然奖金起不到激励作用，老板决定停发，加上行业不景气，这样做也可以减少公司的一部分开支。但停发的结果却大大出乎意料，公司上下几乎每一个人都在抱怨老板的决定，有些员工明显情绪低落，工作效率也受到不同程度的影响。

老板很困惑：为什么有奖金的时候，没有人会为此在工作上表现得积极主动，而取消奖金之后，大家都不约而同地指责抱怨甚至消极怠工呢？

赫茨伯格的"双因素理论"能给出合理的解释。在这家IT公司，老板给员工发放1000元奖金，只是消除了员工在收入上的不满意因素，达到了没有不满意的状态，但这绝不是说，员工对收入已经感到满意，并且为了维护这种满意的状态，每个人都会去非常努力地工作。相反，这笔奖金只是使员工保持了中度的积极性，维持了工作的基本现状而已。如果停发这1000元钱，则走到了"没有不满意"的对立面，员工普遍感到不满意就不足为奇了。

（资料来源：崔春雷．人力资源开发与管理，2004-2）

三、成就需要论

成就需要理论是由美国心理学家大卫·麦克利兰(David McClelland)提出的。该理论认为，在人的一生中，有些需要是靠后天获得的。换句话说，人们不是生来就有这些需要的，而是通过生活经验能够学习的。有三种需要的研究最多，它们是：

(1) 成就的需要。成就的需要是指渴望完成困难的事情、获得某种较高的成功标准、掌握复杂的工作以及超过别人。具有强烈的成就需要的人往往有以下三个共同特征：其一，喜欢能够发挥独立解决问题能力的工作环境。他们喜欢独自面对挑战性的问题，如果某一问题不是他们独立解决的，他们就不会有成就感。只有当问题是靠他们自己的努力解决的，他们才会感到满足。因此，高成就需要的人愿意对其行动承担责任，在工作中相信自己的能力，敢于做出个人决断。其二，往往倾向于谨慎地确定有限的成就目标。他们对成功有一种强烈的要求，同样也非常担心失败。他们对待风险采取了一种现实主义态度，倾向于承担中等程度的风险。因为如果目标过低，伴随着成功的是较低的成就感；如果目标过高，风险很大，则成功的机会过于渺茫，会使他们难以体会到成功的喜悦。其三，希望得到对他们的工作业绩的不断反馈。高成就需要的人很想了解其工作业绩的优劣，如果能够从上级那里得到嘉奖或表扬，他们就会感到莫大的满足。

(2) 归属的需要。归属的需要是指渴望结成紧密的个人关系、寻求被他人喜爱和接纳的一种愿望、回避冲突以及建立亲切的友谊。高归属需求的人具有以下五个特征：其一，他们渴望被他人接受和喜爱，相当重视人际关系，感到被社会、集体排斥是莫大的痛苦；其二，在工作中，他们循规蹈矩合乎规范；其三，他们致力于构建并保持一种互相信任、互相理解的人际关系；其四，较之竞争，他们更喜欢合作；其五，他们非常适合客户服务、客户关系这一类的工作岗位。

(3) 权力的需要。权力的需要是指渴望影响或控制他人、为他人负责以及拥有高于他人的职权的权威。这些权力又可以被分为两种类型，即个人权力(Personal Power)与制度权力(Institutional Power)。高权力需求的人具有以下四个特征：其一，高度渴望个人权力的人倾向于去引导和影响他人；其二，高度渴望制度权力的人乐于汇集他人努力去实现组织目标；其三，高权力需求的人喜欢竞争以及受地位取向影响的职位；其四，当这些人走上领导岗位时，他们可能缺少必要的弹性和以人为本的管理技能。

早期的生活阅历决定着人们是否获得这些需要。如果鼓励儿童做自己的事情，并且让他们接受强化培训，他们就会获得某种实现成就的需要；如果让他们加强形成温暖的人际关系，他们就会发展出某种归属的需要；如果让他们从控制别人那儿获得满足，那他们就会获得某种权力的需要。

麦克利兰对人的需要及其在管理学上的意义研究了20多年。他指出，有着强烈成就感需要的人，是那些倾向于成为企业家的人。他们喜欢比竞争者把事情做得更好，并且敢冒商业风险。另一方面，有着强烈归属感需要的人，是成功的"整合者"，他们的工作是协调组织中几个部门的工作。整合者包括品牌管理人员和项目管理人员，他们必须具有过人的人际关系技能，能够与他人建立积极的工作关系。不过，麦克利兰也指出，这种需要一直未能引起研究人员的足够重视。高归属需要者喜欢合作而不是竞争的环境，希望彼此间的沟通和理解。而有着强烈权力需要的人，则经常有较多的机会晋升到组织的高级管理层。例如，麦克利兰对美国电报电话公司(AT&T)的管理跟踪研究了16年，结果发现，那些有着强烈权力需要的人，更有可能随着时间的推移而逐步晋升。在这家公司，高层管理中有一半以上的人，对权力有强烈的需要。相比之下，有强烈的成就需要，但没有强烈的权力需要的人，容易登上他们职业生涯的顶峰，只不过职位的组织层次较低。原因在于，成就的需要可以通过任务本身得到满足，而权力的需要，只能通过上升到某种具有高于他人的权力层次才能得到满足。

四、X 理论和 Y 理论

X 理论和 Y 理论是由美国麻省理工学院心理学教授道格拉斯·麦格雷戈(Douglas McGregor)1960 年在《企业中人的方面》一书中提出来的。麦格雷戈认为，管理者关于人性的观点是建立在一些假设基础上的，管理者正是根据这些假设来塑造激励下属的行为方式。管理者对人性的假设有两种对立的基本观点：一种是消极的 X 理论(Theory X)，另一种是积极的 Y 理论(Theory Y)。

(一)X 理论

(1) 员工天性好逸恶劳，只要可能，就会躲避工作。
(2) 以自我为中心，漠视组织要求。

(3) 员工只要有可能就会逃避责任，安于现状，缺乏创造性。
(4) 不喜欢工作，需要对他们采取强制措施或惩罚办法，迫使他们实现组织目标。

(二) Y 理论

(1) 员工并非好逸恶劳，而是自觉勤奋，喜欢工作。
(2) 员工有很强的自我控制能力，在工作中执行完成任务的承诺。
(3) 一般而言，每个人不仅能够承担责任，而且还主动寻求承担责任。
(4) 绝大多数人都具备做出正确决策的能力。

麦格雷戈认为，Y 理论的假设比传统的 X 理论更实际有效，企业管理的基本任务就是提供条件，使人们的智慧充分发挥出来，为实现组织和个人的目标而努力。因此，他建议让员工参与决策，为员工提供富有挑战性和责任感的工作，建立良好的群体关系，这样有助于调动员工的工作积极性。

五、期望理论

这一理论是由美国心理学家维克多·弗鲁姆(Victor Vroom)在 20 世纪 60 年代中期提出的。该理论认为只有当人们预期到某种行为能带给个人某种特定的结果，而且这种结果对个人具有吸引力时，个人就会倾向于采取这种行为。根据这一理论的研究，员工对待工作的态度依赖于对下列三种联系的判断。

(1) 努力—绩效的联系。指员工感觉到通过一定程度的努力可以达到某种工作绩效的可能性。如需要付出多大努力才能达到某一绩效水平？我是否真能达到这一绩效水平？概率有多大？

(2) 绩效—奖赏的联系。指员工对于达到一定绩效水平后即可获得理想的奖赏结果的信任程度。如当我达到这一绩效水平后，会得到奖赏吗？

(3) 奖赏—个人目标的联系。指从工作中可以获得的结果或奖赏对员工的重要性程度。如这一奖赏能否满足个人的目标？吸引力有多大？

在对以上三种联系分析的基础上，弗鲁姆指出，某一活动对某人的激发力量取决于他所能得到的成果的全部预期价值与他认为达到该成果的期望概率的乘积，用公式表示为

$$M = V \times E$$

式中：M——激励力，是指调动人的积极性、激发人的内部潜力的强度；

　　　V——效价，是指个人对某项工作及其结果能够给自己带来满足程度的评价，即对工作目标有用性的评价。它既可以是精神的，也可以是物质的；它不是指某一单项效价，而是指各种效价的总和；

　　　E——期望值，是指人们对自己能够顺利完成某项工作可能性的估计，即对工作目标能够实现概率的估计。

第十一章 激励

这个公式是期望理论的核心内容。它指出了影响激励力的两个关键因素，即效价和期望值。下面我们以一个简单的例子来说明效价、期望值与激励力之间的关系。

一位公司销售经理对他的一位销售员说：如果你今年完成1000万元的销售额，公司将奖你一套住房。这时组织的目标是1000万元的销售额，个人的目标是一套住房，效价和期望值可能会这样影响对此人的激励力。

效价——销售员可能的反应是：

A. "天哪！一套住房！这正是我梦寐以求的，我一定要努力去争取。"

B. "住房？我现在住的已经够好了，况且如果我一人拿了住房，同事们会不满的，这对我没什么吸引力！"

期望值——他可能的反应是：

A. "1000万元的销售额，照今年的行情，如果我比去年再卖力一点，是能做到的。"

B. "1000万元？简直是天方夜谭，经理要么是疯了，要么就是根本不想把住房给我，我才不会白花力气呢！"

A. "只要销售到1000万元就能得到一套住房，我一定好好努力！"

B. "经理向来说话就不算数，我打赌经理到时一定能找出若干条理由说'我也不想说话不算数，但我实在是无能为力'！"

在上例中可以很明显地看到，效价和期望值越高(在所有的A情况下)，则对人的激励力越强；反之(在所有的B情况下)，则对人的激励力越弱。从中至少可以得到以下启示。

(1) 要有效地进行激励就必须提高活动结果的效价，要提高效价就必须使活动结果能满足个人最迫切的需要。所以管理者不要泛泛地采取各种激励措施，而应当注重多数组织成员认为效价最大的激励措施。

(2) 适当控制实际概率与期望概率。期望概率既不是越大越好，也不是越小越好，而是要适当。期望概率过高，容易产生挫折；期望概率太低，又会减小激发力量。但期望概率并不完全由个人决定，它与实际概率的大小有关，而实际概率在很大程度上是由组织或者领导者决定的。实际概率应使大多数人受益，它最好大于平均的个人期望概率，让人喜出望外，而不要让人大失所望。但实际概率应当与效价相适应，效价大，实际概率可小些；效价小，实际概率可大些。

六、公平理论

公平理论是美国心理学家斯达西·亚当斯(J. Stacey Adams)在1965年首先提出来的，也称为社会比较理论。该理论侧重于报酬的公平性对人们工作积极性的影响。其基本观点是，当一个人做出了成绩并取得报酬以后，他不仅关心所得报酬的绝对量，而且关心自己所得报酬的相对量。因此，他要进行种种比较来确定自己所获报酬是否合理，比较的结果将直接影响今后工作的积极性。

员工选择与自己进行比较的参照类型有三种，分别是"其他人"、"制度"和"自我"。"其他人"包括在本组织中从事相似工作的其他人以及别的组织中与自己能力相当的同类人，包括朋友、同事、学生甚至自己的配偶等。"制度"是指组织中的薪酬政策与程序以及这种制度的运作。"自我"是指自己在工作中付出与所得的比率。对某项工作的付出，包括教育、经验、努力水平和能力。通过工作获得的所得或报酬，包括工资、表彰、信念和升职等。

亚当斯提出"贡献率"的公式，描述员工在横向和纵向两方面对所获报酬的比较以及对工作态度的影响。

$$O_p/I_p=O_x/I_x \quad 或 \quad O_{pp}/I_{pp}=O_{pl}/I_{pl}$$

式中：O_p——自己对自己所获报酬的感觉；

O_x——自己对他人所获报酬的感觉；

I_p——自己对自己付出的感觉；

I_x——自己对他人付出的感觉。

O_{pp}——自己目前所获报酬；

O_{pl}——自己过去所获报酬；

I_{pp}——自己目前的投入量；

I_{pl}——自己过去的投入量。

(一)横向比较

所谓横向比较，就是将"自我"与"他人"相比较来判断自己所获报酬的公平性，从而对此做出相应的反应。

(1) $O_p/I_p=O_x/I_x$，进行比较的员工觉得报酬是公平的，他可能会为此而保持工作的积极性和努力程度。

(2) $O_p/I_p>O_x/I_x$，则说明此员工得到了过高的报酬或付出的努力较少。在这种情况下，一般来说，他不会要求减少报酬，而有可能会自觉地增加自我的付出。但过一段时间他就会重新因过高估计自己的付出而对高报酬心安理得，于是其产出又会回到原先的水平。

(3) $O_p/I_p<O_x/I_x$，则说明员工对组织的激励措施感到不公平。此时他可能会要求增加报酬，或者自动地减少付出以便达到心理上的平衡，也可能离职。

(二)纵向比较

除了进行横向比较，还存在着在纵向上把自己目前的状况与过去的状况进行比较。结果仍然有三种情况。

(1) $O_{pp}/I_{pp}=O_{pl}/I_{pl}$，此员工认为激励措施基本公平，积极性和努力程度可能会保持不变。

(2) $O_{pp}/I_{pp}>O_{pl}/I_{pl}$，一般来讲他不会觉得所获报酬过高，因为他可能会认为自己的能力

第十一章 激励

和经验有了进一步的提高,其工作积极性不会因此而提高多少。

(3) $O_{pp}/I_{pp} < O_{pl}/I_{pl}$,此人觉得很不公平,工作积极性会下降,除非管理者给他增加报酬。

上述分析表明,公平理论认为组织中员工不仅关心从自己的工作努力中所得的绝对报酬,而且还关心自己的报酬与他人报酬之间的关系。他们对自己的付出与所得和别人的付出与所得之间的关系进行比较,做出判断。如果觉得这种比率和其他人相比不平衡,就会感到紧张,这样的心理进一步驱使员工追求公平和平等的动机基础。

公平理论对企业管理的启示是非常重要的,它告诉管理人员,员工对工作任务以及公司的管理制度,都有可能产生某种关于公平性的影响作用。而这种作用对仅仅起维持组织稳定性的管理人员来说,是不容易觉察到的。员工对工资提出增加的要求,说明组织对他至少还有一定的吸引力;但当员工的离职率普遍上升时,说明企业组织已经使员工产生了强烈的不公平感,这需要管理人员引起高度重视,因为它意味着除了组织的激励措施不当以外,更重要的是,企业的现行管理制度可能有缺陷。

公平理论的不足之处在于员工本身对公平的判断是极其主观的,这种行为对管理者施加了比较大的压力。因为人们总是倾向于过高估计自我的付出,而过低估计自己所得到的报酬,对他人的估计则恰好相反。因此管理者在应用该理论时,应当注意实际工作绩效与报酬之间的合理性,并注意对组织的知识吸收和积累有特别贡献的个别员工的心理平衡。

【案例11-4】一定要留住韦尔奇

1892年4月15日,爱迪生电气公司与汤姆森·休斯顿公司合并,成立了通用电气公司。通用电气公司是一个伟大的企业,因为它造就了一些伟人,其中就有后来成为它的首席执行官的杰克·韦尔奇。

1961年,杰克·韦尔奇已经以工程师的身份在通用电气公司工作了1年,年薪是10 500美元。看他表现还不错,他的第一位老板给他涨了1000美元,韦尔奇很高兴。可是不久,他发现他们办公室的4个人薪水是完全一样的,于是就高兴不起来了。他认为自己贡献比他们都大,应该得到比他们多的报酬。这件事让韦尔奇发现,通用电气公司也并不像传说的那样好。他去和老板谈,要求增加工资,老板没同意,他就萌生了跳槽的想法。不久,他找到了一份体面的工作,是一家设在芝加哥的国际矿物和化学公司,离他岳母的住所不远。

听说韦尔奇要走,这可急坏了韦尔奇的新上司——当时年轻的经理鲁本·古托夫。韦尔奇这个自命不凡的年轻人给他留下了深刻的印象,可第二天就要举行他的欢送会了,于是古托夫当晚就邀请韦尔奇夫妇共进晚餐。吃饭的时候古托夫苦口婆心地劝说韦尔奇留下,但4个小时的晚宴没有说服一颗要走的心,古托夫还是不甘心,在回家途中,在路边的电话亭旁,他继续对韦尔奇游说。他对韦尔奇说:"我给你涨一点工资,在科普兰给你涨1000美元的基础上,再涨2000美元……我知道,钱不是主要原因。"当时已经是午夜一点钟了。在黎明后的几个小时里,韦尔奇出席了为他举行的欢送会,但他决定留下来。古托夫很高兴地说:"这是我人生中的一次最成功的推销活动。"

(资料来源:崔卫国,刘学武.管理学故事会.北京:中华工商联合出版社,2005)

七、强化理论

强化理论是由美国心理学家斯金纳(B.F.Skinner)首先提出的。该理论认为,人的行为是其所获刺激的函数。如果这种刺激对他有利,则这种行为就会重复出现;若对他不利,这种行为就会减弱直至消逝。因此管理要采取各种强化方式,以使人们的行为符合组织的目标。根据强化的性质和目的,强化可以分为两大类型。

(一)正强化

所谓正强化,就是奖励那些符合组织目标的行为,以便使这些行为得到进一步加强,从而有利于组织目标的实现。正强化的刺激物不仅包含奖金等物质奖励,还包含对成绩的认可、表扬、改善工作条件、提升、安排担任挑战性工作、给予学习和成长的机会等精神奖励。为了使强化达到预期的效果,还必须注意实施不同的强化方式。有的正强化是连续的、固定的,譬如对每一次符合组织目标的行为都给予强化,或每隔一个固定的时间都给予一定数量的强化。尽管这种强化有及时刺激、立竿见影的效果,但久而久之,人们就会对这种正强化有越来越高的期望,或者认为这种正强化是理所应当的。管理者要不断加强这种正强化,否则其作用会减弱甚至不再起到刺激行为的作用。另一种正强化的方式是间断的、时间和数量都不固定的正强化,管理者根据组织的需要和个人行为在工作中的反映,不定期、不定量实施强化,使每次强化都能起到较大的效果。实践证明,后一种正强化更有利于组织目标的实现。

(二)负强化

所谓负强化,就是惩罚那些不符合组织目标的行为,以使这些行为削弱甚至消失,从而保证组织目标的实现不受干扰。实际上,不进行正强化也是一种负强化。譬如,过去对某种行为进行正强化,现在组织不再需要这种行为,但这种行为并不妨碍组织目标的实现,这时就可以取消正强化,使行为减少或者不再重复出现。同样,负强化也包含减少奖酬或者罚款、批评、处分及降级等。实施负强化的方式与正强化有所差异,应以连续负强化为主,即对每一次不符合组织目标的行为都应及时予以负强化,消除人们的侥幸心理,减少这种行为不再重复出现的可能性。

强化理论的应用原则主要有以下三条。

(1) 要针对强化对象的不同需要采取不同的强化措施,奖惩结合,以奖为主。

(2) 小步子前进,分阶段设立目标,及时给予强化。如果目标一次定得太高,就难以发挥强化的作用,也很难充分调动强化对象的积极性。

(3) 及时反馈。即要通过一定形式和途径，及时将工作结果告诉行动者。结果无论好坏，对行为都具有强化的作用。对好的结果及时反馈，能够更有力地激励行动者继续努力；对不好的结果及时反馈，可以促使行动者分析原因，及时纠正。

总之，强化理论强调行为是其结果的函数，通过适当运用及时的奖惩手段，集中改变或修正员工的工作行为。强化理论的不足之处在于它忽视了诸如目标、期望、需要等个体要素，而仅仅注重当人们采取某种行动时会带来什么样的后果。因而强化并不是员工工作积极性存在差异的唯一解释。

【案例11-5】奖罚管理中的大智慧

有两家企业老总，他们都坚持认为，自己崇尚以人为本，坚持赏罚分明。但在具体管理实践中，他们采用了不同的评价和奖惩办法，最终的管理绩效大相径庭，以至于形成完全不同的企业文化。

在其中一家企业，有20多条生产线，效率不高，老总很不满，要求生产部经理务必想办法提高效率。生产部经理抱怨自己既没有考核权，又没有奖惩权，员工不听话，很难提高效率。老总认为生产部经理说得有理，所以马上安排人力资源部和生产部一起研究落实考核和奖罚管理办法。首先，由人力资源部门协调生产部，制定了考核和奖罚制度；然后，人力资源部经理代表老总和生产部经理讨价还价，定出了一个生产线效率目标；最后，对20多条生产线的效率目标达成状况进行月度考核，并根据奖惩标准实施奖罚。达成目标的生产线奖励1000～2000元，没有达成目标的生产线罚1000～2000元。一个月下来，只有少数部门达成目标，拿到了奖金，多数部门被罚或者没拿到奖金(在员工的观念里，没有奖就等于罚)。生产部门和员工感觉亏了，要求公司调低考核目标，否则会挫伤员工的积极性。在管理者和员工的压力下，公司调低了目标。又一个月下来，考核结果出来了，多数部门达成目标并拿到了奖金。员工感觉不错，但公司老总心里不平衡，因此协调生产部经理适当调高了目标。第三个月考核结果出来了，奖罚的生产线大致各半，大家以为这是一个可以接受的妥协方案。从此，这家企业就这样重复着自以为"有效"的考评和奖惩管理。

在另外一家企业，也有20多条几乎同样的生产线，老总认为，员工之所以没有积极性，是因为管理者缺乏足够高明的管理智慧，所以请来了某顾问公司帮助设计了一套十分人性化的奖惩机制，使得生产线效率得以持续提升。这套机制是这样设计和运营的。首先，从效率、品质和安全等关键指标出发，制定月度评分、名次排序标准和办法。其次，约定奖惩办法，对排名第一、第二和第三的生产线分别给予3000、2000和1000元的奖励，对排名靠后的两条生产线分别进行20元象征性的罚款(对连续两个月排名垫底的生产线处以2000元的罚款，必要时还可以提请更换生产线线长)。有了这套机制的强激励和硬约束，整个团队焕发出了前所未有的热情，而且管理变得相对简单和高效。更重要的是，管理者和员工开始了自主学习、自主改善和自主提升的努力，遇到问题不抱怨、不回避，动脑筋想办法改进自己的工作……

我们不难看出，以上两家公司的不同做法将会收获不同的管理结果。前者的做法在导入初期可以看到一些效果，但从人性出发分析的话，我们不难得出结论，长期如此考评和奖罚下去的话，不仅对引导员工改善和促进效益持续提升没有什么益处，还会养成不思进取和惰性的管理文化。后者的做法要比前者高明得多，它巧妙地设计了一套变压力为动力的人性化PK机制，让先进的不敢懈怠，让后进的发愤图强，而且还可以养成持续改善和良性竞争的管理文化。可见，要让奖罚管理真正发挥作用，需要管理者拥有足够高明的管理智慧。

(资料来源：刘承元. 奖罚管理中的大智慧. 企业管理, 2013-11)

上述关于激励的各种理论，分别从不同的侧面反映了对激励对象的重视程度。在管理实践中，孤立地看待和应用它们都不会产生好的效果。实践中激励和绩效之间并不是简单的因果关系。要使激励能产生预期的效果，就必须考虑到激励内容、激励制度、组织分工、目标设置和公平考核等一系列的综合因素。另外，需要注意的是，所有的激励理论都是就一般情况而言的，而每个员工都有自己的特性，他们的需求、个性、期望及目标等个体变量各不相同。因而领导者根据激励理论处理激励实务时，应该针对员工的不同特点采用不同的方法。

第三节 激励方式

所有的激励理论都是对实践的高度概括，是就一般情况而言的，但每个员工都有自己的特性，他们的需求、期望、目标、个性迥然不同，因此，激励的方式、手段也必然不同。其中最基本的激励方式是：工作激励、成果激励和教育培训激励。

一、工作激励

工作激励是指通过设计合理的工作内容、分配恰当的工作来激发员工内在的工作热情。根据激励理论，一个人的投入产出率取决于其所从事的工作是否与其所拥有的能力、动机相适应。通过合理地设计和分配工作，能极大地激发起员工内在的工作热情，提高其工作业绩。这就要求在设计和分配工作时，做到分配给员工的工作与其能力相适应，所设计的工作内容符合员工的兴趣，所提出的工作目标富有挑战性。

(一)工作内容要考虑到员工的特长和爱好

每一个人所拥有的知识和能力是不同的，而且不同的工作对于人的知识和能力的要求也不同，要做到"人尽其才"，就必须根据每个人的不同才能结构来设计和安排工作，把人与工作有机地结合起来。工作设计这一概念指的是将各种任务组合起来构成全部工作的方法。在组织中人们承担的工作不应该是随意产生的,管理者应该仔细考虑对工作的设计,反映出环境变化、组织技术、技术能力及员工偏好的要求等。如果在工作设计时能够牢记这些因素,则会激发员工充分发挥其生产潜能。

这就要求管理者在设计和安排工作前,首先要对每一个员工的才能结构有一个比较清楚的认识,这是合理利用人力资源的前提。为此,管理者在平时要注意观察每个人的工作情况,同时通过工作轮换,从实践中了解每一个员工的才能结构。

其次,在设计和分配工作时,要从"这位员工能做什么"的角度出发来考虑问题。因为每一个人与他人相比都有其优势和劣势。一方面,由于人的精力有限,人们一般只能把自己有限的精力集中于一个或少数几个领域,因此,水平再高的人也总有自己的不足之处;另一方面,水平再低的人,也总有某些独到之处。在工作内容设计时,应合理地使用人力资源,扬长避短,力求使每一个人都从事其最擅长的工作。

由于一个人的工作业绩与其动机强度有关,因此,设计和分配工作时,还要求在条件允许的情况下尽可能地把一个人所从事的工作与其兴趣爱好结合起来。双因素理论认为,能够激发人的工作动机的因素主要来自于工作本身。当一个人对某项工作真正感兴趣并热爱此项工作时,他便会千方百计地去钻研,克服困难,努力把这项工作做好。

(二)工作目标应具有一定的挑战性

设计和分配工作,不仅要使工作的性质和内容符合员工的特点和兴趣,而且要使工作的要求和目标富有挑战性,这样才能真正激发员工奋发向上的精神。

根据成就需要理论,人们的成就需要只有在完成了具有一定难度的任务时才会得到满足。如果管理者为保险起见,把一项任务交给一位能力远远高于任务要求的员工去做,这位员工凭实力可马上开展工作,但当他了解到任务的实质后,他就会感到自己的潜力没有得到充分的发挥,随着时间的推移,他会对该项工作越来越不感兴趣,越来越不满意,工作积极性也随之迅速下降。

与此相反,管理者或许会从迅速提高员工的技术水平和工作能力出发,把这项任务交给一位工作能力远远低于该项工作要求的员工去做。那么,根据期望理论,这位员工也许一开始就觉得自己不可能完成这项任务而放弃一切努力;即使这位员工在管理者的鼓励下开始努力去做,也会在经过几次努力未获成果以后灰心丧气,不愿再做新的尝试。

正确的方法应该是:把这项任务交给一个能力略低于工作要求的员工,或者说,应该对一位员工提出略高于其实际能力的工作要求与目标。如果这位员工不努力,那么这项任务务将难以圆满完成;但只要员工在工作中愿意思考与努力,较好地发挥自己的潜能,这项工作就有可能完成,目标就有可能实现。这样,不仅能在工作中提高员工的工作能力,而且能使员工获得一种成就感,从而较好地激发出员工内在的工作热情。

二、成果激励

成果激励是指在正确评估员工工作成果的基础上给予其合理的奖惩,以保持员工行为的良性循环。期望理论告诉我们:一位员工之所以愿意积极地去从事某项工作,是因为从事这项工作能在一定程度上满足其个人的需求。工作本身给员工带来的需求的满足是即时的和直接的,它能使人感受到成功的喜悦、自我的价值和社会的承认等。同样,工作以外的奖励,如金钱、就业保障、晋升等也能在一定程度上满足人们的生理和心理需求。管理者要引导员工的行为,使得它向着有利于组织目标的方向行动,就必须把奖励的内容与员工的需求相结合,奖励的多少与工作业绩的高低相挂钩。无论是物质上还是精神上的奖惩,都会影响人们的行为。因此,要从工作报酬的角度来持续、有效地调动员工的积极性,激发员工的工作热情,关键是要正确使用奖和惩这两种工具,即要做到"赏罚分明,赏要合理,罚要合情"。

(一)报酬必须能在一定程度上满足员工的需求

首先,管理者要了解员工希望从工作中得到什么,即要了解员工的需求,据此我们才能确定合适的报酬。所谓报酬是指能够在一定程度上满足人的物质和精神需求的东西,具体可分为经济性报酬和非经济性报酬。

管理者经常以为自己知道员工的需求,并以自己觉得不错的奖品来激励员工。遗憾的是,管理者以为是好的并不一定是员工们所希望的。一旦发生这种情况,管理者设置的奖励制度的作用就非常有限。

那么,管理者怎样才能了解员工的真正需求呢?一种方法是根据前人的或组织内部进行的研究,例如,马斯洛对于人类需求的研究结果为管理者认识员工的需求提供了一个基本的框架,每年进行一次匿名的员工需求调查,有助于了解员工的整体需求和变化。另一种方法是直接询问员工或者通过与员工一起工作与生活来体验员工的需求,直线管理人员由于经常与操作者在一起,往往可以给人力资源管理人员制定奖励政策提供很多有益的建议。另外,与员工保持良好的人际关系,也会使管理者便于获得有关员工需求的信息。知道了员工的需求以后,管理者就可以据此来设置报酬。在现代社会,报酬的高低越来越成为工作是否令人满意的衡量标准。企业要留住员工,也不能单纯依靠薪酬的多少,而是要看总报酬的多少。与经济性报酬不同的是,非经济性报酬具有方向性:与员工需求相一致,能够满足员工的需求,则非经济性报酬是正的;如果与员工需求不相一致,可能就是负的,所以

$$总报酬=经济性报酬 \pm 非经济性报酬$$

用这个公式可以很好地解释为什么有的公司薪酬水平不高,但员工工作积极性和工作热情却非常高,因为员工从公司得到了很多非经济性报酬;而有的公司薪酬水平不低,但

员工工作没有激情、士气低落，因为员工从公司没有或很少得到非经济性报酬，得到的甚至是负的非经济性报酬。例如，管理者动不动就训斥员工，给员工带来心理压力和挫折感。在这种公司中，往往必须支付额外的"精神损失费"，也就是要给予较高的物质报酬才能留住员工。

(二)报酬的多少应与员工的工作业绩挂钩

管理者奖励员工的目的是为了使员工的行为有助于组织目标的实现，如果报酬不与员工的工作业绩挂钩，那么奖励也就失去了意义。那么，怎样才能把报酬与员工的工作业绩挂起钩来呢？在实践中，管理者提出了各种各样的方法，常见的有以下几种。

(1) 按绩分配。即直接根据工作业绩的大小支付报酬。这是最古老的奖励方法，它使每一位员工都专注于自己的工作，根据工作成果领取报酬，业绩越好，报酬越多。属于这类方法的有绩效工资制等。

(2) 按劳分配。即根据其工作量支付报酬。从理论上讲，工作业绩与工作数量之间并不一定存在必然的联系，组织应该按员工的工作业绩而不是工作努力程度来支付报酬。但事实上，很多工作无法用客观的标准来衡量业绩的大小，而且一个组织中的很多工作的完成得益于群体的努力，很难完全按个人的工作业绩来进行奖励。在这种情况下，管理者就只好根据对每一位员工工作量大小的评估进行奖惩，例如，计时、计件工资制等。

(3) 效益分享。即把奖励与员工对组织的贡献直接挂钩。这是一种把组织生产率的提高与员工的收入相联系的管理方法，它有助于鼓励员工群策群力，以积极的态度去解决组织在质量、生产率和其他方面存在的问题。因为根据其所带来的组织业绩的提高，员工将获得相应的报酬。例如，合理化建议奖、新产品开发奖、利润分享制度、差额结算制等。

(4) 目标考核法。即按一定的指标或评价标准来衡量员工完成既定目标和执行工作标准的情况，根据衡量结果给予相应的奖励。这种方法比较适用于管理人员的考评。它通过事先确定目标和考评标准，然后对实际业绩进行衡量，最终根据目标完成情况给予相应的奖惩。例如，岗位责任制等。

不管采用哪一种方法，在对员工进行成果评价时都必须做到客观公正、公开公平。因为按照公平理论，人们会对报酬进行比较，并根据比较的结果采取相应的行动。

三、教育培训激励

教育培训激励是指通过思想、文化教育和技能培训提高员工的素质，从而增强员工的进取精神和工作能力。员工的工作热情和工作积极性通常与他们的素质高低有极大的关系。一般而言，自身素质好的人，自信心和进取心就强，比较注重高层次的追求，因此，相对来说比较容易自我激励，在工作中表现出高昂的士气和工作热情。所以，通过教育和培训，增强员工的工作能力，提高员工的思想觉悟，从而增强其自我激励的能力，是管理者激励和引导下属行为的一种重要手段。教育培训的内容主要包括思想教育和业务知识与能力的培训。

(一)通过思想教育，树立崇高的理想和职业道德

通过思想教育调动员工的积极性是我国组织管理的优良传统。通过对员工进行科学的世界观、人生观、价值观教育，可以帮助员工正确认识自身价值，树立正确的职业道德观，形成崇高的理想和抱负，从而促使他们在工作中认真负责、勇于进取、积极肯干。思想教育的内容主要包括国内外形势分析、党和政府的方针政策、法律法规、企业文化理念、厂纪厂规、职业道德规范、先进模范人物事迹介绍，以及其他针对员工的思想情况而进行的个别教育。为了保证思想教育收到预期的效果，管理者在进行思想教育时要注意理论联系实际，防止空洞说教；平等对待员工，防止以"教育者"自居；注意表扬与批评相结合，以表扬为主；在注重提高员工思想认识的同时，切实解决员工在工作和生活中遇到的实际困难；领导要以身作则、率先垂范，用行动去影响和感召员工。只有这样，才能使思想教育对员工有吸引力、说服力，从而起到预期的激励效果。

(二)通过专业技能培训，提高员工的工作能力

进取心与个人的业务素质是相互促进的，强烈的进取心会促使员工努力掌握新的工作技能，提高工作质量，而良好的素质使一个人有较多的成功机会，成功及由此而带来的心理满足的体验又会促使其在事业上向新的目标攀登。正因为如此，对员工进行专业技能培训，对于激发员工的进取心和提高员工的工作业绩是十分重要的。

专业技能培训应根据本组织的特点和员工个人的特点有计划、有组织、有重点地进行。例如，对于管理人员，既要注意通过理论学习，使他们掌握现代化管理的新知识和新方法，又要注重在实践中培养，以提高他们解决实际管理问题的能力；对于一般员工，既要进行基础教育，提高他们的文化水平，又要结合本职工作，进行相关工作的基本技能训练；对于工程技术人员，既要使他们能够通过各种方式及时了解本学科的发展动态，又要让他们有更多的运用新知识的机会。在培训形式上既可以在组织内部进行，也可以在组织外部进行，甚至可以走出国门，在更大范围内拓展员工的视野。只有从业务理论和实际操作技能这两个方面根据员工的工作特点去组织培训工作，才能收到良好的效果。

案 例 分 析

黄工程师为什么要走

助理工程师黄大佑，一个名牌大学高才生，毕业后工作已8年，于4年前应聘到一家大厂工程部负责技术工作，工作勤恳负责，技术能力强，很快就成为厂里有口皆碑的"四

大金刚"之一，名字仅排在一号种子厂技术部主管陈工之后。然而，工资却同仓库保管人员不相上下，一家三口尚住在来时住的那间平房。对此，他心中时常有些不平。

黄厂长，一个有名的识才老厂长，一句"人能尽其才，物能尽其用，货能畅其流"的孙中山先生名言，在各种公开场合不知被他引述了多少遍，实际上他也是这样做了。4年前，黄大佑调来报到时，门口用红纸写的"热烈欢迎黄大佑工程师到我厂工作"几个不凡的颜体大字，是黄厂长亲自吩咐人事秘书部主任落实的，并且交代要把"助理工程师"的"助理"两字去掉。这确实使黄大佑当时春风不少，工作更卖劲儿。

两年前，厂里有指标申报工程师，黄大佑属有条件申报之列，但名额却让给了一个没有文凭、工作平平的老同志。他想问一下厂长，谁知，他未去找厂长，厂长却先来找他了："黄工，你年轻，机会有的是。"去年，他想反映一下工资问题，这问题确实重要，来这里其中一个目的不就是想得高一点工资，提高一下生活待遇吗？但是他几次想开口，都没有勇气讲出来。因为厂长不仅在生产会上大夸他的成绩，而且，曾记得，有几次外地人来取经，黄厂长当着客人的面赞扬他："黄工是我们厂的技术骨干，是一个有创新意识的……"哪怕厂长再忙，路上相见时，总会拍拍黄工的肩膀说两句，诸如"黄工，干得不错"，"黄工，你很有前途"。这的确让黄大佑兴奋，"黄厂长确实是一个伯乐"。此言不假，前段时间，他还把一项开发新产品的重任交给他呢，大胆起用年轻人，然而……

最近，厂里新建好了一批职工宿舍，听说数量比较多，黄大佑决心要反映一下住房问题。谁知这次黄厂长又先找他，还是像以前一样，笑着拍拍他的肩膀："黄工，厂里有意培养你入党，我当你的介绍人。"他又不好开口了，结果家没有搬成。

深夜，黄大佑对着一张报纸招聘栏出神。第二天一早，黄厂长的办公桌上压着一张小纸条：

黄厂长：

您是一个懂得使用人才的好领导，我十分敬佩您，但我决定走了。

黄大佑于深夜

【问题】

请结合本案例，运用公平理论、双因素理论和需要层次理论分析此案例所描述的现象，并提出相应的对策。

(资料来源：姜仁良. 管理学习题与案例. 北京：中国时代经济出版社, 2006)

阅读资料

把握需求风格，做好个性激励

即便是正向的奖赏、激励也会造成负面的效果，这样的尴尬无论是人力资源经理还是直线经理都遇到过吧。以下这些案例你是否觉得似曾相识呢？

犯错的激励?

案例一:某IT公司,为了保留人才,将一名优秀的研发人员提升为部门经理,但此人不善言辞,不喜沟通,更喜欢自己独立面对计算机。而让他成为管理者,则成了负担,不仅没有激励到此员工,甚至导致下属不服而离职。

案例二:某部门在开会的过程中,领导表扬了其中的一个员工,此员工不但没有表现出兴奋的样子,反而觉得非常不自在,在今后的工作中不再积极,不再出头。

案例三:某员工工作积极努力,领导非常喜欢,因此提升了对该员工的关注,无论该员工做任何事情,领导均亲自过问并事无巨细,过了一段时间,员工提出了离职。

这都是为什么呢?难道我们所学的管理上的技能都无效了,难道不应该给员工发展空间吗,难道不应该多关注员工吗,难道当众表扬也出错了吗?

都说管理是一门艺术而非技术,其实,"道"和"术"在管理中总是相辅相成的,人才管理也不外乎此。利用"需求风格特征"有针对性地做好员工的管理与激励,是术的一种,更是道的体现。

真正了解你的下属

一般员工的个性会分为外向及内向,做事的风格分为谦和及支配,那么就这两个维度的4个不同象限,我们可以把员工分为4种类型,详见图11-4。

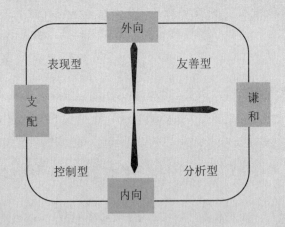

图11-4 员工人际风格模型

接下来我们就分别分析各种不同类型员工的特性以及管理特点及激励模式。

表现型

此种类型员工的特点是擅交际、爱说话、喜欢新鲜事物、喜表达、点子多、主动、热情、爱表现、爱面子,他的基本需求是获得赞赏。

对于此类员工的激励方案无外乎当面的表扬或者赞赏;精神激励大于物质激励,而

第十一章 激励

实物激励大于现金激励，因为这些人爱面子，更喜欢外在的、能让其他人看到及感知到的东西。

有家小公司，一名销售经理非常能干，但因公司小、薪酬不高、平台不大，老板觉得不容易留住他。不过老板发现该员工属于表现型人才，且对于自己的奥迪车一直很感兴趣。为了留住此人，老板把奥迪车折价卖给了这位员工，且允许该员工分4年还钱。这样一来，既留住了员工，又激励他多挣钱以还车款，同时也投其所好，使得该员工非常有面子。

控制型

此种类型员工的特点是做事干脆利落、说话较直率、喜做主、注重结果、缺乏耐心、好胜心强、不愿接受其他人员的管理，尤其是他认为能力不如他的人，他的基本需求是获得结果。

对于此类员工的激励方案无外乎给予权力或者适当地授权。和他们讲话不宜兜圈子，职位或者权力的激励大于物质激励，金钱激励大于实物激励，他们更看重真正拿到的东西是什么，以及是否获得了权威。

在工作中，我们常遇到这样的现象，有些员工个性很强，不服管，喜欢拥有支配力，不喜欢领导干预过多，更愿意让领导明确要什么结果，放手让他去做，如果结果不好惩罚也可，但最受不了领导在过程中的监督，认为这是不信任的表现。他们性格偏直率，时而得罪人，他们很自我，总是觉得自己的想法是对的。对于这样的员工，权力与权威是激励他们很重要的因素。

友善型

此类员工的特点是乐于助人、非常友善，总是面带微笑。他们天生敏感、不喜出头，总是默默地躲在幕后。他们话不多，易于得到别人的信任也容易信任他人，他们的基本需求是获得接纳或者信任及情感。

对于此类员工的激励方式，要更温柔一些，刺激性的激励显然不适合他们，那样会使他们觉得没有安全感，他们不愿意暴露在镁光灯下，而是喜欢你多给他一些微笑、支持，多关心他们，多带他们参加集体活动，多与他们聊天。

曾经在我的部门中，有位同事工作表现不错。为了激励她，在部门的例会上我当众表扬了她。结果我发现她并没有面带喜色，而是脸红红的低着头。尤其当另一位员工对于仅表扬她感到不满，并说到这件事他也在其中时，这个女员工把头埋得更深了，小声地说这些事不是她的功劳。在以后的工作中，这个员工再也没有这样出色过，后来我才理解，是我没有关注到她的个性。

分析型

此种类型的员工，做事非常谨慎、注重逻辑、不苟言笑，总是瞪着一双探知的眼睛，当你侃侃而谈时，他显得非常冷漠，做事非常关注细节，特别在意事情的准确性，他们的基本需求是正确的结果以及获得安全。

对于此类员工的激励方式,要讲求以数据为导向的实际效果,在激励他们时,现金的有效性大于实物,物质的有效性大于精神。不能给他们安排创意性的工作,技术类或者财务、监察类的工作更适合他们。因为他们逻辑缜密,做事追求过程及结果,注重数据而非拍脑袋,他们更加理性,人际能力稍偏弱,更适合与事而非人打交道。

笔者见过一个非常典型的分析型员工,和他谈事的时候不能谈理想,而要谈逻辑、谈数据,如果你说 A 认识 B、B 认识 C,因此推导出 A 认识 C,他是认可的,但我们都知道,现实中不一定如此。和他们沟通时不能"画饼",我们为了激励员工常常会说:只要你好好做,将来一定能够成为一名优秀的总监。而分析型的员工会问:到底需要多少年?具体是什么样的条件?如果你无法说清楚,他们不会认可此事的可行性,也谈不上有任何的激励效果。

综上所述:"人"真是非常难懂的一群高级动物,而不懂则不会管,不管则没有规则,没有规则很难激励及保留人才。

因此,人才管理是一件非常有意思但又没有完全定势的学问,即使员工有了基本的分类,但同时还要考虑家庭状况、企业文化、现实状态等因素。我们每天面对的个人,都是新的个体。即使同一个人,不同的时间也是新鲜的。人力资源管理是一个烦而不厌的工作——天天与不同的人和事打交道,如何做到"术"、"道"相融,真是一门大的学问。

(资料来源:李海燕. 把握需求风格,做好个性激励. 中外管理,2012-04)

本 章 小 结

激励是指通过创设各种条件,对员工的需要给予适当的满足,激发员工的动机,使之产生实现组织目标的特定行为的过程,它含有满足需要、激发动机、引导行为的意义。激励是一个循环的过程,其主要作用在于激发人的积极性,从而使人们能够富有成效地努力工作,以实现组织目标。自 20 世纪 50 年代以来,有代表性的激励理论主要有:需要层次理论、双因素理论、成就需要论、X 理论、Y 理论、期望理论、公平理论和强化理论等。这些理论从不同的侧面研究了人的行为动因,但每一种理论都具有其局限性,不可能用一种理论去解释所有行为的激励问题。各种理论可以相互补充,使激励理论得以完善。组织的管理者,要想有效激励员工,必须较全面地掌握各种激励理论以及激励方式。

自 测 题

一、单项选择题

1. 某公司改善了职员 A 的工作条件,职员 A 的积极性和主动性并没有提高,不久职

第十一章 激励

员A接到了一项具有挑战性的任务,他工作特别卖力,这可运用哪一种激励理论来解释( )。

  A. 期望理论 B. 双因素理论 C. 公平理论 D. 强化理论

2. 下列说法不正确的是( )。

  A. 人的行为是由需要决定的,而需要则是由动机引起的

  B. 从需要到目标,人的行为过程是一个周而复始、不断进行、不断升华的循环

  C. 需要是人类行为的基础,不同的需要在不同的条件下会诱发出不同的行为

  D. 激励的对象主要是人,或者准确地说是组织范围中的员工或领导对象

3. 俗话说"饥寒起盗心",但古人云"廉者不受嗟来之食,志士不饮盗泉之水",根据管理学的有关原理,以下各项中对这一俗语、格言所做的解释比较恰当的是( )。

  A. 此俗语体现了马斯洛的需求层次理论,而格言与马斯洛的需求层次理论相悖

  B. 此俗语、格言均符合马斯洛的需求层次理论,只不过需求层次不同

  C. 此俗语符合马斯洛的需求层次理论,而格言符合赫兹伯格的双因素理论

  D. 此俗语符合期望理论,格言符合需求层次理论

4. 如果员工甲认为与员工乙相比,自己的报酬偏低,根据公平理论,员工甲会采取的行为是( )。

  A. 增加自己的投入   B. 减少自己的投入

  C. 努力增加员工乙的报酬 D. 使乙减少投入

5. 某企业规定,员工上班迟到一次,扣发当月50%的奖金,自此规定出台之后,员工迟到现象基本消除,这种强化类型是( )。

  A. 正强化 B. 负强化 C. 自然消退 D. 忽视

6. 提出期望理论的是( )。

  A. 马斯洛 B. 卢因 C. 弗鲁姆 D. 亚当斯

二、多项选择题

1. 要通过激励促成组织中人的行为的产生,取决于某一行动的( )。

  A. 效价 B. 难易度 C. 时间

  D. 代价 E. 期望值

2. 马斯洛认为人的需要层次包括( )。

  A. 生理的需要 B. 安全的需要 C. 社交的需要

  D. 尊重的需要 E. 自我实现的需要

3. 下列关于强化理论的说法正确的是( )。

  A. 不进行正强化也是一种负强化

  B. 强化理论是由美国心理学家斯金纳首先提出的

  C. 实践证明,连续的、固定的正强化更有利于组织目标的实现

D. 实施负强化时应以间断、时间和数量都不固定的负强化为主

E. 强化是员工工作积极性存在差异的唯一解释

4. 期望理论的关键是，正确识别个人目标和判断三种联系，下列选项中属于这三种联系的是( )。

　　A. 努力与绩效的联系　　B. 奖赏与个人目标的联系　　C. 努力与个人目标的联系
　　D. 绩效与奖赏的联系　　E. 绩效与个人目标的联系

5. 公平理论中，员工选择的与自己进行比较的参照类型有三种，分别是(　　)。

　　A. 标准　　　　　　　　B. 模范　　　　　　　　C. 其他人
　　D. 制度　　　　　　　　E. 自我

6. 赫茨伯格提出，影响人们行为的因素主要有两类：(　　)。

　　A. 情感因素　　　　　　B. 利益因素　　　　　　C. 保健因素
　　D. 激励因素　　　　　　E. 社会因素

三、判断题

1. 人在任何时候都有马斯洛所提出的五种基本需要。　　　　　　　　　　(　　)
2. 保健因素相当于生理需要、安全需要和社交需要，激励因素相当于尊重的需要和自我实现的需要。　　　　　　　　　　　　　　　　　　　　　　　　(　　)
3. 根据期望理论，期望概率越高，激发力量就越大，所以要尽可能地提高期望概率。
(　　)
4. 麦格雷戈认为，Y理论的假设比传统的X理论更实际有效。　　　　　　(　　)

四、简答题

1. 简述马斯洛的需要层次理论。
2. 简述双因素理论的基本要点。
3. 简述公平理论的主要内容。
4. 简述成就需要理论的基本内容。
5. 简述期望理论的基本含义。
6. 何为正强化？何为负强化？强化理论的应用原则有哪些？
7. 简述激励的一般过程。
8. 常用的激励方式有哪些？

五、论述题

1. 试述激励在管理中的作用。
2. 公平理论对管理者的启示是什么？实际应用中应注意哪些问题？

第五篇 控制职能

第十二章 控制基础

【学习要点及目标】

通过本章的学习，了解控制的概念、作用及类型，掌握控制工作过程以及各个环节应当注意的主要问题，理解并掌握有效控制的特征；提高科学控制管理对象和管理过程，有效实现管理目标的能力。

【关键概念】

控制 前馈控制 现场控制 反馈控制 控制过程

【引导案例】

丰田的"拉闸"现象

丰田与通用都是汽车生产的大型公司，但却有着完全不同的管理模式。丰田管理模式的首要特点在于避免任何浪费，激励员工参与管理。第二次世界大战后，日本开始大规模经济建设，它的汽车工业刚起步，无论资金、技术和管理还是市场都面临着巨大的困境。1950年，丰田英二从美国考察汽车工厂回日本后，首要任务就是让时任丰田总经理的大野耐一以福特的生产力为目标，改造丰田的制造流程，提升丰田的生产力水平。为了确保资金链不发生断裂，丰田快速周转资金。经过艰苦努力和大胆创新，丰田终于创造出了一种全新的生产管理模式——丰田生产方式(Toyota Production System, TPS)。简单地说，TPS最终目标，就是使企业利润最大化，而实现这一具体目标的方式，则是通过控制一切生产过程中的浪费来实现成本的最小化。丰田发现，传统的管理中，生产加工现场工艺问题早已被一线员工发现，并且本可以现场解决的问题却因为员工没有基本的控制权力，加上层层的汇报机制而使得问题延迟解决，最终错过了最佳的解决时机，而给企业带来巨大的损失。丰田认为，在现代生产管理中，效率尤为重要，所有能现场解决的问题就必须立刻解决，否则就会影响整个生产并且给企业带来更大的损失，这也是与丰田消灭库存和浪费的根本经营理念相一致的。为了使问题能够得到尽快解决，丰田决定现场管理，直接在一线面对问题，给予员工解决现场问题的授权。而这种管理方式的关键就是要给予员工充分的信任，授权员工解决问题的权力，这就是丰田所独有的"拉闸"现象。所谓"拉闸"就是当生产线上某一环节的员工发现存在问题时，他可以在第一时间停掉整条生产线，以便查询和解决问题，使汽车零部件的质量得到即时控制，避免工件流入下一道工序继续加工造成的浪费。优质的品质和合理的价格，使丰田汽车在国际市场上获得巨大成功。成就丰田的与其说是丰田极具竞争力的产品，倒不如说是丰田的科学管理控制系统。对于浪费和库存的消灭似乎成了每一个员工的职责，丰田的荣誉与耻辱也如同写在了每一个员工的脸上，而不仅仅是制定生产决策的管理者。

(资料来源：肖小虹.管理学.北京：科学出版社，2011)

上述案例说明，丰田公司为了保证公司制定的目标和统一标准的实施，全员参与管理控制。在当今组织管理中类似的控制问题数不胜数，可见控制职能在组织管理中的重要性和必要性。控制是管理工作的第四大职能，在管理过程循环中，如果说制订计划是管理工作的第一步，那么，接下来的问题就是计划实施的效果问题，计划所确定的目标是否顺利实现，甚至计划目标本身制定得是否科学合理。要理清这些问题并采取有效措施，必须开展卓越有效的控制工作。

第一节 控制职能及作用

控制是管理工作的最重要职能之一，它是保证组织的计划与实际活动动态相一致的管理职能。控制工作的主要内容包括确立标准、衡量绩效和纠正偏差。通过控制过程来监督计划、组织、领导等管理活动的效果。有效的控制可以保证各项活动朝着达到组织目标的方向进行，有效的控制系统是适当调整目标，纠正偏差，应对危机的发生，提高效率的基础。

一、控制与控制系统的概念

(一)控制

所谓控制就是检查和监督组织各方面的活动，保证组织实际运行状况与计划保持动态适应的过程。它既包括按照既定的计划标准来衡量和纠正计划执行中的偏差，同时还包括在必要时修改计划标准，以使计划更加适合于实际情况。没有好的控制，实际工作就可能偏离计划，组织目标就可能无法实现。因此，控制是一项重要的管理职能。

(二)控制系统

组织中的控制活动是通过组织的控制系统来完成的，控制系统主要包括以下几个方面。

(1) 控制目标体系，是指进行控制活动所要达到的所有目标。进行控制活动必须要有明确的目标，它是采取各项控制措施的依据，控制目标必须服从于组织的总目标。

(2) 控制的主体，是执行控制活动的各级管理者及其所属的各职能部门。不同的控制主体，由于其职位和权限的不同，控制的业务活动范围也将不同。

(3) 控制的对象，是组织的整个活动。组织通过全部的业务活动来实现其目标，因而，为了保证组织目标的实现，需要对组织的所有活动进行全面控制。

(4) 控制的方法和手段，即为达到有效的控制，所采用的各种科学方法和手段，如统计分析法、审计法、计划评审技术及预算控制法等。

(5) 施控作用过程和反馈作用过程，在一个控制系统中，不仅施控者对受控者具有控制作用，受控者对施控者也有反馈作用。当然，只有施控作用而无反馈作用的控制系统也存在，但这种控制系统常因缺乏反馈机制而难以提高控制效率，难以增强组织功能，推动组织发展。换言之，在管理活动中，作为施控者的管理者必须重视反馈机制，不能听不进下属的意见，堵塞言路。否则，发展下去必然导致控制失效和失误。

最常见的控制系统如图 12-1 所示。

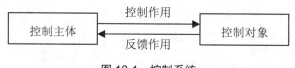

图 12-1　控制系统

管理人员实施的控制活动总是通过以上要素构成的控制系统来完成的，有效的控制需要组织的整体努力，因此，建立和维持一个控制系统必须通过计划进行事先的设计，并运用组织机制予以保证。

控制是建立在计划基础之上的，因此，运用控制方法或建立控制系统之前必须先有计划。而且计划拟订得越明确、越全面和越完整，控制工作就会越有效。控制和计划在某种意义上讲是同一工作的两个方面。实施计划的组织从控制的角度来看就是一个控制系统。一切有意义的控制方法，首先都是计划工作的方法；在考虑计划的同时就必须考虑到控制工作将会遇到的问题和预期解决的办法。

另外，控制是由人来执行的，控制工作必须落实到人，需要有具体的组织保障，也要有明确的职责分工，否则就无从知道计划实施的偏差应由谁负责，应由谁来采取必要的纠正措施。因此，组织机构越明确、越全面和完整，控制工作也就会越有效。

二、控制与信息

信息是控制过程的关键性资源，有效的管理控制系统是建构在信息控制基础上的。信息控制系统已经是现代管理控制的重要内容。信息技术的高速发展与广泛应用不仅丰富了管理控制的内容和手段，改善了控制程序，而且也使信息与知识的控制成了改善组织绩效的有效工具。

控制的本质是按照预定标准调整运营的活动，控制的基础是管理人员手中掌握的信息。

因此，有效的组织控制要求大量的信息，如业绩标准、实际业绩以及矫正偏差所需采取的行动等。管理者需要辨别哪些信息是必需的，如何采集这些信息(并与员工分享)，如何对这些信息做出反应。

在一个控制系统中，施控者发出的指令是信息，受控者执行指令的反馈也是信息。在一个控制系统中，信息的传递方式、反馈方式以及处理方式，决定了决策者控制的效率。控制系统必须有完善的信息传递机制。控制是否有效的关键之一是看信息反馈是否灵敏、正确、有力，信息反馈灵敏是一个组织活力的体现，正确的信息反馈表明组织正处于有序和正常运行之中。

三、控制的作用

管理者进行控制的根本目的在于保证组织活动的过程和实际绩效与计划目标及计划内容相一致，最终保证组织目标的实现。控制本身不是目的，它仅仅是保证目标实现的手段之一。控制可以说既是一个管理工作过程的终结，又是一个新的管理工作过程的开始。控制过程在管理中具有重要的作用，主要体现在以下几个方面。

(一)控制是完成计划的重要保障

计划是对未来的设想，是组织要执行的行动规划。由于受各种因素的制约，制定一项行动计划，无论花费多大的代价，也难以达到十全十美的境界。一些意想不到的因素往往会出现在计划的执行过程中，影响计划目标的实现。此外，计划能否得以实现，除了计划本身要科学、可行之外，还要赖以计划执行人员的努力。计划执行者在执行过程中偏离既定的路线或目标是常见的现象，这些缺陷和偏差，都要靠控制来弥补和纠正。

控制对计划的保证作用主要表现在这样两个方面：其一，通过控制纠正执行过程中出现的各种偏差，督促计划执行者按计划办事；其二，对计划中不符合实际情况的内容，根据执行过程中的实际情况，进行必要的修正、调整，使计划更符合实际。

(二)控制是提高组织效率的有效手段

控制可能提高组织的效率。其主要表现是：第一，控制过程是一个纠正偏差的过程，这一过程不仅能够使计划执行者回到计划确定的路线和目标上来，而且还有助于提高人们的责任心，防止再出现类似的偏差，使计划更加符合实际情况，又可以发现和分析制订的计划所存在的缺陷以及产生缺陷的原因，发现计划制订工作中的不足，从而使计划工作得以不断改进。第二，控制过程中，施控者通过反馈所了解的不仅仅是受控者执行决策的水平和效率，同时也可了解到自己的决策能力和水平、管理控制的能力和水平，这都有助于决策者不断提高自己的决策，控制管理活动的水平。

第十二章　控制基础

(三)控制是管理创新的催化剂

控制不等于管、卡、压。控制不仅要保证计划完成，并且还要促进管理创新。施控过程要通过控制活动调动受控者的积极性。这是现代控制的特点，如在预算控制中实行弹性预算就是这种控制思想的体现。特别是在具有良好反馈机制的控制系统中，施控者通过接受受控者的反馈，不仅可及时了解计划执行的状况，纠正计划执行中出现的偏差，而且还可以从反馈中受到启发，激发创新。

(四)控制是使组织适应环境的重要保障

我们一直指出，一个组织要想生存发展，必须适应环境。计划就是组织为适应环境而做的准备。不过，如果计划一旦制订就能够自动地实现，就不需要控制了。事实上，组织在实施目标和计划的过程中，正是环境的变动使得组织的计划不再正确，实质上也就是组织与环境不再相适应。控制在某个方面就是防止这种不适应的距离变大。因此说，控制的一个重要作用是使组织与环境相适应。

【案例 12-1】计算机迷要小心，老板正在盯着你

当员工通过互联网来获取无数的资料，并且可以通过电子邮件和即时通与世界上任何一个人取得联系时，你或许会认为这对提高工作效率是一件好事。真的如此吗？

正如许多单位所发现的那样，事实上不见得。许多公司已经体验到众多计算机迷所带来的问题。这些人在上班时间发送个人电子邮件、网上购物，或者下载音乐、视频节目等，以至于堵塞了宽带运行，并且有时候还带入了病毒。此外，那么几个干坏事的家伙还会造成有害，甚至是非法的活动，例如通过互联网来骚扰其他员工，结果给雇主造成极大的麻烦。因此许多公司通过使用一些复杂的软件来屏蔽一些网站，或者对员工如何使用互联网和发送电子邮件加以监督，而这些做法正在呈现指数式增长，也就一点也不奇怪了。

保持一定程度的警觉显然是十分正当的。但是一些聪明的经理们却努力设法在保护公司的利益与同时维持一种正面的、让人受到尊敬的工作环境之间寻求平衡。监督过分有时会适得其反，有时会显著地影响到员工的士气，至少会让员工感到雇主把他们看作一些不值得信任的、没有责任感的成年人。

下面介绍几种做法，以便对工作场所如何使用互联网创造一种有效的，但又是让人可以接受的使用规则。

(1) 确保让员工了解，他们在工作场所里没有法定的隐私权。到目前为止，法院已经在一起诉讼中裁定，支持公司对员工使用由公司提供的、用于工作的计算机上的任何和所有活动加以监督的权力。

(2) 制定书面的使用规则。要对可以接受的电子邮件、互联网和其他由雇主提供的硬件和软件的使用范围做出清楚、具体的规定，并且还要清楚地说明哪些做法是违反纪律的。

例如，要说明工作期间哪些网站是决不能访问的；哪些电子邮件的内容是允许的。那么，是否允许员工将互联网用于个人目的呢？如果允许，那就要具体规定哪些他们能做，能用多长时间，以及是否只能在午饭或者中间休息时间这么做等。要让员工知道，你将会对他们进行检查，以及你会使用哪些过滤或监督措施。要让员工签字，以便确认他们已经读过并且了解所有的规定。

(3) 要讲清违纪的结果。要让员工清楚地了解，一旦违反有关规定将会带来哪些后果。要让大家知道，如果由于违纪而引发了犯罪调查，公司将会全力予以配合。

要定期审核有关规定。随着新技术和新设备的不断涌现，你需要随时修改你的规定。

经理们应当记住，监督电子邮件和互联网的使用并不一定就是一个要么全部禁止，要么全部放开的事情。有些组织实行持续不断的监控；有些机构只有在出现问题时才加以监管；有些单位则制定规则并广为宣传，但是却依靠员工的自觉性来加以实施。要对你的工作场所和员工的工作加以仔细地观察，并且对需要怎么做和采取哪些安全防范措施加以斟酌。然后再针对你单位的情况制定相应的规则和监督计划。

(资料来源：理查德·L.达夫特(Richard L.Daft)，范海滨.管理学.北京：清华大学出版社，2012)

第二节 控制的类型

控制工作可以按照不同的标准进行不同的分类。例如按照控制源不同分为正式组织控制、群体控制和自我控制；按照控制的手段不同，把控制分为直接控制和间接控制两种类型；按照逻辑发展可以把管理控制分为试探性控制、经验控制、推理控制、最优控制四种类型；按照控制对象的范围可分为局部控制和全面控制；按照业务范围可把控制工作分为生产(作业)控制、质量控制、成本控制和资金控制等。下面介绍几种典型的分类方式。

一、按控制主体划分

按照控制的主体可把控制分成内部控制和外部控制两种类型。

(一)内部控制

内部控制是一种自我责任控制，它通过增加责任感，自觉完成各项既定目标和标准，在工作中实行自我管理。

(二)外部控制

外部控制是一种强制性控制，它是通过行政权力系统来实现的，要求严格执行各种标准和各种规章制度。

二、按控制时间划分

管理中的控制手段可以在行动开始之前、进行之中或结束之后进行，也就是纠正措施的作用环节不同。根据控制时间(纠正措施的作用环节)不同，控制可分为前馈控制、现场控制和反馈控制。

(一)前馈控制

前馈控制是一种防患于未然的控制，它是在工作开始前对工作中可能产生的偏差进行预测和估计并采取防范措施，将可能的偏差消除于产生之前，所以通常亦称作事前控制或者预先控制。其目的是防止所使用的各种资源在质和量上产生偏差或防止工期延误。

在实际工作中，如果管理人员过于依赖会计和统计等历史数据资料，控制工作面向未来的预见性将会受到极大影响。在很多情况下，管理人员都会主动采取措施以保证控制工作的预见性。例如，组织总要制定一系列规章制度让员工遵守，以这种事前对基本行为的规范来保证工作的顺利进行。再如，当公司的销售预测表明销售额将下降到期望值以下时，管理人员就会制订新的广告宣传计划、推销计划、新产品引进计划等以改善销售的预期结果。

前馈控制有两个主要内容，一是为了保证经营过程的顺利进行，管理人员必须在经营开始以前就检查企业是否已经或能够筹措到在质和量上符合计划要求的各类经营资源。如果预先检查的结果是资源的数量或质量无法得到保证，就必须修改企业的活动计划和目标，改变企业产品的加工方式或内容。二是检查已经或将要筹措到的经营资源经过加工转换后是否符合需要。如果预测的结果符合企业需要，那么企业活动就可以按照原定的程序进行；如果不符合，就需要改变企业经营的运行过程及其投入。例如，企业对进厂原料进行检验、对员工进行上岗前培训等，都属于前馈控制。

相对而言，前馈控制有其优点：首先，前馈控制是在工作开始之前进行的控制工作，因此可以做到防患于未然，避免了事后控制对于已铸成的差错无能为力的弊端；其次，前馈控制是在工作开始之前针对某项计划行动所依赖的条件进行控制，不针对具体人员，因而不易造成面对面的冲突，易于被员工接受并付诸实施。但是前馈控制需要及时准确的信息，要求管理人员能充分了解前馈控制因素与计划工作的影响关系。具体地说，前馈控制试图对输入系统的资源，包括人力、物力、财力和信息等在成为该系统的一部分之前，对其数量、质量和价格进行监督和控制。要进行有效可行的前馈控制，必须满足以下几个必要条件。

(1) 必须对计划工作和控制系统进行透彻、仔细的分析，确定重要的输入变量。

(2) 必须建立清晰的前馈控制系统模型。

(3) 必须注意保持模型的动态性，经常检查模型以了解所确定的输入变量及其相互关系是否仍然反映实际情况。

(4) 必须经常收集系统输入变量的数据并输入控制系统。

(5) 必须定期评估实际输入变量和计划输入变量之间的差异并评估其对最终结果的影响。

(6) 必须采取行动，不但应指出问题，还应采取措施来解决它们。

从实际工作来看，要做到这些是十分困难的，因此，管理人员还要依靠现场控制和反馈控制进行控制工作。

(二)现场控制

现场控制是在工作正在进行的过程中开展的控制。主管人员通过深入现场亲自监督检查、指导和控制下属人员的活动。最常见的现场控制方式就是直接观察。现场控制的纠正措施是作用在正在进行的计划执行过程。

现场控制主要有工作监督和技术指导两项职能。监督是按照预定的标准检查正在进行的工作，以保证目标的实现；指导是管理者针对工作中出现的问题，根据自己的经验指导下属改进工作，或者是与下属共同商讨矫正偏差的措施以便使工作人员能够正确地完成所规定的任务。

现场控制的作用有两个：首先，现场控制具有指导职能，可以指导下属以正确的方法进行工作，现场监督可以使上级有机会当面解释工作的要领和技巧，纠正下属错误的作业方法与过程，从而有利于提高工作人员的工作能力和自我控制能力。其次，可以保证计划的执行和计划目标的实现。通过现场检查，可以使管理者随时发现下属在活动中与计划要求相偏离的现象，从而将问题消灭在萌芽状态，或者避免已经产生的问题对企业不利影响的扩散。但是，现场控制也存在以下弊端。

(1) 现场控制的效率受管理者的时间、精力、业务水平等的制约，不可能事事都采取现场控制的方法，只能在关键时间、关键项目上使用现场控制。

(2) 现场控制的应用范围较窄，一些工作无法运用现场控制。一般一些便于计量的工作比较容易进行现场控制，而对一些难以计量的工作，就很难进行现场控制。

(3) 现场控制容易在控制者和被控制者之间形成对立情绪，给工作者造成心理压力，影响工作者的积极性和主动性。所以，现场控制不可能成为日常的控制方法。

不过，对不同层次的管理者而言，现场控制运用的频率是不一样的，高层管理者对现场控制的运用比基层管理者要少，因为高层管理工作许多无法进行现场控制，而大部分作业工作可以进行现场控制。

(三)反馈控制

反馈控制也称事后控制，是指在一个时期的生产经营活动已经结束以后，对本期的资源利用状况及其结果进行总结，从已经执行的计划或已经发生的事件中获得实际信息，将它与控制标准相比较，发现偏差并分析其产生的原因，拟订纠正措施以防止偏差存在或继

第十二章 控制基础

续恶化。管理控制经常被看成一个反馈系统。反馈控制是以系统输出的变化信息作为馈入信息，纠正偏差。目的是防止已经发生或将出现的偏差继续发展或今后再度发生。这种控制把注意力主要集中于工作或行为的结果上，通过对已形成的结果进行测量、比较和分析，发现偏差情况，依此采取措施，对今后的活动进行纠正。比如，企业发现不合格产品后追究当事人的责任，发现产品销路不畅而相应做出减产、转产或加强促销的决定等都属于反馈控制。

在实际工作中反馈控制得到了相当广泛的应用，主要是因为在周期性重复活动中，反馈控制可以通过总结过去的经验和教训，为未来计划的制订和活动的安排提供借鉴，可以避免下一次活动发生类似的问题；反馈控制还可以消除偏差对后续活动过程的影响，如产品在出厂前进行最终的质量检验，剔除不合格品，可避免这些产品流入市场后对品牌信誉和顾客使用所造成的不利影响；反馈控制也可以提供员工奖惩的依据。

反馈控制主要包括财务分析、成本分析、质量分析以及职工成绩评定等内容。财务分析的目的是通过分析反映资金运动过程的各种财务资料，了解本期资金占用和利用的结果，弄清企业的盈利能力、偿债能力、维持营运的能力以及投资能力，以指导企业在下期活动中调整产品结构和生产方向，决定缩小或扩大某种产品的生产。成本分析是通过比较标准成本(预定成本)和实际成本，了解成本计划的完成情况，通过分析成本结构和各成本要素的情况，了解材料、设备、人力等资源的消耗与利用对成本计划执行结果的影响程度，以找出降低成本、提高经济效益的潜力。质量分析是通过研究质量控制系统收集的统计数据，判断企业产品的平均等级系数，了解产品质量水平与其费用要求的关系，找出企业质量工作的薄弱环节，为组织下期生产过程中的质量管理和确定关键的质量控制点提供依据。职工成绩评定是通过检查企业员工在本期的工作表现，分析他们的行动是否符合预定要求，判断每个职工对企业提供的劳动数量和质量贡献。成绩评定不仅为企业确定付给职工的报酬提供了客观的依据，而且会通过职工对报酬公平与否的判断，影响他们在下期工作中的积极性。公开报酬的前提是公开评价，这种评价要求以对职工表现的客观认识和组织对每个人的工作要求为依据。

反馈控制是广泛使用的控制方式，但并不是最好的控制。其主要原因是反馈控制的中心问题是最终结果，用历史结果指导将来的计划，但工作中的损失或偏差已经产生而且在系统中造成了无法补偿的损害，反馈控制只能"亡羊补牢"。另外，反馈控制是通过信息反馈及行动调节来保证系统的稳定性，它要求反馈的速度必须大于控制对象的速度，否则系统将产生动荡，处于不稳定状态，控制将难以发挥作用，甚至起反作用。

【案例12-2】天安公司的内部控制

天安公司是一家以生产微波炉为主的家电企业。2005年该厂总资产5亿元，而五年前，该公司只不过还是一个人员不足200人，资产仅300万元且濒临倒闭的小厂。

五年间企业之所以有了如此大的发展，主要得益于公司内部健全的控制措施。主要是：

第一，生产控制。公司对产品的设计设立高起点，严格要求；依靠公司设置的关键质量控制点对产品的生产过程全程监控，同时利用 PDCA 和 PAMS 方法，持续不断地提高产品的质量；加强了员工的生产质量教育和岗位培训。第二，供应控制。天安公司把所需采购的原辅材料和外购零部件，根据性能、技术含量以及对成品质量的影响程度，划分为 A、B、C 三类，并设置了不同类别的原辅材料和零部件的具体质量控制标准，进而协助供应厂家达到质量控制要求。第三，售后控制。公司通过大量的市场调研和市场分析活动制定了售前决策，进行了市场策划，树立了公司形象；与经销商携手寻找最佳点共同为消费者提供优质服务；公司建立了一支高素质的服务队伍，购置先进的维修设备，建立消费者投诉制度和用户档案制度，开展多形式的售后服务工作，提高了消费者满意度。

(资料来源：肖小虹. 管理学. 北京：科学出版社，2011)

三、按控制对象划分

按控制对象的不同，控制可分为产出控制、行为控制、组织文化和小团体控制三种类型。

(一)产出控制

产出控制是为了监督产出或业绩，管理者选择最合适的目标或业绩标准，衡量公司、事业部、业务部门或职能部门，以及个人层次上的效果、质量、创新和对顾客的响应。管理者用来监督产出的重要手段有业绩的财务标准、组织目标和运营预算等。

(二)行为控制

在塑造员工行为和引导员工朝实现组织目标方向努力的过程中，管理者使用直接监督、目标管理和行政控制等手段进行的控制活动称为行为控制。行为控制依靠规则和标准操作程序来实现。

(三)组织文化和小团体控制

组织文化是控制组织内个人与群体相互作用和影响方式的价值观、规范、行为标准及共同愿望的总和，其最终目的是实现组织目标。小团体控制是通过分享价值观，规范行为标准和期望，对个人和群体实施控制。

管理者用以上三种控制来协调和激励员工，确保员工取得突出的效率、质量、创新和对顾客的响应。不论具体组织形式如何，管理者都可以使用这三种控制形式管理和规范组织行为。

第三节 控制的程序

控制是根据计划的要求，设立衡量绩效的标准，然后把实际工作结果与预定标准相比较，以确定组织活动中出现的偏差及其严重程度，在此基础上有针对性地采取必要的纠正措施，以确保组织资源的有效利用和组织目标的圆满实现。无论控制的对象是新技术的研究与开发还是产品的加工制造、市场营销宣传、企业的人力资源、物质要素、财务资源，也无论采取什么样的控制手段和方法，完整的管理控制工作过程如图 12-2 所示，一般都包括建立标准、衡量绩效、纠正偏差三个步骤。

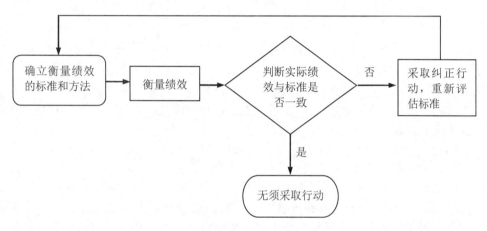

图 12-2 控制过程

一、建立标准

标准是人们检查和衡量工作及其结果(包括阶段结果和最终结果)的规范。制定标准是进行控制的基础，没有一套完整的控制标准，衡量绩效和纠正偏差就会失去客观的依据。因此，制定控制标准是控制工作的起点，并且确定合理的控制标准是进行控制的基础，没有科学合理的控制标准，就无法对管理活动进行控制。在实际工作中，组织中有效的控制标准一般需要具有简明性、一致性、可行性、相对稳定性和前瞻性等。控制标准的制定是从确定控制对象、选择关键控制点到制定控制标准的科学决策过程。

(一)确定控制对象

标准的具体内容涉及需要控制的对象。那么，组织经营与管理中哪些事或物需要加以控制呢？这是在建立标准之前首先要分析的。

在现实中，由于人力、物力、财力和知识与信息的限制，管理者不可能对全部影响组织实现目标成果的因素都进行控制。因此，管理者必须对影响组织目标成果实现的各种要素进行科学的分析研究，从中选择出重点的要素作为控制对象，这些因素有时也被称为关键绩效区域，它们通常涉及组织的主要活动。影响组织目标成果实现的主要因素有以下几方面。

1. 关于环境特点及其发展趋势的假设

在特定时期，企业的经营活动是根据决策者对经营环境的认识和预测来计划和安排的。如果预期的市场环境没有出现，或者企业外部发生了某种无法预料和抗拒的变化，那么原来计划的活动就可能无法继续进行，从而难以为组织带来预期的结果。因此，制订计划时所依据的对经营环境的认识应作为控制对象，列出"正常环境"的具体标准。

2. 资源投入

组织目标成果是通过对一定资源的加工转换得到的，没有或缺乏这些资源，组织目标就会成为无源之水、无本之木。投入的资源不仅会在数量和质量上影响经营活动按期、按量、按要求进行，从而影响最终的物质产品，而且其投入的费用会影响生产成本，从而影响经营的盈利程度。因此，必须对资源投入进行控制，使之在数量、质量及价格等方面符合预期经营成果的要求。

3. 组织活动过程

输入到生产经营中的各种资源不可能自然形成产品，组织目标成果是通过全体员工在不同时间和空间上利用一定技术和设备对不同资源进行不同内容的加工劳动才最终得到的。企业员工的工作质量和数量是决定经营成果的重要因素。因此，必须使员工的活动符合计划和预期结果的要求；为此，必须建立员工的工作规范、各部门和各员工在各个时期的阶段成果的标准，以便对他们的活动进行控制。

对于哪些因素应成为控制的重点，需要根据具体的情况来加以选择。在工作成果较难衡量而工作过程也难以标准化、程序化的高层管理和创新性活动中，工作者的素质和技能是主要的控制对象；而在工作方法或程序与预期工作成果之间有比较明确或固定关系的常规活动中，工作过程本身就是主要的控制对象。

(二)选择关键控制点

企业无力也没有必要对所有成员的所有活动进行控制，只能在影响经营成果的众多因素中选择若干关键环节作为重点控制对象。关键控制点有时也被称为战略控制点，是指在管理活动中受限制的因素，或是最能体现计划是否得以有效实施的因素。事实上，企业控制住了关键点也就控制了全局。找出关键点，必须以计划、组织目标为依据。正如俗话所说"牵牛要牵牛鼻子"。比如在酿酒企业中，酒的质量是控制的一个重点对象。尽管影响酒质量的因素很多，但只要抓住了水的质量、酿造温度和酿造时间，就能保证酒的质量。

第十二章 控制基础

选择关键控制点的一般指导性原则有以下几个。

(1) 关键控制点的选择应注意平衡。关键控制点应该是影响整个工作运行过程的重要操作与事项。一个控制点的选择有时会对另一个标准产生负面影响，实际工作中必须根据部门工作的性质，选择恰当的关键控制点，并综合平衡各标准，使组织的总体绩效达到最优。

(2) 关键控制点应能及时反映并发现问题。偏差总是越早发现越好，关键控制点必须是能在重大损失出现之前显示出差异的事项。管理者应该选择那些易检测出偏差的环节进行控制，这样才有可能对问题做出及时、灵敏的反应，以停止工作或改变原有的工作程序。

(3) 关键控制点应能全面反映并说明绩效的水平。必须是若干能反映组织主要绩效水平的时间与空间分布均衡的控制点，因为关键控制点数量的选择足以使管理者对组织总体状况形成一个比较全面的把握。在控制过程中，有时顾及了范围的全面却与时间限制产生了矛盾，结果往往失去了眼前的机会。如将企业的财务状况作为关键控制点，实施前馈控制是十分必要的。

在选择关键控制点的过程中，管理人员可以对自己提出下列问题：什么是最好的反映本组织的指标？在计划目标未实现时，什么信息能让我最快、最准确地了解工作进展的情况？什么信息能让我最好地确定关键的偏差？什么信息能告诉我谁对成功或失败负全部的责任？什么样的标准在控制工作中成本最低？什么样的标准在控制信息的收集中更为合算？

(三)制定控制标准

组织在选择了关键控制点后，就可以依据关键控制点制定出明确的控制标准。控制标准可分为定量标准和定性标准两大类。定量标准主要分为实物标准(如产品质量、废品数量)、价值标准(如单位产品成本、销售收入、利润等)、时间标准(如工时定额、交货期)。定性标准也是组织中经常使用的一种标准，如有关产品和服务质量、组织形象等方面的衡量一般都是定性的，产品等级、合格率、顾客满意程度等指标就是对产品质量的一种间接衡量。

奉行"质量优良、服务周到、清洁卫生、价格合理"宗旨的美国著名的麦当劳公司，为确保其经营宗旨得到落实，制定了可度量的工作标准：95%以上的顾客进餐馆后三分钟内，服务员必须迎上前去接待顾客；事先准备好的汉堡包必须在五分钟内热好并供应给顾客；服务员必须在就餐人离开后五分钟内把餐桌打扫干净。这就是对定性标准量化处理的实例，以此达到很好的控制效果。

1. 常见控制标准的类别

(1) 实物标准，指的是非货币标准，如耗用的原材料、劳动力、完成的产品产量等都属于实物标准。实物标准也可以运用品质或者质量标准来表示。

(2) 成本标准，指的是以货币衡量的消耗标准。

(3) 资本标准，指的是组织的活动中所占用的自己或者是他人资本的标准。

(4) 收益标准，指的是组织活动的期望结果，可以是利润，也可以是其他的标准，如亏损部门减亏的标准。

(5) 时间标准，指的是活动完成所必须遵守的时间。

对企业来说，最常用的标准分别是时间标准、数量标准、质量标准和成本标准。由于控制的对象不同，为它们建立标志正常水平的标准的方法也不一样。企业究竟要以何种方法制定何类控制标准，取决于所需衡量的绩效成果及其影响因素的领域和性质。

2. 制定控制标准常用的方法

制定控制标准常用的方法有三种：统计方法(利用统计方法来确定预期结果)、经验估计法(根据经验和判断来估计预期结果)、工程方法(在客观的定量分析的基础上建立工程或工作标准)。

1) 统计方法

统计方法是利用历史资料，在统计分析的基础上，制定当前工作的控制标准，是以分析反映企业经营在历史上各个时期状况的数据为基础来为未来活动建立的标准。这些数据可以是本单位的，也可以是外单位的；运用这种方法，得出的标准可能是历史数据的平均数，也可能高于或者低于平均数。最常用的有统计平均值、极大或极小值和指数等。这种方法成本低廉，简便易行。但是，这种方法存在的最大问题是不准确。因为历史与现实之间存在着差距，这种差距越大，在历史资料基础上制定的标准的准确性也就越差。此外，根据这种方法制定的标准可能并不是先进的标准，可能低于同行业的卓越水平，甚至低于平均水平。这种条件下，即使企业的各项工作都达到了标准的要求，也可能造成劳动生产率的相对低下，制造成本的相对高昂，从而造成成果和竞争能力劣于竞争对手。为了克服这种局限性，在根据历史性统计数据制定未来工作标准时，充分考虑行业的平均水平，并研究竞争企业的经验是非常必要的。

2) 经验估计法

现实中，并不是所有的工作质量和成果都能用统计数据来表示，也不是所有的企业活动都保存着历史统计数据，因此对于那些新从事的工作，或对于统计资料缺乏、无法根据历史资料制定标准的工作，可采用经验估计法。对这些工作，可以组织各方面的人员和专家，根据管理人员的经验、判断和评估来制定标准。如制定劳动定额的经验评估法，通常是由定额人员、技术人员和有经验的员工组成评估小组，根据技术、设备、生产组织等条件，凭借各自的实践经验，来估计确定工时定额的。这种方法的优点是运用面广，简单易行；不足之处是科学性不足、准确性差。评估很大程度上是以经验为依据的，所以利用这种方法来建立工作标准时，要注意利用各方面管理人员的知识和经验，综合大家的判断，给出一个相对合理的标准。

3) 工程方法

工程标准严格意义上也是一种用统计方法，根据工作分析制定控制标准。这种方法的特点是对控制对象要进行全面、科学的工作分析，分析的方法是已经被证明是科学可行的

第十二章 控制基础

方法。如对作业活动的动作研究、对管理工作的职务分析等，然后确定标准的方法。不过它不是对历史性统计资料的分析，而是通过对工作情况进行客观的定量分析来进行的。比如，机器的产出标准是其设计者计算的正常情况下被使用的最大产出量；工人操作标准是劳动研究人员在对构成作业的各项动作和要素的客观描述与分析的基础上，经过消除、改进和合并而确定的标准作业方法；劳动时间定额是利用秒表测定的受过训练的普通工人以正常速度按照标准操作方法对产品或零部件进行某个或某些工序的加工所需的平均必要时间。这种方法制定标准准确性高，但是一般成本高、耗时长。

上述几种方法，各有优缺点和适用范围。组织在确定标准时，应根据各类标准的性质、特点，按照需要和可能条件选择适当的方法。在实际工作中，这几种方法往往可以结合起来使用。

3. 制定标准的要求

(1) 便于控制、衡量工作，因此量化的程度要高。

(2) 应当有利于组织目标的实现。因为标准有指导性，会引导控制对象的行为，因此标准应当与组织的目标一致。

(3) 标准应当带有先进可行性。标准一方面要有先进性，鼓励人们努力实现，但是又应当是人们经过努力可以实现的。

(4) 应当有一定的弹性。控制标准应当对环境变化有一定的适应性，特殊情况应例外处理。

【案例 12-3】比尔的烦恼

在某大型电子零件批发公司的一家连锁商店里，刚出任经理的比尔正被一些事搞得心烦意乱。店里两位售货员，每天上午轮流去隔壁的自助餐厅喝咖啡，吃甜馅饼。因为少了一个售货员，顾客们在店里等候服务已经司空见惯。更令人头痛的是，这家零售商店的营业额一直达不到公司的平均水平。当比尔对售货员们谈及这两件事时，他们不屑一顾地答道："你看看公司付给我们多少工资！你还能要求什么？"

比尔对他们回应道："在我们讨论工资的事并且谈出点眉目来之前，有一件要紧的事，就是要你们明确知道我对你们的工作有什么要求。让我们来确定三件事，第一，在安排好的上班时间内，谁也不可以离开商店。当然，在你们的午餐时间里，你们爱干什么都行。第二，如果这家商店还要营业，不搬到别处去，我们每天的平均销售额应该是1000美元。总公司的记录表明，每位顾客大约购买 5 美元的货，也就是说，一天要接待 200 位顾客。我们是两位售货员当班，平均一下，我要求你们每人每天接待 100 位顾客。第三，就是你们怎样来接待顾客，我希望你们做到一丝不苟，礼貌周到。他们想了解什么，你们要有问必答。这三件事你们清楚了吗？如果是这样，让我们来瞧一瞧你们的工资袋，看看出了什么毛病，想一想根据我们对这项工作提出的要求，应该干点什么事来跟那工资袋相称，你们考虑考虑。"

在这则例子中，顾客服务和营业收入都未能达到预期水平，而员工却在抱怨公司付给他们的工资太少了。到底哪一方面出了问题？有效的控制需要预先订立并让当事人明确所要求他们的绩效标准是什么，可是这家电子零件批发商店的前任经理却一直没有做到这一点。比尔接任后对员工说的三件事，使员工认识到了自己行为的差距，从而为其工作绩效的改善奠定了基础。没有标准，控制工作就很难取得理想的效果。

(资料来源：张英奎，孙军. 现代管理. 北京：清华大学出版社，北京交通大学出版社，2004)

二、衡量绩效

控制标准的制定就是为了衡量实际业绩，把实际工作情况与标准进行比较，找出实际工作业绩与控制标准之间的差异，并据此对实际工作做出评估。衡量绩效是控制工作的第二个环节。在这个阶段，管理者可发现计划扭亏为盈中所存在的缺陷，有什么样的以及程度有多大的偏差，它们是由什么原因引起的，应采取什么样的纠正措施。企业经营活动中的偏差如能在产生之前就被发现，则可以指导管理者预先采取必要的措施以求避免，这种理想的控制和纠偏方式虽然有效，但其现实可能性不是很高。并非所有的管理人员都有远见卓识，同时也并非所有偏差都能在产生之前被预见。在这种限制条件下，最满意的控制方式是能在偏差产生之后迅速采取必要的纠偏行动。为此，要求管理者及时掌握反映偏差是否产生，并能判定其严重程度的信息。用预定标准对实际工作成效和进度进行检查、衡量和比较，就是为了提供这类信息。衡量绩效是控制的中间环节，也是工作量最大的一个环节，这个环节的工作影响着整个控制效果。

为了能及时、正确地提供能够反映偏差的信息，同时又符合控制工作在其他方面的要求，管理者在衡量工作绩效时应做的工作如下所述。

(一)确定适宜的衡量方式

衡量工作成效就是以控制标准为尺度对实际工作加以检验，衡量绩效的目的就是取得控制对象的有关信息，及时、准确地掌握偏差是否发生，并判断偏差的严重程度，从而对控制对象进行纠偏或者调试。为此，在衡量实际工作成效的过程中管理者应该对需要衡量什么、如何衡量、间隔多长时间进行衡量和由谁来衡量等做出合理的安排。

(1) 衡量的项目。管理者应针对决定实际工作成效好坏的重要特征项目进行衡量。但实际中容易出现一种趋向，即侧重于衡量那些容易获取统计数据的项目。比如科研人员的劳动效果经常根据研究小组上交研究报告的数量和质量来判断其工作进展，然而根据这些标准去进行检查，得到的可能是误导信息：科研人员用更多的时间和精力去撰写数量更多、结构更严谨的报告，而不是将这些精力真正花在科研上。这样就忽视了那些不易衡量但实际相当重要的项目。

(2) 衡量的方法。管理者可通过观察、报表、报告、抽样调查及召开会议等多种方法来获得实际工作绩效方面的资料和信息。各种衡量各有利弊，在衡量实际工作成绩的过程中可以多种方法结合使用，以确保所获取信息的质量。衡量的方法应科学，应根据所确立的标准进行，对计划执行中存在的问题，不夸大、不缩小，实事求是反映情况。

(3) 衡量的频度。有效控制要求确定适宜的考核频度，也就是衡量实际绩效的次数或频率。控制过多或者不足都会影响控制的有效性。这种"过多"或"不足"，不仅体现在控制对象和标准数目的选择上，而且表现在对同一标准的衡量次数或频度上。有效的控制要求确定适宜的衡量频度。对控制对象或要素的衡量频度过高，不仅会增加控制的费用，而且还会引起有关人员的不满，影响他们的工作态度，从而对组织目标的实现产生负面影响；但是衡量和检查的次数过少，则有可能造成许多重大的偏差不能被及时发现，不能及时采取纠正措施，从而影响组织目标和计划的完成。

适宜的衡量频度取决于被控制活动的性质、控制活动的要求。例如，对产品的质量控制常常需要以小时或日为单位进行，而对新产品开发的控制则可能只需以月为单位进行。需要控制的对象可能发生重大变化的时间间隔是确定适宜的衡量频度所需考虑的主要因素。

管理人员经常在他们方便的时候，而不是在工作绩效仍"在控制中"(即可能因为人们采取的措施而改变时)进行衡量。这种现象必须避免，因为这可能导致行动的迟误。

(4) 衡量的主体。衡量实际绩效的主体不一样，控制工作的类型也就形成差别，也会对控制效果和控制方式产生影响。例如，目标管理之所以被称为是一种"自我控制"方法，就是因为工作的执行者同时成了工作成果的衡量者和控制者。相比之下，由上级主管或职能人员进行的衡量和控制则是一种强加的、非自主的控制。

(二)建立有效的信息反馈系统

对实际工作情况进行衡量的目的，是为了给控制工作提供有用的信息，为纠正偏差提供依据。这种信息反馈的速度、准确性直接影响到控制指令的正确性和纠偏措施的准确性，因此，必须建立有效的信息反馈系统，使反映实际工作情况的信息适时地传递给管理者，使之能及时发现问题。有效的信息反馈系统还可以及时将偏差信息传递给与控制对象有关的部门和工作人员，使他们准确及时地知道自己的工作状况，以促进其不断改进自己的工作。信息反馈系统的建立要抓住两点：一是确定与控制有关的人员在信息传递中的任务与责任；二是明确信息的收集方法、传递程序和时间要求。有了畅通的信息反馈系统，控制工作才能卓有成效地开展下去。

(三)通过衡量绩效，检验标准的客观性和有效性

衡量工作成效是以预定的标准为依据来进行的。如果偏差是在执行中出现的，那么需要纠正执行行为本身；如果是标准本身存在的问题，则要修正和更新预定的标准，这样利

用预定标准去检查各部门、各阶段和每个人工作的过程，同时也是对标准的客观性和有效性进行检验的过程。

检验标准的客观性和有效性，是要分析通过对标准执行情况的测量能否取得符合控制需要的信息。在为控制对象确定标准的时候，人们可能只考虑了一些次要的因素，或者只重视了一些表面的因素，故利用既定的标准去检查人们的工作，有时并不能达到有效控制的目的。比如，衡量职工出勤率是否达到了正常水平，不足以评价劳动者的工作热情、劳动效率或劳动贡献。因此，衡量过程中的检验就是要辨别并剔除那些不能为有效控制提供必需的信息，以及容易产生误导作用的不适宜的标准，以便根据控制对象的本质特征制定出科学合理的控制标准。

【案例12-4】易贝公司(eBay)

梅格·怀特曼(Meg Whitman)的指导原则之一是："如果你不能度量它，你就不能控制它。"作为易贝公司的CEO，怀特曼所管理的是一个迷恋于业绩测评的公司。高管层亲自监督一系列业绩指标，如本网站的访问量、新用户的数目、在网站上停留的时间，以及易贝公司的收入与本网站交易额的比值等。

全公司的经理们和员工也几乎对监测业绩指标着了魔。例如，分类经理对于所拍卖的货品(如运动纪念品、珠宝和钟表、保健和美容品以及时装等)都有清楚的业绩指标。他们孜孜不倦地度量、推荐和促销他们的商品，以实现或超过预定的目标。

高管层相信，一个公司如果想要知道应当将钱花在什么地方，应当向哪里派出更多的人力，以及应当推进或放弃哪些项目，关键就在于要紧紧抓住业绩指标不放。然而，业绩指标并非仅仅是一些数字。在易贝公司里，评价顾客(用户)满意度需要采用综合方法，例如调查、分析易贝公司网站的讨论版，以及个人接触等。在每年的易贝公司生活大会上，经理们有机会真正接触到那些用户。他在会议大厅里四处走动，与那些和易贝公司有过交易经历的任何人和每个人进行交谈。

通过确立标准，采用综合性的测评方法，以及将实际业绩与标准加以比较，易贝公司的管理层就能及时发现问题出在哪里，并且在需要的时候和需要的地方，迅速地采取改进措施。

(资料来源：理查德·L.达夫特(Richard L. Daft)著，范海滨译. 管理学. 北京：清华大学出版社，2012)

三、纠正偏差

对实际工作成效加以衡量后，就应该将衡量结果与控制标准进行比较。如果没有较大偏差，则应首先分析控制标准是否有足够的先进性，在认定标准水平合适的情况下，将它作为成功经验予以分析总结并用于指导今后的或其他方面的工作。如果有较大的偏差，则要分析造成偏差的原因，确定矫正措施实施的对象并采取矫正措施。为了保证控制工作的针对性和有效性，在制定和实施纠正措施过程中应注意以下问题。

(一)找出偏差产生的主要原因

一旦实际工作的绩效在可接受的范围之外，偏差也就产生了。在实施矫正措施之前，首先必须对偏差的性质进行认定。事实上，并非所有的偏差都会对企业的最终成果产生重要影响。因此，在采取纠正措施以前，必须首先对反映偏差的信息进行评估和分析。首先，要判断偏差的严重程度，是否足以构成对组织活动效率的威胁，从而值得去分析原因，采取纠正措施。其次要探寻导致偏差的主要原因。

纠正措施的制定是以对偏差原因的分析为依据的。而同一偏差则可能由不同的原因造成：销售利润的下降既可能是因为销售量的降低，也可能是因为生产成本的提高。前者既可能是因为市场上出现了技术更加先进的新产品，也可能是由于竞争对手采取了某种竞争策略，或是企业产品质量下降；后者既可能是原材料、劳动力消耗和占用数量的增加，也可能是由于购买价格的提高。不同的原因要求采取不同的纠正措施。要通过评估反映偏差的信息，分析影响因素，通过表面现象找出造成偏差的深层原因，在众多的深层原因中找出最主要者，为纠偏措施的制定指导方向。

(二)确定纠偏措施的实施对象

如果偏差是由于绩效的不足而产生的，管理人员就应该采取纠偏行动。他们可以调整企业的管理战略，也可改变组织结构，或通过更完善的选拔和培训计划，或更改领导方式。但是，在有些情况下，需要纠正的可能不是企业的实际活动，而是组织这些活动的计划或衡量这些活动的标准。大部分员工没有完成劳动定额，可能不是由于全体员工的抵制，而是定额水平太高；承包后企业经理的兑现收入可高达数万甚至数十万，可能不是由于经营者的努力数倍或数十倍于工人，而是由于承包基数不恰当或确定经营者收入的挂钩方法不合理；企业产品销售量下降，可能并不是由于质量劣化或价格不合理，而是由于市场需求的饱和或周期性的经济萧条。在这些情况下，首先要改变的不是或不仅是实际工作，而是衡量这些工作的标准或指导工作的计划。

预定计划或标准的调整是由两种原因决定的：一是原先的计划或标准制定得不科学，在执行中发现了问题；二是原来正确的标准和计划，由于客观环境发生了预料不到的变化，不再适应新形势的需求。负有控制责任的管理者应该认识到，外界环境发生变化以后，如果不对预先制定的计划和行动准则进行及时的调整，那么，即使内部活动组织得非常完善，企业也不可能实现预定目标：消费者的需求偏好转移，这时，企业的产品质量再高，功能再完善，生产成本、价格再低，依然不可能找到销路，不会给企业带来期望的利润。

(三)选择恰当的措施

针对偏差产生的主要原因和所确定的矫正对象，管理者在控制工作中可采取的处理措施有三种：第一，对于因工作失误造成的问题，控制的方法主要是"纠偏"，即通过加强管理和监督，确保工作与目标的接近或吻合；第二，若计划目标不切合实际，控制工作则主要是按实际情况修改计划目标；第三，若是组织运行环境出现了重大变化，致使计划失去客观的依据，那么相应的控制措施就是启动备用计划或重新制订新的计划。以上第二和第三种措施都是着眼于对计划的不同程度的调整，以更好地适应环境，因此统称为"调适"。所以，管理控制中的控制或矫正措施包含"纠偏"和"调适"两类。纠偏措施一般包括补救性措施和根本性措施两种。补救性措施是在查明偏差发生的原因之前当即采取的使工作恢复正常的措施；根本性措施是在查明偏差发生的原因之后所采取的能够杜绝此类事情发生的根本性的措施。

在控制措施的选择和实施过程中，管理者需要注意的问题主要有如下几个方面。

1. 保持矫正方案的双重优化

管理控制所实施的矫正措施和方案，不仅要根据其实施对象的不同加以选择，而且即使对于同一对象，也要根据具体情况而采取多种不同的方案。这里，判断矫正方案的合适性需要考虑两方面要求：一是矫正工作的经济性。如果管理人员发现某矫正方案实施的成本将大于所任偏差发展所可能带来的损失，那么，此时理性的选择应该是放弃矫正行动。力求使矫正行动的成本小于偏差可能带来的损失，这种经济性要求是决定该项管理控制工作是否有必要采取的前提条件。在此基础上要考虑的另一个方面是，管理控制工作必须在满足经济性要求的前提下，通过对各种可行的矫正方案的分析比较，找出其中相对最优的方案，以实现追加投入最少、解决偏差效果满意的目的。

2. 注意消除组织成员对矫正措施的疑惑

应该看到，管理控制措施的实施都会在不同程度上引起组织结构、人员关系和活动方式的调整，从而会多多少少触及某些组织成员的利益。不同的组织成员会因此对矫正措施持有不相同甚至对立的态度。特别是当矫正措施属于对原先计划安排的活动进行重大调整的时候，一些事先就反对原计划的人就不仅会幸灾乐祸，还可能借此对原先决策的失误夸大其词，或者将事态发展引起的变化与原先决策的错误混为一谈，还有一些人则对矫正方案持怀疑、观望的态度。原先计划的制订者和支持者会害怕计划的改变意味着自己的失败，从而也公开或暗地里反对矫正措施的实施；至于执行原决策的从事具体活动的基层工作人员，则可能由于对自己参与形成的或开始形成的活动结果怀有感情，或者担心调整会使自己失去某种工作机会或影响自己的既得利益而极力抵制任何重要矫正措施的制定和执行。一句话，管理者在控制工作中要充分考虑和处理组织成员对准备采取的矫正措施的各种态度，特别是要注意消除执行者的疑虑，争取更多的人理解、赞同和支持这项矫正措施，以避免方案在付诸实施的时候可能出现人为的障碍。

3. 应急性矫正行动与永久性矫正行动并重

纠偏措施一般包括补救性措施和根本性措施两种。管理者在准备采取偏差纠正措施的时候，应该决定此时此刻面对所出现的问题宜采取应急性矫正行动，还是永久性矫正行动。通俗地说，就是要决定是"治标"，还是"治本"。针对所出现的问题立即采取应急性矫正行动，可以及时将出现问题的工作拉到正常的轨道上，但问题的根源可能得不到发现和根除。就像出现火情时人们的第一反应往往是施以救火措施一样，如果企业管理者长期只顾救火，并不去设法根除火灾的隐患，那问题就无法得到根本解决。永久性矫正行动并不是着眼于对症状性质的表层问题马上采取解决措施，而是从"问题的症状——问题的原因——问题的根源"的层层深入分析中，找到彻底解决问题的突破口，然后针对此采取解决的行动。现实中，许多管理者常常以没有时间为借口而偏好于采取应急性矫正行动，并且因采取这种行动取得的直接效果而沾沾自喜。他们没有想到，不断的救火式的应急纠正措施只会把深层次的问题掩盖得更难发现，而且针对某一问题采取的应急性矫正行动还可能会引致其他问题的产生。结果，管理者就只能不断地疲于解决各式各样的表面问题。所以要使两种纠偏措施并重，甚至有时候"治本"重于"治标"的管理控制思想更能取胜。

4. 充分考虑原有计划实施的影响

管理者无论是因为客观环境的变化而感到有必要采取控制行动，还是随着自己对客观环境认知能力的提高而对原定的计划产生了怀疑，这两方面原因都可能导致对目前正在实施的计划的部分甚至全部内容的修订或否定，由此进行的管理控制就会使企业经营活动方向发生或大或小的调整。这种调整有类似于"追踪决策"的性质。因此，管理者在实施管理控制中，在制定和选择追踪决策方案的时候，就需要充分考虑组织由于初始决策的实施已经消耗的资源和这种消耗对客观环境造成的种种影响以及人员思想观念的转变等问题。

第四节 有效控制的要求

控制的目的是保证组织活动符合计划的要求，以有效地实现预定目标。但是并不是所有的控制活动都能达到预期的目的。要实施有效的控制需要具备三个基本前提，即明确的计划、负责控制工作的机构以及畅通的信息反馈渠道。此外，有效的控制还要有及时性，并与计划和组织结构相一致，要客观合理、突出重点、灵活、经济，要反馈迅速、便于沟通，并考虑关键控制点上的例外情况，有纠正措施。只有从控制的基本原则出发，适时地、适度地、客观地和有弹性地处理控制问题，才有可能达到有效控制。

一、控制的及时性

组织活动中产生的偏差只有及时采取措施加以纠正,才能避免偏差的扩大,或防止偏差对企业不利影响的扩散。及时纠偏,要求管理人员及时掌握能够反映偏差产生及其严重程度的信息。纠正偏差的最理想方法应该是在偏差未产生之前,就注意到偏差产生的可能性,从而预先采取必要的防范措施,防止偏差的产生。

预测偏差的产生,虽然在实践中有许多困难,但在理论上是可行的,即可以通过建立企业经营状况的预警系统来实现。我们可以为需要控制的对象建立一条警戒线,反映经营状况的数据一旦超过这个警戒线,预警系统就会发出警报,提醒人们采取必要的措施防止偏差的产生和扩大。

质量控制图可以被认为是一个简单的预警系统,如图12-3所示。

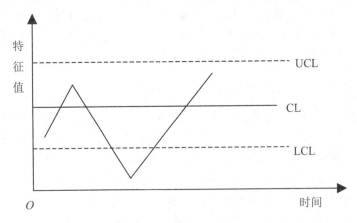

图12-3 质量控制系统

在图12-3中,纵轴表示反映产品某个质量特征或某项工作质量完善程度的数值,横轴表示取值(即进行控制)的时间,中心线CL表示反映质量特征的标准状况,UCL和LCL分别表示上、下警戒线。反映质量特征的数据如果始终分布在CL周围,则表示质量"在控制中",而一旦越过UCL和LCL,则表示出现了质量问题。在这以前,质量控制人员就应提高警惕,注意质量变化的趋势,并制定或采取必要的纠正措施。

二、控制应与计划相一致

管理的各项职能相互关联、相互制约。控制的目的既然是为了保证计划得到顺利实现,它就需要依靠组织中的各单位、各部门及全体成员来实施。所以控制系统和控制方法应当与计划和组织的特点相适应。不同的计划具有不同的特点,因而控制所需的信息也各不相同。例如,对成本计划的控制信息主要是各部门、各单位甚至各种产品在生产经营过程中发生的费用；对产品销售计划的控制，则要收集销售产品的品种、规格、数量和交货期的情况。控制工作越是考虑到各种计划的特点，就越能更好地发挥作用。

三、控制应与组织结构相一致

控制应当反映组织结构的类型和特征。组织结构既然明确规定了企业内每个人所担任的职务和相应的职责权限，因而它也就可以成为确定计划执行的职权所在和产生偏差的职责所在的依据。由此也说明了，有效的管理控制必须要能够反映一个组织的结构状况并通过健全的组织结构予以保证，否则只能是空谈。健全的组织结构有两方面的含义：一方面，要能在组织中将反映实际情况和工作状态的信息迅速地上传下达，保证联络渠道的畅通；另一方面，要做到责权分明，使组织结构中的每个部门、每个人都能切实担负起自己的责任。否则，偏差一旦出现就难以纠正，控制也就不可能得以实现。

四、控制标准应客观合理

有效的控制必须是客观的、符合企业实际的。控制工作应该针对企业的实际状况，采取必要的纠偏措施，或促进企业活动沿着原先的轨道继续前进。客观的控制源于对企业经营活动状况及其变化的客观了解和评价。为此，控制过程中采用的检查、测量的技术和手段必须能正确地反映企业经营时空上的变化程度和分布状况，准确地判断和评价企业各部门、各环节的工作和计划要求的相符或相背离程度，这种判断和评价的正确程度还取决于衡量工作成效的标准是否客观和恰当。为此，企业还必须定期检查过去规定的标准和计算规范，使之符合现时的要求。另外，由于管理工作带有许多主观成分，因此，对一名下属人员的工作是否符合计划要求，不应不切实际地加以主观评定，只要是凭主观来控制的地方，都会影响对业绩的判断。没有客观的标准、态度和准确的检测手段，人们对企业实际工作就不易有一个正确的认识，从而难以制定出正确的措施，进行客观的控制。

五、控制要突出重点

任何组织都不可能对每一个部门、每一个环节的每一个人在每一时刻的工作情况进行全面的控制。由于存在对控制者再控制的问题，这种全面控制甚至会造成组织中控制人员远远多于现场作业人员的现象。值得庆幸的是，并不是所有成员的每一项工作都具有相同的发生偏差的概率，并不是所有可能发生的偏差都会对组织带来相同程度的影响。企业工资成本超出计划的5%对经营成果的影响要远远高于行政系统的邮资费用超过预算的20%。这表明，全面系统的控制不仅代价极高，而且也是不必要的。所以要求企业在建立控制系统时找出影响企业经营成果的关键环节和关键因素，并据此在相关环节上设立预警系统或关键控制点，进行重点控制。选择关键控制点是一条比较重要的控制原则，有了这类标准，管理人员不必完全了解计划执行中的全部具体细节，就能达到对工作有效控制的目的。管理者不能也不必事无巨细地对组织活动的方方面面都进行控制，而是要针对重要的、关键的因素实施重点控制。作为一位负责的管理人员，可能会希望自己对所管理的领域有全面的了解和把握，但组织中的工作活动往往错综复杂、涉及面广，谁也无法对每一方面、每一件事均予以控制。因此，根据"关键的少数，次要的多数"的统计规律，找出和确定最能反映或体现经营成果的关键因素，并加以控制，这就可以成为一种有效的控制方法，达到节约成本和改善信息沟通的效果，同时，也使管理人员以有限的时间和精力做出更加有成效的业绩。

六、控制要有灵活性

企业在生产经营过程中经常可能遇到某种突发的、无力抗拒的变化，这些变化使企业计划与现实条件严重背离。有效的控制系统应在这样的情况下仍能发挥作用，维持企业的运营，也就是说，应该具有灵活性或弹性。

灵活的控制是指控制系统能适应主客观条件的变化，持续地发挥作用。控制工作本身是变化的，其依据的标准、衡量工作所用的方法等都可能会随着情况的变化而变化。如果事先制订的计划因为预见不到的情况而无法执行，而事先设计的控制系统仍在如期运转，那将会在错误的道路上越走越远。例如，假设预算是根据一定的销售量制定的，那么，如果实际销售量远远高于或低于预测的销售量，原来的预算就会变得毫无意义，这时就要求修改甚至重新制定预算，并根据新的预算制定合适的控制标准。

【案例12-5】弹性时间

凯西是华盛顿某政府机关办公室的管理人员。最近，她的下属职工们士气低落，原因是他们原先实行了弹性工作制，现又恢复了上午8时到下午4时半的传统工作制。

上级批准她的办公室实行弹性时间时，她慎重地宣布了弹性时间制度。上午10时到下午2时半为核心时间，每人必须上班；上午6时到下午6时中除了规定的核心时间，可由个人自由选择上下班时间补足8小时。她相信职工是诚实的并且已经被激励，因此没有制定新的控制系统。

一切工作进行得很顺利，士气旺盛。两年后，从会计办公室来了位审计员，调查凯西的职工每人每天工作岗位小时，有两位雇员只有核心时间来工作已达两个月之久。凯西的部门经理看到审计员的报告后，命令凯西的办公室仍恢复一般传统工作制度。凯西非常不安，对她的职员很失望，她认为自己信任的人使她下不了台。

有效控制要求我们进行弹性控制，即在控制中应建立信息反馈控制系统，通过该系统使被控制对象能够实现自我控制，灵敏适应环境。

(资料来源：豆丁网，http://www.docin.com/)

七、控制要考虑例外情况

控制也应强调例外。管理者将控制工作重点放在计划实施中的例外情况上，可以使他们把有限的精力集中在真正需要引起注意和重视的问题上。不过，例外并不能仅仅依据偏差数值的大小来确定，而要考虑客观的实际情况。在同一个组织中，对于不同类别的工作，一定额度的偏差所反映的事态严重程度并不一样。有时，管理费用高于预算的5%可能无关紧要，而产品合格率下降1%却可能出现产品严重滞销问题。所以，在实际工作中，例外原则必须与控制关键问题的原则结合起来，注意关键问题上的例外情况。

八、控制要考虑经济性

控制过程中的人力、物力、财力的消耗，必须与控制的必要性程度和其效果相适应，因此要考虑控制的经济性。控制的经济性体现在两个方面：一是实行有选择的控制，全面周到、无微不至的控制，不仅是不必要的也是不可能的。从经济性角度考虑，控制系统并不是越复杂越好，也不是控制力度越大越好。控制系统越复杂、控制工作力度越大，只意味着控制的投入越大，因此，要有重点地选择必要的控制点。二是要努力降低控制过程中的各项耗费，改进控制方法和手段，提高控制效率和效果。管理人员要精心设计、检查控制系统，以确保控制系统节省成本。控制系统的开支必须低于它所带来的收益，在对控制系统进行改进时，增加的收入必须大于增加的支出。

九、控制要能迅速反馈、便于沟通

控制必须以有效的信息为前提。如果组织内的信息不能顺畅流动，缺乏信息传递和反馈，控制就无法进行。所以，信息通畅与否直接影响着控制效率。信息流通不畅的主要表现及原因有以下几点。

(1) 反馈不真实，下属受多种因素影响，不及时向上级报告新发生的问题，计划执行中产生了偏差的信息不能及时传递到施控者手中。下属不愿向上级如实汇报情况的主要原因常见的是：①上级好大喜功，下级报喜不报忧；②下级故意隐瞒错误，逃避责任。

(2) 层次太多，反馈不及时，环节太多，程序烦琐，文牍主义，造成信息传递缓慢，等到情况传递到施控者手中，问题已经成了堆，并且层次太多造成层层过滤，施控者接收到的是不完整的信息，据此无法做出判断与决策。

反馈是现代控制的特征之一，没有反馈，控制不可能提高效率。施控者不是万能的，他必须依据受控者的反馈来判断和决策。建立反馈观念，重视反馈，不仅要建立制度化的反馈机构，更为重要的是要让下级畅所欲言，敢讲、愿讲真话，全面、及时地反映真实情况。

十、控制应有纠正措施

控制只有在对已经发生的偏差采取措施,即通过适当的计划、组织、人事及领导方法对偏差加以纠正以后,才能了解它是否正确地发挥了作用。控制如果没有采取行动,就会成为管理者和参谋人员手中的无效工具。这个原则再一次证明了在管理中如果不能正确地行使各项职能,或者没有把这些职能看作在一个开放的社会系统下运行的有机整体,那么就不可能进行有效的管理。

案 例 分 析

西方石油公司的控制问题

西方石油公司是由百万富翁维克多·伊斯曼及他的几位朋友各投资 25 万美元在 1957 年创建起来的。从几家大石油公司招聘来的几位年轻地质学家看到在西方石油公司有显身手的机会,而且伊斯曼先生又敢作敢为,公司就在加利福尼亚北部着手一项生气勃勃的勘探计划。他们的计划很快取得了成功,发现一个大油气田和几个优良产油井。由于在这些油气田中得到了大量利润以及伊斯曼先生在北非某国取得了开采特权,这群年轻地质学家的才华,当公司在非洲发现大油田时,得到了报偿。

随着利润的积累,银行竞相向西方石油公司贷款。投资者也迫切地购买该公司的股票,西方石油公司吞并了几家大的公司。其中包括:

① 马斯脱化学公司,是美国最大的工业化学品和化肥厂家之一,年销售额为 5 亿美元;

② 贝伐利煤炭公司,是美国第三大采煤公司,年销售额超过了 3 亿美元;

③ 本南特油气公司,在欧洲有炼油厂和零售石油产品的批发商店,年销售额为 3.5 亿美元;

④ 其他几家公司,经营石油销售、房地产开发以及塑料产品。此外,西方石油公司继续执行其在美国和国外寻找石油的计划。

该公司经历了特殊的发展历程。1957 年它的销售额还不足 50 万美元,但到了 1974 年,销售额就增长到 27 亿美元。利润也保持同步增长。虽然石油公司向银行和其他单位借了很多钱,而且还向公众出售了 4000 多万份新股,在这一时期,股票价格上涨仍超过了 20 倍。

利润在 1974 年虽然停止增长,但销售额仍比 1973 年增加 15%。西方石油公司的高层主管部门却并不认为这有什么问题,原因是西方石油公司在新石油勘探中投入了大笔资金,而且由于化工公司建厂过多和激烈的价格竞争,该公司的工业化学产品几乎是没有利润的。但是很明显,股票市场对西方石油公司有些担忧。公司的股份在 1972 年曾上升到 105 美元,而在 1974 年下降到 15 美元。既然所有的石油和化工产品股票价格都在下降,所以该公司的高层主管部门对此仍未给予太多注意。

然而，到了1974年年末，发生了许多不利事件，使西方石油公司的高层主管部门受到了震惊。其中重大的事件有以下几个。

(1) 由于新的、较大的化工产品竞争对手为了使他们的化工产品生产量尽量达到或接近生产能力，在经营上加强了竞争，所以化工产品的利润持续下降。

(2) 全国煤炭工业的罢工是煤矿在1974年10月和11月几乎连续关闭了两个月，使公司利润减少1100多万美元。

(3) 此外，新的全国煤矿安全法对开矿工作程序作了严格的改动规定，降低了劳动生产率，而且规定在雇用不到有经验的煤矿工时，要雇用许多新矿工，甚至不得不雇用一些缺少经验的矿工。

(4) 根据新的劳工合同，煤矿工人的工资有相当大的增长。贝伐利煤炭公司发现，它不能把增加的费用以及由于生产效率降低而提高的成本转移给公用事业消费者，因为公司与他们订有价格固定的长期合同。煤炭公司的主管部门对合同解释的理由是：历史证明，成本的增加总是可以由产量的增加而抵消的。

(5) 塑料薄膜、塑料板和塑料纤维分公司在1974年的亏损超过1000万美元，这主要是由于：

① 新厂设计不当，运转费用比预期高；

② 新的、有前途的塑料材料达不到规定指标，结果买主又把它整车运回公司；

③ 由于称重、检查和储存方法的设施不当而发生原材料大量浪费。

(6) 在1974年度的最大亏损，是把8800万美元作为2亿美元为期3~5年油船租赁可能损失的一部分报损处理。欧洲企业的总经理已开始着手于一项雄心勃勃的租用油船的计划方案。这样可以保证公司在中东出现问题、北非油田受损的情况下，仍可把石油从沙特阿拉伯和其他波斯湾地区运到欧洲。1974年对局势的观察表明，租赁油船不是一定需要的，而且油船租赁率下降得相当多，公司不得不把账面价值大大降低。当人们对揭露的这笔巨大亏损提出问题时，发现欧洲的总经理是自作主张要租赁油船的。当要求这位总经理为这一代价沉重的决策而辞职时，他为自己辩解说自己在伊斯曼先生在国外旅游时曾向他提出过这个想法，而伊斯曼先生曾表示这是一个好的主意。

(7) 其他令人失望的事情又损失掉许多，还有其他不成功的投资。一家小分公司的总经理拟准备在他的分公司总部所在地建造一幢新办公楼，费用为600万美元，在建造接近尾声时，发现他的分公司正在与另一家分公司进行合并，而合并后的公司总部要迁到另一个城市去。负责在国外油田钻探油井的经理遇到了预料不到的困难，他超支预算达500万美元，但在此之前，公司总部中竟然无人知晓，而且不知道油井已被废弃。

伊斯曼先生坚持认为，一个机构的总部应当精简干练。他认为，他能够以董事长和总经理的身份来监视西方石油公司的经营管理，总经理的工作是与各个分公司和子公司的经营保持密切联系。伊斯曼先生要对公司的重大决策做出决定，而且特别要对新的兼并以及石油勘探新租约和特许权进行谈判。他坚持认为，每个子公司和分公司的高级管理人员应该自己从事经营管理，而且主要根据收益表和资产负债表来评定他们的工作成绩。

总部的主要控制方法是资本投资费用的预算。每年财务副总经理都要与分公司和子公司高级主管人员坐在一起，听取他们对资本投资的需要量，然后运用自己的判断把资金分配到投资项目中去。此外，每隔3个月分公司和子公司都要向总部上报资产负债表和收益报表。这些报表由会计部门审查，然后用以编制公司汇总报表，向银行和投资者发送。

【问题】

1. 你认为西方石油公司的控制系统完善吗？其中的根本问题何在？
2. 你将向西方石油公司建议什么样的控制方案？

(资料来源：冯国珍. 管理学习题与案例. 上海：复旦大学出版社，2011)

阅 读 资 料

客户服务质量控制

美国某信用卡公司的卡片分部认识到高质量客户服务是多么重要。客户服务不仅影响公司信誉，也和公司利润息息相关。比如，一张信用卡每早到客户手中一天，公司可获得33美分的额外销售收入，这样一年下来，公司将有140万美元的净利润。及时地将新办理的和更换的信用卡送到客户手中是客户服务质量的一个重要方面，但这远远不够。

决定对客户服务质量进行控制来反映其重要性的想法，最初是由卡片分部的一个地区副总裁凯西·帕克提出来的。她说："一段时间以来，我们对传统的评价客户服务的方法不大满意。向管理部门提交的报告有偏差，因为它们很少包括有问题但没有抱怨的客户，或那些只是勉强满意公司服务的客户。"她相信，真正衡量客户服务的标准必须基于和反映持卡人的见解。这就意味着要对公司控制程序进行彻底检查。第一项工作就是确定用户对公司的期望。对抱怨信件的分析指出了客户服务的三个重要特点：及时性、准确性和反应灵敏性。持卡者希望准时收到账单、快速处理地址变动、采取行动解决抱怨。

了解了客户期望，公司质量保证人员开始建立控制客户服务质量的标准。所建立的180多个标准反映了诸如申请处理、信用卡发行、账单查询反应及账户服务费代理等服务项目的可接受的服务质量。这些标准都基于用户所期望的服务的及时性、准确性和反应灵敏性上。同时也考虑了其他一些因素。

除了客户见解，服务质量标准还反映了公司竞争性、能力和一些经济因素。比如：一些标准因竞争引入，一些标准受组织现行处理能力影响，另一些标准反映了经济上的能力。考虑了每一个因素后，适当的标准就成形了，所以开始实施控制服务质量的计划。

计划实施效果很好，比如处理信用卡申请的时间由35天降到15天，更换信用卡从15

天降到 2 天，回答用户查询时间从 16 天降到 10 天。这些改进给公司带来的潜在利润是巨大的。例如，办理新卡和更换旧卡节省的时间会给公司带来 1750 万美元的额外收入。另外，如果用户能及时收到信用卡，他们就不会使用竞争者的卡片了。

该质量控制计划潜在的收入和利润对公司还有其他的益处，该计划使整个公司都注重客户期望。各部门都以自己的客户服务记录为骄傲。而且每个雇员都对改进客户服务做出了贡献，使员工士气大增。每个雇员在为客户服务时，都认为自己是公司的一部分，是公司的代表。

信用卡部客户服务质量控制计划的成功，使公司其他部门纷纷效仿。无疑，它对该公司的贡献将是非常巨大的。

(资料来源：上海电机学院经济管理学院网站，http://jingjx.shcemt.edu.cn)

本 章 小 结

控制是通过制订计划或标准，以及建立信息反馈系统，检查实际工作的进度和结果，及时发现偏差，找出原因，并采取纠正措施的一系列活动。控制之所以重要是因为它在组织环境迅速变化和组织日益复杂的情况下，确保组织的活动按计划进行，顺利实现组织目标，并能预防和纠正管理者的失误，确保授权时责任的落实。控制作为一种管理职能，与计划、组织、领导职能有着密切的联系。控制在管理中具有重要的作用，是完成计划的重要保障，提高组织效率的有效手段，管理创新的催化剂，使组织适应环境的重要保障。

控制的典型分类有三种：一是按主体划分为内部控制和外部控制；二是按时间划分为前馈控制、现场控制和反馈控制；三是按控制对象划分为产出控制、行为控制、组织文化和小团体控制三种类型。根据不同需要，可以采用不同的控制类型，设定不同的控制内容。

控制的基本程序包括三个步骤：一是建立标准，二是根据标准衡量工作绩效，三是纠正偏差。

要实施有效的控制需要具备三个基本前提，即明确的计划、负责控制工作的机构以及畅通的信息反馈渠道。此外，有效的控制还要有及时性，并与计划和组织结构相一致，要客观合理、突出重点、灵活、经济，要反馈迅速、便于沟通，并考虑关键控制点上的例外情况，有纠正措施。控制是从总经理到基层管理人员甚至员工都应该执行的职能。分析控制的层次有助于识别组织各层次管理人员乃至一线工作人员所肩负的控制责任。

自 测 题

一、单项选择题

1. 控制就是使事情按计划进行。为此就需要在企业中建立信息反馈机制，随时监控是否存在偏差。在发现偏差后，有人提倡"消灭偏差"，对于这种提法你如何看待(　　)。
   A. 这种提法是正确的，只有消灭了偏差才能确保计划的顺利实现
   B. 这种提法是错误的，如果要完全消灭偏差成本太高了
   C. 这种提法是错误的，关键问题是找到偏差出现的原因，消除原因才是根本的解决途径
   D. 以上提法都不正确

2. 某企业到了2月底，发现甲产品第一季度的生产计划才完成了40%，便采取日夜轮班的方式以完成计划；发现乙产品供大于求，价格下降，立即决定停止生产。这些措施(　　)。
   A. 均为反馈控制   B. 均为前馈控制
   C. 前者为反馈控制，后者为前馈控制   D. 前者为前馈控制，后者为反馈控制

3. 控制工作中，评估和分析偏差信息时，首先要(　　)。
   A. 判别偏差产生的主要原因   B. 判别偏差的严重程度
   C. 找出偏差产生的确切位置   D. 找出偏差产生的责任人

4. 现场控制是指某项活动(　　)。
   A. 在开始前实施的控制   B. 在进行中实施的控制
   C. 发生变化后实施的控制   D. 产生成果后实施的控制

5. 持续不断地"救火"，解决现场中出现的紧急问题，这意味着管理者应该开始着手考虑以下何种行为了(　　)。
   A. 修正控制标准   B. 组织更多的人员采取纠正行动
   C. 衡量实际绩效   D. 认真分析问题产生的原因

6. 工厂在需求高峰来临之前，添置机器、安排人员、加大生产量的行动属于(　　)。
   A. 前馈控制   B. 现场控制
   C. 反馈控制   D. 成本控制

7. 工厂对出厂的产品进行的检验属于(　　)。
   A. 前馈控制   B. 现场控制
   C. 反馈控制   D. 成本控制

8. 管理控制工作的一般过程是(　　)。
   A. 确定标准、衡量绩效、纠正偏差   B. 衡量绩效、纠正偏差、确定标准
   C. 确定标准、纠正偏差、衡量绩效   D. 衡量绩效、确定标准、纠正偏差

第十二章 控制基础

二、多项选择题

1. 控制工作除了要能及时地发现执行过程中发生偏离计划的情况外，还必须知道（　　）。
   A. 发生偏差的时间　　　　　　B. 发生偏差的责任
   C. 采取纠正措施应由谁来负责　　D. 对偏差的处理结果
   E. 偏差所造成的经济损失

2. 制定控制标准的过程通常包含（　　）。
   A. 确定控制对象　　　B. 选择关键控制点　　C. 制定控制标准
   D. 衡量绩效　　　　　E. 纠正偏差

3. 下面几种情况是同一类型控制的有（　　）。
   A. 根据组织结构所规定的职位要求以及由此而决定的对处于这些职位上的人员的技术和素质要求，对管理者和非管理者进行选聘、考证和培训
   B. 企业运用统计抽样的方法对进厂原材料的质量进行检验
   C. 农药供应企业根据当年的虫害预报调集农药，做好储备
   D. 治病不如防病，防病不如讲卫生
   E. 某商场为了提高服务质量，聘请有关专家在售货现场对销售人员的售货进行指导

4. 根据控制在执行过程中发生作用的时段，人们将控制工作分为（　　）。
   A. 前馈控制　　　　　B. 成本控制　　　　　C. 财务控制
   D. 现场控制　　　　　E. 反馈控制

5. 前馈控制的优点在于（　　）。
   A. 避免了事后控制对已铸成差错无能为力的弊端
   B. 容易在控制者和被控制者之间形成心理上的对立
   C. 不易造成对立面的冲突，易于被职工接受并付诸实施
   D. 便于总结经验
   E. 适用于一切领域的所有工作

6. 以下属于前馈控制的是（　　）。
   A. 学生上课前预习
   B. 工厂质量管理首先控制原材料的质量
   C. 设备的预先维修
   D. 每年安排的身体体检
   E. 用户意见和建议

三、判断题

1. 衡量绩效是控制活动的最终目的。　　　　　　　　　　　　　　　（　　）
2. 成语"亡羊补牢"就属于现场控制。　　　　　　　　　　　　　　（　　）
3. 把工作重点和注意力集中在历史结果上，并将它作为未来行为基础的控制称为前馈控制。　　　　　　　　　　　　　　　　　　　　　　　　　（　　）

4. 控制过程中的纠正偏差有可能是针对具体活动，也有可能针对计划或衡量这些活动的标准。（　　）

四、简答题

1. 什么是控制？控制的必要性体现在哪些方面？
2. 按控制的时间可以把控制分为哪些类型？它们各自有什么特点？
3. 有效控制的特点有哪些？

五、论述题

结合实际阐述管理控制的基本过程。

第十三章 控制技术和方法

【学习要点及目标】

通过本章的学习，要求熟悉各种常见的经营控制方式；掌握预算等最常用的控制方法；清楚各种控制方式、控制方法的特点和适用场合，并能根据组织活动具体的控制需要选择适当的控制方式和方法。

【关键概念】

预算控制　财务控制　质量控制　时间控制　安全控制　亲自观察

【引导案例】

> **袋鼠与笼子**
>
> 有一天动物园的管理员们发现袋鼠从笼子里跑出来了，于是开会讨论，一致认为是笼子的高度过低，从而导致袋鼠从笼子里跳了出来。所以他们决定将笼子的高度由原来的10公尺加高到20公尺。谁知第二天，他们发现袋鼠依旧能够跑到外面来，所以他们又决定再将高度加高到30公尺。然而，没料到第三天居然又看到袋鼠全跑到外面，于是管理员们大为紧张，决定一不做二不休，索性将笼子的高度加高到100公尺："嘿嘿，这下子看你还能不能跳出如来佛的神掌？"第四天，神了，袋鼠还是从笼子里跑了出来，而且，还在与它们的好朋友长颈鹿聊天呢。"你们看，这些人会不会再继续加高你们的笼子呢？"长颈鹿问。"很难说。"袋鼠说，"如果他们再继续忘记关门！"
>
> （资料来源：万卉林，贾书章，李淑勤. 管理学. 武汉：武汉理工大学出版社，2006）

以上案例说明，控制是管理工作的重要一环，任何组织活动都离不开控制，而仅有控制手段还不够，还需要遵循一定的控制原则和方法。本章主要讲述常见的控制方式和控制方法，通过学习本章相关内容，分析这些问题。

第一节　常见的控制方式

经营控制是指管理者对组织中的人、财、物等各方面资源运用状况和成效的控制。在经营控制中，最常见的控制方式包括：财务控制、时间控制、数量和质量控制、安全控制、人员行为控制和信息控制。

一、财务控制

　　一个组织中业务活动的开展,几乎都伴随着资金的流动,因此管理控制中最广泛运用的一种方法就是财务控制。财务控制通过对一个组织中资金流动状况的监督和分析,对组织中各个部门、人员的活动和工作实施控制,主要致力于资金的合理运用和增值。最常见的财务控制方法有预算控制、会计稽核、财务报表分析等。

　　预算是一种以货币和数量表示的计划,是关于为完成组织目标和计划所需资金的来源和用途的一项书面说明。预算可以控制各项活动的开展,并为工作效果评价提供检验标准。本章第二节将对预算控制作详细介绍。

　　会计稽核的目的是通过对财务成本计划和财务收支计划的审查,以及对会计凭证和账表的复核,及时发现会计中存在的问题。

　　财务报表,用于反映组织期末财务状况和计划期内的经营成果的数字表。财务报表分析,就是以财务报表为依据来分析判断组织的经营状况,从中发现问题。它是组织监控资产的流动性、总体财务状况和盈利能力三个主要方面的财务状况的基本工具。对组织整体绩效进行控制的两个主要的财务报表是资产负债表和损益表。

二、时间控制

　　时间是一种重要的资源,从某种意义上来说,时间是比人、财、物等更加重要的资源。任何组织的活动都是在一定的时间内进行的,对时间进行控制的目的是使组织对其实现目标过程中的各项工作做出合理的安排,以求按期实现组织目标。

　　时间控制的关键是确定各项活动的进行是否符合预定时间表的时间安排。在时间控制中,甘特图和网络计划技术是常用的工具,它们都有助于物资、设备、人力在指定的时间到达预定的地点,使之紧密地配合以完成任务。网络计划技术在本书的第三章已作介绍,甘特图将在本章第二节阐述。

三、数量控制和质量控制

　　控制数量以满足生产和服务的需要,是每一个管理者都十分重视的问题。管理人员只有心中有"数",才能纵观全局。控制数量,关键是要确定控制的数量标准。标准是衡量实际业绩的尺度,应合理并且能为大家所接受。数量控制标准的制定可通过动作研究和时间研究、过去的经验、同业的资料比较等来确定。

　　质量和数量是一个问题的两个方面,对数量的控制很重要,但其前提是要有一定的质量水平。质量不合格的次品,是不能计入产品数量的。没有质量也就没有数量,没有质量也就没有效益,粗制滥造,必然废品成堆,造成产品积压、经济亏损。因此,数量和质量相比较，质量更为重要。

加强质量控制是一项非常费时、费力的工作。随着影响质量的因素的复杂化，提高质量需要组织中每一个成员、每一项工作的配合。因此在质量控制过程中，必须实行全员参与的全面质量管理。努力提高全体人员的责任心和工作能力，树立认真负责、严谨细致、用户至上、质量第一的风气，建立质量经济分析制度，开展质量管理小组活动等，对于加强质量控制都是十分必要的。

常用的质量和数量控制方法是统计分析法，即通过对以前发生的情况的数字进行统计分析，制定相应的控制措施。

【案例13-1】格力做成中国空调老大

格力耗时八年与春兰争夺业界第一，终于在1997年分出胜负，1998年格力至8月底出售150万台，产销量、出口、市场占有率第一，比1997年增长了30%，格力以广告宣传、低调著称。对于格力获胜的原因，众说纷纭，本报记者深入格力集团发现：除了专业化经营，科学营销网络，最重要的是格力的质量控制体系。

变频空调在世界空调器中已占70%的份额。中国在这方面刚刚起步，却已有不少厂家推出。而作为业界老大的格力却迟迟未见动静。总经理朱江洪认为，目前变频空调变频时会有噪音，而且受电磁波干扰，容易造成麻烦。格力终于在2000年10月份攻克这一技术难题，才推出格力变频空调与消费者见面。"一定不能拿消费者做试验品。"朱江洪认为：推出不成熟的新产品，也许会在短期内占领市场，但让消费者付诸实验，市场反馈再做改进的代价，往往得不偿失，企业损失更大。

格力并不是一开始就重视质量控制问题。到1993年时，格力和其他国产空调一样存在着噪音等问题，当时格力对此争论也颇多。一种意见认为格力和春兰、科龙相比质量并不差，没有必要在这问题上花更大力气，应该在规模上、价格上向同类对手发起冲击。朱江洪亦认为质量改进是慢慢进行的过程。

但一件小事改变了格力人的看法，当时一个意大利公司进口的20台格力空调全部遭退货，原因是其中一台室外机的外壳在使用3个月后出现了一个锈斑。格力人认识到在国际市场有一个更高的标准存在。格力必须把质量控制放在国际与未来市场的标准上来重新考虑这个问题。朱江洪不仅把国内空调普通轧钢板全部换成镀锌钢板，而且考虑构筑格力的质量体系。1995年3月，格力成立了独一无二的筛选工厂，600人的工厂不产生效益，只负责对进货所有零件进行100%的筛选，然后提供给组装车间。这看似人员和财力的极大浪费，格力人却有自己的见解：朱江洪认为只要有1%的零部件不合格，那么生产出来的整机便100%不合格。尽管是"笨方法"，筛选工厂的钱省不得——因为即使一部整机一个零件出问题，你再怎么维修好，再怎么服务好，消费者心中都会有抹不去的阴影与不舒服感。

筛选工厂对格力的质量控制起了很大作用，也为格力在1996年扩大规模，获得空调界第一，打下基础。目前格力空调在社会上的保有量已达600万台。如果一旦1%出问题，其维修量是其他厂家的 3 倍多,而筛选工厂正可以保证格力在质量得到严格控制条件下,迅速轻松地扩大规模。筛选工厂成为格力的法宝,记者要求进入该厂参观,被以"商业机密"理由拒绝。

在格力车间,与众不同的是每一道流水线的工序都有检测室和两名检测员,而不是和其他厂一样只有在终端有检测员。检测员非常严肃、小心,因为一旦漏过一个机器或未检测出问题,查到一律被开除。除了筛选厂,格力总共有 400 多个检测员。格力以零缺陷工程著称,试图把问题消灭在最初的环节。朱江洪是搞技术出身的,制定了严格的 18 条总裁禁令。其中一条甚至专门规定海棉条贴法,称:要两头按好,中间一抹,这样才服帖,才能减少噪音。禁令规定任何工人少这一抹,发现两次立即被开除。在格力车间,工人因朱江洪的严厉质量要求,称其为"质量宪兵队队长"。

在格力管理分工非常明确,董明珠副总经理负责销售,另一副总经理冯先生负责生产,而朱江洪亲自负责质量控制和产品开发。格力认为质量控制,不仅包括产品品质的稳定,还要包括新产品开发过程的控制。格力新产品开发以"开发一代、预研一代、生产一代"为标准,当年在与春兰争夺市场时,格力就以面目变化多、新产品开发快著称。朱江洪认为"每一个产品就是最好的广告"。在近 8 年,格力既没有发起过一次价格战,也没有一次广告攻势,却稳稳坐上了中国空调老大的宝座。目前格力价格仍高于同类产品,在目前价格战和广告战盛行的中国市场,格力是个例外。

(资料来源:北方工业大学精品课程网,http://jpk.ncut.edu.cn/)

四、安全控制

安全控制包括人身安全、财产安全、资料安全等方面的内容,由于直接关系到组织内人心的稳定、财产的保障、组织的前途,因此安全控制也是经营控制的一个重要方面。

(一)人身安全控制

人身安全控制的核心是控制各种工伤事故和职业病的发生。在我们的社会财富中,人是最宝贵的,作为管理者有责任保证组织成员的人身安全。为此要努力营造安全的工作环境,建立定期体检制度。设置安全控制保护系统,采取措施消除可能产生不安全的各种隐患。要加强对全体人员的安全教育,使之遵守安全操作方法;对于已发生的事故,应做好调查和记录工作,深入分析原因,防止重犯。

(二)财产安全控制

组织中的各种财产是组织各项工作得以开展的物质保证,对于组织中的各种物资要进行妥善的保管。要建立适当的保管制度,根据不同物资的特性确定不同的保存要求,防止变质、丢失、火灾等事故的发生;要建立警卫制度,对保存有重要物资的部门设置安全门、警灯等系统及其他警备设施;要建立检查制度,定期或不定期地清点各类物资,做到账物相符，并检查各种设备是否保持在正常状态，以便在需要时能及时投入使用。

(三)资料安全控制

各种文件、资料、档案、数据库，都是组织过去历史、商业情报和组织知识的记录，对于组织工作和各类问题的处理极为有用。有些资料在不同的时期对不同的组织成员具有一定的机密性，或因为时机不成熟不宜公开，或因可能产生副作用而需加以保密，或因竞争需要而需实施封锁。因此，对于各种文件档案资料，均应建立制度力求妥善地加以保管。有些资料对知道的人来讲似乎微不足道，而对想了解的人来讲则可能是举足轻重的，由于思想麻痹、言行随便而泄露机密，会造成许多意想不到的损失。因此，组织中的各级人员都要加强资料的安全控制。

五、人员行为控制

控制工作从根本上来说是对人的控制，因为任何组织活动的开展都有赖于员工的努力，其他几方面的控制也都要靠人来实行和推行。怎样选择员工和怎样使员工的行为更有效地趋向于组织目标，涉及对员工行为的控制问题。由于人的行为是由人的价值观、性格、经验及社会背景等多种因素综合作用的结果，而这些因素本身又很难用精确的方法加以描述，这就使得对员工行为的控制成了控制中最复杂、最困难的一部分。在员工行为控制中经常用到的控制方法是规章制度和各种工作表现鉴定方法。

规章制度规定了一个组织中员工必须遵守的行为准则。无论是上班迟到还是工作不尽力，都会影响组织目标的实现。正因为如此，绝大多数组织都建立有一整套的规章制度，表明组织可以接受的限度，并认真考核员工遵守规章制度的情况。

工作表现鉴定方法是指对员工的工作表现定出标准，定期鉴定，并根据鉴定结果进行奖惩。它是组织中最重要的控制手段之一。常用的绩效评价方法有鉴定式评价法和指标考核法。鉴定式评价法是最简单、最常用的人员绩效评价法，其具体做法是：由评价者写出一份针对被评价者长处和短处的鉴定，管理者根据这种鉴定给予被鉴定者一个初步的估计。采用这种方法的基本条件是评价者确切地知道被评价者的优、缺点，对其有全面的了解，并能客观地撰写鉴定。由于在实际工作中，这一基本条件较难满足，因此这种方法只能作为一种初步的估计，完全依赖这种方法往往会造成评价的失误。为了克服偏见和主观臆断，就必须建立比较客观的评价标准。指标考核法就是通过事先建立一系列评价指标，由管理者列出每一指标的评价标准，然后由评价者在评价标准中选择最适合被评价者的条目并打上标记，最后由管理者据此加权评分，根据得分的高低评定员工的表现。这种评价方法比较准确客观，但它只适用于从事类似或标准化工作的员工，超出这个范围，其准确性将大为下降。

六、信息控制

信息是进行管理的基础，也是实行有效控制的依据。有效的控制要求对与组织活动及其组织环境有关的信息进行全面的收集、正确的处理和及时的利用。在市场经济条件下，信息作为组织的一项至关重要的资源要素，对组织活动的影响日益加剧。组织要及时了解外部环境，在激烈的市场竞争中得以生存和发展，就应当善于收集、处理和利用信息，建立完善的信息控制系统，为组织的各项活动服务。

任何组织的活动在现实中一般表现为三种运动方式：物流、资金流和信息流。物流是指组织中物质形态的输入(资源)变成为物质形态的输出(成品)的过程。物流反映组织活动的基本运动过程。由于物流运动纷繁复杂，通过直接控制物流的方式来加强管理，有可能使管理者陷入日常事务中而无法脱身。资金流是组织中物流的反映，通过资金流来控制物流，有助于摆脱物流中具体形态的纠葛，从而提高管理的效能。但资金流的控制并不能完全代替物流的控制。能够综合反映物流和资金流的是信息流。信息流可以表现为各种文件、指示、合同、制度及报告等。信息流一方面伴随着物流和资金流的运动而产生，另一方面又对物流和资金流的方向、速度、目标起着规划和调节的作用，使之按一定的目的和规则运动。通过掌握和控制信息，就可以掌握和控制物流和资金流的情况，分析物流和资金流的运动规律，从而实现对物流和资金流的控制。

在组织活动过程中，总是贯穿着信息流，管理者正是通过驾驭信息流来进行控制的。现代组织中常用的信息流控制方法是建立管理信息系统。在现代管理活动中，无论采用哪种控制方法进行控制，只要建立了信息控制系统，都必须做到以下两点。

(1) 系统要力图保持自身稳定于某种状态之中，当发生偏离时，系统首先应能及时察觉，并采取必要的纠正措施，以使系统的活动趋于相对稳定，这叫作"维持现状"。

(2) 系统要力图使自己从某种现存状态过渡到某种期望的状态，即在组织内外环境发生了变化，从而对组织提出了新的要求时，主管人员应当改革和创新，开拓新局面。这时候，就要对原有的计划进行修订，确定新的现实目标，并采取措施突破现状，达到新计划的期望状态。

【案例13-2】计算机化的控制系统

某图书发行公司规模较大，在全国设有20个销售服务中心。由于许多同行业的较小企业都已将计算机应用于记录保存和账务处理，这个公司的总裁感觉到巨大的压力，他要装备一个计算机化的控制系统，为公司及销售服务中心记账。

过去，公司的收支都是用手工作业方式进行处理，会计部门只有两个负责人和5个会计员。账表比较简单，一张日报就显示出包括20个销售中心的数据。工资计算也类似，工资单通常能在24小时以内处理完毕。公司邀请了几家计算机公司去考察，他们的分析是，要想通过计算机来节省人力和费用几乎是不可能的。但是一家公司提供的新型数据处理系统相当令人信服,公司顾问预测,如采用此系统,将有几个好处:①信息处理加快;②业务信息更详尽;③费用可节约。

信息控制系统被采用了。两年以后,总裁听到的汇报是:"采用计算机以前,会计部门仅7人,现在增至9人,外加数据处理中心还有7人。要从计算机得到输出结果确实只需几分钟,但是我们要把最后一个销售服务中心的数据输入之后才能计算,这就是不幸的延误,因为必须等待那个工作最迟缓的单位的数据。的确,我们获得的信息更详尽,但我们不知道是否都有人看,想到计算机打印出的报告中找出所需信息并对它做出分析解释,真太费时间了。我们希望恢复过去的手工方式和账表系统,可是公司已投入这么多的资金,已到了无路可退的地步。"总裁听到这些汇报,也感到为难。

(资料来源:万卉林,贾书章,李淑勤.管理学.武汉:武汉理工大学出版社,2006)

第二节 常用的控制方法

一、预算控制法

预算是管理控制中最基本、运用最广泛的方法。所谓预算就是用货币或其他数量术语等形式来描述组织未来的财务计划或综合计划。它不仅预计了组织在未来一个时期中的经营收入或现金流量,而且为各部门或各项活动规定了在资金、劳动、材料、能源等方面的支出不能超过的额度。预算控制就是根据预算所规定的收入与支出标准来检查和监督各个部门的生产经营活动,以保证组织的各项活动符合计划安排,从而确保组织目标的实现。通过预算,可使计划具体化、数字化,从而更富有可控制性。

(一)预算的种类

不同的组织,预算各有特点,即使是一个组织的不同部门,也存在各种各样的预算。一般归纳起来,预算的种类大致有收支预算、实物量预算、投资预算、现金预算和预算总汇。

1. 收支预算

收支预算也称营业预算,是指组织在预算期内以货币单位表示的收入和经营费用支出的计划预算。其中最基本和最关键的是销售预算,它是销售预测正式的、详细的说明。由于销售预测是组织计划的基础,而企业的盈利和经营费用的支出主要靠销售产品和劳务的收入来维持,所以销售预算成为预算的基础。

各个组织费用的支出项目往往比组织的收入项目多而杂,如人工费、材料费、管理费用、销售费用、财务费用、税金以及营业外支出等。在制定支出预算时,各种可能产生的支出都应尽可能考虑,并应在支出预算中安排一笔适当的不可预见费,以应付一些额外的开支。

2. 实物量预算

实物量预算是以货币单位表示的收支预算的补充和印证。由于收支预算会受到商品价格波动的影响，可能会造成收支预算与实物量投入产出计划的不符，因此用实物量预算来作为货币量收支预算的辅证。常用的实物单位预算是直接工时数、原材料数量、体积、工时数、重量和生产量。

3. 投资预算

投资属于资本性支出，投资预算具体体现的是一个组织在特定时间内固定资金运用的情况。投资预算的项目主要是指用于更新改造或扩充包括厂房、设备在内的固定资产的支出。由于投资支出数额较大，回收时间较长，因此在制定预算的时候要充分考虑各方面的因素，特别是要结合组织的长期发展战略来考虑。

4. 现金预算

现金预算是对组织在未来活动中现金流入与流出情况进行预测，它是以收支预算和投资预算为基础编制的。组织中有些用货币量表示的收入和支出，实际上还没有发生现金的流入和流出。如赊销所引起的销售收入，在未收回赊款之前，不能列入现金收入；同样，采用赊销的方式采购产品所引起的材料采购成本，在未向供应商付款之前，也不能列为现金支出。因此，现金预算所反映的是组织未来活动中的实际现金流量。一个组织的销售收入再大，若不能及时将应收账款收回，或者组织的流动资金被大量存货占用，那么该组织的现金流转仍有可能出现紧张局面。通过现金预算，可以帮助了解组织的现金周转情况，以便在现金不足时筹集资金，在现金多余时及时处理现金余额，并且提供现金收支的控制限额。

5. 预算汇总

预算汇总也就是财务报表预算，包括资产负债表预算和利润表预算。预算汇总可以从总体上反映组织在一定时期内的财务状况和经营成果，是控制组织的资金、成本和利润的重要手段。资产负债表预算是利用本期初的资产负债表，根据销售、生产、资产等有关预算数据加以调整，编制预计资产负债表，预测组织在计划期的财务状况。利润表预算是通过综合组织的各种预算，预计收入、支出和利润，编制预计利润表，反映组织在计划期的经营状况和经营成果。

预算汇总的编制要以组织目标和计划为依据。通过对预计资产负债表和预计利润表的分析，可以发现某些分预算中存在的问题，从而有利于及时采取调整措施。另外，通过将本期预算财务报表与上期实际发生的财务报表进行比较，可以发现组织的财务状况和经营成果有可能发生哪些不利的变化，从而及时采取控制措施。

(二)预算的作用及其缺点

预算的作用主要有以下四点。

(1) 落实战略计划。战略是组织长期的发展计划,战略制定中面对了很多不确定因素。预算则是考虑在年度内特定情况约束下,组织以何种方式来落实战略计划,提供绩效。以货币形式表示的预算,往往传递了利润的获取、资本的使用等组织关键性资源的信息。它可以使管理者了解组织经营状况的变化方向和组织中的优势部门与问题部门,从而有助于采取及时的调整措施。

(2) 指定责任。预算的编制明确了每个管理者的责任,预算也授权责任中心的管理者可以支配一定数额的开支。

(3) 确定业绩评估的基础。由于预算用货币单位为企业各部门的各项活动编制计划,因此它使得企业在不同时期的活动效果和不同部门的经营绩效具有可比性,用数量形式的预算标准来对照企业活动的实际效果大大方便了控制过程中的绩效衡量工作,也使之更加客观可靠。

(4) 协调作用。通过为不同的职能部门和职能活动编制预算,可以为协调企业活动提供了依据,更重要的是,预算的编制与执行始终与控制过程联系在一起。编制预算是为企业的各项活动确立财务标准,在此基础上,很容易测量出实际活动对预期效果的偏离程度,从而为采取纠正措施奠定了基础。

由于这些积极作用,预算手段在组织管理中得到了广泛运用。但在预算的编制和执行中,也暴露了一些缺点,主要表现在以下几个方面。

(1) 它只能帮助企业控制那些可以计量的,特别是可以用货币单位计量的业务活动,而不能促使企业对那些不能计量的企业文化、企业形象、企业活力的改善予以足够的重视。

(2) 编制预算时通常参照上期的预算项目和标准,从而会忽视本期活动的实际需要,因此会导致上期有的而本期不需要的项目仍然沿用,而本期必需的上期没有的项目会因缺乏先例而不能增设。

(3) 企业活动的外部环境是在不断变化的,这些变化会改变企业获取资源的支出或销售产品实现的收入,从而使预算变得不合时宜。因此,缺乏弹性、非常具体,特别是涉及较长时期的预算可能会过度束缚决策者的行动,使企业经营缺乏灵活性和适应性。

(4) 项目预算和部门预算不仅对有关负责人提出了希望他们实现的结果,而且也为他们得到这些成果而能够开支的费用规定了限度,这种规定可能使得主管们在活动中精打细算,小心翼翼地遵守不得超过支出预算的准则,而忽视了部门活动的本来目的。

(5) 在编制费用预算时通常会参照上期已经发生过的本项目费用,同时主管人员也知道,在预算获得最后批准的过程中,预算申请多半是被削减的,因此他们的费用预算申报数要多于其实际需要数,特别是对于那些难以观察、难以量化的费用项目。所以,费用预算总是具有按先例递增的习惯,如果在预算编制的过程中,没有仔细地复查相应的标准和程序，预算就可能成为低效的管理部门的保护伞。

管理者只有充分认识上述局限性，才能有效地利用预算这种控制手段，并辅之以其他工具。

> **【案例 13-3】放松对预算的严格控制**
>
> 长期以来，预算一直是管理当局最普遍采用的计划工具。但是人们对预算的传统观点正在提出疑问，许多管理得很好的组织，包括3M公司和埃默森电气公司(Emerson Electric)等，都放松了对其组织单位的预算控制。
>
> 对预算的抱怨主要是，预算的着眼点过于狭窄，缺乏灵活性，阻碍部门间的合作，以及鼓励那些仅仅为了使数字"看起来不错"的短期行为。预算假定每一件重要的事情都能够定量化并转化为一定的金额。但是许多重要的活动并不能用预算来表示。例如，预算可以说明企业花在顾客服务上的费用是多少，但不能说明顾客认为这种服务的价值是多少。一个组织可能把一个主要的费用目标纳入预算当作一件重要的事情，但是开支没有超出预算并不意味着开支的合理。
>
> 季度和年度的预算通常阻碍管理者灵活地调度资源，预算不是作为指导方针而是变成硬性的约束，从而限制了灵活性。某个管理者可能产生了一个极好的主意并且要求立即行动，但是也许什么事情都没发生，原因是"它没有列入预算"。一旦预算编制大功告成，它也就失去了自己的活力。
>
> 因为组织中的所有关键部门一般都有自己的预算，所以各部门的管理者趋向于使自己部门的利益最大化，哪怕整体组织将为此付出代价。进入20世纪90年代，当组织试图培育内部单位之间的合作和寻求打破结构上的障碍时，预算趋向于只是增加部门间的冲突。例如，预算制定使制造部门变得更关心生产长期稳定从而使制造成本最小化，而不是迅速响应顾客小批量的特殊订货的需求。
>
> 最后，预算引起的一些行为简直成了奇闻。例如，用掉还是丢掉的心理，可以解释为什么管理者热衷于在预算截止期花掉所有剩余的额度，因为下一年度预算资金的分配是根据上一年度的支出规模确定的。再有，希望达到预算目标的心理，可以解释为什么管理者会冻结第四季度的开支，结果因此付出的代价可能远超过节省的开支。承认预算的缺点并不意味着组织就将抛弃预算，在大多数情况下，预算还是利大于弊。尽管如此，前进中的管理当局认识到一味强调符合预算要求会压抑新思想，阻碍冒险精神和灵活性。因此，管理当局正在重新估价预算的重要性，适当放宽对它的约束，并将各单位的预算联系在一起以鼓励合作。
>
> (资料来源：韩乐江，李朝晖. 管理学基础. 北京：中国商务出版社，2009)

(三)预算控制的要求

要使预算控制很好地发挥作用，主管人员必须牢牢记住，预算仅仅是管理的手段，不

第十三章　控制技术和方法

能以它代替管理工作。为实施有效的预算控制,应该抓好以下几项工作。

1. 高层领导的全力支持

要使预算制度的编制、管理和控制最有效果,首先要获得高层领导的了解、信任、支持、参与。组织高层领导应充分了解整体预算的性质和特点,全力支持组织各部门的预算工作,并将主管人员在规划和预算控制方面的能力,作为一项重要的考核要素。

2. 预算目标与组织目标融为一体

在整体预算编制中,要防止有些主管把预算目标置于组织目标之上。主管人员的首要职责是实现组织目标,为此,必须将其预算目标与组织目标融为一体。局部与全面控制目标之间存在的矛盾,以及由此产生的部门过分独立和缺乏协作精神等,是管理不善的症状,应尽力改进,予以克服,使之构成互相支持的连接网络。每项计划都应以有助于实现组织目标的方式存在于预算之中。对部门主管人员的个人绩效评价,必须做到公平、客观、公正和容易了解。建立精密正确的绩效衡量基础,及时对有才能的主管人员予以高度肯定和实质性奖励,同时对较低的绩效也要表示关切和积极引导,协助其排除困难,不要轻易采取非积极性的惩罚行动。

3. 长远目标的综合运用

企业长远目标的确立有利于预算的编制和控制。长远目标的综合运用包括以下几方面的内容。

(1) 应确定长远目标完成的时间及主要目的。

(2) 确定竞争优势的主要领域和内容及完成时间。

(3) 确定竞争优势的重要工作,要明确和可以考核。

(4) 建立完成重要工作的行动计划,指派行动计划的负责人和参与人员。

(5) 估计各项重要工作和行动计划所需要的重要资源及时间。

4. 各种标准的合理制定

许多预算因为没有科学合理的标准而失败。提出和制定各种科学合理的、切合实际的标准,并按这些标准把各项计划和工作转换为对人工、费用、支出、厂房设备和其他资源的需要量,是使预算有效发挥作用的关键。上级主管人员有了适用的换算系数,就能审查预算申请,并提出是否批准这些预算申请的依据,而不必再去应付全面削减预算的问题。全面削减预算的方法,是非常令员工和管理人员沮丧的。事实上,全面削减预算的做法,恰恰反映出计划不周和管理失控等问题。各种标准的合理制定,也有利于防止效能低下。另外,因为预算具有按先例递增的习惯,过去使用的某些费用,可以成为今天预算这笔费用的依据。还有,主管人员有时也知道在预算审批过程中,预算申请多半是要被削减的,所以,他们的预算申请数常常要多于实际需要数。可见,把不断地复查计划措施转化为以数字所依据的标准和换算系数，可以避免预算成为懒散而又无效的管理部门的保护伞。

5. 信息沟通的充分重视

在组织中，信息沟通是一个不可缺少的活动。要使预算控制发挥作用，主管人员需要由各部门提供按照预算所完成的实际业绩和预测业绩的信息。这种信息向主管人员表明他们工作的进展情况。

6. 跟踪考核的认真执行

对各责任中心的实际绩效，无论是否达到预定的目标，都应认真地进行跟踪并追究其原因。跟踪考核的主要目的是希望能及时评定控制行动的实际效果，并能进一步促进标准的可操作性和可衡量性，建立进一步改进规划及控制效率的基础。通过跟踪考核可以发挥三方面的作用，即促进改进行动；发挥先进榜样的作用；提供未来更好规划预算的基础和经验。

7. 会计制度的密切配合

为了便于直接进行预算控制，必须建立责任会计制度。有效的预算方案要求将传统的会计重点自工作结果转向责任中心，会计制度必须从本质上重视规划与控制方面的需要，如建立标准成本制度，为预算和控制提供一个合理的基础。

二、统计分析法

组织各方面活动情况的统计分析和明确提出的统计数据资料，不论是历史的还是预算的，无疑对控制都极为重要。管理人员通过对过去的资料或未来的预测进行统计分析，从中发现规律，对比自己企业的经营实绩，实行有效的控制，这种控制方法被称为统计分析法。由于主管人员不能改变既定的事实，所以用统计报表来表明趋势就很有必要。财务数据是衡量一家企业生产经营状况的综合性指标，除此之外，其他部门也会统计一些经营比率，这些可以从不同侧面进一步说明企业的经营状况。经营比率比较常见的有以下几种。

(一)绝对市场占有率

绝对市场占有率是指企业主要产品的销售额在该产品的整体市场销售额中所占的比重。该指标反映了企业在整个行业市场中的地位和竞争能力。对于大企业而言，该指标非常重要，是其应当为之奋斗和捍卫的目标。当今一些大型企业都将市场占有率作为其长期奋斗的目标。有时，这些企业为了保持其市场份额或为了追求较高的市场占有份额，不惜牺牲短期利润或利润率。因为，只有取得较高的和稳定的市场占有率，企业才能在激烈的市场竞争中立于不败之地。相反，市场占有率的下降，则是一家企业走向衰退的最显著特征。

(二)相对市场占有率

对于企业而言,要获取准确的整体市场销售额的数据资料是一件非常困难的事情。而相对市场占有率指标则为解决这一难题提供了有效的途径。其具体做法是:先找到在该行业市场上销售额占领先地位的前三名竞争对手的销售额总量的数据,或销售排名第一的大公司的销售额数据,然后再把本企业的销售额与其比较,即可得到相对市场占有率指标。总之,通过综合的比率分析可以有效地评价和衡量企业在生产经营活动方面所取得的成果,进而为企业各级管理人员搞好计划和控制工作提供有效的依据和标准。

(三)数据图表

反映经营情况的统计数据无疑是控制的重要信息资料。有些管理人员能够很快理解表格式的统计数据,而大多数管理人员则更喜好图表的表现形式。因此,使用管理人员能够理解的方式把数据表达出来,对于有效的组织控制,不仅是一种科学,更是一门艺术。

除了会计师和统计员以外,大多数管理人员都不清楚表格数据的来龙去脉,因此,难以看出数据的演变趋向和相互之间的关联。要让大多数管理人员很好地理解统计数据资料,不仅需要采用直观的方法,而且还需要表达清楚资料的来源、收集和统计的方法、数据的标准和单位、变动单位比率的意义、预期的要求、偏离标准的程度和责任人等相应信息。

图 13-1 是市场部在分析和预测销售趋势时,根据销售部门提供的历史数据绘制的销售趋势分析图。图中实线连接的是每月实际销售额的变化趋势。但为了在推测销售发展总趋势时消除会计期、季节性因素、账务调整等变化的影响,分析人员采用移动平均法将统计资料进行了处理,12 个月的移动平均数是由相邻 12 个月的数字加起来除以 12 求得,图中虚线就是编制成的回归曲线,由此可以清楚地看出"每月实际数字"与"12 个月的平均数"之间的差别。

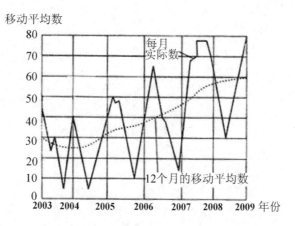

图 13-1 某公司 2003—2009 年实际销售量及其移动平均数

这种方法的优点是简单明了，例如用曲线、图表画出的趋势图或历史资料使人一目了然。但缺点是可比性较差，已经发生的未必一定会再发生，对未来的预测准确性并不高。

三、平衡记分卡

平衡记分卡(Balanced Scorecard)是一种综合性的测评方法，它将传统的财务测评指标和那些使得企业经营取得成功的关键要素加以平衡的统一考虑。

如图 13-2 所示，平衡记分卡包含了四个方面：财务业绩、顾客服务、内部工作流程以及组织学习和增长的能力。在这四个方面中，管理者必须找出组织应当密切监控的关键业绩指标。财务业绩方面反映的是，组织需要对改善短期和长期财务状况方面的哪些工作加以关心。它包括一些传统的指标，如净收入和投资回报率等。顾客服务指的是这样一些情况，如顾客如何看待本公司，以及顾客的保留度和满意度等。内部工作流程指标关注的是生产和经营方面的统计数字，如订单的完成情况和完成每份订单的成本等。组织的学习和增长能力说明的是为了组织未来的发展，在资源和人力资本管理方面做得如何。其具体指标包括员工的保留度和新产品的开发数量等方面。平衡记分卡的所有这些方面是一个统一的整体。

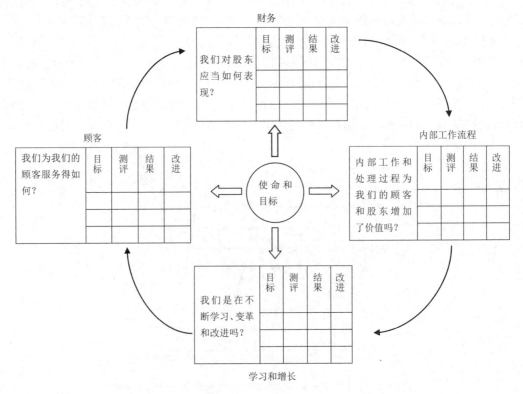

图 13-2　平衡记分卡

管理人员必须记录、分析和讨论这些不同的指标，以此来确定组织在实现其战略目标方面究竟做得怎样。只有当平衡计分卡与组织规定的战略和目标联系在一起时，它才是一个管理和改进绩效的有力工具。平衡记分卡最好的做法是从高层向下逐级贯彻，这样组织中的每个人都会思考和讨论战略问题。对于当今的许多公司来说，平衡计分卡已经成为核心的管理控制手段，一些著名的公司都采用了这种方法，例如贝尔·伊墨吉斯公司(Bell Emergis Insurance)、英国航空公司、希尔顿酒店集团等，甚至美国联邦政府的一些单位也使用了这种方法。

与其他所有的管理系统一样，平衡记分卡也不是包治百病的万应灵药。对这个系统的简单化了解，将导致管理者低估使用该方法成为真正有效的管理手段所需花费的时间和精力。如果管理者在应用平衡计分卡时，仅仅考虑的是一些绩效考核指标，而不是一种与目标和战略相联系的绩效考核方法，那么，使用平衡计分卡可能会妨害，甚至降低公司的绩效水平。

四、审计法

审计是对反映企业资金运动过程及其结果的会计记录及财务报表进行审核、鉴定，以判断其真实性和可靠性，从而为控制和决策提供依据。审计人员除了保证让会计账目正确反映实际工作以外，也要评价政策、程序、职权的运用、管理的质量、管理方法的效果、特殊问题以及经营的其他各个方面。根据审查主体和内容不同，可将审计主要分为以下三种类型。

(一)外部审计

外部审计是由外部机构(如会计师事务所)选派的审计人员对企业财务报表及其反映的财务状况进行独立的评估，为了检查财务报表及其反映的资产与负债的账面情况与企业真实情况是否相符，外部审计人员需要抽查企业的基本财务记录，以验证其真实性和准确性，并分析这些记录是否符合公认的会计准则和记账程序。外部审计实际上是对企业内部虚假、欺骗行为的一个重要而系统的检查，被审计企业往往会掩盖那些可能会被发现的不光彩的事情，因此外部审计起着鼓励诚实的作用。外部审计的优点是可以保证审计的独立性和公正性。但是，由于外来的审计人员不了解内部的组织机构、生产流程和经营特点，在对具体业务的审计过程中可能产生困难。此外，处于被审计地位的内部组织成员可能产生抵触情绪，不愿积极配合，这也可能增加审计工作的难度。

出于战略的考虑，企业也可以利用公开信息对竞争对手或其他公司进行外部审计。这类审计包括以下几个方面。

(1) 调查其他公司，寻找并购的可能性。
(2) 对主要的供应商的信誉进行评估。

(3) 发现竞争对手的长处和短处以保持或加强企业的竞争优势。外部审计常常作为发现和调查借贷欺诈行为的反馈控制手段。

(二)内部审计

内部审计是对企业本身的计划、组织、领导和控制过程进行的阶段性评估。内部审计提供了检查现有控制程序和方法能否有效地保证达成既定目标和执行既定政策的手段。内部审计人员的主要职责如下所述。

(1) 评定财务和经营控制，并在合理代价的基础上促进有效控制。

(2) 检查是否符合公司的政策和程序。

(3) 保护固定资产，防止或探查一切诈骗和偷盗行为。

(4) 评价在组织范围内产生的管理数据的准确程度、可靠程度和完整程度。

(5) 评价管理工作报告的质量，包括在利用资源时的管理工作和工作效率，以及达到目标的效果。

(6) 通过对现有的控制系统有效性的检查，内部审计人员可以提出改进工作的建议，以促使企业政策符合实际，工作程序更加合理，作业方法被正确掌握，从而实现组织的自我修正。

几乎所有应用内部审计的地方，有一点都是明确的，即审计人员对审计的活动本身并不具有管理职权。他们的职权仅限于收集信息情况和提供咨询意见。在大多数情况下，公司都要求他们在向最高主管部门提出报告以前，要先就他们在审计过程中发现的问题，与直接负责此事的主管人员进行交流。

内部审计有助于推行分权化管理。从表面上来看，内部审计作为一种从财务角度评价各部门工作是否符合既定规则和程序的方法，加强了对下属的控制，似乎更倾向于集权化管理。但实际上，企业的控制系统越完善，控制手段越合理，越有利于分权化管理。因为主管们知道，许多重要的权力授予下属后，自己可以很方便地利用有效的控制系统和手段来检查下属对权力的运用状况，从而可能及时发现下属工作中的问题，并采取相应措施。内部审计不仅评估了企业财务记录是否健全、正确，而且为检查和改进现有控制系统的效能提供了一种重要的手段，因此有利于促进分权化管理的发展。

虽然内部审计为经营控制提供了大量的有用信息，但在使用中也存在不少局限性，主要表现在以下几个方面。

(1) 内部审计可能需要很多费用，特别是进行深入、详细的审计。

(2) 内部审计不仅要搜集事实，而且需要解释事实，并指出事实与计划的偏差所在。要想很好地完成这些工作，而又不引起被审计部门的不满，需要对审计人员进行充分的技能训练。

(3) 即使审计人员具有必要的技能，仍会有许多员工认为审计是一种"密探"或"检查"工作，从而在心理上产生抵触情绪。如果审计过程中不能进行有效的信息和思想沟通，那么可能会对组织活动带来负激励效应。

(三)管理审计

外部审计主要核对企业财务记录的可靠性和真实性，内部审计在此基础上对企业政策、工作程序与计划的遵循程度进行测定，并提出必要的改进企业控制系统的对策建议。管理审计的对象和范围则更广，它是一种对企业所有管理工作及其绩效进行全面系统的评价和鉴定的方法。管理审计既可以由内部的有关部门进行，也可以聘请外部专家来进行，以保证某些敏感领域得到客观的评价。

管理审计的方法是利用公开记录的信息，从反映企业管理绩效及其影响因素的若干方面将企业与同行业其他企业或其他行业的著名企业进行比较，以判断企业经营与管理的健康程度。反映企业管理绩效及其影响的因素主要有以下几个。

(1) 经济功能。检查企业产品或服务对公众的价值，分析企业对社会和国民经济的贡献。

(2) 企业组织结构。

(3) 企业盈利状况。根据盈利在一定时期内的持续性和稳定性来判断。

(4) 研究与开发。管理者对待开发的态度，新产品的比重和企业的研发储备。

(5) 财务政策。评价企业的财务结构是否健全合理，企业是否有效地运用财务政策和控制来达到短期和长期目标。

(6) 生产效率。

(7) 销售能力。这方面的评估包括企业商业信誉、代销网点、服务系统以及销售人员的工作技能和工作态度。

(8) 对管理者的评估。即对企业的主要管理人员的知识、能力、勤奋、正直及诚实等素质进行分析和评价。

管理审计在实践中遭到许多批评，如许多人认为这种审计过多地评价组织过去的努力结果，而不致力于预测和指导未来的工作，以致有些企业在获得了极好的管理审计评价后不久就遇到了严重的财政困难。尽管如此，管理审计仍然可以对整个组织的管理绩效进行评价，为指导企业在未来改进管理系统的结构、工作程序和结果提供了有用的参考。

五、甘特图

甘特图是在20世纪初由亨利·劳伦斯·甘特开发的，最早用图来表示组织的生产进度的方法是甘特提出的，因此这种方法被命名为"甘特图"。甘特图是一种线条图，横轴表示时间，纵轴表示要安排的活动，线条表示在整个期间内的计划和实际活动的完成情况。甘特图直观地表明任务计划在什么时候进行、实际进展情况以及计划要求的对比等。

甘特图作为一种控制工具，帮助管理者发现实际进度偏离计划的情况。甘特用水平线在图上绘制各个不同但又相互联系的工序之间的关系，用水平线的长短来表示各工序所需要的时间。这样,组织的所有任务和工序都可以在一张图上清晰地表现出来,每个工序实际完成的情况用其他颜色在图上注明,就可以进行控制了。下面以一个图书出版的例子来说明甘特图的制作与应用。

在图 13-3 中,纵轴表示完成工作所需要的工序,横轴表示每一道工序各自所需要的时间,结合横轴和纵轴就可以清楚不同工序之间的相互关系,在本例中,除了打印长条校样以外,其他活动都是按计划完成的。时间以月为单位表示在图的下方,主要活动从上到下列在图的左边。计划需要确定出版包括哪些活动、这些活动的顺序,以及每项活动持续的时间。

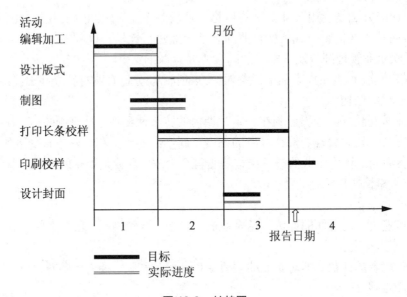

图 13-3 甘特图

甘特图的优点是形象、直观、简明、易懂、易掌握,对控制计划进度、改进管理工作有很大的帮助,至今仍在许多方面广泛运用。但甘特图也有它的局限性,从甘特图上可以清楚地看出某一时刻实际进度与计划要求之间的差距,但它无法表明产生这种差距的原因,无法确定在众多差距出现的情况下,哪些差距是管理者应当着力去解决和控制的关键点;甘特图虽然清楚地反映了各个局部的状况,但它无法表明各项活动之间的相互影响和逻辑关系,对于一些应加以控制的局部应控制到什么程度也缺乏明确的交待。因此,甘特图难以给管理者提供全面的情况,一般只适用于在组织规模小、生产工艺、生产流程简单的情况下,工序少,工序之间的相互关系比较清晰,也容易理解的小型活动。随着组织规模的扩大、工序的增加,繁多的工序互相交织在一起,甘特图就无法清楚地表明这些工序之间的关系和生产进度了,这种大型的活动则要借助于网络图来控制。用网络图来表示工序、工序所需时间和各工序之间的关系,分析完成计划的关键工序,根据组织可利用的人力、物力、财力资源和时间限制,不断优化网络图来安排计划,进行控制。

六、等级式控制与分权式控制

在当今的许多组织中，管理者的控制方法正在发生改变。随着控制工作更多地向员工参与和授权转移，许多公司正在采用分权式，而不是等级式控制方法。分权式控制和等级式控制体现了不同的公司文化。大多数组织都采用了等级和分权控制方法的某些方面，但是，管理者往往对其中一种方法有所侧重，这取决于组织的文化，也取决于他们自己对控制的理念。

等级式控制通过大量使用规章制度、政策方针、等级权力、书面文件、奖励制度，以及其他正式的机制来监督和影响员工的行为。这种控制方法依靠的是集中的权力、正式的等级关系和严密的监督。而分权式控制则更多地依赖于文化价值观、传统、共同的信仰以及信任，以此来促使员工的行为与组织的目标保持一致。管理者的管理工作建立在员工是值得信赖的，并且愿意在没有众多制度和严密监督下高效开展工作的假设之上。等级式控制与分权式控制的比较如表 13-1 所示。

表 13-1　等级式控制与分权式控制的比较

	等级式控制	分权式控制
基本假设	人是不会自我约束的，也是不能信任的。他们需要给予严密的监督和控制	只有当人对组织具有充分的献身精神时，他们才能工作得最好
行为	使用详细的规章制度和工作程序，以及正式的控制系统 使用由上到下的权力、正式的等级关系、职位赋予的权力、质量检验员 依靠以任务为导向的岗位工作说明书 强调外在的奖励(工资、福利和地位) 具有僵硬的公司文化，不相信文化规范可以作为控制手段	只在有限的范围内使用规章制度，主要依赖价值观；集体和个人的自我管理、注意员工的挑选和是否合群 依赖灵活的授权；扁平型组织结构；专家的权力；每个人都对质量负责 依靠以结果为导向的岗位工作说明书，强调的是需要实现的目标 强调内在和外在的奖励(有意义的工作，以及提高自己的机会) 适应性很强的组织文化，把文化看作统一个人、团队和组织目标，以及实现全面控制的手段
后果	员工按照指令工作，只做要他们做的事情 员工们对工作抱有冷淡的态度 员工的缺勤率和流失率都很高	员工愿意主动地承担责任 员工工作积极主动，有献身精神 员工的流失率很低

七、专题分析法

专题报告是向计划负责人阐明计划执行进度及效果、存在问题及原因、采取的应对措施及结果等情况的一种形式。专题报告和分析对于具体问题的控制是非常有用的，这是因为专题报告和分析具有非例行工作的特点，使人们能够高度重视非一般性的问题，这样可以揭示出对效率有重大意义的关键之处。日常的会计和统计报表虽然能提供大量必要的信息，但非专业人士很难抓住要领，并且它们在许多方面并不一定适用。为了提高控制的针对性和效率，专题报告分析在特定问题范围内很有成效。

一位从事极其复杂的管理工作的有成就的主管，往往聘请一些训练有素的专业分析人员，并由他们组成一个参谋小组，但不委派他们固定的任务，只是让他们在自己的控制下，专门从事研究和分析工作。他们的报告和分析往往能够跳出日常工作的束缚，指出数据背后的实际含义。经由这一分析小组的调查所揭示出来的可能存在的问题以及关于降低成本或更好地运用资本的可能性，是任何统计图表方法都做不到的。据此管理人员可以清晰而简洁地了解全局的状况和工作中存在的问题，从而可以有效地把握控制的关键点，提高管理工作的效率。

八、亲自观察法

观察是一种非常简便的控制方法。通过观察可以得到从书面报告中无法得到，但对控制却又非常有效的信息。因此，在认真探讨管理控制的各种方法时，管理人员从来都不会忽视通过亲自观察进行控制的重要性。即使在进入现代化管理时代的今天，深入现场亲自观察仍然是管理者进行控制的必不可少的方法。

个人观察是管理者亲临工作的现场，考察了解员工的工作内容、工作方法和工作运行情况。尽管预算、图表、报告、比率、审计人员的建议以及其他手段对控制来说都是重要的，但是管理者有义务尽量将管理的控制点前移，及时、扎实、细致地做好控制工作。毛泽东同志曾经指出："没有调查就没有发言权。"从管理的角度来讲，无论管理者的经验多么丰富，管理制度多么严格，管理手段多么先进，管理者都必须经常到工作第一线进行实地考察，同员工进行面对面沟通。有经验的管理人员通过亲自观察，有时甚至只是在现场偶然地走一圈，也能获取大量有用的信息。这些不仅有利于管理者加强计划和控制的针对性，同时也能鼓舞和激励员工的工作热情，提高管理的效率。

个人观察尽管可以获得第一手资料，但毕竟时间短、内容不全面，得到的信息有时并不能够反映真实的情况。这时最需要注意的是避免产生个人的主观偏见，因为这种偏见一旦形成常常难以改变。因此，在调查时不仅需要注意多方面听取意见，而且还需要综合运用各种管理控制方法，避免产生偏差。另外，基层员工有时会将领导者的亲临视察曲解为对他们的不信任或缺乏信心，因此，在行动上要尽量避免误解，以免影响个人观察的效果。

第十三章 控制技术和方法

亲自观察法是最简单、最有成效的控制方法，即主管人员到车间或办公室进行实地观察。这种方法有利于主管人员获得来自第一线的信息，而不是被文山会海所淹没。

【案例 13-4】走动管理

走动管理(Management By Wandering Around，MBWA)是指高阶主管经常抽空前往各个办公室走动，以获得更丰富、更直接的员工工作问题，并及时了解所属员工工作困境的一种策略。走动管理的概念起源于美国管理学者彼得思与瓦特门在1982年出版的名著《追求卓越》(*In Search of Excellence*)一书。书中提到，表现卓越的知名企业中，高阶主管不是成天待在豪华办公室中等候部属的报告，而是在日理万机之余，仍能经常到各个单位或部门走动走动。该书作者因此建议，高阶主管应该至少有一半以上的时间要走出办公室，实际了解员工的工作状况，并给予加油打气。走动管理在20世纪80年代蔚然成风，并与 Management By Walking Around 一词交互使用。

走动管理不是到各个部门走走而已，而是要搜集最直接的信息，以弥补正式沟通渠道的不足。正式的沟通渠道透过行政体系逐级上传或下达，容易产生过滤作用以及缺乏完整信息的缺点。过滤作用经常发生在超过三个层级以上的正式沟通渠道中，不论是由上而下或由下而上的信息传达，在经过层层转达之后，不是原意尽失就是上情没有下达或下情没有上达；另外，透过正式沟通渠道搜集到的信息，缺乏实际情境的辅助，不易让主管做正确的判断，往往会因而失去解决问题的先机。走动管理就是要上层主管勤于搜集最新信息，并配合情境作最佳的判断，以及早发现问题并解决问题。敏锐的观察力是走动管理成功的要素。在走动的过程中，主管必须敏锐地观察到工作的情境与人员，及其所透露出的信息；同时也透过询问、回答、肢体语言等，对信息做出及时的回应。主管的态度也很重要，如果让员工或同人有被视察的感觉，主管就很难获得想要的信息；如果来去匆匆，也难以达到预期的效果。同时主管也不必期望每次都能获得新的信息，只要有机会获得最新信息，就有机会防患于未然，不必等到事发之后再焦头烂额地处理。走动管理最适用于离第一线比较远的高阶主管，组织比较庞大的单位由于层级较多，高阶主管更需勤于走动，协助其作政策性的决定。至于其他层级的主管离工作现场比较接近，平时就应该透过敏锐的观察，搜集必要的信息。走动管理是一种方法或技术，不是一种理论，强调高阶主管应及时搜集第一手的信息，至于其他经营管理事项，则仍应采取其他适当的方法或技术。

(资料来源：韩乐江，李朝晖. 管理学基础. 北京：中国商务出版社，2009)

案 例 分 析

林肯电气公司

请想象一个获得了如此巨大成功的管理系统，以至于人们用大写字母将它拼写成一个专有名词——"林肯管理系统"，许多企业都竞相把它作为自己学习的标杆。俄亥俄州的林肯电气公司的声望如此之高，多年来，使得众多的公司都想方设法弄清其中的秘密，即林肯电气公司到底是如何激发出员工最大的生产积极性和生产出质量最高的产品的，甚至在经济不景气的年代也同样能做到这一点。

林肯电气公司在焊接产品、焊接设备和电机等领域内名列前茅。每年的销售额高达10亿美元，在全世界有6000名员工。公司的产品广泛用于切割、制造和加工金属制品上。虽然它是一家公开上市的公司，但是林肯家族的成员依然拥有其60%多的股份。

林肯电气公司采用了丰富多样的控制方法，任务被严格地加以规定，每个员工都必须不折不扣地达到考核标准。但是林肯管理系统之所以成功，更大程度上要归功于公司的文化，其文化建立在公开、信任、共同管理和平等精神等基础上。虽然公司里管理人员和员工界限分明，但管理者尊重生产工人的专业技能，高度评价他们对企业多方面的贡献。公司对所有的高层领导、中层经理和普通工人都一律采取开放政策，倡导进行面对面的沟通。如果员工认为领导的做法和报酬不公平，可以向上级提出意见。大多数员工都是直接从高中生中招聘来的，然后再经过培训和跨工种培训，以使他们能够胜任不同的岗位。有些员工最终会被提拔到经理位置上，因为林肯电气公司更相信从内部选拔出来的人才。许多林肯电气公司的员工在公司里终老一生。

林肯电气公司的一个创办人认为，公司应当以一定的价值观作为基础，包括诚实、信任、公开、自我管理、忠诚、可以信赖和合作精神等。这些价值观一直是林肯电气公司文化的核心要素，管理层总是对那些表现出这种精神的员工予以奖励。由于林肯电气公司有效地将员工团结在了一起，因此员工在工作中表现出了高度的自觉性。生产工人采用计件工资制，另外再根据绩效发放奖金。此外，员工还能根据公司的年度效益得到数额不等的年终奖。同时他们也参加公司的员工持股计划。年终奖根据一些指标进行发放，这些指标包括生产率、质量、可信任程度，以及合作精神等方面。但是还有其他一些非实物的奖励，如为自己的手艺感到自豪，创新、贡献所带来的成就感，以及团队精神等，都在林肯电气公司里十分盛行。被授权的跨部门团队具有充分的决策权，负责产品的计划、开发和营销活动。有关公司的经营和财务业绩等信息，则向全公司的所有员工公开和分享。

林肯电气公司非常重视预测和解决顾客方面的问题。对销售代表进行统一培训，以便他们了解顾客的需要，并帮助顾客学习如何使用林肯电气公司的产品和解决使用过程中的问题。对顾客的关心还体现在生产过程中使用严格的责任制度，并对所有员工的生产率、质量和创新活动加以规范的考核。此外，还使用了一个名字叫作"Rhythm"的软件系统来有效地管理生产过程中零件和材料的流动。

林肯管理体系在美国工作得如此出色，以至于公司领导层决定将这套管理方法推广到海外去。公司在日本、南美洲和欧洲建立和购买了11家工厂，并计划派出熟练掌握了这套管理控制体系的美国专家去经营这些工厂。

高管层认为，通过实施这种管理和激励制度，可以使其全世界的工厂都降低成本和提高生产，从而有机会击败美国本土上的那些竞争对手。但结果却表明这是一个无底洞，并

第十三章 控制技术和方法

且几乎要把公司淹死。那些在国际工厂工作的经理们没能每年都实现他们的生产和财务目标。为了得到更多的资源,他们夸大了发回林肯公司总部的目标,特别是当欧洲和南美洲陷入经济衰退时更是如此。许多海外经理们没有发自内心地设法去增加销售,而且由于没有多少工作可做,竟然发现许多工人在车床边睡大觉。欧洲的劳动文化还厌恶计件工资制度和奖金管理制度。这些海外工厂的巨大亏损——但这似乎不能看作因为采用了林肯公司那引以自傲的管理制度所造成的——使得公司或者不得不借钱来给那些美国工人发奖金,或者是历史上第一次不发奖金了。高管层开始感到茫然。问题到底出在哪里?是将林肯管理制度推向海外这个工作没有做到家,还是这个制度根本就不适合外国的文化?

【问题】
1. 本案例描述了哪些控制方法,是前馈控制、现场控制,还是反馈控制?你认为林肯公司的管理方法主要是等级式控制还是分权式控制?为什么?
2. 根据案例材料,你认为林肯管理体系在美国获得巨大成功的原因是什么?
3. 林肯公司在将其管理体系输送到其他国家时,遇到了哪些文化问题?要想使它们的管理体系在海外获得成功,你对该公司的管理者有哪些建议?
4. 为了避免失去工人的信任,林肯公司应当借钱来给美国工人发奖金吗?为什么应当或者为什么不应当?

(资料来源:理查德·L.达夫特(Richard L.Daft),范海滨. 管理学. 北京:清华大学出版社,2012)

阅 读 资 料

霍克公司预算控制系统的特点及给我们的思考

霍克公司是美国一家生产经营多种卫生用品的大型企业。它按照产品事业部的形式构建分部,分部下设生产和市场两个部门,实行产销分开;按照分部的组织结构运行;采取分权管理模式,通过预算指导各分部的工作。

1. 做法简介

总的来说,霍克公司的预算控制系统具有以下两个特点。

(1) 紧贴企业经营方式进行预算控制系统的设计和运行。霍克公司所处的是进入壁垒低的竞争性市场,其生产要根据市场情况来进行,因此生产预算要在销售预算的基础上制定。这有利于分清企业各部门在预算执行中的责任,合理考评其业绩。

(2) 服从于企业的整体目标来制定预算。在预算制定的过程中,每个环节的工作都体现了公司的一定目标。这主要表现在以下两个方面:在微观层次上,各基层部门切实参与企业预算的制定工作,将本部门的实际情况最为切实地反映于预算之中,并将之作为自己下一年度工作的目标，此时的预算具有较强的可操作性，并且基层部门执行起来积极性高；在宏观层次上，企业总部有关人员在工厂生产预算制定过程中到各工厂进行访谈，了解基层的预算制定情况，当预算与公司要求有偏差时及时指出并与相关人员协商，同时弄清工厂的财务状况和员工的工作方式，这不仅有助于收集用于复查基层预算草案的数据，还可以确保各工厂的预算与公司的整体目标相一致。当然，霍克公司的预算控制系统存在着制定周期过长，仅仅局限于销售、生产预算等不足之处。笔者认为，前者可以通过设立专职预算委员会，集中各部门负责人协商定夺的方式加以改进；至于后者，有条件的企业可以在销售、生产预算的基础上进一步编制现金预算，在企业价值流转的全过程构建企业全面预算的控制系统。

2. 分析与思考

笔者认为，霍克公司的预算控制系统可为主要产品处于成熟期的企业所广泛采用。这是因为，只有在产品售价、市场份额相对稳定的环境下，企业才能有效地以销售预测为起点安排生产计划，并且以生产成本的控制作为主要的利润增长点。这与邯钢经验的管理思想有类似之处。对于产品处于成熟前期的企业，由于各年产品销售波动较大，难以准确进行销售预测。因此，企业可以在霍克公司预算管理模式的基础上，对生产部门编制弹性预算，在不同产量下确定成本目标；而对销售部门，其销售预算可设置为一个范围，以降低市场不稳定给预算编制带来的不确定性。此外，笔者认为，霍克公司的做法不仅适用于工业企业，还适用于商品流通企业。只是前者以生产成本控制为核心，后者则以仓储、运输、销售等流通费用控制为核心，两者在预算程序上具有一致性。

霍克公司的预算控制系统给我们带来了如下的思考。

(1) 预算控制系统是保证产销分离经营得以顺利进行的有效手段。产销分离的经营模式有助于企业树立面向市场的经营观念，但同时又可能给企业带来产销、供销不一致等多方面的问题。预算作为市场经济条件下企业的计划管理方式，由企业内部各方协商确定并依照执行，能有效地解决产供销之间的矛盾。针对销售的异常变动，预算控制系统提供了各负其责、利益分享的处理办法，有效地促进了生产部门调整计划、高效运行。同时，随着企业规模的扩大、企业内部例行事务的增多，大量的费用控制和审批将成为困扰企业领导者的主要问题。而预算管理既可以合理地控制费用的发生，又可以把企业的高层管理者从繁重的日常费用审批中解脱出来，集中精力做好经营决策和例外管理。可见，是否采用预算管理及其实施效果如何是评价一个企业管理水平的重要标志。

(2) 预算是将企业战略计划落实到操作层面的有效途径。企业的战略计划可以帮助企业内部各方面明确经营重点，集中有限的人力、物力、财力服务于企业的发展目标，但企业的发展战略往往是抽象的，需要以可操作的方式加以落实。而预算正起到了这种"承上启下"的作用，从内容上讲，不仅包括销售和生产方面，还包括资本预算和人力资源预算；从时间上讲，不仅包括下期预算，还勾勒出未来计划期间的预算框架。战略计划是由企业高级管理层确定的，而预算是由基层部门广泛参与制定的。因此，相对于战略计划来说，

第十三章 控制技术和方法

预算所包含的信息更为广泛，作用的空间更广阔，它把管理的计划与控制功能有机地结合起来，是将企业战略计划落到实处的必经之路。

(资料来源：电大在线，http://online.tltvu.ah.cn)

本 章 小 结

组织要保证管理者制定的计划和战略得到实现，就需要有效地实施控制职能。因此，管理者必须找到控制组织中各种问题的方法。

控制的技术是实施组织控制的工具和手段，工具的效率体现了控制的水平。本章简要介绍了常见的控制方式，即财务控制、时间控制、数量和质量控制、安全控制、人员行为控制和信息控制，每种控制方式都有不同的控制方法作为工具。

在组织管理实践中运用着多种控制方法，除预算控制法外，管理人员还利用统计分析法、平衡计分卡、审计法、甘特图、等级式控制和分权式控制、专题分析法以及亲自观察法等方法。它们分别适用于不同领域和不同的控制对象。这些方法的综合利用，对促进基层的控制，即作业控制和财务控制起到了很大的作用。在实际应用过程中，应灵活掌握各种控制方法。

自 测 题

一、单项选择题

1. 预算是指用数字说明企业经济活动的(　　)。
   A. 综合计划　　B. 业务计划　　C. 管理计划　　D. 财务计划
2. 控制生产进度的图表最早是由(　　)发明的。
   A. 泰罗　　B. 卡尔·巴思　　C. 亨利·甘特　　D. 法约尔
3. 以下是几条关于信息时代的评述，你最赞同的是(　　)。
   A. 信息取之不尽、用之不竭　　B. 信息的提取及处理能力至关重要
   C. 所需信息均可方便地从网上下载　　D. 信息的处理可以变得非常经济
4. 某企业为强化重大决策贯彻落实工作的质量与效益，建立了一个旨在能全面、迅速、准确地反映各有关部门、个人工作进展情况的信息系统。但该系统投入使用一段时间后发现，必要的信息总不能按时输入。当事人抱怨说输入这些信息对他们来说很麻烦，没有时间输入。他们的工作开展情况表明(　　)。
   A. 为顺利开展管理控制工作，必须把信息系统的性能提高到一个起码的水平
   B. 为顺利开展管理控制工作，企业还必须进行必要的工作流程与规范的调整；并

通过严格的制度措施来巩固这种调整
C. 为顺利开展管理控制工作，必须尽量减少对信息系统的依赖
D. 为顺利开展管理控制工作，企业必须经历一个混乱的时期
5. 下列( )方法和技术是对时间进行控制的。
A. 预算　　　　B. 甘特图　　　　C. 综合控制　　　　D. 管理信息系统
6. ( )可以称作"数字化"或"货币化"的计划。
A. 报表　　　　B. 成本　　　　C. 利润　　　　D. 预算

二、多项选择题

1. 老王今年夏天购买了一台海尔空调，在售后服务人员走后不久，一位小姐打电话来问候："您购买的海尔产品是否满意？安装是否满意？如果有什么问题请随时告诉我们……"经分析，这个电话可能包含的功能有( )。
   A. 给顾客带来温暖　　　　B. 及时发现问题，及时解决
   C. 对售后服务人员实行监督　　D. 体现海尔产品质量第一的原则
   E. 对客户服务质量进行控制
2. 预算是一种( )。
   A. 核算方法　　　　B. 数字化的计划　　　　C. 规划
   D. 规程　　　　　　E. 控制方法
3. 传统的控制方法主要依赖( )。
   A. 统计资料　　　　B. 现场分析　　　　C. 预算
   D. 甘特图　　　　　E. 管理审核
4. 预算工作中的不利倾向包括( )。
   A. 预算过于详细　　　　B. 预算目标取代了组织目标
   C. 预算使工作效能低下　　D. 预算缺乏灵活性
   E. 预算过于频繁

三、判断题

1. 利用财务报告分析进行控制是属于按纠正措施环节分类的现场控制。　　( )
2. 数量控制比质量控制更重要。　　　　　　　　　　　　　　　　　　　( )
3. 三种财务控制方法都属于前馈控制。　　　　　　　　　　　　　　　　( )

四、简答题

1. 预算作为管理控制的主要方法有何作用和缺点？
2. 常用的预算方法有哪些？
3. 应怎样进行有效的预算控制？
4. 简述审计的三种基本形式和主要特点。

参 考 文 献

1. 周三多. 管理学. 3 版. 北京：高等教育出版社，2010
2. 邢以群. 管理学. 北京：高等教育出版社，2007
3. 周三多，陈传明，鲁明泓. 管理学——原理与方法. 5 版. 上海：复旦大学出版社，2009
4. 理查德·L.达夫特(Richard L.Daft)，范海滨译. 管理学. 北京：清华大学出版社，2012
5. 周三多，贾良定. 管理学习题与案例. 3 版. 北京：高等教育出版社，2010
6. 冯国珍. 管理学习题与案例. 上海：复旦大学出版社，2011
7. 韩乐江，李朝晖. 管理学基础. 北京：中国商务出版社，2009
8. 杨文士，焦叔斌，张雁，等. 管理学. 3 版. 北京：中国人民大学出版社，2009
9. 陈西川，杜贺亮，孙东坡. 管理学经典案例. 北京：知识产权出版社，2010
10. 肖小虹. 管理学. 北京：科学出版社，2011
11. 郭咸纲. 西方管理思想史. 3 版. 北京：经济管理出版社，2005
12. 徐向艺. 管理学. 济南：山东人民出版社，2008
13. 井淼，周颖，吕彦儒. 管理学原理. 北京：北京师范大学出版社，2007
14. 斯蒂芬·P.罗宾斯，玛丽·库尔特. 管理学. 7 版. 北京：中国人民大学出版社，2004
15. 张德，曲庆. 管理学. 北京：清华大学出版社，2001
16. 芮明杰. 管理学. 上海：上海人民出版社，1999
17. 崔卫国，刘学虎. 管理学故事会. 北京：中华工商联合出版社，2005
18. 张中华. 管理学通论. 北京：北京大学出版社，2005
19. 刘树信. 新世纪领导的理论与实践. 北京：中国城市出版社，2005
20. 李宏林. 管理学简明教程. 北京：经济科学出版社，2006
21. 姜仁良. 管理学习题与案例. 北京：中国时代经济出版社，2006
22. 陈胜权. 管理学经典教材习题详解. 北京：对外经济贸易大学出版社，2005
23. 徐光华，暴丽艳，等. 管理学原理与应用. 北京：清华大学出版社，北京交通大学出版社，2004
24. 王凤彬，李东. 管理学. 北京：中国人民大学出版社，2000
25. 樊耘等. 管理学. 西安：陕西人民出版社，2001
26. 赵丽芬. 管理学概论. 上海：立信会计出版社，2006
27. 张英奎，孙军. 现代管理. 北京：清华大学出版社，北京交通大学出版社，2004
28. 王德中. 管理学. 成都：西南财经大学出版社，2005
29. 陈传明，周小虎. 管理学. 北京：清华大学出版社，2003
30. 郭跃进. 管理学. 北京：经济管理出版社，2005
31. 周三多，等. 管理学. 上海：复旦大学出版社，2003

32. 陈胜权. 管理学名校考研真题与习题解析. 北京：对外经济贸易大学出版社，2005
33. 路宏达. 管理学基础. 北京：高等教育出版社，2000
34. 杨孝伟，赵应文. 管理学. 武汉：武汉大学出版社，2005
35. 邢以群. 管理学. 2版. 杭州：浙江大学出版社，2005
36. 刘庆元，刘宝宏. 战略管理. 大连：东北财经大学出版社，2001
37. 徐艳梅. 管理学原理. 北京：北京工业大学出版社，2000
38. 王维. 管理学. 北京：经济科学出版社，2002
39. 单凤儒. 管理学基础. 北京：高等教育出版社，2000
40. 马天行，王海涛，侯海青. 管理学. 2版. 西安：西北工业大学出版社，2004
41. 万卉林，贾书章，李淑勤. 管理学. 武汉：武汉理工大学出版社，2006
42. 邵冲. 管理学概论. 广州：中山大学出版社，1996
43. 黄种杰，郑汝铭，柯明斯，等. 管理学基础. 北京：经济科学出版社，1996
44. 徐国华，赵平. 管理学. 北京：清华大学出版社，1989
45. 云冠平，胡军，黄和平. 管理学. 广州：暨南大学出版社，1990
46. 薄宏. 管理学. 天津：天津大学出版社，1994
47. 李兴山. 现代管理学. 北京：中共中央党校出版社，1994
48. 周志春，孙玮林. 管理学. 杭州：浙江大学出版社，2004
49. 董卫民，王永芳，李健，等. 管理学. 北京：中国市场出版社，2006
50. 孙晓琳. 管理学. 北京：科学出版社，2006
51. 戴淑芬. 管理学教程. 北京：北京大学出版社，2000
52. 乔忠. 管理学. 北京：机械工业出版社，2006
53. 林祖华，张金锁，陈荣华. 现代管理学. 北京：中国时代经济出版社，2004
54. 张扬，侯建辉. 管理学. 成都：西南财经大学出版社，2006
55. 孙军. 管理学. 北京：机械工业出版社，2005
56. 哈罗德·孔茨，海因茨·韦里克. 管理学. 10版. 北京：经济科学出版社，1998